Inhaltsverzeichnis

Vorwort

Nach einer langen Reihe von Jahren mit Unterrichtserfahrung in Kindergärten, Volksschulen, an einer Jugendschule für sozial- und lernretardierte Schüler, an Gymnasien und Abendschulen, am Seminar für Erzieherinnen, an einem Handarbeitsseminarium und an der Erwachsenenschule wie auch im kommunalen Familienstütz- und Beratungsdienst sind mir – vor allem nach Teilnahme an mehreren internationalen Kursen und Kongressen – im Laufe der Zeit ernsthafte Bedenken hinsichtlich jener Kluft erstanden, die sich zwischen anerkennenswerten, gesetzlich verankerten Zielsetzungen (Gesetzen) – dies sowohl im Sozial- wie im Ausbildungsbereich – und der alltäglichen, realen Praxis auftut. Dieser tiefgreifende, nicht selten gar hohnartige Widerspruch ist meines Erachtens auf fünf die moderne Wohlstandsgesellschaft prägende Faktoren zurückzuführen: eine äußerst egozentrisch-liberale, man kann sagen narzisstische Individualmoral, ein vorherrschender, Macht schaffender Materialismus, ein geradezu manischer Drang nach repräsentativer Selbstdarstellung, eine absolut inhumane, repräsentative Konkurrenzmentalität und eine von Region zu Region sehr unterschiedliche Handhabung der finanziellen Sicherung des Ausbildungs- und Sozialsystems.

In diese Welt kommerzialisierter Wertmaßstäbe und einer missverstandenen, um nicht zu sagen missbrauchenden Überzeugung von Verselbstständigung des Individuums und individueller, unabhängiger Freiheit wachsen unsere Kinder hinein, schon ab frühester Kindheit in vertrauter Gefühlsbeziehung oft unverzeihlich versäumt und suggestiv manipuliert durch das Vorbild mancher Eltern und anderer Einflusspersonen aus dem näheren Umgangskreis, wie auch sehr nachhaltig ausgerichtet nach oberflächlichen Show-Idolen in den verschiedenen Medien und neuerdings auch durch Computerspiele und Internet.

Wertbegriffe wie zielbewusstes Lernen, rücksichtsvolles Auftreten in der Gesellschaft, Nachsicht und Hilfsbereitschaft gegenüber Schwächeren und Behinderten, schonungsvolles Benutzen von Gemeinbesitz und Respekt – der Begriff Ehrfurcht ist wohl auf beunruhigende Weise aus dem Bewusstsein verdrängt – vor dem Alter scheinen erschreckend vielen Jugendlichen heute geradezu hinderliche Begrenzungen in der ihnen „zustehenden Berechtigung" zu Selbstentfaltung und Selbstbestimmung zu sein.

Anlässlich zahlreicher Teilnahmen an internationalen Kongressen als Lehrer an einer Erwachsenenschule, durch meine Arbeit für Amnesty International und in den letzten drei Jahren als Freelance-Journalist auf mehreren Informationsreisen im Ausland habe ich durch erschütternde Erlebnisse die Verbitterung und Resignation schürende Kluft zwischen Armen und Reichen aus nächster Nähe erfahren. Und eben diese unheilvolle Kluft bewirkt meiner Ansicht nach, dass sich verdrängte Verbitterung, rücksichtslose Erniedrigung und unmenschliche Ausnutzung in Form von verzweifeltem Aufruhr, Kriegen und Terror äußern.

Ich bin durch die Seitenstraßen und Hinterhöfe in Kalkutta, Kairo, Lima, New York, Lhasa, Peking oder Rio de Janeiro gegangen und habe mich mit dem aktuellen Thema „Straßenkinder"[1] in unseren europäischen Großstädten beschäftigt, weshalb ich durchaus nachempfinden kann, weshalb so manchem aufrichtig ehrbaren Bürger die „abstoßende" Repräsentation materialistischen Wohlstandes anlässlich von Filmfestspielen, Staatsempfängen oder Geburtstagen politischer Persönlichkeiten als unvereinbar mit der tragischen Armut so vieler vom Teilhaben am vielgerühmten Wohlstand ausgeschlossener „Outsider" erscheint. Wenn endlich in Armutsregionen Hilfe geleistet wird, begehen die vermögenden „Gebernationen" oft den rücksichtslosen Fehler, mit ihrem Kapital zugleich auch ihre Bedingungen und kulturellen Verhältnisse zu importieren. Mit welchem Recht maßen sie sich an, Vorbild für andere Völker sein zu wollen, wenn man dabei die sich mehrenden Betrugs- und Korruptionsaffären ihrer führenden Politiker und handelspolitischen Organisationen bedenkt. Die USA, Japan und ebenso Europa haben dafür beschämende Beispiele am laufenden Band geliefert und liefern sie immer noch ...![2]

Ich habe hier im Andeuten von entsetzlichen, aus wahrer Humanethik heraus zu verurteilenden, moralischen Entgleisungen etwas weit ausgeholt, aber das Groteske dieser beängstigenden Doppelmoral wird vielleicht eher verständlich, wenn ich anstatt Gebernation Erwachsene und anstatt Menschen in Armutsregionen Kinder setze.

Was haben nun Materialismus, Liberalismus und ungehemmter Individualismus[3], vor allem im hier zu bewertenden nord- und mitteleuropäischen Kul-

---

[1] *Kinder, die ohne Beziehung zu Eltern und einem Zuhause auf der Straße leben;*
[2] *Vgl. hierzu: „Die Korruptionsfalle – Wie unser Land im Filz versinkt", Hans Leyendecker;*

turbereich, bewirkt? Das kann am überzeugendsten und eindrucksvollsten den statistischen Forschungsergebnissen der letzten ca. 25 Jahre hinsichtlich Entwicklung der Verhältnisse bezüglich Arbeit, Preise, Gesundheitswesen, Ausbildung (Schule) und Familie entnommen werden, was zu ernsthaftem Nachdenken über Lebensqualität und ethische Wertbegriffe wie Humanität und Menschenrechte Anlass geben müsste![4]

Unser Zeitalter der Informationstechnik mit den daraus folgenden marktwirtschaftlichen und sozialpolitischen Umstrukturierungen hat in einem Maße in Familien- und Schulmilieu eingegriffen, dass wir uns heute in diesen Bereichen mit überaus bedenklichen Problemen konfrontiert sehen, die vor allem die Lebens- und Entwicklungsbedingungen unserer Kinder und Jugendlichen entscheidend geprägt haben und nach wie vor stark beeinflussen, um nicht zu sagen, überschatten!

Das aktuelle Existenzproblem „Milieuverunreinigung" ist allmählich einem weiteren Kreis der Bevölkerung in den Wohlstandsgesellschaften bewusst geworden, wann aber werden wir eine gleiche, zukunftsorientierte Aufmerksamkeit, Einschränkung individueller Bedürfnisse und selbslosere Opferbereitschaft dem psychischen Milieu widmen, in dem vor allem die jüngsten und jungen Mitbürger oft zu leiden haben?

Es kann doch nicht überraschen, wenn Christopher Lasch in seinem Buch über „Narzissmus, eine Kultur des Untergangs" über die Verhältnisse in den USA meint: „Aber das Klima der Gegenwart ist therapeutisch, nicht religiös. Heute sehnen sich die Menschen nicht nach persönlicher Erlösung, ganz zu schweigen von Wiedereinführung eines früheren goldenen Zeitalters, sondern nach der Illusion des Augenblicks, nach einem Gefühl persönlichen Wohlbefindens, nach Gesundheit und psychischer Geborgenheit." Zu dieser seiner Überzeugung weist er im gleichen Abschnitt auf die Erinnerungen von Susan Stern an „The Weatherman" hin, wonach der Sprachgebrauch der Bevölkerung weit mehr von der Psychiatrie und Ärztewissenschaft als von der Religion geprägt sei.[5]

Ohne Zweifel hatten alle grundlegenden Veränderungen in der neueren Zeit

---

[3] *Siehe hierzu: „Verführerische Freiheit oder Blindwege des Über-Ichs", Frank-Volkhard Bauer;*
[4] *Einige dieser Untersuchungsergebnisse werden an späterer Stelle zitiert und eingehender behandelt;*
[5] *„Narzissmus, eine Kultur des Untergangs", Christopher Lasch, Seite 21;*

eine deutliche Verbesserung des Lebensstandards unzähliger, zuvor in die Peripherie der Gesellschaft abgedrängter Menschen mit sich geführt, doch dies nicht, ohne einen heute noch nicht abzuschätzenden Preis dafür zu bezahlen. Vor allem im Bereich der Intimmoral hatte eine moderne „Selbstbedienungseinstellung" ihren Siegeszug angetreten, wobei der Feminismus keinen unwesentlichen Beitrag geleistet hat. Man wird dabei an Ortega y Gassets „Aufstand der Massen" erinnert, in dem einer breiteren Bevölkerungsschicht auf einmal auch der Zugang zu jenen hemmungslosen erotischen Lebensgenüssen eröffnet wurde, den die Geschichte bisher nur aus den wohlhabenden Kreisen der Adeligen und Machtinhaber früherer Epochen, wie zum Beispiel am französischen Hof oder in der italienischen Renaissance, kannte. Wenn sexuelle Begierde nur noch zum Zwecke der augenblicklichen und hemmungslosen Befriedigung gelebt wird – und das scheint ja heute das gute Recht eines jeden zu sein –, entfällt bei der sich ausbreitenden Apotheose[6] individueller Lebensfreude jegliches Gefühl ethischer Verpflichtung. Damit schwinden denn auch alle Bedenken hinsichtlich moralischer Verwerflichkeit. Nachdem also sexuelle Promiskuität als undiskutable Natürlichkeit erachtet zu werden scheint, darf auch die Statistik der zahllosen Ehescheidungen nicht länger als beunruhigend bewertet werden. Dass dabei allerdings weniger an die psychische Belastung von Kindern, sondern logischerweise an egoistisches Wohlbefinden gedacht wird, sollte bei aller Modernität doch nachdenklich stimmen. Fraglich bleibt im Bezug auf sexuelle Freiheit immer noch, ob nun auch Homosexualität und lesbische Beziehungen als normal oder in gegenwärtiger Auslegung von individueller Freiheit eher als akzeptiert bezeichnet werden sollten. Mehr als tragisch ist jedoch, dass Jean Paul Sartres Überzeugung, dass die absolute Freiheit ein bedrohlicher Feind des Menschen sei, sich in den erschreckend vielen Fällen von Pädophilie zu bestätigen scheint. Im Laufe der Zeit – und man kann es bereits jetzt erleben – werden wir Erwachsenen in eine peinliche Zwangslage gedrängt werden, wenn wir uns beratend, ermahnend, verbietend oder wie auch immer zu erotischen Ausschweifungen unserer jungen Menschen verhalten sollen, die gar nicht so selten in Schwangerschaft und Abtreibung oder Übertragung von Geschlechtskrankheiten enden können und enden! Anklagen oder Verurteilung wäre eine unberechtigte und zudem wenig hilfreiche Richter-

---

[6] *Siehe alphabetisches Verzeichnis der Fachausdrücke im Anhang;*

rolle, haben doch die Erwachsenen alle modernen Maßstäbe eingeführt und vorgelebt.[7]

Verlassen wir nun die bisher mehr generellen Gesellschaftsanalysen und wenden uns konkreten Alltagssituationen zu. Hier ist zunächst einmal an jene zwei Lebensbereiche gedacht, die vorrangig die Persönlichkeit der Kinder und Jugendlichen prägen und fördern sollten: Familie und Schule.

In den zurückliegenden zwanzig Jahren haben wir eine Reihe von Schulreformen erlebt – selten von Lehrern oder Eltern angeregt. Als pflichtbewusster Lehrer im Staatsdienst war man zur Teilnahme an den verschiedensten Weiterbildungskursen verpflichtet. Gründliche Auswertungskongresse nach einer gewissen Zeit der Erprobung neuer Gesetzesvorschriften, Arbeitsmethoden, Fächerpriorisierung und Unterrichtsmittel hat man jedoch oft vermisst! Wie aber erklärt man sich die Tatsache, dass Lernniveau, Achtung gegenüber den Lehrern[8], Klassendisziplin im Sinne von Gemeinschaftssinn und Kameradschaft[9], vor allem aber die Konzentration und der Lerneifer bei einer zunehmenden Zahl von Schülern ernsthaft zu wünschen übrig lassen[10] und dass eine nicht geringe Anzahl von Schülern die Schule ohne Abschluss verlassen?[11] Und gab oder gibt es Lehrerinnen und Lehrer, die aufgrund ihrer Qualifikationen und Erfahrungen Courage genug besitzen, kritische Bedenken gegenüber manchen, oft sehr überhastet eingeführten Neuerungen zu äußern, können sie Gefahr laufen, als konservative Sturköpfe, als unflexible Egozentriker oder gar als für kollegiale Zusammenarbeit weniger geeignete Lehrkräfte abgestempelt zu werden. Vor allem letztgenanntes Urteil hat in mehreren Fällen anlässlich kontroverser Anschauungen zwischen Lehrerkollegium oder Schulleitung und dem betreffenden Lehrer zu dessen Entlassung geführt.

---

[7] *Siehe hierzu Kapitel Fragebögen;*

[8] *Die Medien haben Beispiele genug für gewaltsame Übergriffe von Schülern auf ihre Lehrer geliefert (diesbezügliche Artikel sind mir aus Deutschland, Österreich und Dänemark verfügbar);*

[9] *Mobbing (indirekt oder offensichtlich) ist heute in vielen Klassen ein aktuelles Problem!*

[10] *In diesem Zusammenhang werde ich in den Kapiteln 6, 7 und 8 auf die Bedeutung des Familienmilieus für die Entwicklung des Kindes (Geborgenheit, Motivierung und Stimulierung) eingehender zu sprechen kommen;*

[11] *80.000 Schüler in der Bundesrepublik Deutschland im Jahre 2002;*

Meiner Ansicht nach wäre vielleicht gar nicht so viel an der Schule von heute auszusetzen, wenn sie einem andersartig praktizierten Verwaltungssystem unterstehen[12] und hin und wieder objektive Analysen des Arbeitsmilieus erleben würde. Das grundlegende Recht zu freier Meinungsäußerung oder – sagen wir – die Aufforderung übergeordneter Instanzen, die Meinung der Mitarbeiter hören zu wollen, hierbei auch in der Beziehung der Schüler zu ihren Lehrern, scheint nicht selten eine Farce zu sein, um pro forma den Anschein demokratisch-kollegialer Zusammenarbeit aufrechtzuerhalten. Jeder Unterrichtsinstitution wird verständlicherweise sehr an einem tadellosen Ruf in der Öffentlichkeit gelegen sein. Ich möchte die hier angeführten Bedenken nicht verallgemeinert wissen, doch sind es der Beispiele zu viele, um sie als Ausnahmeerscheinungen ansehen zu können! Die Folge solcher Verfahrensweisen kann in vielen Fällen sein, dass der taktisch und „kollegial" – in Wirklichkeit ängstlich besorgt – abwägende Lehrerkollege heute keine ausgefallene Seltenheit ist! Ich baue diese meine Behauptung auf zahlreiche Interviews[13] von Lehrkräften beiderlei Geschlechtes und verschiedener Altersklassen und die von ihnen ausgefüllten Fragebögen[14]. Äußert man heute wirklich noch ohne Zögern seinen überzeugten und zudem fachlich durchaus einleuchtenden Standpunkt auf Kosten der existenziellen Sicherheit? Wie kann in solch einem psychisch angespannten Arbeitsverhältnis eine aufrichtige, einander anerkennende Kollegialität erstehen? Dennoch ist die Forderung nach Teamwork bei den im heutigen Schulbetrieb anfallenden Vorbereitungen, Sitzungen und Tagungen unerlässlich.

Ähnlich bedrückende Verhältnisse finden sich in sehr vielen Familien. Da überschatten Zeitmangel, Arbeitslosigkeit und ökonomische Probleme, Krankheit, Eifersucht, Stress, Minderwertigkeitsgefühle oder auch Einsamkeit[15] die heimische Atmosphäre! Beispiele von so genannten „Fassadenfamilien"[16] gibt

[12] *Wird in Kapitel 8 näher ausgeführt;*

[13] *Siehe Kapitel Fragebögen;*

[14] *Wobei weibliche Kollegen bedeutend zugänglicher und vertrauensvoller daran teilgenommen haben;*

[15] *Psychologische Untersuchungen beweisen, dass viele Menschen auch in einem Eheverhältnis einsam sein können;*

[16] *Siehe hierzu: „Die Fassadenfamilie – Ehe und Familie in der Krise – Analyse und Therapie", Heino und Susanne Gastager (in solchen Familien werden Zerwürfnisse und Entfremdungssymptome vor der Umwelt hinter einer Maske scheinbarer Harmonie verborgen gehalten);*

es zur Genüge. Diese Familienstruktur und deren Folgen für die Entwicklung der kindlichen Psyche wird in Kapitel 7 eingehender behandelt.

„Familie und Schule in der Gesellschaft der Zukunft" – mehr als beunruhigende Erscheinungen von Fehlentwicklungen und Lernversagen, die im Laufe der letzten zehn Jahre ständig zugenommen haben, sind auf dem besten Wege, unsere Kinder unter dem belastenden Druck steigender Anforderungen und leistungsorientierter Konkurrenz noch rücksichtsloser als bisher nach Erfolg und Versagen in sozial deutlich abgegrenzte Gruppen aufzuteilen! Dabei scheinen die Einflüsse einer egozentrischen Show- und Verbrauchermentalität die Kinder einem fürsorglichen und besorgten Familienkreis zu entfremden, zu entreißen. [17]

Anmerkung:
Als ich bei Beginn der Arbeit zu vorliegendem Buch hin und wieder meine Bedenken gegenüber gesellschaftspolitisch Interessierten vortrug, war mir oft der Vorwurf übertriebener Schwarzseherei gemacht worden. Inzwischen hat die alarmierende OECD(Pisa)-Analyse[18] wesentliche Feststellungen meines Buches bestätigt!

Frank-Volkhard Bauer

---

[17] *Verlockende Reklamen, die sich direkt an Kinder und Jugendliche wenden, tragen wesentlich dazu bei!*
[18] *Eine umfassende Untersuchung der europäischen Schulsysteme;*

1. Moderne Wertprioritierungen

Gegen Ende der Sechzigerjahre hatten sich an den Universitäten erste Anzeichen des Aufruhrs gegen bestehende Gesellschaftsnormen angebahnt, die in Deutschland zeitweise recht gewaltsame Ausmaße angenommen hatten. Ein egozentrischer Drang nach Selbstrealisierung und Mitbestimmung hatte vor allem bestehenden Autoritätsprinzipien den Kampf angesagt. Unter diesen Vorkämpfern einer „besseren Zukunftsgesellschaft" – und dies ohne Scheu vor Gewaltanwendung – hatten sich – welche Ironie des Schicksals – Jungakademiker befunden, die heute in führenden politischen Stellungen besorgt darum bemüht sind, einem sinnlosen Terror Einhalt zu gebieten ...

Nach einigen Jahren offenbar orientierungslosen Gesellschaftsgewitters hatten sich schließlich, vor allem aus dem Aufbegehren einer ungemein freisinnigen Jugend, „Ideale" wie Selbstrealisierung, Mitbestimmung, zugleich aber auch Unabhängigkeit manifestiert und als neue Richtlinien etabliert. Dass in diesem „Befreiungskampf" allerdings ganz selbstverständlich nach wie vor von der Gesellschaft finanzielle Unterstützung in der Ausbildung und in anderen Schwierigkeiten der Existenzbewältigung vorausgesetzt und eingefordert worden waren, erscheint fast wie eine unbedachte Ironie! Einen nicht zu unterschätzenden Beitrag zu vielen sich plötzlich ändernden Lebensanschauungen hatten markant provozierende Einflüsse aus den Vereinigten Staaten, vor allem in der show- und attraktionsorientierten Lebenseinstellung, geliefert. Wesentlich gefördert wurde diese Entwicklung durch ein stabilisiertes und zunehmend wachsendes Wirtschaftssystem, das mit ständig steigenden Umsatzraten in „smart" lancierter Werbereklame eine repräsentierende Verbrauchermentalität anstachelte, die durchaus dazu beitragen konnte, „in" zu sein. Wer nicht über die nötigen Mittel zur Anschaffung Aufsehen erweckender Statussymbole verfügte, konnte in der neu errungenen Freiheit seinen individuellen Stil in Form von ausgefallener Kleidung und Frisur wie durch eine „modernisierte" Sprachgestaltung zur Schau tragen. Und eine weitere Fortschrittsentwicklung hatte sich im Laufe der Zeit in der allmählich direkt maskulin eingeforderten Gleichstellung der Geschlechter bemerkbar gemacht, was nicht wenig zu einer sich ändernden Intimmoral führte.[1] Auch in zahlrei-

---

[1] *Vgl. hierzu Selbstbespiegelungsliteratur „fortschrittlich" emanzipierter Verfasserinnen;*

chen, damals auf dem Büchermarkt erschienenen Angeboten hatte sich, vor allem was Thema- und Wortwahl anbetrifft, ein ganz neuer Trend durchgesetzt. Der althergebrachte Begriff „Kavalier" war langsam aus der Mode gekommen. Alle diese grundlegenden Umorientierungen hatten auch auf die Welt der Kinder Einfluss genommen. Freisinnigkeit und „kindgerechter" Umgang mit den Kleinen hatte zu einem erstaunlichen pädagogischen Liberalismus geführt, der nicht mehr so großen Wert auf Achtung der Älteren und auf ordentliches Benehmen als vielmehr auf spontane Kreativität und Natürlichkeit gelegt hatte. „Mitspracherecht aller in allen Bereichen!" ertönte es damals aus dem Munde Rudi Dutschkes[2]. Ich erinnere mich noch, wie wir damals unter dem Eindruck des Studentenstreiks an der Heidelberger Universität Ortega y Gassets „Aufstand der Massen"[3] diskutiert hatten. „Überholte Traumvorstellungen aus vergangener Zeit" waren immer wieder zu hörende, aburteilende Bewertungen. Bei allen Neuerungsbestrebungen sollte man auf der Hut sein, dass nicht mit dem Badewasser auch das Baby mit ausgeschüttet wird! Das aber geschah in jenen Jahren des ungestümen Aufbruchs, der sich rücksichtslos und geringschätzend über manche Tradition hinweggesetzt hatte. Evolutionen haben im Laufe der Geschichte noch immer brauchbarere Fortschritte erzielt als Revolutionen.

Die „Hippie"-Bewegung war zum einen eine sonderbare Mischung von Suchen nach und Ausprobieren von neuen Lebensformen, zum anderen aber auch eine Art unbeherrschten Abreagierens von angestauten Aggressionen, was durch schlampige Kleidung, zerzauste und wild gefärbte Haare demonstriert wurde. In diesen Kreisen kam es darauf an, dem Spießbürger vorzumachen, wie sehr er sich in seinen einengenden, moralischen Normen seiner Natürlichkeit beraubt hatte. Anlässlich von ausgelassenen Festen hatten die Jugendlichen bezüglich Alkoholgenuss und sexueller Freizügigkeit Grenzüberschreitungen gewagt, die nicht selten in ihrer Umwelt abstoßendes Entsetzen hervorgerufen hatten. Dabei hatten sie eine erstaunlich „selbstbewusste" und rigorose Art der Verteidigung und Selbstbehauptung entwickelt, wenn sie von Erwachsenen wegen ihres Verhaltens gerügt worden waren! Höhnende und direkt herausfordernde Kränkungen waren in einer teilweise recht vulgären Sprache üblich. Zudem musste vieles immer markant und lautstark

---

[2] *Eine der hervortretenden Personen im damaligen Studentenprotest Deutschlands;*
[3] *Siehe Literaturverzeichnis im Anhang;*

praktiziert werden. In dieser Beziehung war die damals immer populärer werdende Rockmusik eine geeignete Inspiration, Gefühle, nicht selten in geradezu ekstatischen Ausschweifungen, hemmungslos zur Schau zu stellen und auszuleben. Ernsthafte Konfrontationen mit den Eltern und anderen Erwachsenen aus dem täglichen Umgangskreis waren die verständliche Folge. In der Schule machten sich die ersten Undiszipliniertheiten bemerkbar. In jener Phase grundlegender Veränderungen hatte sich im Laufe der Zeit eine immer „verständnisvollere" (konfliktscheue?) Pädagogik, eine dem „natürlichen" Entfaltungsdrang nachgebende Erziehungspraxis und in Dänemark das so genannte „Jante-Gesetz"[4] immer mehr ein-gebürgert, die jede konsequente Strafanwendung als „autoritär" verurteilte.

Das Zusammenwirken solcher neuen Strömungen waren ideale Voraussetzungen für die Entwicklung und Entfaltung eines narzisstischen Menschentyps[5], der heute an den zunehmenden Folgen seines egozentrisch-asozialen Wesens immer deutlicher zu leiden hat! Aus der griechischen Mythologie ist dem Leser der einer tragischen Verliebtheit in sich selbst verfallene Narzissos bekannt. Die moderne Psychologie leitete aus dessen Wesensart, die nach Sigmund Freud ihren Ursprung in der Liebesversagung seit frühester Kindheit hat und letztlich eine *Regression*[6] (Rückschritt, Rückentwicklung) in die frühkindliche *Autoerotik*[7] ist, folgende Wesenseigenschaften als für den narzisstischen Menschen typische Kennzeichen ab:

Ausgeprägter Drang nach Anerkennung und Bewundertwerden –
Leere, oft diffuse Unzufriedenheit mit dem Leben –
Neigung zur Überbewertung eigener Fähigkeiten –
Gewaltige Stimmungsänderungen von Überheblichkeit zu Niedergeschlagenheit –
Mangelnde Fähigkeit, sich in Leiden anderer hineinversetzen zu können –
Neid und Missgunst – hat es daher schwer, sich für andere freuen zu können –

---

[4] *„Du sollst dir nicht einbilden, du seiest etwas Besonderes!" – eine sonderbare Art der Nivellierung – und dies bei allem Drang nach Selbstrealisierung;*
[5] *Vgl. hierzu: „The Culture of Narcissism", Christopher Lasch, 1979;*
[6] *Siehe alphabetisches Verzeichnis der Fachausdrücke im Anhang;*
[7] *Siehe alphabetisches Verzeichnis der Fachausdrücke im Anhang;*

Phantasieren von Allmacht und starker Glaube an eigenes Recht –
Neigung zu Hypochondrie*[8] *–
Meiden von engen Bindungen, daher häufig wechselnde Partnerschaften –
Markante Behauptung egozentrischer Unabhängigkeit und Selbstreali-
sierung –
Sich fügen in übergeordnete Regeln nicht aus Einsicht, sondern aus Angst
vor Strafe –
Unersättlich auf gefühlsmäßige Erlebnisse aus, um innere Leere auszufül-
len –
Können schwerlich Kritik ertragen, kennen aber auch keine Selbstkritik –
Tiefgreifende Angst vor Altern und Tod –
Mangel an echtem Engagement in der Welt –
Neigung zu Pansexualität und sexuellen Perversionen –
Chronisches Bekümmertsein um die eigene Gesundheit –

Wird man zum ersten Male mit dieser Charakteristik des modernen Narziss
konfrontiert, sollte man sich vor einer vorschnellen abweisenden Verurteilung hüten, da nicht übersehen werden darf, dass alle hier aufgelisteten Merk-
male zwar den alltäglichen Umgang mit anderen ungemein komplizieren, wenn
nicht gar dramatisch problematisieren können, doch sind sie Abwehr- und
Verteidigungsreaktionen im Kampf von Integration und Autonomie, die aus
früheren, weniger förderlich verlaufenen Entwicklungsphasen herrühren.

Genannte Charakterzüge förderten eine Konkurrenzsituation, die es allmählich kaum noch erlaubte, sehr rücksichtsvoll und menschlich aufzutreten. Jeder sorgte und organisierte in erster Linie für sich selber. Die deutlich-
sten Folgeerscheinungen solcher Einstellung machten sich im Verfall der Kernfamilie bemerkbar, was freilich auch damit zu tun hatte, dass zum einen zu
verbessertem, luxuriösem Lebensstandard zwei Einkommen erforderlich
wurden und zum anderen die Wirtschaftsproduktivität dringend Arbeitskräf-
te suchte. Die meisten der jüngeren Ehepaare waren also in einem ganztägi-
gen Arbeitsverhältnis und hinzu kamen noch die so genannten „Fremdarbei-
ter" oder Gastarbeiter – anfangs die meisten aus europäischen Ländern. Bau-
branche, Autoindustrie, Gastronomie und viele andere Zweige des Erwerbslebens erfuhren einen dynamischen Aufschwung. Wo aber blieben die Kinder

---

[8] *Siehe alphabetisches Verzeichnis der Fachausdrücke im Anhang;*

in jener „arbeitsamen" Entwicklungsperiode? Das Netzwerk der Großfamilie war, abgesehen von landwirtschaftlichen Regionen, schon weitgehend zersprengt, und die Kernfamilie war dabei, Kleinkindbetreuung und Erziehung mehr und mehr privaten Pflegeeltern, Kinderhorten und den Schulen zu überantworten. Dabei waren in den meisten Fällen keineswegs in erster Linie Überlegungen hinsichtlich einer bestmöglichen Fürsorge, Motivierung und Stimulierung der Kleinen in geborgener Atmosphäre ausschlaggebend, sondern Zeitmangel durch forciertere Ansprüche und Belastungen auf dem Arbeitsmarkt. Kirchliche und vor allem kommunale Kindertagesstätten nahmen sich der Kleinen an. Das erwies sich zwar sehr bald als eine Erweiterung der Stellenangebote, allerdings auf Kosten der Entwicklung der Kinder, die mehr und mehr der heimischen Nestwärme entbehren mussten, in den oft sehr großen Gruppengemeinschaften weniger individuell stimuliert und motiviert werden konnten und zudem langsam von einer Generationsentfremdung gezeichnet wurden. Sehr bald sollten sich allerdings die ersten Warnsignale einer Entwicklungsretardierung in Form von Rastlosigkeit, gesteigerter Aggressivität und Konzentrationsschwierigkeiten andeuten – ein bedenklicher Preis für alle sonstigen Fortschrittsaktivitäten der Gesellschaft! Diesen weniger erfreulichen Begleiterscheinungen suchte man mit Stützpädagogen, Sonderklassen, „Lesekliniken"[9] und Schulpsychologen beizukommen. Was aber am meisten beunruhigen konnte, war die zunehmende Mobbing-Tendenz unter den Schülern, wobei nicht selten Handicaps lächerlich gemacht oder auf andere Weise demütigend ausgenutzt wurden! Übergewicht, Stottern, Gehbehinderungen oder Lernschwierigkeiten waren dazu geeignete Anlässe. Abgesehen von der irritierenden Untergrabung von Aufmerksamkeit und Engagement im Unterricht, gegen die natürlich mit Zurechtweisung oder Ausschluss aus der Klasse eingeschritten wurde, schien man aber übersehen zu haben, dass jene dominierenden „Mobber" durch ihr Auftreten ernsthafte Verhaltensstörungen verrieten, wogegen nur selten etwas unternommen wurde. Außer den zunehmenden disziplinären und lernmäßigen Problemen waren die Schulen zudem bald noch mit anderen belastenden Schwierigkeiten konfrontiert, die ich in Kapitel 5 eingehender beleuchten werde.

---

[9] *Diese Bezeichnung benutzte eine dänische Volksschule; vielleicht als Hinweis auf einen „kranken" Zustand;*

Verbesserte Lohnverhältnisse und eine bequemlichere Lebensgestaltung (Hausbau, Neuanschaffungen von Wohnungseinrichtungen, Autos, Kleidung, Reisen u.a.) hatten in zahlreichen Familien dennoch nicht vermocht, verträgliche Eintracht und glückliche Zufriedenheit zu schaffen, was die zunehmenden Fälle von Untreue (freierer sexueller Moral), Vergewaltigungen des Ehepartners, Zwangsentfernung von Kindern vom Zuhause, Scheidungen und Selbstmorde dokumentieren. Man konnte den Eindruck gewinnen, als hätten in jenen Umbruchsjahren viele Menschen vorrangig dem egozentrischen Genuss hier und nun gelebt und das ohne tieferes Verantwortungsgefühl gegenüber dem engeren Lebenskreis und ohne weitsichtigere Daseinsplanung – oder waren diese „Genussevolutionen" eine panische Flucht vor tiefer liegenden, unüberschau- und unkontrollierbaren psychischen Problemen, die, wenn nicht lösbar, dann eben verdrängt werden mussten? Immer häufiger erwies sich die „moderne" Kernfamilie als ein Krisenherd! Verwunderlich war das nicht, hatte doch die öffentliche Fürsorge der Familie mehr und mehr Verantwortung gegenüber hilfs- oder pflegebedürftigen Familienmitgliedern abgenommen (Kindergärten, Sonderschulen, Pflegeheime usw.)[10]. Zu fragen war nur, ob diese öffentliche Fürsorge, auf lange Sicht gesehen, tatsächlich eine Hilfe oder mehr eine Entmündigung war, soweit von Pflege und Erziehung der Kinder die Rede ist ...

Auf dem Wirtschaftsmarkt hatte man die ersten Ansätze zu der später intensivierten Globalisierung mitverfolgen können, als Investierungen ausländischer Großkonzerne Anteile an einheimischen Firmen erwarben oder sie ganz übernahmen. Geld macht nicht glücklich, aber es beruhigt – und dieser Beruhigung geradezu manisch nachzujagen hatten immer mehr Bürger begonnen. Fortschritt, Modernisierung, Flexibilität, Gewinn und Umsatz waren die Zauberformeln eines neuen Lebensstils – und der sollte bald seine Schattenseiten nicht länger verbergen können. Nicht zuletzt sei noch erwähnt, dass ungeachtet allen sich mehrenden Wohlstandes asoziale Phänomene wie Betrug, Korruption, Schwarzarbeit, Kriminalität, Stoffmissbrauch und obdachloses Vagabundieren[11] zunahmen!

---

[10] *Diese Feststellungen gründen sich in erster Linie auf die Verhältnisse in Skandinavien und hier vor allem auf Dänemark;*
[11] *Vor allem in den Großstädten musste sich die Jugendfürsorge immer häufiger von zu Hause weggelaufener obdachlos herumstreunender Jugendlicher annehmen!*

Ich hatte es für unumgänglich gehalten, diesen stark komprimierten Aufriss eines Zeitwandels vorauszuschicken, um die nachfolgend zu behandelnden Gegenwartsprobleme als bittere Folge der Vorgeschichte zu verstehen. Unter der Überschrift „Kulturabhängigkeit und epochaler Wandel neurotischer Störungen als Folge der Veränderung und/oder des Abbaus von Institutionen" führt der Psychologe Stavros Mentzos aus:

„Wie im ersten Abschnitt dieses Kapitels angedeutet wurde, haben wir Gründe zu der Annahme, dass Institutionen u.ä. die Funktion haben – unter pathologischen oder auch quasi ‚normalen' Bedingungen – dem Einzelnen eine ‚Ich-Stütze' zu bieten, und zwar entweder in Form der Abwehr oder der narzisstischen Kompensation. Wie ich an anderer Stelle dargelegt habe (Mentzos 1976, S. 98 ff.), ist deswegen anzunehmen, dass umgreifende politisch-historische Wandlungen, die den Zerfall von sozialen Systemen und damit von Institutionen mit sich bringen, gleichzeitig auch von einer Auflösung oder zumindest Modifikation der institutionalisierten psychosozialen Abwehrkonstellationen begleitet werden. Liegt es aber dann nicht nahe, die bemerkenswerten Schwerpunktverschiebungen in der Häufigkeitsverteilung[8] der einzelnen neurotischen Störungen damit in Zusammenhang zu bringen? Spricht nicht vieles für die Hypothese, dass der massive Abbau vieler Institutionen (oder unverantwortliche Überbelegung!)[12] seit der Jahrhundertwende zu der explosionsartigen Zunahme von narzisstischen Störungen geführt hat? ..."
Eindringliche Forderungen nach einer besseren übergeordneten Gesellschaftsmoral könnten die Lösung für eine wirklich humanere und somit menschenwürdigere Zukunft sein. Wo aber beginnen ...?

---

[12] *Vom Verfasser des vorliegenden Buches eingefügt;*

2. Wie können einige Kenntnisse aus bestimmten Gebieten der Psychologie uns helfen?

Wenn das vorliegende Buch bei dem Leser reges Interesse zu wecken vermag, dann wohl in erster Linie wegen der zwei Hauptbegriffe **Familie** und **Schule**. Bei beiden Begriffen haben wir es mit der Interaktion von Menschen zu tun, die durch allen Individuen gemeinsame Triebe – sprich grundlegende Verlangen, Existenz sichernde Bedürfnisse – miteinander kommunizieren, weil sie voneinander abhängig sind! In dieser mehr oder weniger engen Beziehung werden sie mit glücklichen Gefühlen Befriedigung ihres Begehrens, aber auch enttäuschende Absagen, erzwungenen Verzicht erfahren. Mit anderen Worten: Alles, was an jubelnder Begeisterung, an dämpfender Beherrschung, an unbeherrschten Wutausbrüchen, an erniedrigender Beschämung und kränkenden Niederlagen, aber auch bei Krankheiten an rein körperlichen Schmerzen erlebt wird, hat eine Erklärung.

Wenn es im täglichen Leben nun darum geht, im Umgang mit anderen Menschen – vor allem mit denen, die uns sehr nahe stehen oder anvertraut worden sind –, deren Vertrauen, Hingebung, Anerkennung, einsichtsvolles Verständnis für uns und deren selbstlose Hilfsbereitschaft bewahren oder zurückgewinnen wollen, dann werden so manche Erkenntnisse aus der Psychologie wertvolle An-weisungen geben können. Das wird sich vor allem in Krisen- und Konfliktsituationen bewähren, aber auch, wenn es sich um Aufgaben, Pflichten handelt, bei denen wir andere zu etwas motivieren möchten, sollen.

Ungeachtet der gewählten Titelformulierung kann und soll es hier auch nicht die Aufgabe sein, eine systematische Einführung in die verschiedenen Spezialgebiete der Psychologie zu liefern. Es erschien mir jedoch als durchaus hilfreich, wenn einige wenige fachliche Einsichten das Verständnis bei der Formulierung und eingehenderen Beleuchtung vieler aktueller Problemstellungen erleichtern. Ich hoffe, dies mit einer äußerst begrenzten Auswahl aus den Bereichen der Persönlichkeits-, Entwicklungs- und Gruppenpsychologie verwirklichen zu können.

3. Kurze Auszüge aus der Persönlichkeitspsychologie

Sollte dem Leser das Fach Psychologie als sehr verwirrend und daher als schwer verständlich erscheinen, kann eine umgangssprachliche Erläuterung aller Fremdwörter hoffentlich eine wertvolle Motivation sein, die schließlich doch eine stimulierende Neugier zu wecken vermag. Ich werde mich in allen folgenden Ausführungen darum bemühen, auf diese Weise das Abbauen aller Vorbehalte bis zu engagiertem Interesse zu steigern. Es erfordert jedoch etwas Geduld und Konzentration.

Was bedeutet also *Psychologie?* Wir lernen zwei griechische Wörter, nämlich *psyche* = Seele und *logia* = Lehre, Wissenschaft. Die Fremdwortendung „-logie" kennt man ja von vielen anderen Begrif-fen wie z. B. Theo-logie, Bio-logie, Zoologie und eben Psycho-logie, also Lehre von der Seele. Um nun zu einer genaueren Vorstellung gelangen zu können, bleibt noch die wesentliche Frage, was die Psychologie mit „Seele" meint. Ganz allgemein formuliert, lautet die Antwort: Alles, was zu menschlichem Denken, Fühlen, Auffassen, Handeln, Reagieren und Träumen gehört, sind *psychische* Funktionen, die in bestimmten Reizsituationen ausgelöst werden. All das setzt nun Energie voraus, da ohne Energie nichts bewegt, verändert werden kann. Dafür sorgt das Nervensystem. Obgleich es äußert interessant wäre, darüber Näheres zu erfahren, übergehe ich den Fachbereich *Neurologie* (griech.: *neuron sene* = Nerv[en]) und überlasse es dem Leser, sich mit entsprechender Fachliteratur zu beschäftigen. Hier soll nur kurz etwas zum Fachbereich *Persönlichkeits-Psychologie* gesagt werden. Da ich zuvor die Notwendigkeit von Energie (Nervenenergie) erwähnt hatte, will ich aber kurz auf den Begriff *Trieb* zu sprechen kommen, der sicher die Assoziation ‚Antrieb' wachruft. In diesem Zusammenhang sollte man sich einmal die Frage stellen, wie überhaupt unser Denken, Fühlen, Auffassen, Handeln und Träumen aktiviert wird. Dazu haben Verhaltensforscher, Sozialpsychologen oder Psychoanalytiker verschiedene Auslegungen. Ich halte mich an die Erklärung meines unvergessenen Psychologieprofessors Hubert Rohracher[1], der an Stelle des Begriffes *Trieb* auch gleichbedeutende wie Drang oder Bedürfnisse gelten ließ. Er ordnete die verschiedenen Triebe wie folgt ein:[2]

---

[1] *Hubert Rohracher (1903-1972), Professor an der Universität Wien. Er lehrte in den Fächern Philosophie und Psychologie. Es war ihm ein Hauptanliegen, die Psychologie als einen naturwissenschaftlichen Zweig darzustellen;*
[2] *„Wörterbuch der Psychologie", Wilhelm Hehlmann; Seite 556;*

„1. *Vitale oder Erhaltungstriebe*: Hierzu gehören Nahrungs-, Geschlechts-, Flucht-, Bewegungs-, Schlaf-, Mutter-, Pflege- und Bruttrieb;
2. *Soziale oder Gesellschaftstriebe*: Sie umfassen u.a. Geltungs-, Macht-, Herrsch-, Vergesellschaftungstrieb, Hilfsbereitschaft, Mitleid, Opfermut, aber auch Habgier, Eifersucht, Gefallsucht und Vergeltungstrieb;
3. *Hedonistische oder Genusstriebe* und
4. *Kulturtriebe oder Interessen*; von anderen Psychologen werden letztere nicht zu den Trieben gerechnet."

Nun stelle man sich einmal vor, in einem Kleinkind regt sich ein furchtbarer Hunger – und das in einer niedergeschlagenen Stimmung gefühlsmäßiger Verlassenheit, da sich schon eine längere Zeit niemand seiner angenommen hat. Es melden sich also zwei wesentliche Bedürfnisse zugleich, ein dynamischer Erhaltungstrieb und ein Verlangen nach *emotionaler* Geborgenheit. Was dann? Konkurrieren nun diese beiden Triebe derartig miteinander, dass eine innere Verwirrung und damit eine Blockierung das chaotische Resultat ist? Maslow[3] ist dieser Frage nachgegangen und fand dabei heraus, dass nicht alle Triebe mit gleicher Dynamik auftreten. Bestimmte Triebe sind anderen über-

....

Bedürfnis (Trieb) nach Selbstaktualisierung oder Selbstrealisierung (Identität)
Schöpferdrang, Experimentierfreude, Herausforderungen suchen, eigene Ideen verwirklichen,

....

Bedürfnis (Trieb) nach Wertschätzung seiner selbst und anderer
Selbstrespekt, Selbstvertrauen, Unabhängigkeit, Würde, Anerkennung, Respekt, Können, Status/Rang (in einer Gruppe)

....

Soziale Bedürfnisse (Triebe)
Gemeinschaft, Akzept, Liebe, Zärtlichkeit, Aktivitäten zusammen mit anderen

---

[3] *Abraham H. Maslow (1908-1970); Begründer der existenzialistischen oder humanistischen Psychologie;*

....

Gefühlsmäßige (emotionale) Bedürfnisse (Triebe)
Beschützung, Abwehr von Furcht und Angst, Nahkontakt,
Hingebung, Wärme: Geborgenheit

....

Organische oder physiologische Bedürfnisse (Triebe)
Hunger, Durst, Schlaf, Bewegung, Atmen, Sexualität,
Stuhlgang

....

geordnet, d.h., es soll eine Rangordnung bestehen. Danach sind die so genannten *organischen* oder *physiologischen* Bedürfnisse von fundamentaler Bedeutung, weshalb sie automatisch immer zuerst – diesbezüglich machen wir die Bekanntschaft mit Sigmund Freuds Persönlichkeitsmodell – befriedigt werden (Überlebensdrang). Ich erlebte das auf erschütternde Weise, als ich ausgemergelten und entkräfteten kleinen Kindern in den Armutsvierteln Kalkuttas etwas zu essen geben wollte.

Da war kein Lächeln oder wenigstens nur ein wehmutsvoller Blick. Mit letzter verfügbarer Energie wurden mir die Stücke des Hirsebrotes aus der Hand gerissen und hastig in den Mund gestopft. Entsprechend dieser Rangordnung veranschaulichte er die Einstufung der verschiedenen Triebe = Bedürfnisse = Motive in Form seiner bekannten Pyramide, die in Kapitel 5 mit Beispielen aus der Praxis eingehender erläutert wird.

Kommen wir nun zu dem übergeordneten Begriff dieses Kapitels: Persönlichkeitspsychologie.

Darunter versteht man drei Hauptbereiche, die da sind: die Dynamik der Persönlichkeit, die Struktur der Persönlichkeit und schließlich die Entwicklung der Persönlichkeit. Auf letzteres Gebiet wird in Kapitel 5 näher eingegangen. In der Überschrift zu diesem Kapitel habe ich bewusst die Formulierung „kurze Auszüge" gewählt, da ich mich nur auf für das Thema des Buches wichtige Details konzentrieren möchte, die für die späteren Problembeleuchtungen von Bedeutung sein werden. Als äußerst zusammengedrängte Definition könnte man unter Persönlichkeitsstruktur alle Eigenschaften und Verhaltenstendenzen eines Menschen verstehen, soweit dieses Ineinanderwirken einigermaßen gleichbleibend verläuft, um über Handeln und Gebaren etwas aussagen zu können.

Dabei unterscheidet er zwischen drei Funktionsbereichen: zwischen dem _ID_ (lat.: es), dem _EGO_ (lat.: ego = ich) und dem _SUPER-EGO_ (Über-Ich). Bei einem von psychischen Handicaps verschonten Menschen wirken diese drei Bereiche in harmonischem Einklang. In sich gegenseitig ergänzender Wechselwirkung garantieren sie die Befriedigung der sich meldenden Bedürfnisse, sorgen für einen inspirierenden und anspornenden Verkehr mit der Umwelt und fördern somit einen Entwicklungsverlauf zum Zwecke der Reife und Persönlichkeitsentfaltung bis hin zur obersten Stufe der Maslowschen Bedürfnispyramide, wo konzentriertes und ausdauerndes Bemühen angestrebte Ziele erreicht, wo Schöpferdrang zu gelungener Entfaltung kommt, wo phantasievolle Lust zum Experimentieren nicht unterdrückt wird – kurz gesagt, wo Selbstaktualisierung und Selbstrealisierung Freude, innere Genugtuung und Selbstsicherheit erreichen. Wenn diese harmonische Wechselwirkung bedenklich beeinträchtigt oder gar ernsthaft gestört wird, haben wir es mit einem Menschen zu tun, dessen Auffassen, Verarbeiten, Handeln und Ausstrahlung deutlich eingeschränkt sind. Er wird immer wieder mit psychischen Problemen zu kämpfen haben, was in der Regel auch zu Schwierigkeiten bei der Anpassung an die Umwelt führt.

Um die Entwicklung des von Freud als _Primärprozess_ bezeichneten Vorganges in diesem _ID_ besser verstehen zu können, komme ich noch kurz auf einige wichtige Funktionen des psychologischen Apparates zu sprechen:

Da wäre zum einen der _Wahrnehmungsapparat_. Hierzu gehören die fünf sensorischen Organe (Sinne), die der Aufnahme von Einwirkungen von außen (Stimuli) dienen, und der _motorische_ Bereich, zu dem das ganze Muskelsystem gehört. Außer diesen beiden verfügt der Mensch auch über ein _Auffassungs-/Perzeptions-_[4] und ein _Erinnerungsvermögen_ (Vorgänge im Ge-

---

[4] _Hiermit sind gemeint: Beobachtung, Erleben, Bearbeitung und Verstehen von eingesammelten Stimuli;_

hirn). Alle organischen Voraussetzungen für die hier genannten Vorgänge sind bereits vor der Geburt geschaffen. Um im Alltag nur *reflexartig* zu reagieren, also ohne Erinnerungen und Erfahrungen, bedürfte es dieser letzten beiden nicht. Da aber abstrakte Vorgänge wie Kombinationen, Assoziationen, Phantasien, Planungen, Analysen oder auch philosophisches Denken ohne Erfahrungen und Erinnerungen an einmal Gelerntes nicht durchführbar sind, werden diese Fähigkeiten im Laufe der Zeit entwickelt. Ja, ja, wenn man über diese komplizierte Koordinierung und Funktionsweise der menschlichen Psyche sich eingehender Gedanken macht, wird manchem sicher bewusst, wie oberflächlich und vor allem verständnislos Kinder bei ihren Gefühlen, ersten „Erforschungsversuchen" und allen Lernprozessen behandelt, dressiert werden! Aber darüber mehr in den Kapiteln 7 und 8.

Und nun zurück zu den *ID*-Funktionen. Es hat eigentlich nur eine einzige, aber grundlegend wichtige Aufgabe: Es sorgt für den umgehenden Abbau von aufgestauten Spannungszuständen, was via Verteilung (Zufuhr) von Energie geschieht, die durch innere oder äußere Reize freigestellt (produziert) wird. Meldet sich also irgendein Mangel (Verlangen nach Befriedigung) wie z.B. Hunger oder Durst, dann werden beim Kleinkind umgehend reflexartige Reaktionen ausgelöst (Schreien, Strampeln), die schon dafür sorgen werden, dass die Umwelt Nahrung herbeischafft. Bei dem z.B. weiterentwickelten Einjährigen treten an Stelle der einst spontanen Signalsendungen (Proteste) Impulse aus dem Erfahrungs-/ Erinnerungsdepot und er wird durch überlegte Handlungen versuchen, zu Nahrung zu kommen. Die hier kurz beschriebene Funktion des *ID* nannte Freud das *Lustprinzip,* worin er ein Urprinzip des menschlichen Lebens sah. Bei Carl Gustav Jung[5] wird es das *Unbewusste* genannt.

Der zuvor erwähnte Einjährige, der sich dank seiner bereits gesammelten Erfahrungen und der Erinnerung etwas selbstständiger daran machen kann, an Nahrung zu kommen, handelt bereits durch das *ICH/EGO*, sein *Bewusstsein* um viele Dinge und Praktiken. Mit fortschreitendem Entwicklungsverlauf übernimmt das *ICH* mehr und mehr eine durchaus zweckdienliche Kontrolle

---

[5] *Carl Gustav Jung (1875-1961), Schüler von Freud, von dem er sich später trennte, Psychiater und Psychotherapeut, Professor an der Universität Basel; bezeichnete seine eigene Lehre als „Analytische Psychologie". Das Unbewusste war nach ihm die ausschlaggebende Grundlage für das Bewusstsein;*

über sowohl das *ID wie* auch über das *ÜBER-ICH/SUPER-EGO,* von dem anschließend noch die Rede sein wird. Mit anderen Worten: Das *ICH,* man kann es auch das Bewusstsein der Persönlichkeit nennen, wirkt nach einem Realitätsprinzip. Durch wohl überlegtes Handeln steuert es aus Erfahrungen von erfreulichen wie nachteiligen Erlebnissen Verhalten und Beschlüsse gegenüber der Umwelt und in Gefahrsituationen. Sollten bestimmte Situationen sofortiges Reagieren erfordern, treten spontane, durch Reflexe dirigierte Abwehrreaktionen an seine Stelle. Aus Gesagtem ist zu ersehen, dass das *ICH* eine wichtige Rolle bei der sozialen Anpassung spielt. Zudem vermag es auch in Konflikt-, also Spannungsmomenten problemlösend in Aktion zu treten. Wenn sich z.B. ein aufdrängender Trieb meldet, die Umstände jedoch die umgehende Befriedigung als nicht ratsam erscheinen lassen, dirigiert das *ICH* in Form von Beherrschung, d.h. Aufschieben in Handlungsweisen, um, bei denen zum einen Unannehmlichkeiten vermieden, zum anderen auf dem Umwege einer Ersatzhandlung entstandene Spannungen abgebaut werden. Dabei darf nicht vergessen werden, dass durch derartige „Manöver" gleichzeitig auch eine nützliche Weiterentwicklung von Perzeption, Denken, Erfahrungsammeln, Erinnern und Denken gefördert wird.

Bleibt abschließend noch, etwas über den dritten Teil des Persönlichkeitsmodells, das *ÜBER-ICH,* zu sagen. Seine wesentliche Funktion will ich an einem Beispiel veranschaulichen:

Sommerferien – und auf der Autobahn ist man mal wieder in einem unübersehbaren Stau stecken geblieben. Musik aus dem Radio, eine Ungeduldszigarette oder das irritierte Knabbern an dem geschmierten Brot muss die Wartezeit überdauern helfen. Nicht mehr länger auszuhalten ist schließlich der furchtbare Druck in den unteren Regionen. Wie widerstandsfähig sind die Schließmuskeln? Zuletzt geht es nicht mehr länger im Auto, also nichts wie raus. Aber, oh Gott, weit und breit nichts von einer Toilette oder wenigstens von einem Busch zu sehen. Die spontane Eingebung schlägt vor, das Wasser gleich hinter dem Kofferraum abzulassen. Mit verlegenen Handbewegungen in der Schrittgegend schleicht man um das Auto herum. Nein, hier geht es auf keinen Fall. Bleibt also nur, sich auf einen längeren Weg hinaus auf den Akker zu begeben, sich dort mit der intimen Seite schüchtern von der gelangweilten und ebenfalls ungeduldigen Zuschauerschar auf der Autobahn abzuwenden und dann endlich die Lust der Entleerung, der Erleichterung zu genießen, noch dazu in der frischen und gesunden Landluft. Dieses Beispiel lieferte mir mein *Ich* aus einer unvergesslichen Erinnerung. Die Frage ist nun, warum ich nicht einfach der spontanen Eingebung gefolgt war? Dafür sorgte das *ÜBER-ICH*, dem die Aufgabe der moralischen Beurteilung einer Situation oder Handlung zukommt. Man kann auch sagen, es handelt, jedem lustbetonten Begehren Einhalt gebietend, nach einem Idealprinzip und damit unnatürlich, weil beurteilend, urteilend, richtend! Viele Hemmungen, Schamgefühle und Beispiele von Beherrschung sind durch den Eingriff des *ÜBER-ICH* verursacht. Ich fasse also zusammen: Das *ID* hat die Aufgabe, dem Lustprinzip zu dienen, Energie zu verteilen und Spannungen abzubauen. Das *ICH* ersetzt allzu häufige spontane Reaktionen in seiner auf Realität bedachten Funktionsweise durch überlegtes Reagieren, wobei gelernte Erfahrungen, aus der Erinnerung abrufbar, nützliche Hilfe leisten. Das *ÜBER-ICH* schließlich „sagt" oft zu dem *ICH*: Ich kann zwar einsehen, dass dies und dies jetzt sinnvoll und dringend erscheint, aber überlege doch mal, das kann man sich doch nicht erlauben. Überhaupt immer, wenn wir im Laufe eines Tages von anderen oder in uns selbst die Bemerkung hören: „Das kann **man** doch nicht", dann sollte man nicht länger danach fragen, wer dieser **man** ist, es ist das *ÜBER-ICH*, das in solchen Augenblicken mahnt, verbietet, stoppt![6]

In Verbindung mit den Funktionen des *ICH* war zuvor die Rede von Beherrschung und Aufschiebemanövern gewesen. Beschäftigt man sich näher mit solchen Handlungsweisen, wird man auf den Freudschen Begriff *Abwehr* oder auf, wie Melanie Klein[7] es später umformuliert hat, *Abwehrmechanismen*[8] stoßen.

Damit ist das Sich-Sträuben gegen unangenehme oder unerträgliche Triebregungen, gegen *Affekte*[9] und Vorstellungen gemeint. Das *ICH* wendet in solchen Situationen folgende Abwehrmethoden an:

---

[6] *In den letzten vier Jahren meiner Lehrertätigkeit hatte ich mehr und mehr den Eindruck bekommen, dass bei vielen Schülern und Jugendlichen das ÜBER-ICH in seiner Funktion bedenklich gestört sein muss! Vorgeworfen habe ich ihnen das niemals, weil mir immer bewusst war, dass es nur die Nachahmung vieler Erwachsener ist, eine weniger günstige Identifikation!*

[7] *Melanie Klein (1882-1960), Psychoanalytikerin, war zu Beginn in Wien tätig, bis sie 1926 auf Anregung von Ernest Jones nach London umzog;*

[8] *Erklärungen hierzu sind teilweise aus dem „Psychologischen Wörterbuch", Friedrich Dorsch, Seite 5, wiedergegeben;*

[9] *Siehe alphabetisches Verzeichnis der Fachausdrücke im Anhang;*

Verdrängung:	Dabei werden Triebregungen, Vorstellungen oder Wünsche aus dem Bewussten ins Unbewusste „verdrängt". Durch das Einwirken des Über-Ich verlieren sie dabei jedoch nicht ihre Energie.
Regression	(lat.: re = zurück): Darunter ist eine Art „Rückentwicklung" auf ein früheres Entwicklungsniveau zu verstehen, z B. wenn ein Schüler sich in einer peinlichen Situation kindlicher gibt, als es in seinem Alter zu erwarten wäre.
Projektion:	Ein peinigendes Schuldgefühl, wenn ein Kind oder Schüler irgendeine Ordnungsregel (Ladendiebstahl, gewalttätiger Überfall eines Kameraden) übertreten hat und dabei ertappt wird, wird auf eine andere Person übertragen (projeziert), die Schuld wird auf einen anderen geschoben.
Kompensation:	Irgendeine Unzulänglichkeit oder ein Versagen (Minderwertigkeitsgefühle u.a.) soll durch besondere Anstrengung ausgeglichen, ersetzt werden. Dabei kann es bei Übertreibungen zu weniger positiven Folgewirkungen kommen. Anmaßungen, Prahlerei oder unnormales Geltungsbedürfnis seien hier zu nennen.[10]
Rationalisation	(lat.: *ratio* = Vernunft): Zu unüberlegten, oft triebhaften Meinungen oder Handlungen sollen nachträglich – oft mit weit hergeholten, scheinbar vernünftigen Argumenten positive Eindrücke gerettet werden. Man kennt derartige Situationen, wozu der Volksmund sagt: „Der redet um den heißen Brei herum" oder „Der redet sich von der Sache".
Sublimierung:	Ursprüngliche *Libido*[11] wird in kulturelle, kreative wissenschaftliche Aktivitäten umgeleitet.
Skotomisation:	Eine besondere Art des Verneinens, der Ablehnung. Man wünscht dies und jenes nicht zu sehen.
Isolation:	Die selbst gewählte Entscheidung (ohne Druck von Seiten der Umwelt), sich zurückzuziehen, einen nichtssagenden oder unangenehmen Umgang zu meiden.

---

[10] *Ein typisches Charakteristikum des „narzisstisches" Typus! Siehe hierzu Seite 16, 17;*

[11] *Siehe alphabetisches Verzeichnis der Fachausdrücke im Anhang;*

Die erwähnten *Abwehrmechanismen* sind die am häufigsten auftretenden. Es gibt noch einige andere wie z. B. *Autoaggression – Substitution – Reaktion – Konversion,* auf die ich aber nicht mehr näher eingehen möchte.

Nachdem der Leser eine kurze Einführung in *Triebe, Maslows Bedürfnis-Pyramide, Persönlichkeitsmodell* und *Abwehrmechanismen* erlebt hat, soll zum Abschluss dieses Kapitels noch etwas zur *Typologie* gesagt werden.

Nun könnte man in diesem Zusammenhang *Anschauungstypen, Aufmerksamkeitstypen, Denktypen,Einstellungstypen, Erlebnistypen, Funktionstypen, Integrationstypen* und einige andere nennen. Es würde den geplanten Rahmen des vorliegenden Buches sprengen. Sollte sich der Leser doch eingehender für diesen Bereich interessieren, kann man eine kurze Übersicht mit der Tabelle in Dorschs „Psychologischem Wörterbuch" auf den Seiten 626–627 bekommen.

Der Versuch, Menschen nach bestimmten, will sagen, typischen Merkmalen einzuordnen, war schon den alten Griechen bekannt, von denen wir ja die Bezeichnungen Athlet (sportlich), Pykniker (kräftiger, etwas korpulenter Körperbau) und Leptosom (schmaler, hagerer Körperbau) kennen. Die äußerlichen Körperformen waren dabei die ausschlaggebenden Kriterien.

Um es so kurz wie möglich zu machen, begrenze ich mich auf die Typeneinteilung nach Carl Gustav Jung. Er geht von zwei Hauptgruppen aus: dem *extrovertierten* (dynamisch, seine Gefühle äußernd, aufgeweckt, unternehmungsfreudig, Kontakt suchend und aufgeschlossen an der Umwelt interessiert) und dem *introvertierten* Typus (in sich geschlossen, nach innen gekehrt, seine Gefühle lange zurückhaltend, ist lieber in der Zurückgezogenheit aktiv). Beide Typen können nach Jung als denkende (sachlich, nüchtern denkend und handelnd) oder fühlende (in ihrem Wesen vorrangig emotional geprägt) Typen vorkommen.

Wenn man also mit anderen Menschen zu tun hat, sollte man bei deren Beurteilung immer auf der Hut sein, um nicht zu falschen Schlüssen zu gelangen, und stets in Überlegungen einbeziehen und abwägen, ob man es nun mit einem unkonzentriert hektischen Neurotiker zu tun hat oder nur mit einem *extrovertierten* Typus. Ebenso sollte man im Umgang mit Kindern und Schülern sehr vorsichtig sein, ehe man sich zu dem Eindruck versteift, es mit einem beleidigten, *autistischen*[12], eventuell physisch kranken oder anderweitig gehemmten Kind zu tun hat oder ganz einfach mit einem von Natur aus mehr verinnerlichten *introvertierten.* Ich habe mich hier auf die von Jung eingeführte typologische Einteilung beschränkt, weil ich in angebrachten praktischen Fällen in den Kapiteln 6, 7 und 8 nur auf diese zurückkommen werde.

---

[12] *Siehe alphabetisches Verzeichnis der Fachausdrücke im Anhang und Kapitel 6 unter Neurosen und Psychosen;*

4. Was kann uns die Gruppenpsychologie lehren?

Jahrelang war die Sozialpsychologie damit beschäftigt, verlässliche Erkenntnisse über psychische Gesetzmäßigkeiten hinsichtlich des menschlichen Verhaltens in sozialen Gruppen zu gewinnen. Dabei galt das Interesse Familien oder Wohngemeinschaften, den Gruppenbildungen in Tagesstätten, Schulen und höheren Lehranstalten, den Arbeitsgemeinschaften des Erwerbslebens (Ausschüsse, Büros, Fabrikationsstätten) zwecks Verbesserung des Arbeitsmilieus, verschiedenen Militäreinheiten, in isolierten Gegenden arbeitenden Forschergruppen, Dorf- oder Stadtbevölkerungen und nicht zuletzt den verschiedenen sozialen Schichten wie Arbeiterklasse, Mittelstand, gehobene Kreise und die in einem Staatsgebilde Höchstplazierten (Vermögende und Machtinhaber).

Alle Untersuchungen hatten zum Ziel, etwas Genaueres über eventuell bestehende Gruppenregeln (Normen), über unterschiedliche gruppendynamische Verhältnisse in verschiedenen Gruppenzusammensetzungen, über Verhaltensweisen des Individuums in den verschiedenen Gruppen und über Rangordnungen in einer Gruppe aussagen zu können. Aus dieser einführenden Übersicht ist erkennbar, dass bei allen diesbezüglichen Forschungsarbeiten das Hauptaugenmerk auf Gruppenstrukturen und Gruppenprozesse gerichtet war.

Aus den umfangreichen, des Öfteren wiederholten Untersuchungs- und Testergebnissen konnte man schließlich unumstößlich geltende Funktions- und Folgewirkungsprinzipien ableiten, die heute in den verschiedensten Familiensituationen wie auch in Unterrichts- und Arbeitsbereichen nutzbringend angewendet werden können und werden, wo man über entsprechende Kenntnisse, die nötige Aufmerksamkeit und entsprechendes Verantwortungsbewusstsein verfügt!

Da sich vorliegendes Buch auf Familie und Schule konzentriert, beschränke ich mich auf folgende wesentliche Themen aus dem Bereich Gruppenpsychologie:

Einige *Gruppenformen,* einige *Gruppenprozesse,* etwas über *Gruppenstruktur,* Auszüge aus Untersuchungen verschiedener *Leitungsformen* (hierunter vor allem Eltern, Erzieher und Lehrer) und abschließend ein paar Bemerkungen zu dem Thema *Ausübung von Autorität.*

Wenden wir uns dem ersten Abschnitt zu: Mit welchen *Gruppenformen* arbeitet die Psychologie?

Man unterscheidet zunächst einmal nach zwei übergeordneten Richtlinien, nämlich *Primär-* und *Sekundärgruppen.*

Bei *Primärgruppen* handelt es sich um das Zusammenleben von Menschen in einer ausgeprägt intimen, gefühlswarmen und verständnisvoll wie opferbereit einander Hilfe, Trost und Anerkennung gewährenden Atmosphäre, die in der unentbehrlichen Geborgenheit optimale Entwicklungs- und Entfaltungsmöglichkeiten garantiert.[1] So sollte es jedenfalls sein! Zu beschriebener Gemeinschaft rechnet man den Familienverband und andere intime Paarverhältnisse. Dass solch eine heile Welt keinesfalls mit Narzissten aufgebaut werden kann, versteht sich von selbst.[2]

Bei *Sekundärgruppen* (Nation, Stadtbevölkerung, politische Parteien, Berufsgruppen, Sportsvereine, Interessensgruppen, Kindergruppen in Tagesstätten, Schulklassen u.a.) haben wir es mit Gruppen zu tun, in denen die intimeren Gefühlsbeziehungen fehlen. Es dreht sich um mehr zufällige Beziehungen, wobei gleiche Interessen oder Aufgaben die vorübergehende Bindung ausmachen. Der Einfluss dieser Gruppen auf den einzelnen Menschen ist entschieden geringer als in *Primärgruppen.* Zudem unterscheidet man noch zwischen *formellen* (mit schriftlich festgelegter Organisation, Zielsetzung und Mitbestimmung) und *unformellen,* in denen keinerlei Vorschriften schriftlich niedergefällt sind. In allen Gruppenformen ist die *Gruppendynamik* von Bedeutung, weil sie in hohem Maße auf die Psyche der individuellen Persönlichkeiten einen großen Einfluss ausübt. In diesem Zusammenhang ist es interessant, sich mit den verschiedenen Formen von *Gruppen-Pression* zu beschäftigen, da diese entscheidend für das Verhalten und die Rangordnung des einzelnen Mitglieds in der Gruppe sind. Sie reichen von indirekter Gewaltanwendung (Verhöhnen, Injurien, Provokation, Ignorieren u.a.) bis hin zu direkter, hemmungsloser Gewaltanwendung. Die ersten Untersuchungen in dieser Hinsicht unternahm Thorleif Schjelderup-Ebbe[3] mit Hühnern, wobei er eine fest etablierte „Gesellschaftsordnung" unter Tieren feststellte, die so genannte *Hackordnung* (wer bestimmt über wen und wie?). Diese Gesetzmäßigkeit kann man weitgehend auch auf das menschliche Verhalten übertragen.

---

[1] *Siehe hierzu Kapitel 5;*
[2] *Siehe hierzu Seite 16, 17;*
[3] *Norwegischer Tierpsychologe; Professor an der Universität Paris, später in Oslo;*

Die gruppeninternen Prozesse werden natürlich nicht nur von den verschiedenen Verhaltensweisen der Mitglieder bestimmt. Aus der Hack- und Rangordnung ist auch zu entnehmen, dass den jeweiligen *Leitungsformen* der übergeordneten Verantwortlichen (Eltern, Erzieher, Lehrer, Chefs, Direktoren), je nach belastender oder angenehmer Atmosphäre in einer Gruppe, ein maßgeblicher Anteil an Schuld oder Verdienst zugesprochen werden muss.

Ich unterlasse es, näher auf Variationen bezüglich der Hackordnung einzugehen, will jedoch noch einige wesentliche Faktoren erwähnen, die die Rangordnung eines Gruppenmitglieds entscheiden können. Da spielen zunächst einmal Aussehen, Leistungsvermögen, Handicaps und soziale Herkunft eine bedeutende Rolle, weil sie bei anderen sehr oft Anerkennung, Achtung und Bewunderung oder aber Neid, Missgunst, Minderwertigkeitsgefühle, Ablehnung und Isolation hervorrufen. Weder der untertänige, ideenlose Mitläufer noch der Einzelgänger oder der durch Gewalt Dominierende wird sich auf die Dauer einer Beliebtheit in der Gruppe erfreuen können. Ich habe mehrere Fälle erlebt, in denen Schüler spürbar unter ihrem Schicksal als uneheliches oder als Scheidungskind gelitten hatten, vor allem dann, wenn der eine Elternteil unbekannt oder nach familiären Zerwürfnissen jeden weiteren Kontakt abgelehnt hatte.

Zu den variationsreichen Interaktionen in einer Gruppe sind im Laufe der Jahre zahlreiche Untersuchungen durchgeführt worden. Sie geben lehrreiche Hinweise sowohl auf die Bedeutung der Gruppengröße als auf die soziale Position der einzelnen Mitglieder einer Gruppe; „Flanders (1960) erstellt ein System zur Beschreibung des Lehrerverhaltens, das zwischen direktem und indirektem Einflussnehmen unterscheidet:

Direkter Einfluss

a) doziert Stoff und Ideen
b) kritisiert und erniedrigt das Verhalten der Schüler mit dem Ziel, es zu ändern
c) erteilt Anweisungen und Richtlinien
d) rechtfertigt seine eigene Position oder Autorität

Indirekter Einfluss:

a) akzeptiert, erklärt und unterstützt die Ideen und Gefühle der Schüler
b) ermuntert und stimuliert
c) stellt Fragen, um die Teilnahme der Schüler an Entscheidungen zu wecken
d) stellt Fragen, um die Schüler auf Schularbeit oder Diskussionsthemen einzustellen

Flanders schließt daraus, dass indirekte Einflussnahme den möglichen Handlungsbereich des Schülers erweitert, während direkte Einflussnahme ihn einengt."[4]

Mit ähnlicher Zielsetzung, doch in bedeutend weitgreifenderem Umfang, führte Husen 1959 in Schweden eine Untersuchung der Einwirkung verschiedener Verhältnisse auf Schüler durch, u.a. des direkten Eingreifens der Lehrer: „Mit Hilfe von Fragebögen an Lehrer und Schüler untersuchte man u.a., ob es Unterschiede in der Einstellung der Schüler zu folgenden Gebieten gab:

1. Interesse an der Schularbeit
2. Erleben der Klassenatmosphäre
3. Einstellung zu den Normen des Lehrers (der Schule)
4. Einstellung zu verschiedenem Lernstoff (Fach)

Auf der Grundlage der Beantwortung der Fragebögen teilte man die Lehrer nach folgenden Kriterien ein:

Inwieweit Lehrer die Arbeit als schwierig und irritierend (waren frustriert) empfanden oder nicht;

inwieweit Lehrer zu Eingriffen geneigt waren oder nicht;

inwieweit Lehrer ‚kindzentriert' waren oder nicht.

Die Untersuchung ergab, dass für die mehr ‚kindzentrierten' Lehrer ein Zusammenhang mit der positiven Einstellung auf allen vier Bereichen bestand. Was die anderen Lehrerhaltungen betrifft, geht beispielsweise der Zusammenhang mit der Einstellung der Schüler aus Folgendem hervor:

Bei Lehrern, die *weniger* geneigt waren, einzugreifen, fanden sich Schüler, die gewöhnlich:	Bei Lehrern, die den Unterricht *weniger* schwierig und irritierend fanden, waren Schüler, die gewöhnlich:
a) klar positiv zum Schulgang eingestellt sind, verglichen mit Schülern, deren Lehrer sehr geneigt sind, einzugreifen	a) nicht positiver zum Schulgang eingestellt sind als Schüler, deren Lehrer ihre schwierig und irritierend finden
b) weniger Störungen als Schüler der zu Eingriffen geneigten Lehrer erleben	b) bedeutend weniger Störungen er-

---

[4] *Zitiert aus dem Dänischen nach: „Gruppepsykologi", Arne Sjølund; Seite 176; siehe auch Literaturverzeichnis;*

c) positiver gegenüber den Normen der Lehrer eingestellt sind als Schüler bei zu Eingriffen geneigten Lehrern

d) den Lehrer auf eine Art auffassen, die als etwas weniger frustriert charakterisiert werden kann im Vergleich zu Schülern mit Lehrern, die zu Eingriffen neigen

e) weniger leisten als Schüler von Lehrern, die mehr zu Eingriffen neigen, wenngleich der Unterschied nicht sehr groß ist.

leben als Schüler, deren Lehrer ihre Situation schwierig und irritierend finden

c) positiver gegenüber den Normen der Lehrer eingestellt als Schüler, deren Lehrer ihre Situation als schwierig und irritierend empfinden

d) den Lehrer auf eine Art auffassen, die als bedeutend weniger frustriert charakterisiert werden kann im Vergleich zu Schülern, deren Lehrer ihre Situation als beschwerlich empfinden

e) die mehr leisten als Schüler, deren Lehrer ihre Situation als schwieriger und irritierender finden, wenn auch nicht sehr viel mehr.

Aus der Schlussfolgerung geht hervor, dass – aus der Sicht der Schule betrachtet – die positivsten Schülereinstellungen am stärksten bei den Schülern zum Ausdruck kam, die Lehrer hatten, die weniger geneigt waren, immer sofort einzugreifen, oder ihre Arbeit als besonders frustrierend fanden.["][5]
Nähere Ausführungen bezüglich unerlässlicher Anforderungen an die Lehrertätigkeit folgen in Kapitel 8. Abschließend wäre noch etwas zu dem Thema „Autoritätsproblem" zu bemerken:
In allen zur Arbeit mit dem Thema des vorliegenden Buches eingesehenen Vorsatzformulierungen (Zielsetzungen) verschiedener Kultur-/Unterrichtsministerien aus Dänemark und dem deutschsprachigen Raum tauchen übereinstimmend zwei Forderungen an die Schule auf: Anleitung und Prägung der jungen Persönlichkeit zu Selbstkritik und Selbstbewusstsein zum einen und Einführung in und Erziehung zur Achtung demokratischer Einrichtungen zum anderen. In diesem Zusammenhang besteht bei vielen ein Missverständnis zwischen „autoritär" und „Autorität". Letztgenannter Begriff steht für eine ethisch bewusste Einstellung der Anerkennung von Geltung, Kompetenz und Einfluss einer Person, was nicht immer erneut erwähnt werden muss. Dabei

---

[5] *„Gruppepsykologi", Arne Sjølund; Seite 176, 177, 178;*

kann auch eine wertvolle Idee eine Autorität darstellen. Mit „autoritär" hingegen ist die Art gemeint, mit welcher Autorität oft durchgesetzt wird. Dies kann nicht selten zum Schaden eigentlich geachteter Autorität führen. Der in Kapitel 1 ausführlicher beschriebene narzisstische Menschentyp ist ein treffendes Beispiel für egozentrischen Drang nach Erlangung oder Bewahrung einer falsch verstandenen Autorität, die nur eigenen Interessen zu dienen hat. In Kapitel 8 wird dazu in Verbindung mit Beispielen aus der Praxis mehr zu sagen sein.

5. Entwicklungspsychologische Prinzipien

Würden sich junge Eltern, die sich Kinder wünschen und erwarten, Arbeitgeber, die indirekt einen wesentlichen Beitrag zu einer halbwegs gesicherten Familienexistenz liefern und vor allem Medien und Gesetzgeber bewusster mit entwicklungspsychologischen Prozessen beschäftigen, könnte man sich vielleicht eine weniger angst- und depressionsbelastete Gesellschaft vorstellen. Ein formeller Muttertag, ein Tag des Kindes sind kaum eine wirkungsvolle Mahnung an unverzeihliche Versäumnisse in der Behandlung der Generation, die, um eine beliebte Formulierung mancher Politiker zu gebrauchen, einmal unsere Zukunft sein wird! Die Art, wie wir heute diese „hoffnungsvolle Zukunft" in die Gegenwart einplanen, sagt alles darüber aus, wie ernst und verantwortungsbewusst das Besorgtsein um die Zukunft wirklich gemeint ist. Dabei ist mir in vielen Jahren aufgefallen, dass genannte Sorge um die Zukunft vor allem vor anstehenden Wahlen ein eindringlich vorgetragenes Anliegen war und es wohl immer sein wird, denn mit diesbezüglich Hoffnung weckenden Versprechungen ist eine zahlreiche Wählerschar zu „fangen".

Dennoch scheint nach wie vor der Satz zu gelten: „Weil du arm bist, musst du eher sterben" – und daran hat bisher auch ein christlicher, demokratischer Sozialstaat nichts ändern können ...

Obwohl mir völlig klar ist, dass nachfolgende Ausführungen über grundlegende Triebe und Bedürfnisse in der Psyche des Menschen wie daraus folgende Entwicklungsverläufe unter heutigen Verhältnissen nur annähernd zu berücksichtigen sind (Zeitmangel, Stress!), will ich sie dennoch hier kurz einbringen.

Gehen wir einmal von der Bedürfnis-Pyramide[1] Abraham Maslows[2] aus.

Danach sind die grundlegenden Bedürfnisse die *organischen* oder *physiologischen,* was besagen will, dass Hunger, Durst, Atmen, Stoffentleerung, Bewegung und Schlaf von Geburt an und stets zuallererst gestillt werden, d.h. einen bedeutenden Anteil der Nervenenergie, die für alle Reaktionen als notwendige Voraussetzung zur Verfügung gestellt wird, verbraucht der Mensch

---

[1] *Siehe hierzu: Kapitel 3, Seite 22 ff;*
[2] *Einflussreicher Psychologe, der sich eingehend mit den verschiedenen Bedürfnissen und deren Rangordnung beschäftigt hat;*

vorrangig zur Abwicklung der organischen Bedürfnisse. Stillende Mütter können ein Lied davon singen, wie energiefordernd das Verlangen eines ungeduldigen, hungrigen oder durstigen Kleinkindes sein kann.

Ist der Mensch in diesen grundlegenden Ansprüchen zufriedenstellend befriedigt, meldet sich das für die weitere Entwicklung des Kindes äußerst wichtige Bedürfnis nach Geborgenheit, nach Liebe und Hingabe, ein Verlangen nach gefühlsmäßiger Sicherheit (engl.: the belongingness and love needs), kurz ausgedrückt, ein Liebesbedürfnis! Abhängig davon, wie sehr das Kleinkind in diesem Verlangen befriedigt worden ist oder lange Zeit hindurch vergeblich hat betteln müssen, wird sich dies in späteren Entwicklungsphasen als selbstsicher und unternehmungslustig oder als zurückhaltend, zögernd und sehr schnell aufgebend äußern. Und eben was dieses fundamentale „Liebesbedürfnis" der Kleinen angeht, sind die unverzeihlichsten Versäumnisse anzuklagen. Namhafte Psychologen wie E. Schmalohr, J. Bowlby, M. Meyerhofer, W. Dennis oder R. A. Spitz haben in ihren umfangreichen Untersuchungen und Veröffentlichungen[3] eindringlich warnend auf zum Teil nicht wieder gutzumachende Entwicklungsschäden hingewiesen, besonders im Hinblick auf Kinder, die sehr früh aus der engen Mutterbindung entfernt wurden. Dabei tauchten auch erste kritische Bedenken gegenüber den Entbindungen im Krankenhaus auf, deren Folgesymptome unter dem Begriff *Hospitalismus*[4] in die Fachsprache der Psychologen eingegangen sind.

Was ist nun unter dieser Bezeichnung zu verstehen? Ich übergehe im Folgenden *nosologische* (anatomische Krankheitsbilder) Symptome und halte mich an die psychischen. Das Wort selber (von Hospital = Krankenhaus) deutet bereits an, dass es sich dabei um Schädigungen handelt, die durch längere Aufenthalte und Erziehung in Anstalten hervorgerufen werden. Unbegreiflich ist, dass C. Bennhold-Thomsen schon vor 1900 auf den „*seelischen Hospitalismus"* aufmerksam gemacht hatte, dass seine Alarmsignale jedoch nur in ganz wenigen Familien, Kindergärten oder Schulen aufmerksam in Pflege- und Erziehungsmethoden des Alltags einbezogen worden sind, worin sich meines Erachtens bis in die Gegenwart kaum etwas nennenswert geändert hat. Bei den vorherrschenden, gesellschaftsbedingten Arbeitsbedingungen aller Erziehungsverantwortlichen kann das auch nicht überraschen! Eine landesweite Untersuchung unter Eltern, Pflegeeltern, Kindergarten und Lehrer-

---

[3] *Auf einige der hier erwähnten Untersuchungen werde ich später zurückkommen;*

personal hinsichtlich diesbezüglichen Bewusstseins könnte vielleicht sehr aufschlussreich sein ... Und wie viele junge Eltern haben sich wirklich sehr gründlich mit entwicklungspsychologischen Prozessen auseinander gesetzt, ehe sie sich den innerlichen Wunsch nach Kindern erfüllten? Bei Kindern also, die längere Zeit ohne Mutter und ohne eine harmonische Familienatmosphäre aufgewachsen sind, nach längerem Entbehren von „Nestwärme" in eine Art *Regression* und nach Sigmund Freud in *Autoerotik*[5] verfallen, macht sich nach René Spitz die so genannte *anaklitische Depression*[6] (Zurückgezogenheit, Passivität, Kontaktarmut) bemerkbar, die sich natürlich auf andere, wichtige Entwicklungsprozesse auswirken wird. So werden diese, in frühester Kindheit bereits geschädigten Kinder (entwicklungsretardiert) oft später als üblich das Laufen und Sprechen lernen. Zudem haben sie mit Anpassungsschwierigkeiten zu kämpfen, was sich vor allem bei Schulbeginn als deutliche Hemmung erweist. Wie kann man dann noch Konzentration, Engagement und rücksichtsvolles Einordnen in die Gemeinschaft erwarten, verlangen? Mit der nunmehrigen, erstaunlich verspäteten Forderung der Unterrichtsminister nach „Reetablierung" von mehr Disziplin ist den tiefer liegenden, menschlichen Problemen nicht beizukommen, wenn man die „Gebranntmarkten" nicht aussortieren und von der hoffnungsvollen Elite isolieren will, um wenigstens auf diese Weise in Zukunft deutlich verbesserte Lernresultate vorweisen zu können![7]

Verlassen wir nun den Entwicklungsverlauf in den ersten zwei Monaten, nach S. Freud die *primärnarzisstische*[8] Phase, und wenden uns den Veränderungen ab dem dritten Monat zu. Jetzt spielen das Sehen und Hören eine bedeutendere Rolle. Die bisher aus den inneren Bedürfnissen herrührenden Impulse werden nun immer deutlicher von aus der Umwelt erfahrenen optischen und akustischen Reizen abgelöst, womit zugleich die enge Mutter-Kind-Symbiose allmählich gelockert wird. Damit kündigen sich erste Anzeichen einer *Individuation*[9] (Verselbstständigung – „Selbstwerdung") an. Nach Carl

---

[4] *Siehe alphabetisches Verzeichnis der Fachausdrücke im Anhang;*
[5] *Siehe alphabetisches Verzeichnis der Fachausdrücke im Anhang;*
[6] *Siehe alphabetisches Verzeichnis der Fachwörter im Anhang;*
[7] *Man beachte die kürzlich vorgelegten OECD/Pisa-Untersuchungen des europäischen Schulstandards!*
[8] *Siehe alphabetisches Verzeichnis der Fachausdrücke im Anhang;*
[9] *Siehe alphabetisches Verzeichnis der Fachausdrücke im Anhang;*

Gustav Jung verläuft dieser Prozess in Wechselwirkung mit dem Unbewussten bis zur Etablierung und Abrundung des endgültigen, des individuellen Selbst. Nach wie vor aber spielt der Mund immer noch eine wesentliche Rolle bei der Aufnahme von Umwelteindrücken, weshalb das erste Lebensjahr auch als *orale* Phase (lateinisch: os, oris = Mund) bezeichnet wird. Das Daumenlutschen oder auch der Bettzipfel übernehmen die Funktion eines so genannten *Übergangs-Objektes,* was als eigener Besitz erachtet wird. Neben der eingeleiteten Lösung aus der engen Mutterbindung kommt den *Übergangs-Objekten* noch eine andere, wesentliche Bedeutung zu: In Situationen des Gefühles von Verlassenheit oder sonstiger gefühlsmäßiger Unsicherheit kann das Kind durch enges Verbundensein mit solchen *Übergangs-Objekten* aufkommende Angst mildern, also eine Art der Selbsthilfe. In solchen Augenblicken können übertriebene mütterliche Fürsorge oder nüchtern-autoritäre Zurechtweisungen („So, jetzt machen wir das Licht aus und du versuchst zu schlafen!") ein blockierender Eingriff in den eingeleiteten *Individuations*-Prozess (Reifung von Selbstbewusstsein, Selbstfindung) sein. Es wird also darauf ankommen, eine ausgewogene Balance zwischen dem Bedürfnis des Kindes und den Absichten, Vorsätzen des Erwachsenen zu wahren! Vor allem narzisstische Mütter und solche, die eine noch unfertige kleine Persönlichkeit in übersteigerter „Gefühlsumschlingung" unentrinnbar an sich binden, werden mit diesem Balancegang schwerlich zurechtkommen.

Dieses Problem kann sich in der so genannten *analen* (lat.: *anus* = After) Phase noch verschlimmern, da gegen Ende des ersten Lebensjahres und das ganze zweite hindurch die Kotentleerung eine wichtige Rolle spielt. Nach S. Freuds Auffassung erlebt das Kind bei diesem Vorgang ein lustbetontes Wohlbehagen. Gewöhnlich führt das dann dazu, dass das Kind nach überstandenem Erlebnis neugierig wird und näher untersuchen muss, was da hinten herausgekommen ist, mit anderen Worten, die Eltern werden Zeugen eines eigentlich ganz natürlichen Vorganges, wenn das Kind mit den Exkrementen spielt, darin herumrührt. Das Entsetzen der meisten Erwachsenen ist durchaus verständlich, wenn der kleine Forscher das „Material" auch noch in den Mund stopft. Nicht vergessen: Bis zu diesem Entwicklungsstadium war der Mund mit seinen Sinnesorganen ein wichtiger „Wissensvermittler" und darum muss er bei dieser „abscheulichen Untersuchung" doch eingesetzt werden! Dass ausgerechnet nun die Erziehung zur Reinlichkeit (Hygiene) beginnt, kann diese Gewöhnung an Ordnung und wichtige Gesellschaftsnormen zu einem akuten Problem machen. Ja, und welche Eltern kennen nicht die angestrengten Bemühungen der Kleinen, trotz des elterlichen Eingreifens doch immer wieder ihr „wichtiges Vorhaben" durchsetzen zu wollen. Wird in solchen Augenblicken zu rigorosen Methoden gegriffen, kann das zu einer *Fixierung* (der Trieb verharrt auf einer Entwicklungsstufe) führen, die für gewöhnlich nur eine vorübergehende Phase ist. Und was sind dann die Folgen? Es kann sich ein stark ausgeprägter Ordnungssinn entwickeln, der in den meisten Fällen in Form von übertriebenen, nämlich *manischen* Gewohnheiten viele Irritationen und Ärgernisse in der Umwelt hervorrufen kann. Das Kind kann in ein belastendes *ambivalentes* Verhalten gegenüber den Eltern – Liebe und situationsbedingte Abneigung, Hass – gedrängt werden! Eine ebenso bedenkliche Folgeerscheinung: Analerotiker!

Das dritte Lebensjahr hatte man früher gerne als „Trotzalter" hervorgehoben. Alle „rücksichtsvollen" und phantasievoll-gefühlsbetonten Hinwendungen an die Erwachsenen im vertrauten, näheren Umgangskreis weichen nun, oft zur verblüfften oder entsetzten Überraschung der Eltern, einer vorher nicht erlebten Aufsässigkeit. Genauere Kenntnisse über entwicklungspsychologische Vorgänge haben dann das zunehmende Streben des Kindes nach weiterer *Individuation* betont, weshalb die Bezeichnung „Selbstfindungs"- oder „Selbstbehauptungs"-Periode eingeführt worden ist. Die fortschreitende Loslösung aus der engen Mutterbindung bewirkt zudem, dass allmählich eine selbstständigere Art des Spielens wie auch Spielkameraden zunehmend an Bedeutung gewinnen. Dabei sind Phantasie und Rollenspiel immer noch deutlich von dem Vorbild der vertrauten Erwachsenen geprägt (Nachahmung – *Identifikation*[10]). Emotionell retardierte oder ernsthaft *frustrierte*[11] (lat.: frustra = vergeblich) Kinder werden entweder durch streitsüchtige Dominanz oder durch in sich gekehrte Zurückhaltung und Passivität unübersehbare Signale von Verhaltensstörungen senden, was eine soziale Anpassung erschwert oder gar unmöglich macht (aufgezwungene Außenseiterrolle). Verschiedene Untersuchungen gruppendynamischer Interaktionen haben bewiesen, dass gerade in dieser Phase vor allem den so genannten „Fassaden-Familien"[12] erhebliche, nicht selten unlösbare Probleme erstehen, da es ihnen vorrangig darum

---

[10] *Siehe alphabetisches Verzeichnis der Fachausdrücke im Anhang;*
[11] *Siehe alphabetisches Verzeichnis der Fachausdrücke im Anhang;*
[12] *Vgl. Anmerkung 15, Seite 42;*

zu tun ist, gegenüber der Außenwelt den Eindruck einer ordentlichen, glücklichen und also harmonisch funktionierenden Gemeinschaft retten zu müssen, obwohl hinter geschlossenen Türen und vorgezogenen Gardinen erbitterte und aggressive Konfrontationen durchkämpft werden, wobei jegliches Verständnis füreinander und gegenseitiges Einlebungsvermögen offensichtlich verloren gegangen sind!

Auch wenn ich bisher hin und wieder bereits auf einige psychische Konfliktsituationen und deren Folgen eingegangen bin, will ich mich bei den weiteren Ausführungen zu diesem Kapitel ausschließlich auf die Entwicklungsprozesse in den verschiedenen Altersphasen konzentrieren. Über psychische Probleme, deren Ursachen und Folgen wird in Kapitel 3 ausführlicher die Rede sein.

Im vierten und fünften Lebensjahr vollzieht sich eine wichtige Änderung hinsichtlich der sexuellen Entwicklung. Penis und Klitoris werden nun die Regionen starker Erregbarkeit. Selbstbefriedigung (Masturbation/Onanie) und reges Interesse daran, Sexuelles bei Tieren und Menschen zu beobachten und im Spiel nachzuahmen oder Genitalregionen zur Schau zu stellen, sind die üblichen Anzeichen einer im Grunde natürlich verlaufenden Entwicklung, was allerdings häufig zu Irritationen seitens des sozialen Umfeldes führt.[13] Wirklich verwirrend und für das Kind mehr als verunsichernd kann sich diese *phallische Entwicklungsstufe*[14] vor allem deswegen auswirken, weil eine in der Gegenwart sehr individuell und deswegen recht unterschiedlich ausgelegte und dementsprechend kontrastierend aufgefasste und gelebte Moral hinsichtlich der Erziehungsmethoden immer wieder zu Auseinandersetzungen führen muss. Wie sollen öffentlich angestellte Erziehungsbeauftragte sich verhalten, wenn sie der Entwicklung des Kindes förderlich beistehen könnten und wollten, dabei jedoch äußerst vorsichtig die Privatsphäre der Familie zu respektieren haben? Neben dieser sexuellen „Erwachungs-Phase", also einer Stabilisierung der Geschlechts-*Identität,* spielt besonders eine intensivere Entwicklung der Phantasie und der *sozialen* Anpassung eine hervortretende Rolle. Die Gruppe der Spielkameraden und dabei das Erlangen einer bestimmten Rangordnung nehmen das unternehmungslustige und kontakt-

---

[13] *Siehe Fragebogen;*
[14] *Siehe alphabetisches Verzeichnis der Fachausdrücke im Anhang;*

freudige Gemüt sehr in Anspruch. Auf den in dieser Entwicklungsphase auftretenden *Ödipus*[15]-Konflikt gehe ich in Kapitel 4 genauer ein.

Der erste Teil des Schulalters, also vom sechsten bis zum elften Lebensjahr, ist zum einen eine Fortsetzung der Sozialisation, also des Begreifens und Einlebens in Gebote und Verbote der näheren Umwelt, doch erlebt man jetzt bei dem jungen Menschen ein engagiertes Interesse am Lernen und Aneignen praktischer Fähigkeiten. Einige Psychologen bezeichnen daher diese Periode auch als *Intelligenzphase.* Häufiger wird allerdings der Begriff *Latens*-Phase (lateinisch: *latens* = verborgen) gebraucht – und das mit der Begründung, dass die bisher dominierende Triebentwicklung einen vorläufigen Abschluss gefunden hat (in dem Zusammenhang auch Lösung des *Ödipus*-Konfliktes und Verdrängung geschlechtlicher Impulse). Der *Ödipus*-Komplex verliert sich dadurch, dass sich das Kind nunmehr mit dem Elternteil seines eigenen Geschlechtes *identifiziert.* Vor allem aber die Entwicklung des *Ich*[16], die intellektuellen Funktionen sowie eine festere Etablierung der Einstellung zur Wirklichkeit und der Umwelt sind die markantesten Kennzeichen dieses Lebensabschnittes.

Mit der *Pubertät* (lateinisch: pubertas = Mannbarkeit) gelangt der Entwicklungsverlauf in jene Übergangszeit zwischen Kindheit und *Adoleszens (lateinisch: adolescere = heranwachsen),* die für sehr viele Jugendliche mit der schwierigsten Krise des gesamten Reifungsprozesses verbunden sein kann. Vor allem eingreifende Hormonveränderungen können äußerst starke Triebregungen auslösen und bewirken gleichzeitig mit der Ausbildung der sekundären Geschlechtsmerkmale eine sichtbare Veränderung des Körpers. Genaues Verfolgen des jugendlichen Verhaltens macht es verständlich, wenn man von *früher, mittlerer* und *später* Pubertät spricht. Was ist nun typisch für die jeweilige Phase?

In der *Frühpubertät* bewahrt der junge Mensch immer noch die nahe Bindung an den Familienkreis, wobei sich sein Kontaktbedürfnis zu Gleichaltrigen auf den Anschluss an Gruppen seines eigenen Geschlechtes konzentriert. Das ändert sich nach ungefähr ein bis anderthalb Jahren, wenn sich die Aufmerksamkeit auf das andere Geschlecht richtet, was nicht selten intime Kontakte mit sich führt. In dieser Zeit treten auch deutliche Oppositionshaltungen

---

[15] *Siehe alphabetisches Verzeichnis der Fachausdrücke im Anhang;*
[16] *Siehe Persönlichkeitsmodell: „Ich – Es – Über-Ich", Seite 25;*

gegenüber Eltern und anderen Erwachsenen auf. Die Normen und Konformitätsforderungen der Jugendgruppen dominieren nicht selten auf völlig beherrschende Weise Einstellung, Auftreten und in vielen Fällen sogar die Kleidung des einzelnen Mitgliedes. Es gehört nicht viel dazu, sich vorstellen zu können, wie der noch ohne festen und endgültigen Standpunkt „umherirrende" Jugendliche unbehaglichen Stimmungsschwankungen ausgeliefert sein kann! Jubelnde Begeisterung und manchmal kaum zu bremsende Unternehmungslust können schnell mit empfindlicher Sensibilität und Verletzbarkeit wechseln. Die Abkoppelung einst fürsorglicher, fördernder und tröstender und damit schwerlich ersetzbarer Personen aus der Kindheit wie auch der Verzicht auf einstige Luststillung sind bedeutende Ursachen für so viele *Affekt*reaktionen! Derartige Stimmungsschwankungen – *Ambivalenz*[17] können in manchen Fällen in Unentschlossenheit und damit aus Opposition als eine Art Verteidigungsmechanismus in Gleichgültigkeit und Unzuverlässigkeit ausarten!

Mit seriöserem Interesse als bisher für Ausbildung und Berufswahl, für notwendige Wohnortänderung und selbstständigere Lebensführung, oft auch für politische Aktivitäten und konkretere Zukunftserwartungen werden neue Ziele gesetzt. Eine selbstverständlichere Bereitschaft kündigt sich an, die in der Gesellschaft geltenden Regeln und Normen zu akzeptieren. Dem jungen Menschen ist nunmehr viel daran gelegen, anerkannt zu werden, was unter anderem auch erfordert, Entscheidungen zu treffen. Somit ist also die belastende Schwierigkeit der *Identitätsfindung* (Wer bin ich?) von recht einflussreicher Bedeutung für die Entwicklung der Persönlichkeit, noch dazu sie, wenn allmählich auf zukunftsweisendem Wege, meistens zu einem später kaum noch veränderbaren Verhaltensmuster führt. Da sich der Jugendliche der Pubertät im westlichen Kulturkreis mehr oder weniger von Gefühlsobjekten (Bezugspersonen) überstandener Entwicklungsphasen losgelöst hat, ist es nur verständlich, wenn als Ersatz dafür die eigene Person wieder in den Mittelpunkt *emotionaler* Bedürfnisse rückt oder – anders formuliert – um den jungen Menschen nicht mit falschen Kritiken oder Beurteilungen (oft gar Verurteilungen) zu begegnen, womit man ihnen vielleicht ein nachhaltiges Etikett anheftet, sollte man auftretende narzisstische Neigungen erst einmal verständnisvoll behandeln!

---

[17] *Siehe alphabetisches Verzeichnis der Fachausdrücke im Anhang;*

6. Häufige Entwicklungsstörungen bei Kindern:

Frustrationen – Ungewöhnliches Gebaren – Psychosomatische Symptome –
Neurosen – Psychosen – Stoffmissbrauch

Ich gehe davon aus, dass der interessierte Leser sich eingehender in die sehr konzentriert beschriebenen Entwicklungsphasen vertieft hat. Dann wird einem klar, warum die Entwicklungspsychologie auch nach neuesten Forschungsergebnissen daran festhält, dass vor allem die ersten sechs Lebensjahre und damit die menschliches Gefühl und Gemüt prägende Atmosphäre in der Familie, in Kindertagesstätten sowie in der Grundschule jenes Fundament legen, das ausschlaggebend ist für die Entwicklungsprozesse in den darauf folgenden Reifeperioden. Ich hatte zu Beginn des vorhergehenden Kapitels auf die viel zitierte Bedürfnis-Pyramide von Abraham Maslow hingewiesen. Er hatte mit dieser Form der Veranschaulichung eben die Pyramidenform gewählt, um dadurch zwei wesentliche entwicklungspsychologische Erkenntnisse darzustellen, nämlich:

1. Alle Entwicklungsprozesse einer jeweiligen Phase sind eine kontinuierliche Weiterentwicklung der in der vorausgegangenen Periode zu verfolgenden Vorgänge. Sie hängen also voneinander ab. Mit anderen Worten und etwas krasser ausgedrückt: Je geringer das Entwicklungsniveau einer bestimmten Bedürfnisbefriedigung ist, desto begrenzter werden die Lern-, Verstehens- und Entfaltungsmöglichkeiten in der nachfolgenden Entwicklungsphase sein.
2. Die nach oben hin sich verengende Pyramidenform veranschaulicht, wie hoch die Erwartungen gestellt werden können mit Hinblick auf einen bestmöglichen Entwicklungsverlauf – oder anders ausgedrückt: prozentual gesehen gelangen nur verhältnismäßig wenige jemals zu voller Realisierung ihrer selbst in jeder Hinsicht.

Folgt man nun diesen zwei grundlegenden Aussagen, was zahlreiche, zum Teil sehr ausführliche wissenschaftliche Untersuchungen und Statistiken wohl widerspruchslos bestätigen, dann kann gar nicht dramatisch, eindringlich, ermahnend genug darauf aufmerksam gemacht und immer wieder darauf hingewiesen werden, wie unschätzbar, wie unersetzlich wertvoll eine bestmögliche Befriedigung der **emotionellen Bedürfnisse** des Kleinst- und Kleinkindes ist als unentbehrliche Grundlage für einen hoffnungsvollen weiteren Entwicklungsverlauf.

Ehe ich in meinen Ausführungen fortfahre, weise ich noch darauf hin, dass ich in diesem Kapitel ausnahmslos auf Entwicklungsstörungen eingehe, die rein psychisch bedingt sind, d.h. ernsthafte und natürlich die Entwicklung hemmende Störungen (*Retardierungen* = zurück bleiben) physischer Art, also erblich bedingte oder durch Unfälle oder andere Einflüsse von außen hervorgerufene Krankheiten werde ich nur hin und wieder am Rande erwähnen.

Sehr oft, wenn ich in meinen Vorträgen vor Eltern auf die undiskutierbare Wichtigkeit der Befriedigung gefühlsmäßiger Bedürfnisse – und dies vor allem in den ersten zwei Lebensjahren – hingewiesen hatte, musste ich – und ich konnte die aufmerksamen Zuhörer durchaus verstehen – teilweise recht erboste Argumente der Selbstrechtfertigung hinnehmen wie z.B.:

„Ja, ja, man bekommt direkt ein schlechtes Gewissen, wenn man die gelehrten Theoretiker ihre klugen Anweisungen predigen hört" oder „Ich kann deutlich vernehmen, dass der Herr Redner wenig Ahnung vom heutigen Alltag einer Frau hat: Leistung am Arbeitsplatz und neben allen Aufgaben als Hausfrau oft noch Krankenpfleger, Tröster und Liebesspender! Aufhören, das ist alles nur Theorie, der Alltag sieht ganz anders aus" oder „Wissen Sie/ weißt du, was es bedeutet, Alleinverdiener und Alleinerzieher sein zu müssen? Nein, natürlich nicht, sonst müssten wir uns jetzt nicht solche unwirklichen Forderungen anhören."

Am verlegensten hat mich immer die aggressive Gegenfrage gemacht: „Haben Sie Kinder?" – „Ja, einen Sohn ..." – „... und mit dem haben Sie das alles praktiziert und natürlich erfolgreich ...!?"

Auf solch eine Frage einfach mit einem knappen Ja zu antworten, das wäre den meisten Zuhörern sicher wie überhebliche Prahlerei mit eigenen Erfolgen aufgestoßen. Zudem bin ich der Auffassung, dass wir, bei aller verständlichen Freude an unseren Kindern, wenn sie denn auch wirklich berechtigt ist, sie nie dazu gebrauchen sollten, eigene Verdienste rühmend hervorzuheben. Um solch eine Distanzierung unter allen Umständen zu vermeiden, habe ich mich immer mit einem entgegenkommenden Vorschlag aus der für mich doch etwas unangenehmen Situation befreit: „Das ist eine sehr interessante Frage, die Sie da angeschnitten haben, und ich möchte gerne darauf zurückkommen. Darf ich Ihnen einen Vorschlag machen: Wir finden einen für alle passenden Abend, an dem ich Ihnen gerne bei Kaffee und Kuchen Filme und Lichtbilder über das Zusammenleben mit meinem Sohn zeigen möchte, wozu Sie dann Fragen stellen."

Ich atmete jedes Mal erleichtert auf, wenn dieser mein Vorschlag sofort positiv aufgegriffen und in den meisten Fällen dann auch realisiert worden war. In solchen mehr inoffiziellen und daher auch sehr gemütlichen Runden war man sich beim vertrauteren Reden über gemeinsame Probleme als Eltern verständnisvoller näher gekommen, und was für mich das Wichtigste war: Man hatte auf einmal meine entwicklungspsychologischen Darstellungen nicht mehr als eine Kritik empfunden, die ihnen manchmal das Gefühl gegeben haben musste, als inkompetent abqualifiziert worden zu sein.

Natürlich waren sie dann nicht selten überrascht oder hatten bezweifelnd den Kopf geschüttelt, wenn meine Antworten auf ihre wissbegierigen Fragen „entschleierten", wie unkonventionell, wie zuweilen völlig aus einem „geordneten Rahmen fallend"[1] meine Stimulierungs- und Motivierungsmethoden mit meinem Kinde gewesen waren. Nicht selten war dann mit einem Lächeln die Bemerkung gefallen: „Also entschuldige, aber ganz normal bist du nicht." Ihr Lächeln erwidernd, habe ich meistens geantwortet: „Das habe ich nie bestritten, ganz einfach deshalb nicht, weil mir bisher niemand überzeugend hat sagen können, was und wer normal ist." Sollten sie damit freilich „normorientiert" gemeint haben, dann bliebe immer noch zu fragen, ob nicht verschiedene Normen der menschlichen Psyche durchaus nicht förderlich sind, wenn man nicht konsequent soziale Anpassung so hoch einstuft, dass dies auf Kosten des seelischen Wohlbefindens geht. Und mit dieser unbeantworteten Frage wären wir bei dem zentralen Thema dieses Kapitels.

Um noch einmal auf die unterste Stufe der Maslowschen Bedürfnis-Pyramide zurückzukommen, halten wir uns also im Bewusstsein:

Die Befriedigung emotionaler Bedürfnisse erbringt als bedeutungsvolle Grundlage das Gefühl der Geborgenheit und des Akzeptiertseins oder – um es in alltäglichem Sprachgebrauch auszudrücken – gewünscht und geliebt zu sein!

---

[1] *Nicht wenige solcher methodischen Inspirationen bekam ich während eines kurzen Gastaufenthaltes an der Summerhill-Schule in England durch den damaligen Leiter, Herrn Neil;*

In diesem Zusammenhang macht Emil Schmalohr darauf aufmerksam, dass „Zärtlichkeiten, Tätscheleien und Berührungserlebnisse bei der Pflege keineswegs überflüssig sind, sondern die Nahrungsquelle für das Weiterleben und die Entwicklung des Gefühlslebens darstellen. Die taktilen Reize beim Füttern, Wickeln, Herumtragen und Drücken des Kindes sind z.b. die ‚sozialen Zeitgeber' in der ersten Lebenszeit, die über die Hautfunktionen schon wenige Tage nach der Geburt zu einer Einstellung auf die Tag-Nacht-Periodik führen. Ohne die mütterliche Zuwendung und die entsprechenden sensorischen Reize fehlt die Stimulation zu dieser Entwicklung, und die physiologi-schen Funktionen bis in den Schlaf und die Verdauung hinein werden gestört."[2] Die aus derartigen Frustrationserlebnissen (lateinisch: *frustra* = vergeblich) herrührenden Störungen mit den daraus resul-tierenden Verhaltensstörungen fasst die Psychologie unter der Bezeichnung *psychosomatisch* (psychisch bedingte Leiden) zusammen.

Da der Begriff *Frustration* so oft bei der Behandlung verhaltensgestörter Kinder und Jugendlicher auftaucht, sei hier zum besseren Verständnis kurz eine genauere Erklärung gegeben:[3]

„*Frustration* (lat.: *frustratio* = Vereitelung, Nichterfüllung), das Erlebnis der wirklichen oder vermeintlichen Benachteiligung, der Zurücksetzung, des Zukurzkommens bei enttäuschter Erwartung oder erlittener Ungerechtigkeit. Darüber hinaus (psychoanalytisch) der Erlebniszustand als Folge einer (*exogenen*) Behinderung der Triebbefriedigung. In exakteren Systemen ist *Frustration* eine intervenierende Motivationsvariable. Infolge von nicht vereinbarten Reaktionstendenzen oder von Hemmung und Nichtbekräftigung instrumenteller Handlungen tritt eine Erhöhung des generellen Antriebes ein. Sie hat außerdem Signalfunktion in Richtung auf die Vermeidung der nicht zum Ziel führenden instrumentellen Handlung (*Aggression*). "

Diese fachlich sehr konzentriert formulierte Erklärung könte man im mehr alltäglichen Sprachgebrauch wie folgt verkürzen: Bei jedem sich meldenden Bedürfnis (Trieb) wie Hunger, Durst, Schlaf, Bewegung, Geborgenheit, Anerkennung u.a. mobilisiert das Nervensystem automatisch Nervenenergie, die bei der angestrebten Befriedigung benötigt wird. Wenn aber verhindernde Umstände dies unmöglich machen, ist also alle Energie umsonst (vergeblich

---

[2] „*Frühe Mutterentbehrung bei Mensch und Tier*", Emil Schmalohr; Seite 162;
[3] „*Psychologisches Wörterbuch*", Friedrich Dorsch; Seite 200;

= *frustra*) investiert, d. h., sie wird nun nicht, wie eigentlich beabsichtigt, verbraucht. Wir haben es dann mit einer aufgestauten Energiemasse zu tun, die einen belastenden Spannungszustand auslöst. Um diesen schnellstmöglich wieder abzubauen, wird die „überschüssige" Energie in spontane Reaktionen umgeleitet. Das kann oft völlig sinnlose Handlungsweisen zur Folge haben wie z. B. *Aggressionen*. Der Korrektheit halber weise ich darauf hin, dass *Aggression* wie *Hyperaktivität* bei Kindern auch durch *Depressionen* ausgelöst werden kann. Macht man sich diese *neurologischen* Prozesse richtig bewusst, wird man erkennen, wie sinnlos, weil absolut zielverfehlt, autoritäre Zurechtweisungen, Anbrüllen, rigorose Verbote, Isolierungen, Ignorieren oder verhöhnende Bemerkungen sein können. Derartige Erziehungsmethoden können meines Erachtens auch nicht mit Überlastung und Stress der Eltern oder Lehrer entschuldigt werden. Dafür sind die unüberlegt angerichteten psychischen Schäden einfach zu bedenklich, wenn man dabei nur einmal an junge Menschen mit begrenzterer seelischer Widerstandsfähigkeit, mit leichter Erregbarkeit oder mit rascher Neigung zu Erschöpfung denkt, also so genannte *Neurastheniker,* die man allgemein verständlich auch als zart besaitete Naturen kennt.

Auch interessant ist Schmalohrs Feststellung an gleicher Stelle, dass das Kind, „auch bei einer beständigen Mutterperson und bei liebevoller Zuwendung, auf einen frühen Verlust der Brustnahrung besonders heftig reagiere. Die Umstellung auf die Flasche und der Entzug der Brust scheint als partieller Mutterverlust erlebt zu werden." Dass frühe Mutterentbehrung in vielen Fällen zu Angst, Unsicherheit und ständig wehleidiger Bekümmerung führen kann, haben mir mehrere meiner Studenten am Erzieherseminar bestätigt, wenn ich sie in deren Praktikperioden in den verschiedenen Kindergärten besuchte. Bei diesen Anlässen war ein häufig auftauchendes Thema das sonderbare Gebaren einiger Kinder, die dadurch aufgefallen waren, dass sie ständig der Erzieherin hinterhergelaufen und sich zusammengekrümmt an sie angeklammert hatten. Am gemeinsamen Spiel mit anderen Kindern hatten sie keinerlei Interesse gezeigt und waren somit auch in der Gruppe isoliert. Bei näherer Untersuchung dieser Fälle, unter anderem auch anlässlich von Elternsprechstunden und in Gesprächen mit dem jeweils zuständigen Psychologen, hatte sich in allen Fällen ein bei allen Kindern gleiches soziales Umfeld ausmachen lassen, was vor allem durch ungemein begrenztes intimes Zusammensein des Alleinerziehers oder auch *ambivalenter* Eltern mit dem Kinde gekennzeichnet war. In diesen Situationen hatten wir zudem feststellen können, dass diese Kinder, wenn sie dann vom Kindergarten abgeholt worden waren, oft bei Nachbarn, Freunden oder anderen Bekannten abgegeben wurden. Auf diese Weise war es den Kleinen natürlich gänzlich unmöglich, eine vertrauensvolle innerliche Beziehung zu einer bestimmten Bezugsperson aufzubauen. Daher war es auch keineswegs überraschend, wenn mir Erzieherinnen von für sie sehr unbehaglichen Situationen berichtet hatten. Es war nämlich des Öfteren vorgekommen, dass sich solche, im heimischen Bereich gefühlsmäßig vernachlässigten Kinder ängstlich weinend an die Kindergärtnerinnen angeklammert hatten mit der flehenden Bitte, nicht mit der Mutter nach Hause fahren zu müssen und ob sie nicht mit zu der jeweiligen Erzieherin fahren könnten. Ja, über solche Vorfälle, die nicht einmal zu Seltenheiten gerechnet werden können, berichtet die Presse natürlich kaum oder überhaupt nicht, das verbietet offenbar die Rücksicht auf die Privatsphäre. Erst wenn psychologisch völlig unakzeptable Verhältnisse wie etwa brutale Strafmethoden oder sexueller Missbrauch der Kleinen an die Öffentlichkeit kommen, liefern sie sensationsartige Schlagzeilen! Noch schwieriger sind jene Fälle zu handhaben, in denen weder an Erziehungsmethoden noch an den physischen Lebensverhältnissen in der heimischen Umwelt des Kindes etwas auszusetzen ist, die jedoch von einer nicht weniger belastenden Gefühlskälte geprägt ist. Es fehlt also an nichts, was ein durchaus zufrieden stellendes bürgerliches Dasein ausmacht, abgesehen vom Wichtigsten: der Hingabe und Gefühlswärme. Völlig sprachlos war ich ja, als ich in einer zusagenden Gesellschaft mit einer Ärztin und einer „qualifizierten" Lehrerin von Letzterer eine erschütternde Bemerkung vernahm. Das Thema des gemütlichen Abends hatte sich um die Eltern-Kind-Beziehung gedreht, wobei die Lehrerin bemerkte, sie sei eigentlich sehr froh gewesen über die in der Zeit des Stillens ihrer Tochter aufgetretene Entzündung der Brustwarzen. Auf diese Weise war sie mit gutem Gewissen eine „irritierende Belastung" los geworden, man könne ja auch das ganze Gerede über die Bedeutung mütterlicher Fürsorge übertreiben. Eine andere bedenkliche Folge früher Mutterentbehrung können *anaklitische* Depressionen sein. R. Spitz gebrauchte diese Bezeichnung für eine Veränderung des kindlichen Verhaltens, nachdem das kleine Wesen in seinem ersten halben Lebensjahr eine seine emotionalen Bedürfnisse zufrieden stellende Beziehung zur Mutter hatte, diese jedoch durch die Trennung von ihr jäh und ohne Übergangsphase abgebrochen worden ist. Dabei treten

oft Symptome auf, die Depression bei Erwachsenen ähneln. Sehr kennzeichnend ist, dass sich das „verlassene" Kleinkind als Ersatz für die verlorene
Mutter oft sehr schnell begehrlich und vereinnahmend an eine neue gefühl-
volle Bezugsperson klammert. In solch einem Zustand innerer Unsicherheit
wird es verständlicherweise alle verfügbare Nervenenergie einzig dem Erhalt
des neu gewonnenen Kontakts, will sagen, der unentbehrlichen Geborgenheit, widmen. Dabei kann es nicht überraschen, wenn anderen, oft verlocken-
den Reizen aus der Umwelt – Spielsachen u.ä. – kaum oder keinerlei Aufmerksamkeit entgegengebracht wird. Im genannten Fall mobilisiert das Kind
immerhin noch Energie, um das Verlangen nach gefühlsmäßiger Geborgenheit zu befriedigen.

So viel zu den im Alltag von den Erziehern viel zu wenig beachteten und
berücksichtigten Befriedigungsentsagungen und -verboten, wozu freilich die
im Kapitel „Moderne Wertpriorisierungen" kurz skizzierten Gesellschaftsverhältnisse wesentlich beitragen. Ich habe mich nach tragischen Erlebnissen
mit versäumten Kindern immer wieder fragen müssen, mit welcher Berechtigung man so gerne repräsentierend die Bezeichnung *Wohlstandsgesellschaft*
im Munde führt.[4] Immerhin gab und gibt es kritische Stimmen, die vor solcher oberflächlichen Nationalreklame eindringlich warnen. So erschien 1979
in Dänemark im Verlag für die Vereinigung der Lehrer in Gemeinschaftskunde als Band 4 der Reihe Soziologische Grundprobleme die Ausgabe „Wohlstandsgesellschaft – fortgeschrittene Gleichstellung oder nach wie vor Klas-
senunterschied". Darin wie auch in dem Buch des dänischen Journalisten Bent
Hansen wird die deutliche Kluft zwischen Armen und Reichen hervorgehoben, die sich vor allem in der am schlechtesten gestellten Bevölkerungsschicht
nicht zuletzt in Form von psychischen Problemen bemerkbar macht, worunter nach wie vor die Kinder am meisten zu leiden haben! Welche Erziehungs-
schwierigkeiten solche oft von frühester Lebensphase an gezeichneten Kinder sowohl in den Familien wie auch in Erziehungs- und Ausbildungs-
institutionen hervorrufen, davon wird in den Kapiteln 3 – Aktuelle Probleme
in der Familie und 4 – Aktuelle Probleme in der Schule eingehender die Rede
sein.

Kehren wir nun zurück zum Thema dieses Kapitels. Über das Phänomen

---

[4] *Der dänische Journalist Bent Hansen schrieb 1976 ein äußerst bemerkenswertes*
Buch: „Wohlstandsgesellschaft ohne Wohlbehagen";

Frustration ist das Notwendigste gesagt. Stehen Frustrationszustände längere Zeit an, machen sich die ersten Folgewirkungen in Form von ungewöhnlichem Gebaren bemerkbar. Zu fragen ist nun, in welche offenbar sinnlosen Reaktionen die für ursprünglich angestrebte Befriedigungen nicht mehr verwendbare Nervenenergie *kanalisiert* werden kann. Da sind zunächst einmal Gewohnheiten wie das unentwegte Daumenlutschen, unstetes Wechseln von Aktivität zu Aktivität, also mangelnde Konzentration, Nägelbeißen, unbeherrschte Zerstörungswut und verschiedene andere *Aggressions*formen, zu nennen. Man spricht bei diesen Verhaltensweisen auch von *Ersatzhandlungen*. Zum Beispiel hat die Mutter dem fünfjährigen Jungen nicht erlaubt, vor dem Abendessen noch einmal zu seinem Spielkameraden in der Nachbarschaft zu gehen. Als er später beim gemütlichen Beisammensein von der Mutter eine kleine Tafel Schokolade bekommt, weil er so artig gewesen sei, wirft er sie angewidert in die Grünstaude auf dem Fensterbrett. Auch nicht zu vergessen seien hier die gar nicht so seltenen Fälle von *Selbstbefriedigung (Onanie* und *Masturbation)*. Wieder eine andere Art der Kanalisierung von überschüssiger Nervenenergie bewies die Schweizer Psychologin Dr. Meyerhofer. Sie hatte mit dem Thema „Frustration im frühen Kindesalter" in den siebziger Jahren eine bemerkenswerte Untersuchung in Tagesstätten durchgeführt, in der sie unter anderem auf die häufigen Fälle von *stereotypen Bewegungen* aufmerksam machte. Da saßen Kinder mit dem Rücken an der Wand auf dem Fußboden und führten über längere Zeit sich unverändert wiederholende Körperbewegungen aus, wobei sie immer wieder den Kopf an die Wand stießen oder unentwegt mit dem Körper schaukelten.

Schwieriger allerdings wird der tägliche Umgang mit Kindern, wenn sie unter *psychsomatischen* (griech.: *psyche* = Seele; und *soma* = Körper) Symptomen zu leiden haben. Dabei hat man es mit körperlichen Fehlfunktionen zu tun, die auf psychische Funktionsstörungen zurückzuführen sind. Deutliche Beispiele hierfür sind gehemmte Körperbewegungen oder Stottern. Dabei ist auffallend, dass solche Kinder seltener an anderen Menschen interessiert sind, ja, sie werden keinerlei Anstrengungen scheuen, jeglicher Umarmung oder anderen Zärtlichkeitsbekundungen zu entgehen. Man bekommt den Eindruck, als ob sie völlig damit zufrieden seien, wenn sie nur alleine sein und sich ungestört ihrem Spielen hingeben können. In *Fassadenfamilien* werden sie oft als sehr lieb und artig dargestellt. Es ist allerdings fraglich, ob man tatsächliche Probleme nicht erkennt oder vertuscht?

Als noch irritierendere Folgesymptome sind in diesem Zusammenhang *Tics,* das *Erröten* wie auch die beiden Formen des unfreiwilligen Wasserlassens – *enuresis nocturna* (nur in der Nacht) und *enuresis diurna* (am Tage) – zu nennen. Irritierend, weil sie sich nicht nur für den Betreffenden selbst, sondern auch für die nähere Umwelt als durchaus belastend auswirken können. Ebenso auch Kopfschmerzen und Migräne, wobei letztere oft von Übelkeit, Brechreiz und Übergeben begleitet sein kann. Derartige Schmerzen treten in der Regel anfallartig auf und dauern eine oder auch mehrere Stunden, in einigen Fällen sogar Tage. Hierbei muss jedoch unterschieden werden, ob solche Leiden wirklich *psychosomatischer* Art oder erblicher Veranlagung zuzuschreiben sind. Eine Hamburger Untersuchung aus den siebziger Jahren fand heraus, dass Kopfschmerzen bei Viertklässlern im Zentrum der Stadt weit häufiger auftraten als in den Randgebieten. Man führte das damals auf Stress bewirkende Ursachen wie z. B. starken Lärm zurück. Zu einer gleichen Begründung kam man in Dänemark nach einer Untersuchung von Schülern, die nach langen Nächten in Diskotheken über heftige und oft länger anhaltende Kopfschmerzen geklagt hatten. Erhöhter Alkoholkonsum oder Einnahme von Narkotika waren dabei ausgeschlossen.

In Verbindung mit Verlegenheits(Angst-)situationen kann man bei Jugendlichen des Öfteren beunruhigendes *Herzklopfen* erleben, was durch nervöse Herzbeschwerden ausgelöst wird. Bevor man jedoch ganz sicher sein kann, dass es sich dabei um *psychosomatische* Folgewirkungen handelt, sollte man sicherheitshalber durch ärztliche Untersuchung feststellen lassen, dass es sich nicht um irgendeinen Herzfehler handelt.

Magenschmerzen sind vor allem bei Kleinkindern und während der ersten Schuljahre ein *psychosomatisches* Alarmsignal, das nicht einfach nur mit dem Verabreichen einer Pille aus der Welt geschafft werden sollte. In sehr vielen Fällen sind bei solchem Unwohlsein vor allem gespannte interfamiliäre oder das Kind vernachlässigende Verhältnisse die hauptsächliche Ursache. Bei sehr empfindlichen Kindern werden solche nervösen Magenbeschwerden oft zu Aufstoßen und Übergeben führen. Auch in Verbindung mit diesen *Magenbeschwerden* sollte zunächst eine ärztliche Untersuchung sichern, dass keine organischen Fehler vorliegen. Es ist nämlich wichtig, ob man es bei einem der in dem Abschnitt *psychosomatische Symptome* genannten Leiden mit einem verletzten Organ oder lediglich mit einer Funktionsstörung zu tun hat.

Eine andere Gruppe von psychischen Störungen findet man unter dem Sammelbegriff *Neurose.*

Psychoanalytisch gesehen versteht man darunter Verhaltensweisen unbewusster Abwehr, wobei der Betroffene Angst vor ihm drohenden Gefahren an den Tag legt, die für jeden anderen Menschen keinerlei Bedrohung darstellen würden, und dementsprechend reagiert. „Aus psychoanalytischer Sicht ist Neurose ein unbewusster Widerstand, und die neurotischen Symptome sind lediglich Äußerungen psychodynamischer Konflikte. Dagegen werden von verhaltenstherapeutisch orientierten Autoren die neurotischen Konflikte selbst in den Vordergrund gestellt und als gelernte Fehlsteuerungen interpretiert. Gemeinsam gilt ihnen Neurose als ein Nichtbewältigen fundamentaler Aufgaben."[5]

Denkt man an den *Identifikationsprozess* wie an die enge Mutterbindung im frühkindlichen Alter, dann ist einleuchtend, dass eben diese Vertrauensperson die ideale „Gebrauchsanweisung" bei der Aneignung neuen Wissens und neuer Erfahrungen darstellt. Ein Beispiel mag das veranschaulichen:

Die Mutter hat eine entsetzliche Abscheu vor Spinnen. Taucht so ein „Biest" auf dem Küchentisch auf, wird sie fast vor Schreck erstarren, alles liegen lassen und davonlaufen. Das Kind steht daneben, erlebt diese Szene mit und wird bei einer späteren Konfrontation mit einer Spinne wie die Mutter reagieren. Eine neue Erfahrung ist gemacht: Spinnen sind gefährlich! Es wird später noch von anderen Beispielen gleichen Prinzips die Rede sein, die in der Fachsprache *Phobie* genannt werden. Wie aus beschriebenem Beispiel sehr anschaulich zu verstehen ist, spielt also *Angst* vor einem Gegenstand, vor einer Situation eine wesentliche Rolle. Nach persönlichkeitspsychologischer Auslegung tritt dabei das *Über-Ich* in Funktion[6], indem es das *Ich*[7] entgegen vernünftiger Einsicht in dessen Handlungsweisen steuert. Wenn es schon bei einem erwachsenen Neurotiker schwer fallen wird, ihm zu erklären, dass seine Abscheu, Angst völlig unbegründet sei, um wie viel schwerer wird so ein Versuch bei einem Kinde fallen, was übrigens ohne fachliche Therapie kaum gelingen wird. Im Alltag braucht das ja auch kein großes Problem zu sein; man umgeht einfach näheren Kontakt mit den ekelhaften Spinnen – und damit hat es sich. Und warum sollte dann noch viel darüber nachgedacht werden, dass man doch unlogische, unnötig belastende Handlungen ausführt.

---

[5] „*Psychologisches Wörterbuch*", *Friedrich Dorsch; Seite 395;*
[6] *Siehe nähere Erklärung zu Siegmund Freuds Persönlichkeits-Modell im Anhang;*
[7] *Siehe Anmerkung 6;*

Andere Beispiele *phobischer* Abwehrhaltungen sind *Akro-* oder *Alto-Pho-bie* (lat.: *altus* = hoch), also Höhenangst, *Agora-Phobie* (griech.: *agora* = Platz), d.h. Angst, über weite Areale zu gehen, und um noch zwei weitere, häufig auftretende Beispiele zu nennen: *Angst vor Dunkelheit, Angst vor dem Zahnarzt* (dabei ist nur allzu verständlich, dass unangenehme Schmerzen durchaus kein Vergnügen sind, doch ist das ja kein Unbehagen, welches der Arzt dem Patienten vorsätzlich zufügt!) und *Claustro-Phobie* (Angst vor engen Räumen, Höhlen usw.). Es würde hier zu weit führen, alle sonstigen Symptome aufzuzählen und näher zu erklären, doch seien hier noch einige erwähnt: *Akaro-Phobie* (Angst vor Insekten), *Aero-Phobie* (Angst vor schlechter Luft), *Gynäko-Phobie* (Angst vor dem weiblichen Geschlecht), *Skopto-Phobie* (Angst vor Betrachtetwerden) u.a. Ich lasse es hiermit bewenden, doch sollte mit dieser Aufzählung bewusst und deutlicher gemacht werden, in wie vielen Situationen des engeren, alltäglichen Umganges wir Erwachsenen (vor allem Eltern, Pädagogen und Lehrer!) den Kindern durch unsere doch ungewöhnlichen Eigenheiten belastende Probleme aufbürden. Aber nicht nur durch Beeinflussung seitens der Älteren entstehen solche phobischen Verhaltensweisen, auch *traumatische*[8] Erlebnisse können auf diese Weise in die Psyche des Menschen eingreifen. Dass ein Passant sehr zögernd und ängstlich eine Straße überquert, kann nicht länger verwundern, wenn man erfährt, dass er bei einem furchtbaren Autounfall dem Tode nur knapp entronnen war.

Abschließend sei noch bemerkt, dass viele der zuvor erwähnten und kurz beschriebenen psychischen Abnormitäten bei vielen Kindern bereits in der *Oral-, Anal-* oder *Ödipalphase*[9] begründet werden, womit die Persönlichkeitspsychologie auf beklagenswerte Weise bestätigt wird, wenn sie davon ausgeht, dass die wesentlichen Grundlagen der Persönlichkeitsstruktur bereits in den ersten sechs Jahren im Menschen verankert werden, wenn auch, im Hinblick auf die bisher besprochenen Symptome, auf weniger förderliche Weise.

Eine Beschreibung der <u>*hysterischen Konversionen*</u> (Umwandlung von Konflikterlebnissen in körperliche Symptome), was hier ebenfalls interessant sein könnte, wird übergangen. Dafür wird im folgenden vorletzten Abschnitt dieses Kapitels „Entwicklungsstörungen" noch von der Gruppe der <u>*Psychosen*</u> die Rede sein.

---

[8] *Siehe alphabetisches Verzeichnis der Fachausdrücke im Anhang;*
[9] *Siehe hierzu Seite 41, 42 und 43;*

Zuvor eine kurze Definition:

Nach Wilhelm Hehlmann[10] versteht man hierunter „Gemüts- und Geisteskrankheiten (*Schizophrenie, manisch-depressives* Irresein, *Epilepsie,* im weiteren Sinne auch *Schwachsinn* und vielerlei auf körperliche Schäden zurückführbare Geisteskrankheiten). Die vorwiegend erblich bedingten *endogenen Psychosen* werden seit Kraepelin[11] in zwei große Hauptgruppen gegliedert: die so genannten *zirkulären Psychosen,* deren Hauptkennzeichen das Schwanken zwischen *depressiver* Verstimmung und übertrieben, ja, überreizt-heiterer Seelenverfassung ist (*manisch-depressives* Irresein) und den großen Formenkreis der *Schizophrenie* (Spaltungsirresein). Diese ist die weitaus häufigste aller Psychosen, ist aber in sich äußerst uneinheitlich und umfasst die verschiedensten Formen ...“

Wie aus der fachlichen Definition zu entnehmen ist, handelt es sich bei Psychosen um eine Verfassung, in der sowohl Erfassen wie auch Einschätzen der Realität gestört sind. Dabei ist es für den Betreffenden unmöglich, eigene Phantasievorstellungen von der ihn umgebenden Wirklichkeit zu unterscheiden. Bei Kindern treten die für Erwachsene typischen Psychosesymptome jedoch erst im Alter von elf bis zwölf Jahren auf. Ein wesentliches Symptom bei Psychosen im Kindesalter sind deutliche Abweichungen im sozialen Umgang. Die wichtigsten, in der Kindheit auftretenden Psychosen sind der *infantile Autismus* (griech.: *autos* = selbst) und die *symbiontische Psychose* (griech.: *symbiose* = Zusammenleben, Lebensgemeinschaft).

Bei *infantilem Autismus* handelt es sich um eine tiefgreifende Kontaktstörung, die sich über längere Zeit erstrecken kann. Schon der erste Eindruck bei der Begegnung mit so einem Kind wird befremdende Empfindungen hervorrufen, da es widerspenstig den Blick abwendet und jeglicher Kontakt suchender Hinwendung zunächst schüchtern, bei wiederholten Versuchen borstig zu entgehen sucht. Für einen Außenstehenden wird es schwer verständlich sein, mitzuerleben, wie das *autistische* Kind sogar die eigene Mutter von sich weist und auch nicht mit ihr spielen will. Eine verhältnismäßig verlässliche Bestätigung dafür, ein *autistisches* Kind vor sich zu haben, ist die deutliche Angst des Kleinen, anderen Menschen direkt in die Augen sehen zu müssen.

---

[10] Siehe „Wörterbuch der Psychologie", Wilhelm Hehlmann; Seite 423;
[11] Emil Kraepelin, Professor der Psychiatrie und Begründer der Psychopharmakologie;

In solchen Situationen begehen viele Erwachsene in ihrer Begeisterung für das reizende, goldige Kind den großen Fehler, unnachgiebig immer wieder den nahen Blick- und Körperkontakt zu suchen. Ein anderes Signal, womit *autistische* Kinder ihren psychischen Zustand andeuten, sind ihre Zeichnungen. Sie haben eine besondere Auffassung vom menschlichen Körper, indem sie in der Regel den Kopf als überdimensioniert groß abbilden. Oft fehlen in solchen Zeichnungen Arme und Beine oder sie sind extrem lang. Auch in der Anwendung von Spielsachen können sie sich deutlich von anderen Kindern unterscheiden. Ich habe dafür ein Beispiel in Erinnerung. Als ich von Bekannten zum Nachmittagskaffee eingeladen war, hatte ich auch an ein Geschenk für das dreijährige, sehr ruhige Mädchen gedacht. Da ich die näheren Umstände der Familie verhältnismäßig gut kannte, überreichte ich den mitgebrachten Teddybär der Mutter, die ihn dann vorsichtig vor die Kleine auf den Fußboden setzte, wo sie mit einigen Pappkartons beschäftigt war. Wir hatten es uns in der Sofaecke gemütlich gemacht, als wir nach einiger Zeit zum Entsetzen der Mutter entdeckten, dass Charlotte[12] den Kopf des Bären abgerissen hatte und diesen nun immer wieder an die Wand warf. Man könnte in diesem Zusammenhang noch eine ganze Reihe solcher ungewöhnlichen Erlebnisse schildern. Eine andere auffallende Verhaltensweise bei *autistischen* Kindern ist deren geradezu sklavische Abhängigkeit von erlernten Gewohnheiten. Ihr ängstliches Verlangen nach Bewahren der ihnen vertrauten Umweltverhältnisse führt natürlich zu einer spürbaren Einengung hinsichtlich spontaner Aktivitäten. Und wie verhält es sich mit den intellektuellen Funktionen bei diesen Kindern?

Oft kann man den Eindruck bekommen, als seien sie diesbezüglich in ihrer Entwicklung gehemmt, doch ist man dann wiederum überrascht, geistig völlig normale, zum Teil sogar hoch intellektuelle Reaktionen erleben zu können, wenn sich die Kommunikation innerhalb ihrer Lieblingsinteressen abspielt. Hierfür liefern viele Beispiele überzeugende Beweise, bei denen eine imponierende Beherrschung mathematischer Aufgabenlösung festgestellt wurde. Sie verfügen also in verschiedenen Funktionsbereichen über eine durchaus erstaunliche Lernfähigkeit, wodurch sie sich sehr markant von entwicklungsgehemmten Kindern unterscheiden. Aber gerade diese deutlichen Unterschiede bewirken bei psychologisch weniger bewanderten Erwach-

---

[12] *Der Name ist ein Pseudonym;*

senen – hier ist vor allem an Eltern, Erzieher- und Lehrerpersonal gedacht –, dass im täglichen Umgang nicht selten Fehleinschätzungen und dementsprechend krasse Fehlbehandlungen vorkommen. Denkt man nur einmal an die heute häufigen ungesunden Körperhaltungen bei Kindern und Schülern. Gerade bei *psychotischen* Kindern erlebt man ungewöhnliche, oft direkt verkrampfte und unnatürliche Sitz- oder Liegeweisen. In solchen Fällen muss es doch einleuchtend sein, dass sicher gut gemeinte Ermahnungen oder gar strenge Aufforderungen, sich ordentlich hinzusetzen, überhaupt keine Hilfe sein können. Ganz im Gegenteil, nicht selten wird sich das Kind, der Schüler verfolgt und ungerecht behandelt fühlen, was in vielen Fällen entweder zu aufbrausender Aggressivität oder ängstlicher Flucht führen kann. Solche Vorfälle waren – das fanden entsprechende Untersuchungen heraus – nicht selten die tiefere Ursache für u.a. auch Schulschwänzen!

Wenden wir uns noch kurz den Fällen *symbiontischer Psychosen* zu. Dabei handelt es sich nach Hehlmann[13] um „einen Sonderfall psychischer Ansteckung". Das Charakteristische im Verhalten solcher Kinder äußert sich in einer naiven, aber zwangsartigen Abhängigkeit von der Mutter. Es mutet wie eine Art *Regression*[14] an und tritt oft nach länger dauernder Trennung von der Mutter ein. Entwicklungspsychologisch gesehen erlebt man diese „Rückentwicklung" in der Zeit vom 1. bis ca. 4. Lebensjahr. Dazu bedenke man: „Die taktilen Reize beim Füttern, Wickeln, Herumtragen und Drücken des Kindes sind z.B. die ‚sozialen Zeitgeber' (Hellbrügge 1966) in der ersten Lebenszeit, die über die Hautfunktionen schon wenige Tage nach der Geburt zu einer Einstellung auf die Tag-Nacht-Periodik führen. Ohne die mütterliche Zuwendung und die entsprechenden sensorischen Reize fehlt die Stimulation zu dieser Entwicklung, und die physiologischen Funktionen bis in den Schlaf und die Verdauung hinein werden gestört."[15] Abgesehen von der Befriedigung physischer Bedürfnisse (Hunger, Durst, Schlaf usw.) wird zugleich auch ein Gefühl *emotionaler* Geborgenheit entwickelt, worauf alle späteren Entwicklungsprozesse aufbauen.[16] E. Schmalohr führt dazu noch weiter aus: „Wenn dem Kind die Mutter selbst entzogen wird, findet der Verlust einen noch deutli-

[13] *Vgl. Anmerkung 10, Seite 29;*

[14] *Vgl. Anmerkung 7, Seite 16;*

[15] *„Frühe Mutterentbehrung bei Tier und Mensch", Emil Schmalohr; Seite 162;*

[16] *Vgl. hierzu Kapitel Entwicklungspsychologische Prinzipien, Seite 38;*

cheren erlebnismäßigen Ausdruck im *Trauma*[17] der Trennung."[18] Nun versteht man sicher besser, warum ein „verlassenes" Kind mit seiner *symbiontischen Psychose* alltägliche Handgriffe, die es längst gelernt und durchaus recht gut beherrscht hat, auf einmal nicht mehr ausführen kann. Es muss wieder gefüttert werden, kann nicht mehr alleine aufs Töpfchen oder auf die Toilette gehen. Dazu kann es auch von Schlafstörungen oder Angstanfällen gepeinigt werden, was hin und wieder sogar in unbeherrschte Tobsucht auszuarten droht. Ein anderes Symptom von *Regression* kann sich auf nicht weniger irritierende Art zeigen: Waren Bett- und tagsüber Hosenässen schon längst kein Problem mehr, so begreift man nach vorausgegangenen Erklärungen sehr gut, wenn auch diese Funktionen nicht mehr wie gewohnt ablaufen. Die Frage nach Ursachen zu diesem Leiden hat eine Reihe von Untersuchungen zur Folge gehabt, die zu verschiedenen Anschauungen geführt haben. Da wäre zum einen das Ergebnis, dass bei einer Reihe von Kindern mit früher *autistischer Psychose*, doch nicht bei allen, organische Gehirnschäden festgestellt werden konnten. Bei nicht Gehirngeschädigten gehen die Erklärungen allerdings noch auseinander. Interessant war dann jedoch die Frage nach psychologischen Ursachen, und in diesem Zusammenhang kam man darauf, sich näher mit der Persönlichkeitsstruktur der Mütter zu beschäftigen. Dabei stellte sich heraus, dass psychotische Kinder vor allem in der sozial besser gestellten Oberschicht der Bevölkerung zu finden waren, was damit zusammenhing, dass diese Mütter zwar intellektuell überaus begabt, jedoch von gefühlskalter Natur waren. Diese Erfahrung wurde durch andere Untersuchungen bestätigt, wobei sich herausstellte, dass Eltern von *autistischen* Kindern manchmal *schizoide* Charakterzüge aufwiesen.

Bezüglich der Frage nach eventuell erblicher Veranlagung scheint noch Unklarheit zu bestehen.

Hinzuzufügen wäre noch, dass Depressionen der Mutter in der ersten Lebensphase des Kindes zu *autistischen* Gebaren bei dem Kleinkind führen können.

Wollte man das Kapitel der entwicklungspsychologischen Störungen systematisch behandeln, müsste hier eigentlich auch ein Abschnitt über die so genannten *Grenzfälle* folgen, also Fälle, in denen nicht eindeutig zu entschei-

---

[17] *Siehe alphabetisches Verzeichnis der Fachwörter im Anhang;*
[18] *„Frühe Mutterentbehrung bei Mensch und Tier", Emil Schmalohr; Seite 163;*

den ist, ob man es mit *neurotischen* oder aber mit *psychotischen* Symptomen zu tun hat. Davon ist abgesehen worden, um die Ausführungen auf Notwendigstes zu begrenzen.

Wäre also abschließend noch einiges zu dem Abschnitt *Stoffmissbrauch* zu sagen, da dieses aktuelle Problem in den letzten fünf Jahren erschreckend zugenommen hat.

Allen an diesem Thema interessierten Eltern und Lehrern im deutschsprachigen Raum kann nur eindringlich empfohlen werden, sich gründlich mit der Ausgabe „Der suchtgefährdete Schüler" zu beschäftigen![19]

Nach Hehlmann versteht man unter dem Begriff *Sucht* allgemein „einen zwanghaften Drang nach Lustgewinn, ggf. unter Zurückdrängung anderer Ziele; im engeren Sinn: das krankhafte Dauerbedürfnis nach Anregungs-, Genuss-, Rausch-, Schlaf-, Betäubungsmitteln, oft mit fortschreitender Schädigung der Gesundheit und allmählichem Abbau der moralischen Person.

Gewöhnlich entsteht eine Sucht ganz langsam aus normalem oder gelegentlichem Gebrauch solcher Mittel. Suchtgefahr ist fast ausschließlich bei Personen gegeben, die labil und ‚willensschwach' sind, in größerem Ausmaß auch in Krisenzeiten und Perioden allgemeiner Ratlosigkeit. Infolge Gewöhnung kommt es zu immer stärkeren Dosierungen (mit teilweise ungewöhnlichen, normalerweise letalen Mengen). Selbstmorde sind nicht selten. Entziehungsversuche liegen meist nicht mehr in der Hand der Süchtigen, da durch den Entzug oft schwere körperliche Störungen eintreten."[20]

Wenn zuvor als hauptsächlich Betroffene Menschen labilen Charakters genannt wurden, sollte hier eigentlich noch die Frage gestellt werden: Und wie werden junge Menschen labil? Ich hatte ja bereits eingangs in dem Kapitel „Moderne Wertprioritäten" bewusst „provozierend" auf das moderne gesellschaftliche Umfeld hingewiesen, in dem sich Kinder und Jugendliche orientieren, anpassen und identifizieren sollen. Noch exakter und vielleicht auch noch eindringlicher gibt Siegfried Bäuerle seiner Überzeugung Ausdruck, wenn er schreibt:

„Unsere pluralistische Gesellschaft ist voll von Widersprüchen. Einerseits wird der Wert des Menschen fast ausschließlich an dem abgelesen, was er in

---

[19] *Wolf-Handbücher: „Der suchtgefährdete Schüler", Herausgeber: Siegfried Bäuerle;*

[20] *„Wörterbuch der Psychologie", Wilhelm Hehlmann; Seite 517;*

dieser Gesellschaft ‚erreicht' hat – das wiederum führt zu einem um sich greifenden Leistungs- und Erfolgsdruck in Schule, Hochschule und Beruf (Klonski, 1981, Seite 71). Andererseits wird die Leistung des Individuums oft nur partiell oder gar nicht honoriert. So kann man wohl sagen, dass das Weiterkommen vieler Menschen – beispielsweise in manchen Beamten-positionen – weniger von ihren persönlichen Leistungen abhängt als von Personen, die Macht haben, ihnen eine bessere Position zukommen zu lassen. Ein Beispiel, das für sich selber spricht: Schulleiter und Schulaufsichtsbeamte gehören in Deutschland überproportional jenen Parteien an, die die Landes-regierung bilden.[21]

Widersprüchlich ist die Haltung mancher Politiker (nicht aller!) auch im Hinblick auf süchtig machende Faktoren. So zitiert ‚Der Spiegel' am 28. 4. 1980 einen Spielkranken: ‚Was ist das für ein Staat, der nach einem Spruch des Bundesverfassungsgerichtes mit seinen öffentlichen Spielbanken die >an sich unerwünschte Tätigkeit des Spielens< eindämmen will, sie in Wahrheit aber kassierend fördert? Was ist das für ein Staat, der unter dem Schutze seines sozialen Mäntelchens in seinen Spielbanken das illegale Glücksspiel verhindern und kontrollieren will, es in Wahrheit aber zuhälterisch ausnützt?' (Ahrends, 1988, Seite 50 f.).

Manche Politiker haben darüber hinaus eine ambivalente Einstellung gegenüber den so genannten legalen Suchtmitteln. Einerseits spricht man sich gegen das Rauchen oder gegen übermäßigen Alkoholkonsum aus, andererseits werden die Milliardenbeträge an Steuern, die diese Suchtmittel dem Staat einbringen, als ‚feste Größe' in den Haushalt eingerechnet.

Ein letztes Beispiel: Landauf, landab ist von vielen deutschen Kulturmini-stern zu hören, dass sich Lehrer in der Schule stärker erzieherisch engagieren sollen[22], was angesichts der Schulwirklichkeit dringend zu wünschen ist. Aber: Seit etwa 25 Jahren erhalten, um nur ein Beispiel anzuführen, die baden-württembergischen Grund- und Hauptschullehrer/-innen während ihrer Aus-bildung an den pädagogischen Hochschulen lediglich *eine einmalige* zwei-stündige Semesterveranstaltung in Pädagogischer Psychologie als einzige verpflichtende Veranstaltung im Fach Psychologie für das gesamte Lehrer-studium. In der Referendarausbildung, die Phase nach dem Hochschulstudi-

---

[21] *Dies kann weitgehend auch für Dänemark gelten;*
[22] *Vgl. hierzu Kapitel 5: Aktuelle Probleme in der Schule;*

um, sind keine Psychologen als Dozenten eingesetzt, die den Junglehrern psychologische Inhalte vermitteln könnten. Über die dringend reformbedürftige Psychologie- und Pädagogikausbildung der Berufsschul- und Gymnasiallehrer, die ja gerade mit Kindern und Jugendlichen in ihrer schwierigsten Phase umzugehen haben, soll schon gar nicht geredet werden. Es sind die nach hohen ethischen Zielen wie Glaubwürdigkeit und Wahrhaftigkeit strebenden jungen Menschen, die an der oftmals widersprüchlichen Wirklichkeit zerbrechen und sich in die scheinbar heile Welt der ‚Drogenrealität' flüchten.“[23]

Da *Stoffmissbrauch* immer häufiger als Ursache für bedenkliche, in mehreren Fällen sogar für ernsthafte Entwicklungsschäden angeführt wird, sollte diesem letzten Abschnitt des Kapitels die verdiente Aufmerksamkeit gezollt werden. Erst einmal sei in diesem Zusammenhang auf den Unterschied zwischen *Sucht* und *Stoffmissbrauch* hingewiesen. Handelt es sich bei Ersterem um *Manie*[24], also auch um abnormale Verhaltensmuster wie z. B. *Ludomanie* (Spielsucht) oder *Nymphomanie* (krankhaft gesteigerter Sexualtrieb bei Frauen) – und jetzt wird mancher Leser erstaunt sein: *Fernsehen und Computerspiel* –, so haben wir es bei *Stoffmissbrauch,* wie der Begriff schon andeutet, mit *Stoffen* zu tun, die eingenommen werden. Dabei sei hier nicht näher auf die moralische Zweideutigkeit in Verbindung mit der Bezeichnung *legale Stoffe* eingegangen, wozu u.a. *Nikotin, Alkohol,* verschiedene Arten von *Gasen*[25] und eine ganze Reihe von *Medikamenten* gehören.

Welche gesundheitlichen Schäden diese *legalen Stoffe* anrichten können – weshalb man mit tragischer Berechtigung von Missbrauch spricht –, das bestätigen auf erschreckende Weise statistische Erhebungen, wobei besonders nachdenklich stimmen sollte, dass diese Neigung in den letzten Jahren erstens stark zugenommen hat, zweitens aber vor allem immer mehr jüngere Jahrgänge mit sich reißt. Diese Tendenz gilt sowohl, was den Alkoholkonsum betrifft, als auch das Rauchen und die Einnahme von Medikamenten. Ob bezüglich letzterem eine eventuell zu bereitwillige ärztliche Ausschreibung von Medikamenten oder leicht zugängliche Medikamente im Handverkauf in

---

[23] *„Der suchtgefährdete Schüler", Siegfried Bäuerle; Seite 22/23;*
[24] *Siehe alphabetisches Verzeichnis der Fachwörter im Anhang;*
[25] *Ich habe in meiner Lehrertätigkeit mehrere Schüler erlebt, die Feuerzeuggas einatmeten!*

den Apotheken mit verantwortlich gemacht werden sollen, kann hier nicht beurteilt werden. Eines ist aber mit Sicherheit zu konstatieren: Diese *legalen Stoffe* werden unter Jugendlichen meistens unter Beeinflussung gruppendynamischer Manipulation (oft gar Pression) zum ersten Male ausprobiert und „genossen" – nicht zuletzt, um nicht im Falle der Ablehnung als „komisch" und spielverderbender Außenseiter isoliert zu werden. Entscheidend scheint dabei zu sein, dass man auf jeden Fall „in" ist. Im Laufe der Zeit mit häufiger Wiederholung und allmählicher Gewöhnung ist so die erste Phase zu späterem „Experimentieren" mit *illegalen Stoffen* durchlaufen! Zu der Frage, warum nun so viele Jugendliche bei Feten und anderen Anlässen diesen Verlockungen in der kameradschaftlichen Gruppe erliegen und ob es sich dabei immer nur um *labile* junge Menschen dreht oder ob noch andere Faktoren diesen Entwicklungsverlauf beeinflussen, wird am Ende dieses Abschnittes Stellung genommen.[26]

Was eine übersichtlichere Einteilung der zu behandelnden Stoffe angeht, empfiehlt es sich, neben der Unterscheidung nach *legal* oder *illegal* noch eine Zuordnung nach *natürlichen* oder *synthetischen* Drogen vorzunehmen. Um die aktuelle Gefahr der Verbreitung von Stoffmissbrauch zu verdeutlichen, wäre es angebracht, eine statistische Übersicht neuester Erhebungen darüber anzuführen, welche Alters- und Bevölkerungsgruppen welche Stoffe einnehmen. Einige Angaben zu diesbezüglichen Untersuchungen kann man aus dem „Suchtgefährdeten Schüler"[27] entnehmen. Bei den natürlichen Drogen handelt es sich um Stoffe, die aus Pflanzen gewonnen werden. Die synthetischen Drogen hingegen werden aus chemischen Grundsubstanzen hergestellt. Dabei gewinnt man die so genannten *Designer-Drugs* aus im Handel erhältlichen Medikamenten. Was die Wirkungen der verschiedenen Stoffe angeht, sei auf die unter den Fußnoten 23 und 27 angegebene Veröffentlichung hingewiesen. Die folgende Übersicht ist ebenfalls dem Werk „Der suchtgefährdete Schüler" entnommen:[28]

---

[26] *Vgl. auch: „Vertrauliche Gespräche mit jungen Menschen", Frank-Volkhard Bauer; 8. und 13. Gespräch;*
[27] *„Der suchtgefährdete Schüler", Siegfried Bäuerle; Seite 79 ff.;*
[28] *„Der suchtgefährdete Schüler"; Seite 78;*

Natürliche Drogen		Synthetische Drogen

Legale Drogen	Nikotin Koffein Alkohol	–	Schnüffelstoffe (Äther, Benzin, Verdünnungsstoffe für Farben und Klebstoffe) Medikamente (Schmerz-, Schlaf-, Beruhigungsmittel [Barbiturate], Aufputschmittel bzw. Stimulantien [Amphetamine])
Illegale Drogen	Cannabis (Haschisch, Marihuana) Halluzinogene (LSD, Meskalin) Kokain Opiate (Opium, Morphium, Heroin)	–	Designer-Drugs (chemische Abkömmlinge (=Derivate] von Arzneien, die unter das Betäu bungsmittelgesetz fallen und in illegalen Labors hergestellt werden, z.b. „speed" – ein Amphetamin-Derivat)

Wer greift nun zu solchen Beruhigungs- oder Aufputschmitteln – man könnte sie auch als Verdrängungsmittel bezeichnen. Die entscheidende Beeinflussung geht immer von der jeweiligen Umwelt, dem sozialen Milieu aus! Da wäre zunächst einmal die Familie. Nahe liegend ist natürlich, dass eine besondere Gefahr in den Familien besteht, in denen einer der Eltern oder gar beide ungewöhnliche Konsumenten von Stoffen sind. Gründe dafür, warum Eltern zu derartigen „Hilfsmitteln" Zuflucht suchen, können Depressionen oder Angst auf Grund von erniedrigender Behandlung, von Arbeitslosigkeit und ökonomischen Problemen oder von Minderwertigkeitskomplexen sein. Bei der zur Zeit beängstigend steigenden Zahl von Arbeitslosen und der damit zunehmenden Kluft zwischen Armen und Reichen[29] muss damit gerechnet werden, dass der soziale Wohlfahrtsstaat bald eine noch größere Anzahl so genannter asozialer Milieus zu verzeichnen hat und dass sich damit auch die Statistik über Stoffmissbrauch noch weit erschreckender entwickeln wird.

---

[29] *Vgl. hierzu: Vorwort und Kapitel 1;*

Nicht weniger beunruhigend sollte sein, dass nicht nur Armut und Verzweiflung in solche tragischen Abgründe führen können, sondern auch Gefühlslosigkeit, also mangelnde Geborgenheit und Wärme in den ersten, den grundlegenden Lebensjahren der Kinder. Auf diese tragischen Entwicklungsverläufe wird in den Kapiteln 5 und 6 näher eingegangen. Versäumte und ebenso von narzisstischen Müttern völlig vereinnahmte Kinder werden sehr bald im Kameraden- und Freundeskreis einen verständnisvolleren Zuspruch erleben und sich bereitwillig den in diesen Gruppen herrschenden Regeln und Hierarchien unterwerfen. Solche Entwicklungsverläufe sind meist nur sehr schwer zu verfolgen und werden von zuständigen Erziehern und Lehrern in der Regel viel zu spät erkannt. Das darf nicht als Vorwurf verstanden werden, da diesbezügliche Diagnosen bei allen anfallenden Arbeitsverpflichtungen und daraus oft folgendem Stress und Überarbeitung kaum zu bewältigen sind!

7. Aktuelle Probleme in der Familie

Bevor die eigentliche Thematik des Buches angegangen wird, sei allen kritischen Überlegungen eine bedenkenswerte Betrachtung des dänischen Philosophen Niels Thomassen vorausgeschickt:

„Moral ist eine Notwendigkeit, beinahe ein notwendiges Übel. Daher dreht es sich darum, sie zu begrenzen, nicht über alles zu moralisieren. Wo das Leben von sich aus in Ordnung ist, wo Annehmlichkeiten und Lasten gleichmäßig verteilt werden, hat Moral nichts zu sagen ... Solange Moral nicht eine Natur in uns geworden ist, solange sie nicht eins mit unserer Natur geworden ist, solange ist sie nicht überflüssig. Und da dies kaum jemals geschehen wird, besteht kein Grund, darüber weitere Worte zu vergeuden ... Moral kann die Probleme nicht lösen. Das können nur die Menschen. Das können nur solidarische Handlungen. Aber es ist die Aufgabe der Moral, zu klären, was eine solidarische Handlung ist."[1]

Moral appelliert immer an das menschliche Gewissen oder, psychologisch gesprochen, an das Über-Ich, das dem Ich in der schwierigen Herausforderung beistehen muss, triebhafte Bedürfnisse, Begierden zu beherrschen und in verantwortungsbewusste Handlungsweisen zu steuern. Vorausgegangene entwicklungspsychologische Erklärungen haben hoffentlich verständlich genug dargelegt, dass dies das dienliche Ergebnis eines wertbewussten Lernprozesses ist, der einzig durch verständnis- und hingebungsvolle Erziehungspraktiken zu verwirklichen ist! Das ist einfacher gesagt als getan. Aus den Fragebögen, die an das Personal in Kindertagesstätten und Schulen verteilt wurden, geht deutlich hervor, dass es in vielen Fällen nicht sehr lobenswert um diese Aufgabe bestellt ist. Zur Entlastung der Eltern, vor allem der allein erziehenden, muss dabei auf einen belastenden Umstand hingewiesen werden, der in der nicht selten bevormundenden Abhängigkeit von „Kompetenzbehörden" besteht. In Sprechstunden mit Eltern schwieriger Kinder habe ich immer wieder erlebt, dass nachzuweisende Nachlässigkeiten oder Versäumnisse in der Erziehung sehr oft mit Hinweisen auf Ratschläge und Anweisungen kompetenter Experten entschuldigt wurden. Dabei habe ich mich wie viele andere meiner Kollegen fragen müssen, bei wem nun eigentlich die

---

[1] *„Samvær og Solidaritet" (Gemeinschaft und Solidarität), Niels Thomassen; Seite 15; zitiert nach der dän. Ausgabe;*

ausschlaggebenden Ursachen zu suchen und mit wem die zu behandelnden Probleme zu besprechen sind. Auf solch unangenehme „Vermittlerrollen im Niemandsland" komme ich vor allem in Kapitel 8 zurück. Bleiben wir erst einmal bei der „heutigen Familie", die in den letzten Jahren in vielerlei Hinsichten einem durch grundlegende Veränderungen auf dem Arbeitsmarkt und in den modernisierten Produktionsmethoden, entwicklungspsychologisch gesehen, rücksichtslosen Umstrukturierungsprozessen unterworfen worden ist. Die traditionelle Großfamilie, in der gar nicht so selten mehrere Generationen in engem Kontakt miteinander lebten, ist durch die heutige Kernfamilie abgelöst worden. Bedauerlich ist in diesem Zusammenhang allerdings, dass auch die Generationskontinuität verloren zu gehen scheint. Durch die moderne Institutionalisierung der meisten Erziehungs- und Pflegeaufgaben kann man den Eindruck gewinnen, als ob die ältere Generation eine Bedeutung bei den Jüngeren lediglich wegen eines zu erwartenden Erbes bewahren konnte (mein Eindruck nach mehreren Gesprächen mit alten Menschen in Alten- oder Pflegeheimen). Auf die dabei nicht unwesentlichen Generationskonflikte soll hier nicht eingegangen werden. Das von unentwegt zu steigerndem Umsatz getriebene Erwerbsmilieu sollte vorrangig die materielle Existenzsicherheit garantieren. Unter dem Einfluss dieser sich radikal und in kurzen Zeiträumen verändernden Lebensverhältnisse mühte sich eine immer dynamischer auftrumpfende Emanzipationsbewegung für die Gleichstellung der Geschlechter, genauer gesagt, für die Besserstellung der Frau zu kämpfen. Ungeachtet aller berechtigten zielbewussten Bemühungen und Debatten kommt man sicher nicht umhin, feststellen zu müssen, dass auch die heutige Gesellschaftsstruktur nach wie vor eine weitgehend patriarchalische ist.

Wo in der Tat hinsichtlich Lohn und Kompetenz eine Gleichstellung durchgesetzt worden ist, heben viele Soziologen und Psychologen eine Maskulinisierung der weiblichen Psyche hervor. Die Engländerin Carol Gilligan entwickelte ihre Theorie der weiblichen „„Moral der Fürsorge', die sie der männlichen ‚Moral der Gerechtigkeit' gegenüberstellt. Die weibliche Moral orientiert sich an den Bedürfnissen anderer Menschen, sie stellt Beziehungen und deren Erhalt in den Mittelpunkt und weniger Normen und Gesetze. Die männliche Moral der Gerechtigkeit dagegen orientiert sich an gesellschaftlichen Werten. Die Rechte anderer werden respektiert, und es wird darauf geachtet, dass jeder ‚sein Recht' bekommt. Rücksichtnahme, Einfühlungsvernehmen und Ähnliches haben in dieser ‚Moral der Gerechtigkeit' keinen

Platz ... Die weibliche Moral entwickelt sich also vom Egoismus zu einer Verantwortung für sich und andere. Möglicherweise befinden sich viele Frauen noch auf der zweiten Stufe dieser Moral und haben noch keine Balance zwischen fremden und eigenen Bedürfnissen gefunden. Wenn das stimmt, dann benötigen sie Unterstützung, um die dritte Stufe der weiblichen Moral zu erreichen. Doch diese Unterstützung ist momentan noch nicht in Sicht, im Gegenteil: Die Diffamierung der Fürsorglichkeit hindert viele Frauen an dieser Entwicklung und lässt sie eine männliche Moral anstreben, in der jeder um sein Recht kämpft."[2] Die genannte Geringschätzung der weiblichen Fürsorge bestätigte sich immer wieder sowohl in den für das vorliegende Buch durchgeführten Befragungen von Schülern[3] wie in vielen meiner Besprechungen mit Eltern. Wie manchmal geradezu abstoßend und entsetzlich diese Unterbewertung, um nicht zu sagen, Verachtung sein kann, wollte ich meinen Schülern im Sozialkundeunterricht einmal deutlich veranschaulichen, indem ich sie 14 Tage Ausschnitte aus der Tagespresse sammeln ließ, in denen von gewalttätiger Misshandlung der Frauen, von Vergewaltigung und Versäumnissen der väterlichen Erziehungsverantwortung die Rede war. Alle Ausschnitte wurden an dem Anschlagbrett im Klassenzimmer aufgehängt. Ich kam und komme in meiner Unterrichtstätigkeit und bei Vorträgen immer wieder auf die nicht nachdrücklich genug zu betonende Bedeutung emotionaler Bedürfnisse zurück! In diesem Zusammenhang sollen auch die so beliebten Witze über Sexualität genannt werden, die in ihrer oft vulgären Trivialität alles andere als einem moralischen Bewusstsein förderlich sind.

Worin aber sind tiefere Ursachen für eine so geringe Achtung von wertvollen menschlichen Eigenschaften und Haltungen zu suchen?

Der dominierende Einfluss des an Gewinn orientierten Umsatzes mit entsprechend verlockender Reklame ist bereits genannt worden. Wenn man nun bei vielen Eltern hinsichtlich Erziehungsfragen und -problemen eine spürbare Unsicherheit feststellen kann, ist dies nicht zuletzt auf eine Umdelegierung von Erziehungsberatung und -kompetenz an den „öffentlichen Sozialservice" zurückzuführen. Christopher Lasch kommentiert diese Umstrukturierung wie folgt:

---

[2] *„Die Egoismus-Falle", Ursula Nuber; Seite 144;*
[3] *Siehe beiliegende Fragebögen, Kapitel 10;*

„Die Abhängigkeit der Familie von professionellen Dienstleistungen, über die sie nur geringfügige Kontrolle hat, stellt eine Ausgabe eines mehr allgemeinen Phänomens dar: den Abbau von Selbstvertrauen und gewöhnlicher Zuständigkeit durch das Wachsen in den riesigen Betrieben und in dem bürokratischen Staat, der diesen dient."[4]

Wo aber führt diese „Entmündigung in unentrinnbarer Abhängigkeit" in Zukunft hin? Das wird für viele Familien eine entscheidende Existenzfrage und dies vor allem bei den neuestens eingeleiteten Sozialreformen! Finanzielle Engpässe haben den Sozialstaat zu der Erkenntnis kommen lassen oder ihn dazu gezwungen, mehr und mehr öffentliche Sozialleistungen abzubauen oder zu teureren Gebühren noch eine Zeit lang zu erhalten. Die derzeitige deutsche „Rürup-Verbesserung (?)" wurde im *stern* unter der Überschrift „Streit unter Strebern"[5] kommentiert. Der aufmerksame, ohnmächtige Leser muss sich fragen, ob diese Kommission von Experten im Sinne einer humansozialen Lastenverteilung zum Wohle der Schwächeren arbeitet oder zur Wahrung eigener oder durch sie agierender Macht- und Kapitalkonzerne. Es ist leicht vorauszusagen, sollten nicht doch noch Veränderungen durchgesetzt werden, dass zu erwartende Rechnungen an die von vornherein sozial schlechter gestellte Bevölkerungsschicht weitergereicht werden. Ähnliche Umverteilung öffentlicher Finanzierungen kann auch in anderen europäischen Wohlstandsgesellschaften beobachtet werden. Damit ist vielleicht der Staatshaushalt zu stabilisieren – ich bin kein Finanzexperte! –, aber die Folgen für unzählige Familien sind nicht abzusehen. Und dass auf diese Weise die Kluft zwischen Vermögenden und in die Verzweiflung abgedrängten Mitbürgern unaufhaltsam vertieft wird, das bedarf keiner besonderen Rechenfinessen. Bis vor wenigen Jahren konnte ich mich oft des Eindrucks nicht erwehren, als habe der moderne Wohlfahrtsstaat nach dem Prinzip „panem et circenses"[6] alte Prinzipien aus dem Römerreich übernommen. Welche Auswirkungen eine solche „soziale Umverteilung" auf zunehmende Schwierigkeiten in der Er-

---

[4] *„Narcissismens kultur" (Die Kultur des Narzissmus), Christopher Lasch; Seite 189 (zitiert nach der dän. Ausgabe);*

[5] *„stern", Nr. 17 vom 16. 4. 2003; Seite 74;*

[6] *Lat.: „Brot und Spiele"; indem der Staat für sozialen Wohnungsbau (insula), Essen und Unterhaltung (circenses – Zirkus/Spiele) sorgte, konnte die untere Bevölkerungsschicht bei guter Laune gehalten werden, während die Privilegierten sich die Macht teilten;*

ziehung, auf Zustand der Gesundheit und psychische Probleme, auf Kriminalität und Stoffmissbrauch haben werden, wird die Zukunft weisen ...

So viel zu den Mühseligkeiten, die die christliche (!), humane (!), demokratische (!) und soziale (!) Gesellschaft heute einer ganz gewöhnlichen Arbeitnehmer-Familie aufbürdet. Was bewirkt das nun für die intime Familienatmosphäre? Ich habe mittlerweile aufgehört, Mitmenschen danach zu fragen, wie es ihnen gehe, da man sich bei dem herrschenden Repräsentations- und Konkurrenzdruck ausrechnen kann, wie die Antwort lauten wird: „Ach danke, gut" oder „Ich kann nicht klagen" oder ganz überschwänglich: „Oh, wunderbar!" Dass derartige Zufriedenheitsbekundungen oft nichts anderes als künstliches Aufrechterhalten einer falschen Fassade nach außen hin waren, bewiesen in einigen erlebten Fällen wenige Tage später Bestätigungen der Wirklichkeit. In zwei Fällen hatten sich die so zufriedenen Kollegen das Leben genommen! Eine andere gute Bekannte kämpfte verbittert bei der durch Scheidung erforderlich gewordenen Aufteilung des gemeinsamen Besitzes. Warum nun diese Verstellungen? Heimo und Susanne Gastager führen dazu aus:

„Wir müssen heute mit der Existenz verschiedenartiger Familienstrukturen in einer pluralistischen Gesellschaft rechnen ... Die patriarchalische Fassadenfamilie kennt keine manifeste Frühkrise, wie man sie in der nicht gelungenen Partnerschaftsfamilie findet, jedenfalls keine, die zur Scheidung führt. Bowen spricht in diesem Zusammenhang mit Recht von *emotional divorse*[7] und meint damit eben jenes Fehlen einer ehelichen Intimsphäre, das für die innerlich nicht mehr gelebte Ehe charakteristisch ist. Damit steht sie aber aufgrund ihrer Instabilität ständig in einer latenten Krise. Die Pathogenität dieser Krise kommt dann in neurotischen oder psychosomatischen Erscheinungsbildern bei einem zum Patienten organisierten Mitglied zum Ausdruck."[8] Bei allen kritischen Familienanalysen sollte man nicht vergessen, dass die veränderten Lebensumstände im Laufe der Zeit einen „realitätsorientierten" pragmatischen Menschentypus geformt haben, der nunmehr in erster Linie nach Selbstrealisierung (vgl. Maslow-Pyramide, Seite 12) strebt, das allerdings in einer Art unbewussten Selbstbetrugs, indem Erfolg und Anerkennung ausschlaggebend sind, wobei allzu viel gefühlsbetonte Rücksichtnahme nur hinderlich

---

[7] *Emotionale Trennung, gefühlsmäßiger Abstand;*
[8] *„Die Fassadenfamilie", Heimo und Susanne Gastager; Seite 46;*

sein kann. Dieser heutige Egoist – oder gar Egozentriker – wird auch in der Privatsphäre, mit dem Partner oft konkurrierend, auf eigene Vorteile bedacht sein.

Hat man es in solch einer Partnerschaft mit einem oder gar zwei Narzissten zu tun[9], dann können Enttäuschungen, Erniedrigungen, Ausnutzung und schließlich auch bedenkliche Symptome psychischen Leidens nicht ausgeschlossen werden. Wie wir gehört haben, wird solche Menschen bei ihrem Streben nach Unabhängigkeit kein schlechtes Gewissen quälen. Da haben also Freundeskreis, Freizeitclubs oder der Arbeitsplatz Vorrang vor einengenden, „monotonen" Verpflichtungen gegenüber der Familie. Man trifft sich im gemeinsamen Heim zum Essen, Wäschewechseln, Ausruhen, gemeinsamen Fernsehen, Erledigen von anfallenden Rechnungen und natürlich zu sexueller Befriedigung, wenn nicht auch die schon oft in anderen Kreisen erlebt werden kann. Für solche ernsthaft gestörten Familienverhältnisse, bei denen dann vielleicht noch Stoffmissbrauch hinzukommt, hat die Psychiatrie den treffenden Ausdruck „Defektfamilie" oder „broken home". Nun versuche man, sich in die Situation vorhandener Kinder hineinzuversetzen, die nach Hingabe und Wärme, nach gefühlsmäßiger Geborgenheit verlangen, nachdem sie den ganzen Tag in einem Kinderhort oder bei einer privaten Pflegefamilie untergebracht waren. Die nach einem anstrengenden Arbeitstag und anschließendem Einkauf müden Eltern haben oft nicht mehr Energie genug, um der oder dem Kleinen noch zuzuhören, wie der Tag verlaufen sei. Das wegen der Abweisung eventuell sich meldende schlechte Gewissen wird durch Einschalten der Kindersendung im Fernsehen oder mit „freigiebig" ausgeteilten Süßigkeiten verdrängt. Tauchen bei solchen Gelegenheiten wegen gegensätzlicher Auffassungen, was die Erziehungspraxis anbelangt, ernsthafte Meinungsdifferenzen auf – und dies in rechthaberischer Unnachgiebigkeit und selbst behauptender Sturheit –, dann ist der heimische Frieden dahin und die kindliche Erwartung von Fürsorge und Nahkontakt ernsthaft frustriert! Bei Erwachsenen mit zuvor beschriebenen Neigungen werden derartige Begebenheiten keine Einzelfälle sein. Wenn solche Kinder dann zur großen Enttäuschung der Mutter, die das Kind im Kindergarten abholt, lieber bei der Erzieherin bleiben wollen, als der Mutter zu folgen, ist das nur zu verständlich.[10]

---

[9] *Siehe hierzu Seite 16, 17;*
[10] *Siehe hierzu Seite 43 ff.;*

Nicht weniger belastend kann das eifersüchtige Buhlen der Eltern um die Gunst des Kindes sein. Häufig wird das durch Mitbringen von Geschenken oder durch Erlaubnisse erreicht, nachdem der Ehepartner zuvor eine Absage, ein Verbot erteilt hatte. Solche Gegensätze in der Erziehung bewirken oft ambivalente Haltungen im Kinde. Ich habe Beispiele erlebt, bei denen im Beisein des Kindes der nicht anwesende Ehepartner herabwürdigend diskutiert wurde, was noch häufiger in Scheidungssituationen vorkommt, in der einer der Eltern, der keinen täglichen oder überhaupt keinen Kontakt mit dem Kinde hat, oft angeklagt und für Missverhältnisse verantwortlich gemacht wird. Da Kinder in der Regel eine große Solidarität für beide Eltern empfinden, kann es nicht verwundern, wenn ein Kind, das längere Zeit hindurch Verunglimpfungen des abwesenden Vaters oder der ausgezogenen Mutter hat mitanhören müssen, auf einmal den Wunsch äußert,' lieber bei dem verunglimpften Elternteil leben und wohnen zu wollen.

Versäumte und daher oft bedrückte Kinder, weil übergangen oder hinter einem Lieblingskind zurückgestellt, finden sich auch in Familien, in denen beide Stiefeltern aus früheren Ehen Kinder in die neu „zusammengewürfelte" Familie mitbringen. Ich hatte einmal eine sehr begabte und zudem begeistert engagierte 12-jährige Geigenschülerin. Sie war der umsorgte, aufmerksam geförderte und vielleicht auch ein wenig zu sehr verwöhnte Liebling ihres Vaters. Nachdem wir kurz vor Weihnachten eine Sonate von Corelli einstudiert hatten, die sie mit einfühlsamer Hingabe spielte, erzählte sie mir in der letzten Stunde vor den Ferien mit weinerlicher Stimme, dass sie sich überhaupt nicht auf den Weihnachtsabend freue. Als ich versuchte, sie ein wenig aufzumuntern, bekam ich die traurige Erklärung: Früher habe sie immer nach der Bescherung zusammen mit ihrem älteren Bruder vor dem im Kerzenlicht erstrahlenden Weihnachtsbaum musiziert, worauf vor allem Vater sich immer besonders gefreut habe. Als sie den ersten Weihnachtsabend zusammen mit ihrer neuen Mutter verbringen sollte, war die Stimmung schon von Anfang an verdorben. Sie hatte nämlich Vater gebeten, dafür zu sorgen, dass sie von dem „Katzengejammer" verschont bliebe. So ist es nun immer an Weihnachten. Als ich ihr meinen Arm um die Schultern legte und sie zu mir aufsah, fügte sie noch hinzu: „Ich glaube, Mutter ist eifersüchtig; entweder auf meine Geige oder auf mich." Als wir uns in der ersten Stunde nach den Weihnachtsferien wieder sahen, erwähnte ich die traurige Szene gegenüber der Stiefmutter, die das Kind nach dem Unterricht abholte. Schon an der verbissenen Miene der Mutter konnte ich sehr bald ablesen, dass sie eine derartige „Einmischung Fremder in ihre Familie" nicht wünschte. Als ich in der nächsten Stunde vergeblich auf meine Schülerin warten musste, was ich von ihr gar nicht gewöhnt war, rief ich bei der Familie an und bekam zu hören, dass die Tochter wegen der vielen Hausaufgaben für die Schule leider mit dem Geigenunterricht kaum noch nachkommen könne, weshalb sie beschlossen hätten, das Kind erst einmal eine Weile zu schonen. Obwohl ich diese Entscheidung sehr bedauert hatte, war daran nichts zu ändern. Ganz überrascht war ich allerdings, als ich im nächsten Jahr kurz vor Ostern von jener begabten Geigenschülerin einen freudigen Anruf bekam mit der Anfrage, ob sie wieder bei mir Stunden bekommen könne. Als ich sie darauf aufmerksam machte, dass ich aber keine Schwierigkeiten mit Mutter bekommen wolle, klärte sie mich darüber auf, dass sie mit ihrem Bruder und Vater jetzt wieder alleine wohne. Ich freute mich aufrichtig für das rührende Kind und wir vereinbarten gleich die nächste Unterrichtsstunde, auf die sie sich unsagbar freue.

Ähnliche Kontroversen habe ich mit Schülern erlebt, die aus multikulturellen Familien kamen. Dazu erinnere ich mich an einen aufgeweckten 16-jährigen Schüler im Deutschunterricht, dessen Vater, der aus Palästina stammte, mit einer Dänin verheiratet war. Er war sehr höflich, etwas zurückhaltend und kam stets gut vorbereitet in die Stunden. Nach einiger Zeit fiel mir auf, dass der Junge in den Stunden am Freitag, also kurz vor den Wochenenden, oft sehr in sich gekehrt, ja, manchmal direkt bekümmert wirkte. Als ich ihn schließlich einmal in einen ruhigen Winkel bat, um ihn zu fragen, ob ihm etwas fehle und ob ich ihm vielleicht helfen könnte, erzählte er mir, dass er am Sonnabend immer mit seinem Vater zusammen zu dessen Bruder und seiner Familie führe, woraus sich seine Stiefmutter überhaupt nichts mache und in der letzten Zeit auch nicht mehr mitkomme. Als Begründung habe sie dem Vater erklärt, dass sie überhaupt nicht daran interessiert sei, zuzusehen, wenn die „komischen Mohammedaner am Nachmittag auf ihren Teppichen rumknien". Zudem trinke sie gern mal ein Glas Rotwein – nach der Meinung des Jungen zu viele Gläser –, woraus sich die steife Familie auch nichts mache. Die Familie seines Vaters habe schon öfter gesagt, dass die Frau nichts für Vater sei. Der Junge selber mochte die Frau auch nicht besonders gerne, aber er verstand sich wunderbar mit ihrem Sohn aus deren erster Ehe. Dieser Sohn habe ihn einmal getröstet und gemeint, er solle sich nicht so viele Gedanken über seine Mutter machen, die sei nun mal eine Schlampe und mit seinem richtigen Vater habe sie nur gesoffen. Mir tat der nette und fleißige Junge aufrichtig Leid, aber als Außenstehender kann man bei solchen Problemen kaum helfen.

Außer unterschiedlichen religiösen Bekenntnissen können auch nationale oder kulturelle, d. h. bildungsmäßige Gegensätze Anlass zu Gefühlskränkungen oder vehementen Auseinandersetzungen geben. In diesen Relationen kommen der Sprachbeherrschung und traditionellen Gepflogenheiten eine besondere Bedeutung zu. Wohl halten heute viele Menschen, vor allem im amerikanischen und in unserem westeuropäischen Kulturbereich, sehr viel auf eine individuell weitgehend uneingeschränkte persönliche Freiheit, was aber nicht zu Hemmungslosigkeit und einer bedenklichen Überbewertung des eigenen Ich führen dürfte. Auf meinen Reisen in arabische Länder habe ich fast neiderfüllte Bewunderung für den beeindruckenden Zusammenhalt in den Familien, in denen ich Gast sein durfte, empfunden, wobei vor allem der Respekt der Jüngeren vor den Alten und Ältesten einen tiefen Eindruck auf mich gemacht hat. Die dort erlebte rücksichtsvolle Aufmerksamkeit und selbstlose Hilfsbereitschaft füreinander ist den meisten meiner bisherigen Schüler nahezu ungewohnt, unbekannt. Da bei uns weder eine Religion noch eine bewusst gepflegte Tradition Generationen zusammenhält, hat der individuelle Liberalismus Hochkonjunktur. Da die meisten europäischen Staaten in „humaner Hilfsbereitschaft" sehr viele Flüchtlinge aus von Kriegen heimgesuchten Ländern aufgenommen haben, sind sie plötzlich bei der Respektierung und Tolerierung anderer Kulturen in eine auf peinliche Weise widersprüchliche Situation gekommen. Ein sich zunehmend ausbreitender Fremdenhass hat mich oft an einstige Rassenvorurteile und entsprechende Diskriminierungen erinnert. Wenn wir nun schon so gerne und „anerkennend" von einer interessanten, multikulturellen Gesellschaft reden, sollte man das auch in der Behandlung der fremdländischen Zuwanderer entsprechend praktizieren. Dem ist leider nicht so! Da fallen geringschätzige Bemerkungen über andersartige Kleidung und Trachten der Flüchtlinge, da werden Lebenshaltungen und die diesen Menschen eigene Kultur kritisiert, weil man die nötige Anpassung vermisst. Diese wenig verständnisvolle Einstellung zu Flüchtlingen und umgesiedelten Einwanderern trägt mit dazu bei, die Integrierung der Fremden zu erschweren. Ich habe vorsätzlich den Kontakt zu Ausländerfamilien gesucht und pflege ihn mit großem Interesse, da er mir wertvolle Inspirationen und Erfahrungen gebracht hat. Wenn ich z.B. hin und wieder unangemeldet bei einer netten, traditionsbewussten und sehr gastfreundlichen Familie aus Syrien überraschend auftauchte, wurde ich herzlich in die Wohnung gebeten, der übliche Tee wurde umgehend serviert und alle acht Familienmitglieder setzten sich um mich herum. Anlässlich solcher wirklich gemütlichen gemeinsamen Stunden wurde ich des öfteren Zeuge von Berichten, mit denen die acht-, zehn- und zwölfjährigen Kinder aus der Schule kamen. Wenn mich die Eltern und eine Schwägerin mit ihrem Mann erstaunt ansahen und fragten, warum man so etwas in Dänemark Kindern antue, habe ich nur beschämt den Kopf schütteln können. Obwohl die Erwachsenen die dänische Sprache nicht sehr gut beherrschten – wir sprachen meistens Englisch –, hatten sie doch besonders ein dänisches Wort immer wieder im Mund: geduldet! Einmal war die zehnjährige Tochter weinend nach Hause gekommen und hatte ganz ängstlich erzählt, dass ihr die Lehrerin verboten hätte, ihr Kopftuch aufzubehalten, was man der Tradition getreu nur im eigenen Hause abnimmt. In solchen Augenblicken scheinen Krankheiten oder Armut für diese Menschen von untergeordneter Bedeutung zu sein, wohingegen die psychische Belastung, sich isoliert zu fühlen, den Frohsinn nachhaltig dämpfen kann. Für manchen Einheimischen scheint das nur eine Frage besserer Kulturkommunikation zu sein. Ich versuche mir vielmehr vorzustellen, was sich im Inneren dieser Kinder an Verunsicherung tut, wobei die eigenen lieben Eltern außer verständnisvollen Tröstungen auch nicht viel ausrichten, weil sie es gar nicht können! Was aber ist mit der Lernfreude und der Konzentration dieser kleinen Schüler? Wir Helfernationen versündigen uns oft an der Seele dieser heimatlosen Menschen, für die die Bewahrung von Traditionen und Gewohnheiten eine unentbehrliche Medizin gegen das Heimweh ist. Wie viele Enttäuschungen, Bekümmerungen und Ängste überschatten eine Familie dann, wenn einer der Erwachsenen, einer der Eltern aus dem Gastgeberland stammt? Nach Heimo und Susanne Gastager ist „das Eheglück von Mischehen im religiösen und sozialen Sinn und deren Haltbarkeit meist umgekehrt proportional zur Größe des kulturellen Unterschiedes zwischen den Partnern".[11]

Wenn wir jetzt nach den vorgelegten Beispielen familiärer Probleme einmal eine Pause einlegen und uns zurückbesinnen auf den in Kapitel 5 kurz beschriebenen Entwicklungsverlauf, dann wird der Leser mir wohl die An-

---

[11] *„Die Fassadenfamilie", Heimo und Susanne Gastager; Seite 38;*

wendung des Wortes „versündigen" vergeben. Man versuche, sich vorzustellen, wie tiefgreifend und nachhaltig unzählige Kinder in gespannten oder hin- und hergerissenen Verteidigungs- oder Fluchtsituationen frustriert werden! Da ist keine verlässliche Geborgenheit! Da werden viele Kinder sich oft selbst überlassen, zwar mit viel Spielsachen, mit Süßigkeiten, vor einem laufenden Fernsehgerät in die Sofaecke gekuschelt – aber ohne vertraulichen Kontakt, ohne Streicheleinheiten mit liebevollen Umarmungen. Da ist selten eine aufmunternde Anerkennung. Und oft werden solche bedauernswerten Wesen bei der Rückkehr der Eltern noch ausgeschimpft, weil sie dies und jenes nicht gemacht hatten, was ihnen aufgetragen worden war. Denken diese Eltern einmal darüber nach, dass das allein gelassene Kind all seine verfügbare Nervenenergie allein darauf verwandt hat, mit rastlosen Versuchen an dauernd wechselnden Vorhaben über seine Einsamkeit hinwegzukommen? Abreagieren nennt man so etwas! Verdrängen! „So ein Quatsch", höre ich manche aufgebrachte Eltern erwidern, „die Gören müssen doch lernen, selbstständig zu werden!" Das ist eine der wohl bekannten, oberflächlich eingeworfenen Verteidigungsformulierungen. „Aber mit welcher inneren Gemütsverfassung, in welchem psychischen Zustand?", reizt es mich, zu fragen. Es ist in den meisten Fällen leider sinnlos. Wo sich derartige Versäumnisse bedrohlich häufen, greifen die Jugendbehörden schließlich ein und entfernen das Kind aus der Familie. Als Notlösung kann man das gutheißen, es kann aber nicht darüber hinwegtäuschen, dass diese Maßnahme auf den Identifikationsprozess des betroffenen Kindes weniger zweckdienlich einwirkt. „Noch so überzeugende Darstellungen unserer Unabhängigkeit können nicht darüber hinwegtäuschen, dass der moderne Mensch ein bemitleidenswerter ist. Er droht an seinem aufgeblähten Selbst zu ersticken. Wer andere Menschen wie Einweggeschirr behandelt, verliert seine Fähigkeit zu beständiger Bindung und Intimität. Der Zustand moderner Zweierbeziehungen legt ein beredtes Zeugnis darüber ab, welcher Preis für die Selbstverwirklichung bezahlt werden musste. Die Zahl der Scheidungen – jede dritte Ehe auf dem Land und fast schon jede zweite in der Stadt wird geschieden – zeigt dabei nur die Spitze des Eisberges. Denn selbst in den nach außen hin noch stabilen und – wie es so schön heißt – funktionierenden Beziehungen herrscht häufig ein Klima, das die Partner fröstelnd in die Isolation treibt."[12]

---

[12] *„Die Egoismus-Falle", Ursula Nuber; Seite 36;*

Eine entwicklungspsychologisch in manchen Fällen ebenso hemmende oder auch *regredierende*[13] Situation findet sich bei Alleinerziehern. Während sich bei alleinstehenden Vätern eher Versäumnisse in der Erziehung nachweisen lassen, treffen wir bei Müttern in gleicher Lage häufig eine übertriebene Fürsorge, eine die Entwicklung des Kindes direkt hindernde Verwöhnung. Bei geringster körperlicher Anstrengung des Kindes beim Spielen springt die Mutter sofort helfend hinzu, stützt es oder trägt es gar auf ihren Armen, damit dem Kleinen ja nichts passiert. Beim Einnehmen der Mahlzeiten wird dem Kind die Milch eingegossen. Die Brote werden ihm von der aufmerksamen Mutter geschmiert und in Häppchen geschnitten, auch wenn es in einem Alter ist, in dem andere Kinder diese Tätigkeiten ohne umständliche Beschwerden selber ausführen. Beim Herumtollen im Garten oder im Wald werden Kletterversuche mit laufend zur Vorsicht mahnenden Verhaltensregeln kommentiert. Noch behutsamer und fürsorglicher erweist sich die mütterliche Aufmerksamkeit gegenüber dem Kinde beim „Reinlichkeitsüben" in der *Anal*phase und wenn es krank ist. In diesem Pflegeservice können übertriebene Vorsorge und dauernd nervöses Fragen geradezu hypochondrische Ausmaße annehmen, was man vor allem bei narzisstischen Müttern sehr oft beobachten kann. Sie vereinnahmen „ihren unentbehrlichen Liebling" so dynamisch, weil sie ihn im Grunde als einen Teil ihres Selbst erleben. Alles, was sie so bemutternd für das „goldige Schätzchen" tun, übrigens damit auch gerne und vor allem vor anderen Müttern prahlen, tun sie eigentlich nur für sich selbst! In solch „versklavender" *Symbiose*[14] wird es das Kind später unglaublich schwer haben, sich aus der Mutterbindung loszulösen.

Noch etwas zu der Reinlichkeitspflege: Sie kann die Entwicklung des Kindes überaus nachteilig beeinflussen, wenn diese Prozedur bei dem Erziehenden *manische,* nicht selten zwanghafte Züge annimmt, wobei Abscheu und Ekel fast *hysterisch*[15] wirken. Derartiges Verhalten gegenüber der Umwelt wird sich unbewusst auf das Kind übertragen, das ja viele Erfahrungen im Alltag durch Nachahmen der Eltern sammelt. Als ich mit einem Jugendorchester einmal auf einer Konzertreise durch Deutschland war und wir unterwegs auf der Autobahn anhielten, damit alle sich kurz die Füße vertreten und die Toilette aufsuchen konnten, bemerkte ich eines der Mädchen, wie es

---

[13] *Siehe alphabetisches Verzeichnis der Fachausdrücke im Anhang;*
[14] *Siehe alphabetisches Verzeichnis der Fachausdrücke im Anhang;*
[15] *Siehe alphabetisches Verzeichnis der Fachausdrücke im Anhang;*

mühsam den mit Büschen bewachsenen Abhang hinunterkletterte. Als ich sie fragte, was sie vorhabe, antwortete sie ganz kurz: „Auf die Toilette!" „Und warum willst du nicht die öffentliche Toilette benutzen?" „Mutter hat gesagt, dass ich mich niemals auf eine fremde Toilette setzen sollte, die seien alle dreckig und unhygienisch. Ich will mir jedenfalls keine Ansteckungen holen." Als sich dasselbe Mädchen anschließend im Restaurant etwas zu essen und ein Essbesteck holte, stellte sie alles auf den Tisch und verschwand dann mit dem Essbesteck. Als sie zurückkam und andere Orchestermitglieder sie fragten, ob sie Messer und Gabel brauche, um die Schlüpfer runter zu bekommen, erklärte sie mit zorniger Stimme: „Ihr seid ja unappetitliche Schweine, wenn ihr mit den dreckigen Bestecken esst. Ich habe meins draußen unter dem Wasserhahn abgewaschen!"

Bei all den kritischen Bemerkungen zu sonderbaren Erziehungspraktiken der Mütter ist etwas Wesentliches zu bemerken: In unserer so leistungs- und erfolgsorientierten Gesellschaft ist nach meinen Erfahrungen die erniedrigendste Kritik an einer Frau, ihr vorzuwerfen, sie sei eine schlechte Mutter!

Die Behauptung, dass vielerorts eine beklagenswerte Geringachtung und Verwahrlosung „seelischer Werte" festzustellen ist, wird durch eine ganze Reihe demoskopischer Untersuchungen bestätigt. Mehr und mehr Eltern scheinen auch erkannt zu haben, dass weiterbildende Kurse, die ihre Erkenntnisse vor allem auf Gebieten erweitern, denen sie bisher keine oder kaum eine Beachtung geschenkt hatten, durchaus von großem Nutzen sein können. In den letzten ca. 20 Jahren haben vor allem die an den meisten Erwachsenenschulen/ Hochschulen angebotenen Psychologiekurse großen Zulauf erfahren, was ich aus meiner 20-jährigen Erfahrung als Psychologielehrer an so einem Institut und auch als Leiter von Psychologiekursen (vor allem *Gerontologie* = Psychologie bzgl. Älterer) für Angestellte in Alters- und Pflegeheimen miterlebt habe. Die engagierten Fragen der Kursusteilnehmer ließen natürlich oft interessante Rückschlüsse auf zu Hause bestehende Probleme zu. Wenn ich immer wieder mit der Frage konfrontiert wurde: „Kann man das nicht auch so und so machen ...?", schienen die Fragenden meistens in einer spürbaren Unsicherheit gefangen zu sein, denn aus den gestellten Fragen konnte man im Unterton ein eigentlich überzeugtes „Natürlich kann man das so machen" oder „So habe ich das immer gemacht" heraushören, was dann auch die persönliche Überzeugung war. Warum aber wurden so viele vernünftige Beiträge aus langjähriger Erfahrung in der Frageform verborgen? Oft hatte ich mich dann zweifelnd oder unwissend gegeben, die Frage an die Teilnehmer zurückgegeben und vorsichtig bemerkt: „Ja, eine sehr interessante Frage – was meint ihr dazu?" „Ja, unsere Leiterin meint ... aber das kann ich nicht verstehen." Um es kurz zu machen: Abgesehen von wenigen Fällen hielten viele ihre wirkliche Meinung zurück. Es kamen dann Hinweise auf Broschüren, in denen man etwas über die zu behandelnde Problematik gelesen hatte, oder es wurden Theorien von früheren Kursen genannt. Ich bin heute davon überzeugt, dass die in Erziehungs-, Unterrichts- oder Pflegebereichen arbeitenden Kollegen von Medien, Experten, Fachzeitschriften und anderen Informanten ganz einfach verwirrend überflutet werden, das schließlich zu der genannten taktisch abwägenden Zurückhaltung führt. Christopher Lasch hätte es, wie an früherer Stelle angeführt[16], die Folge von Entmündigung vieler Eltern durch den kompetenten öffentlichen Expertenservice genannt. Ironisch ausgelegt könnte man auch sagen: Nicht nur die Kinder gehören immer weniger den Eltern, sondern dem Staat, auch die Eltern werden langsam zu verunsicherten Kindern. Ist diese Hilflosigkeit mit eine der Ursachen, die in vielen Familien in zunehmendem Maße Aggressionen auslösen, die dann als Kompensation in schamlosen Gewaltübergriffen, Vergewaltigungen, sexuellen Missbräuchen Minderjähriger, Affektmorden u.a. abreagiert werden?

Auf die Frage, wie die heutige Familie die Freizeit im heimischen Kreise verbringt, bekommt man in Dänemark oft als erste Bemerkung: „Slappe af".[17] Erkundigt man sich dann eingehender, wie dieses Entspannen gestaltet wird, wird in der Regel aufgezählt: Gutes Essen, ein Bier oder ein Glas Rotwein dazu, später sich hinlegen oder es sich im Sofa bei Kaffee, etwas Gebäck, oft auch mit einer Zigarette und einem interessanten Film im Fernsehen bequem zu machen, wenn sich nicht der eine oder andere an den Computer zurückzieht, um im Internet zu surfen oder zu „chatten". Der Fernsehapparat beschlagnahmt bei den meisten Familien einen großen Teil des Abendprogramms. Wer sich eingehender mit Untersuchungen bezüglich Vorteile und bedenkliche Nachteile der Medien beschäftigt hat, wird vor allem in Verbindung mit Internet und Fernsehen mit zwei sehr intensiv debattierten Themen konfrontiert worden sein, nämlich mit Pornografie und Gewaltfilmen. Zu letzterem liegen inzwischen mehrere vielsagende und beunruhigende Untersuchungen

---

[16] *Vgl. Seite 70;*
[17] *dän.: at slappe af = entspannen;*

vor, wenngleich sich die Experten noch nicht endgültig einig werden können, ob diese Filme nun – vor allem für Kinder und Jugendliche – einen nachteiligen Einfluss ausüben. An einigen dramatischen Fällen, die die Öffentlichkeit erschauern ließen, sieht es so aus, als hätten Gewaltspiele (Ego-Shooter-Computerspiele) und Horrorfilme wie etwa „Scream" oder „Freitag der 13." ohne Zweifel entsetzliche Folgen gehabt. Aus einigen dieser Ereignisse und deren Konsequenzen zog der Medienpädagoge und Gutachter Werner Glogauer die Schlussfolgerung, dass es „bereits hilfreich wäre, wenn die Länder das Ausstrahlen indizierter Filme zwischen 22.30 und 6 Uhr auf den privaten Kanälen unterbinden würden". Von Indizierung von Spielen und Videos hält er nichts, da sie viel zu spät effektive Wirkung zeige. Er geht sogar noch einen Schritt weiter und fordert „eine Produkthaftung. Wenn ein Gutachter einen eindeutigen Zusammenhang zwischen einer Tat und einem Medium herstellen kann, müssen die Produzenten zur Rechenschaft gezogen werden: Sie müssen Schadenersatz und Schmerzensgeld zahlen."[18] In zitiertem Artikel machte er des Weiteren auf die Schamlosigkeit von Pro Sieben aufmerksam, von wo ungeachtet des Protestes des Bürgermeisters von Gersthofen, wo der grausame Mord an dem Mädchen Vanessa geschah, „Scream" ausgestrahlt worden war! Man kann die Einstellung und Forderung des Gutachters hoffentlich verstehen. Der Psychiater Franz Joseph Freisleder ist der Überzeugung, dass eine der Ursachen zu sich häufenden Exzessen eine Globalisierung der Brutalität sei, wobei er eine „über die Medien vermittelte Sogwirkung" mitverantwortlich macht.[19] Die Forderungen des Gutachters Glogauer könnten ein erster resoluterer Schritt in Richtung einer Wiederaufrichtung verloren gegangenen moralischen Verantwortungsbewusstseins sein. Was aber soll man den Eltern dieser grob versäumten, kranken und entarteten Täter sagen? Wenn sogar von höchster Instanz, von Deutschlands Bundespräsidenten Johannes Rau, nach dem schauerlichen Ereignis im Erfurter Gymnasium ein eindringlicher Appell an die Wirtschaft gerichtet wurde, künftig keine „Werbung mehr im Umfeld von Horrorfilmen zu schalten", dann ist es doch höchste Zeit, dass endlich auf dem Gebiet des psychischen und moralischen Milieus effektive Veränderungen eingeleitet werden, die sich nicht länger nur mit wohl gemeinten Ratschlägen und endlosen Diskussionen begnü-

---

[18] *stern, Nr.19, vom 30. 4. 2002; Seite 30;*
[19] *stern, Nr.19, vom 30. 4. 2002; Seite 28;*

gen. Hoffentlich waren die bisher erlebten, allzu tragischen Ereignisse von Meißen, Gersthofen, Erfurt, Weimar, wo die 20-jährige Schülerin Katrin G. ihr Gymnasium aus Hass in Brand steckte, weil sie nicht zum Abitur zugelassen worden war[20], nicht wieder nur schockierende Sensationen – die Presse hatte doch spannenden Stoff –, die nach Wiedereinkehr des gestressten Wohlstandslebens sehr bald vergessen sind! In seinem Interview mit dem *stern*[21] brachte der Bundespräsident auch seine Befürchtung zum Ausdruck, dass Gewalt „alltäglich geworden ist", was er schon allein an dem Verhalten vieler Schüler in der Schule ablesen könne. Die für dieses Kapitel des Buches wesentlichste Überzeugung des Staatsoberhauptes lautet: „Die Erziehung der Kinder ist das Entscheidende überhaupt. Erziehung ist Beispiel und Liebe. Die Art, wie Eltern leben und miteinander umgehen, ist auch Erziehung, genauso wie ihr Umgang mit den Kindern. Man muss in dieser Diskussion deutlich machen, wie wichtig Toleranz ist, aber auch, dass Toleranz etwas anderes ist als Beliebigkeit ... In meiner Trauerrede in Erfurt habe ich gesagt, dass es nichts Kostbareres gibt, als füreinander Zeit zu haben. Das gilt gerade für Eltern und ihre Kinder." Übrigens trat auch der Bundespräsident für Verbote von z.B. Computerspielen ein, machte allerdings darauf aufmerksam, dass im Falle des Internets das Problem internationaler Art sei.[22] Und eine ähnliche Anschauung vertrat Deutschlands Altbundeskanzler Helmut Schmidt in seinem Interview, dass er der BILD-Zeitung gab. Die groß aufgemachte Überschrift des Artikels: „Die Jugend kennt keine Werte mehr" und „Helmut Schmidt warnt vor Fehlern bei der Erziehung". Auf die Frage, ob man jungen Menschen Werte anerziehen könne, antwortete er: „Vorträge nützen da nichts. Sie müssen diese Werte erleben in der Schule, im Verein, in der Firma, vor allem in der Familie!"[23] Und als eine der Ursachen heutiger respektloser Hemmungslosigkeit und Gewalttätigkeit gab er an: „Aber die Generation der 68er hat die Untugend der Respektlosigkeit vor dem Alter zu einer Tugend glorifiziert. ‚Trau keinem über 30' hieß es damals – so ein Quatsch."[24] In der BILD-Ausgabe des nächsten Tages folgte sein Appell an Deutschlands Jugend!

---

[20] *DER SPIEGEL, Nr. 20, vom 13. 5. 2002; Seite 50;*

[21] *stern, Nr. 5, vom 23. 1. 2003; Seite 54 ff.;*

[22] *Vgl. hierzu auch: „Wie viel Globalisierung verträgt der Mensch?";*

[23] *BILD, vom 25. Juni 2002, Seite 2;*

[24] *Vgl. hierzu: Kapitel 1, Seite 14;*

Nach den zuvor angeführten Beispielen und diesbezüglichen Stellungnahmen von Experten und bekannten Persönlichkeiten sollte man auch darauf hinweisen, dass nicht nur Bilder von Horrorszenen und oft deren Wirkung eindringlich verstärkende Lauteffekte oder auch Musik deutliche Folgen hinterlassen, sondern ebenso der aggressive, manchmal sogar vulgäre Sprachgebrauch. Meine Erfahrung aus vielen Unterrichtsstunden und Freizeitaktivitäten mit Kindern und Jugendlichen in den letzten ca. zehn Jahren hat mir immer wieder Beispiele profanen oder auch brutalen Sprachgebrauchs geliefert, die in gleichem Maße auf den Kameradenkreis wie aber auch auf die Atmosphäre zu Hause zweifelsfreie Rückschlüsse zuließ. Und dabei will ich noch nicht einmal die Unterwanderung der Muttersprachen durch ausländische Slogans als besondere „Verschandelung" angreifen. Natürlich sind Ausdrücke wie *okay!* – high sein – *cool* – in sein – *fuck me* und viele andere meistens aus Filmen und Videos übernommen, geradezu einmanipuliert, die aber manchmal schon in Zeichenserien auftauchen. Der Verfall von Feingefühl, Takt und angebrachtem Schamempfinden beginnt nicht selten bereits mit der Oberflächlichkeit und Vulgarisierung der Sprache. In der Einleitung zu seinem Buch „Sprache und Erziehung" erwähnt Professor Bollnow die „Sprachfeindschaft in der bisherigen Pädagogik", wobei er allerdings in erster Linie auf mehr sprachwissenschaftliche Überlegungen eingeht und zunächst einmal festhält: „Dass Sprache und Erziehung miteinander zu tun haben, ist eine solche Binsenwahrheit, dass man sich scheut, sie überhaupt auszusprechen."[25] Sowohl für Eltern wie auch für alle sonst mit der Erziehung beauftragten Erwachsenen hat das *Sich-Aussprechen* eine für die Entwicklung des Kindes einflussreiche Bedeutung. Bollnow führt dazu aus: „Wir fragen nach dem Sinn dieses Sich-Aussprechens, d.h. nach der Funktion, die dabei die sprachliche Explikation hat, und was es bedeutet, dass sie vor einem andern, vertrauenswürdigen und verständnisvollen Zuhörer geschieht ... Aber das ist nicht genug, und der sich Aussprechende erwartet mehr als bloß aufmerksames Zuhören. Er erwartet vom andern auch eine aktive Beteiligung an seinen Überlegungen. Nur dadurch ist es trotz aller Einseitigkeit der Richtung ein echtes Gespräch ... Die tieferen Probleme entspringen aber erst da, wo es innere, seelische Schwierigkeiten sind, die den von ihnen bedrängten Menschen veranlassen, nach einer Aussprache zu suchen, insbesondere da, wo er aus schweren schuldhaf-

---

[25] *Vgl. hierzu: „Sprache und Erziehung", Otto Friedrich Bollnow; Seite 9;*

ten Verstrickungen keinen Ausweg mehr sieht ... Die Aussprache soll dann dem betreffenden Menschen in seiner Not helfen. Aber das kann sie nicht, indem sie bloß beschwichtigt und tröstend erklärt, dass ‚alles nicht so schlimm‘ sei. Sie muss vielmehr die Frage ernst nehmen und den Schwierigkeiten auf den Grund gehen.“[26] Hapert es in vielen Familien nicht gerade an diesen vertraulichen Aussprachen, in denen die Kinder sich verstanden und unterstützt fühlen könnten? Alle in den Medien sensationslüstern verbreiteten Neuigkeiten über die zuvor angesprochenen Exzesse von Schülern und Jugendlichen beweisen nach Aussagen kompetenter Experten, dass es gerade an dieser Vertraulichkeit und seelischen Stütze gefehlt habe![27] Als ich mir im Gemeinschaftskundeunterricht einige Male unflätige Redewendungen verbitten wollte, wiesen mich einige Schüler auf die oft ausfallenden und direkt kränkenden Wortgefechte der Eltern zu Hause und der Politiker im dänischen Folketing (Bundestag) hin und meinten dazu: „Und ihr Erwachsenen wollt unsere Sprache kritisieren!?“ Diesem Gegenargument war nichts entgegenzusetzen. Vergessen wir niemals, darüber nachzudenken, wo unsere Kinder und Jugendlichen ihre sprachlichen und moralischen Auswüchse gelernt haben. Von uns Erwachsenen! Das war ein Hauptbeweggrund, warum der eingehenderen Beleuchtung von aktuellen Problemen in der Familie und in der Schule (Kapitel 7 und 8) eine Einführung in psychologische Prozesse (Kapitel 3, 4 und 5) sowie in häufige Entwicklungsstörungen bei Kindern (Kapitel 6) vorangestellt wurde. So viel zunächst einmal über die Bedeutung sprachlicher Funktionen, wovon in den folgenden Kapiteln noch des Öfteren die Rede sein wird.

Wenden wir uns noch dem anderen „heiklen Thema“, nämlich der Sexualität, zu, das – von den Medien attraktiv und nicht ohne trivialen Nebeneffekt von Sensation und moderner Freisinnigkeit verbreitet – nach der Meinung einer wachsenden Zahl entrüsteter Bürger das zulässige Maß an Geschmack, Takt und ethischem Verantwortungsbewusstsein eindeutig überschritten hat. Wenn ich in meiner Tätigkeit als Lehrer in einem Schülerheim ab und zu Nachtwache hatte und nach 22 Uhr durch die Zimmer der Schüler ging, war es keine Seltenheit, dass im Fernsehen Pornografiefilme gesehen wurden.

---

[26] *Sprache und Erziehung“, Otto Friedrich Bollnow; Seite 68/69;*
[27] *Vgl. hierzu: Gespräch Nr. 8 in der beigefügten Sammlung „Vertrauliche Gespräche mit jungen Menschen“;*

Aber der Leser täuscht sich, wenn er erwartet, die „nächtlichen Eroten" hätten umgehend und verlegen den Fernseher ausgemacht. Im Gegenteil. In lässiger Positur und in jovialem Ton wurde ich aufgefordert, Platz zu nehmen und es mir auch gemütlich zu machen: „Komm, setz dich hin, da kannst du bestimmt auch noch was lernen ..." „Ihr wisst doch, dass ihr längst im Bett sein solltet." „Ja, ja, aber doch nicht ohne Gebrauchsanweisung." Daher konnte es auch kaum überraschen, wenn man heute an Schulen Schwangerschaften und dann in den meisten Fällen Abtreibungen erlebt. Eine meiner Schülerinnen, die in solch einer Situation war, erklärte mir in einem vertraulichen Gespräch – ich war einer ihrer Kontaktlehrer –, dass sie jetzt einige Tage nicht mehr in der Schule sein würde, weil sie erst mal „den Schrupp wegmachen lassen muss". Als ich sie fragte, was ihre Mutter dazu sage, antwortete sie: „Eigentlich nichts. Die hat nur gesagt, dass ich das nächste Mal besser aufpassen sollte." Na, dann schien ja alles in Ordnung zu sein – oder? In solchen Fällen kommt meines Erachtens jegliche seriöse, vertrauliche und vor allem anständige Einführung in das Thema „Intimität" zu spät. Als ich noch wissen wollte, ob sie früher einmal mit Mutter über Sexualität gesprochen habe, bekam ich die Antwort, die man heute von vielen Schülern erwarten kann: „Nee, eigentlich nicht. Das brauchte sie auch gar nicht. Sie hat mir nur geraten, meinen Arzt zu fragen, ob für mich die Pille, das Pessar oder eine Spirale das Beste wäre." In Gesprächen und Interviews mit anderen Kollegen machte ich in meiner Ratlosigkeit dann die beruhigende Erfahrung, dass ich es da nicht mit besonderen Ausnahmen zu tun hätte, das komme immer häufiger vor!

„Wie schamlos darf Aufklärung sein?", fragt BILD[28] in einem nicht zu übersehenden Artikel, weil schon die große Nacktaufnahme eines jungen Mädchens (nur Augen und Geschlechtsteil retuschiert) verlockender Blickfang ist. Ob dann der Artikel von „Sexy-Typen" wirklich noch gelesen wird, ist eine andere Frage. Hier kurz einige Zitate: „Rolf ist erst zwölf Jahre, hat ein Problem: ‚Beim Sex rutscht mir öfter das Kondom runter' – Marika ist 14 Jahre, will wissen: ‚Darf ich schon Sex haben?' Fragen, die das ‚Dr.-Sommer-Team' der Jugendzeitschrift ‚Bravo' (rund 1,7 Millionen Leser) heute beantwortet. Sex-Aufklärung 2003. Ohne Tabus. Schamlos." Des Weiteren hebt der Artikel hervor, wie sich Sprache und Fragenformulierungen im Laufe der Zeit sehr gewandelt haben. „Bravo schockte vor 30 Jahren Eltern mit

---

[28] *BILD, vom 11. März 2003, Seite 6;*

Aufklärungsserien. Doch wie harmlos waren damals die Fragen: ‚Seit zwei Monaten kenne ich ein Mädel, das ich sehr, sehr lieb habe. Aber sie will nicht, dass ich mich ihren Eltern vorstelle. Soll ich mich von ihr trennen?‘ Heute sind die Fragen unverblümter, direkter. So will Steffi (14) wissen: ‚Sieht der Frauenarzt, dass ich mich befriedige?‘" Dazu sind dann vier Kommentare eingeschoben:

„Maria Eichhorn, Mutter, 2 Kinder (54, CSU), Vorsitzende der Frauenunion: ‚Aufklärung ist wichtig, muss aber der Altersstufe angepasst sein. Es ist nicht normal, dass ein 12-jähriger Junge Sex hat!‘
Kinderpsychologe Michael Thiel (43): ‚Bei Sexthemen gibt es keinerlei Tabus mehr.‘
Michael Kühn (38), katholischer Jugend-Seelsorger: ‚Aufklärung in den Medien ist heute auf Sextechniken reduziert. Werte wie Vertrauen, Respekt, Zärtlichkeit kommen zu kurz.‘
***Pro-7-Jugendberaterin'** Margit Tetz, selbst 16 Jahre Mitglied im Bravo-*
‚Dr.-Sommer-Team‘:
‚Jugendliche können sehr gut selbst entscheiden, was sie wann wissen wollen.‘[29]"

Man kann sich ja fragen, ob die BILD-Zeitung die Überschrift ihres Artikels an sich selbst gerichtet hat, doch ist kaum anzunehmen, dass in späteren Ausgaben das traditionelle Nacktfoto auf der Vorderseite nicht mehr zu sehen sein wird. Ebenso kann man auch seine Zweifel haben, wenn man auf der Vorderseite des *stern* (Nr. 21 vom 16. 5. 2002) den deutschen Bundeskanzler Gerhard Schröder nackt, mit einem rotgrünen Blatt vor dem Geschlechtsteil, vor einem Rokoko-Tisch stehen sieht, auf dem im Hintergrund die Kaiserkrone erkennbar ist. Daneben, ebenfalls nackt, im Kleinformat Brasiliens neuer Model-Star. Ob des Chefredakteurs ironische Rechtfertigung dieser Vorderseiten-Illustration auf Seite 3 eine vertretbare Moral der Redaktion retten kann, soll der Leser entscheiden.

Kein Zweifel wird jedoch darüber aufkommen, dass in der heutigen breiten Leserschar die „Sucht" nach Attraktionen, Sensationen und Shows eine

---

[29] *Buchstabentypen und Unterstreichungen entsprechen dem Original des zitierten Artikels;*

nicht weg zu denkende Handelsware ist, die die Auflagenzahl erhöht. Was hier an Beispielen deutscher Tageszeitungen, Journalen und Reklamebroschüren aufgezeigt wurde, gilt ebenso für entsprechende Veröffentlichungen in Dänemark und anderen europäischen Ländern. Der rücksichtsvollere und taktvollere Bürger scheint ein „altmodischer Idiot zu sein, der die Gebrauchsanweisung für seinen Unterkörper verlegt hat und nicht mehr finden kann", wie mich Schüler einmal im Gemeinschaftsunterricht aufgeklärt hatten! Im dänischen Strafgesetz gibt es einen Paragraphen, der die Verletzung der Scham anderer Menschen unter Strafe stellt. Wer sich dann an leidenschaftlichen Geschlechtsakten auf dem Nacktbadestrand stößt, soll eben wegschauen oder ganz wegbleiben. Und warum sich ereifern über Bilder von Schwulenpartys? Nehmt doch nicht alles gleich immer so tragisch. Lasst sie doch, wenn sie nun mal Spaß dran haben. Ist Sex gar ein Sport geworden, den wir demnächst auch als olympische Disziplin erleben werden? Geht es bei Leistungssteigerung und Konkurrenz nicht wie in so vielen Sportarten ganz einfach darum, „in" zu sein, um der Beste zu sein? Die Berliner „Love-Parade" könnte vielleicht das Vorstadium zu solch einer Sex-Olympiade sein und dann natürlich, auch wie im Sport, nach bestimmten Disziplinen wie Oral-, Anal-, Sado-Masochisten-, Genital- und als Mannschaftssport in Form von Gruppensex aufgeteilt. Da werden Empfehlungen veröffentlicht, wie die Anzahl der Orgasmen in einer Nacht erhöht werden kann. Wer Kontaktschwierigkeiten hinsichtlich eines Sexpartners hat und der Selbstbefriedigung überdrüssig ist, kann sich bei Beate Uhse eine aufblasbare Sexpartnerin – schon ganz modern mit wippenden Augen und Stöhnlauten – anschaffen. Mädchen unter meinen Schülern hatten mir erzählt, dass sie Piercingkugeln in den Schamlippen hätten, weil das den „Typ noch geiler macht". Wenn aller Drang nach Lustbefriedigung erst in sexuellen Missbrauch Minderjähriger, in inzestuöse Übergriffe an eigenen Kindern und schließlich in brutale Perversionen ausartet, scheint der Höhepunkt der „Leistungsfähigkeit", der jegliches menschliches Geborgenheitsgefühl zerstörenden Perversion, erreicht zu sein.

„Perverse Sex-Gelüste machten sie zu Killern"[30] und weiter: „Das Geständnis des Mädchenmörders! Die grausamen Einzelheiten schockierten die Richterin." Das war die große Überschrift zu dem Prozess in Limburg, in dem der „Sado-Killer" Lutz K. (42) und seine Ehefrau Monika (43) vor Gericht standen,

---

[30] *BILD/Hamburg* vom 3. September 2002, Seite 6;

angeklagt des Mordes an den beiden 16-jährigen Mädchen Jasmin und Yvonne. Und das ist nur ein Fall von vielen! Wie konnte es dazu kommen? Wen kann man für alle diese abnormalen Entartungen verantwortlich machen? Die vorrangig verantwortlichen Erzieher? – die Medien? – die geltende Strafgesetzgebung? – ein mehr und mehr schwindendes ethisches Wert- und Verantwortungsbewusstsein in der breiten Masse, die doch weitgehend Bedarf, Nachfrage und Umsatz bestimmt? Bestätigen sich die kritischen Betrachtungen des spanischen Philosophen Ortega y Gasset, wenn er zur Analyse des Massenmenschen schreibt: „Das veranlasst uns, in das psychische Diagramm des Massenmenschen die ersten beiden Linien einzutragen: die ungehemmte Ausdehnung seiner Lebenswünsche und darum seiner Person und die grundsätzliche Undankbarkeit gegen alles, was sein reibungsloses Dasein ermöglicht hat. Man kennt die beiden Züge aus der Psychologie des Kindes und wird in der Tat kaum fehlgehen, wenn man diese als Bezugssystem bei der Untersuchung der Massenseele benutzt. Erbe einer langen, genialen Vergangenheit – genial durch Erleuchtungen und Bemühungen –, ist das neue Volk von seiner Umwelt verwöhnt worden. Jemanden verwöhnen heißt, ihm den Eindruck geben, dass er alles darf und zu nichts verpflichtet ist. Ein Mensch, der unter solchen Bedingungen aufwächst, hat keine eigenen Grenzen erfahren. Weil ihm jeder Druck von außen, jeder Zusammenprall mit anderen Wesen erspart blieb, glaubt er schließlich, er sei allein auf der Welt, und lernt nicht, mit anderen zu rechnen, vor allem nicht, mit ihnen als Überlegenen zu rechnen."[31]

Man erkennt den in Kapitel 1 kurz beschriebenen Narziss wieder. Und Ursula Nuber schließt sich Ortega y Gassets Charakterisierung des Massenmenschen an, wenn sie der Überzeugung ist: „Wir können die Augen nicht mehr davor verschließen, dass der Individualismus, das auftrumpfende ‚Ich bin Ich', die absolute Herrschaft in unserer Gesellschaft übernommen hat und Selbstverwirklichung in der Wertehierarchie des modernen Menschen an oberster Stelle steht. Wie ein bösartiger Tumor hat sich vor allem in der Mittel- und Oberschicht der westeuropäischen Staaten und Nordamerikas die Vorstellung von der individuellen Freiheit ausgebreitet."[32] Und zur Untermauerung ihrer Aussage führt sie die Feststellung Philip Cushmans an, für den die westliche Wirtschaft „von einer kontinuierlichen Produktion und dem

---

[31] „Aufstand der Massen", Ortega y Gasset; Seite 114;
[32] „Die Egoismus-Falle", Ursula Nuber; Seite 82;

88

kontinuierlichen Konsum von unwichtigen und schnell veraltenden Produkten, Berühmtheiten und Erfahrungen" abhängig ist und dazu braucht sie Menschen, die bereit sind, dieses Spiel mitzuspielen: Menschen mit einem neuen Selbst, das die Bedürfnisse der Wirtschaft erfüllt. Für Cushman ist dieses moderne Selbst ein „leeres Selbst", das ständig darauf aus ist, die Leere mit „Konsumgütern, Kalorien, Erfahrungen, Liebespartnern und einfühlsamen Therapeuten (auszufüllen), um damit die wachsende Entfremdung zu bekämpfen".[33] Gegängelte und zu Selbstbetrug manipulierte Marionetten, ist man versucht zu sagen und absolut nicht so individualistisch und selbstständig denkend und entscheidend, wie sehr viele sich einbilden. Ich muss in diesem Zusammenhang an Professor Rohracher in meiner Wiener Studentenzeit denken, der einmal nach Beendigung einer Vorlesung seinen Zuhörern einen praktischen Rat mit auf den Lebensweg gab: „Meine Damen und Herren, sollten Sie eines Tages merken, dass es schwer wird, von der Ausbildung zu leben, dann müssen Sie halt von der Einbildung leben."

Von letzterer scheinen auch viele Ehepartner zu leben, wodurch sich die zuvor in der Wirtschafts- und Sportwelt als rigorose und zerstörende Kraft erwähnte Konkurrenz auch in den Familien eingebürgert hat. Die Psychoanalytikerin Karen Horney kommt zu dem Schluss: „Denn der Konkurrenzkampf (beherrscht) nicht nur unsere beruflichen Beziehungen, sondern durchsetzt auch unsere gesellschaftlichen Verhältnisse, unsere Freundschaften, unsere sexuellen Beziehungen sowie die Beziehungen innerhalb der Familie und trägt so die Keime destruktiver Rivalität, der Herabsetzung, des Argwohns, der Missgunst und des Neides in jede menschliche Beziehung."[34] Nach solch desillusionierenden Resümees scheint es so, als gäbe es für uns keine Chance mehr, „staunend zu entdecken, dass es geheimnisvolle Zustände gibt, die uns befruchten. Wir können nur atmen, wenn wir mit anderen durch ein gemeinsames Ziel verbunden sind, das über uns steht. Wir, die Söhne des Zeitalters des Komforts, wir empfinden ein unerklärliches Wohlgefühl, wenn wir unsere letzten Vorräte in der Wüste miteinander teilen können. All denen unter uns, denen das große Erlebnis zuteil wurde, dass sie eine Panne in der Sahara überwanden, kam alles andere nichtssagend vor."[35]

---

[33] a.a.O.: Seite 84;

[34] a.a.O.: Seite 87;

[35] „Dem Leben einen Sinn geben", Antoine de Saint-Exupéry; Seite 124;

Kriege auf den großen, verheerenden Schlachtfeldern für immer aus unserer Welt verbannen zu wollen, das wird ein hoffnungsloses Unterfangen bleiben. Aber gegen die „Schlachten" auf den kleinen Kampffeldern, also in der Küche, im Badezimmer, im Schlafzimmer, in der Spielstube, im Garten oder im Auto, dagegen etwas unternehmen zu wollen, sollte ein unermüdliches Bestreben in unserem Alltag sein – und das beginnt bereits mit dem Vorsatz, sich in den anderen hineinversetzen zu wollen. Dabei sollte man nicht prahlerisch der Bessere sein, einen Triumph genießen wollen, sondern ergeben dem anderen, dem Schwächeren helfen, mit ihm teilen wollen. Dieses aufrichtige Sich-Hineinleben in einen anderen Menschen kann durch taktvolle Wortwahl und eine nicht dominierende Gestik entscheidend zu einem hoffnungsvollen Gelingen, zu einem vergebenden und inspirierenden Frieden gefördert werden.

Wie aber an früherer Stelle erwähnt, erfordert der Sprachgebrauch in der familieninternen Kommunikation eine weit größere Aufmerksamkeit, als sie ihm in übermüdeter oder monotoner Stressverfassung gewöhnlich geschenkt wird. Da spielen z.B. Gesprächsstil und Gesprächsstrategien eine wichtige Rolle. Warum sagen wir nicht aufrichtig, was wir vom Partner erwarten oder wünschen? Warum gehen wir davon aus, dass der andere meine indirekt angedeutete Botschaft – Meta-Botschaft – versteht? Wir gehen also nicht auf den anderen zu, sondern von eigenen Voraussetzungen und Gewohnheiten aus! Warum bedienen wir uns so oft missverständlicher Andeutungen, wodurch manchmal mehr Unsicherheit geweckt, als aus der Welt geschafft werden kann. Angefangene Sätze, die indirekt eine Enttäuschung mitteilen wollen, aber nicht zu Ende geführt werden, können das Gegenteil von eigentlicher Absicht bewirken. „Ich hatte ja eigentlich damit gerechnet, dass du ... ach nein, schon gut, vergiss es." „Dass ich was? – Nun sag's schon!" „Nein, das war nicht so wichtig ..." „Dann lass es eben bleiben! Du bist auch manchmal komisch!" „Warum bin ich nun gleich wieder komisch?" „Ach, lass mich in Ruhe!" Es ist sehr wichtig, dass viele Familienmitglieder öfter vertraulich miteinander reden, als das in Wirklichkeit der Fall ist. Nur hilft vieles Reden nichts oder kann sogar noch größere Spannungen einleiten, wenn ein solches Sich-Aussprechen diplomatisch und berechnend mit einer ganz bestimmten Angriffs- oder Verteidigungsstrategie geführt wird.

Bei Gesprächen zwischen Ehepartnern sollte man nach Möglichkeit noch zwei wichtige Faktoren beachten: Erstens: „Reinigungsgespräche" nie vor anwesenden Kindern führen, die sich vielleicht noch einmischen und Partei ergreifen, und zweitens: Man sollte sich stets der Tatsache bewusst sein, dass Frauen nun einmal die Sprache anders verstehen und einsetzen als Männer. Letzteres hängt nicht zuletzt auch mit der andersartigen Orientierung und mit Einstellung der Geschlechter zu Arbeits- und Umweltverhältnissen zusammen. Falsche Signale, die wir aussenden, können also zu weiteren Zwistigkeiten und dabei auch zu eigenen Enttäuschungen führen. Im dänischen Fernsehen konnte man eine Zeit lang eine psychologisch interessante Reklameszene erleben:

Ein Mann im besten Alter ist im Korridor damit beschäftigt, Scheuerleisten anzubringen. Durch die offene Küchentür, die Frau ist mit Kochen beschäftigt, ruft sie ihm zu: „Schatz, wir müssen auch mal die Lampe vor der Haustür nachsehen ..." „Mach' ich selllllber!" Nach einer Weile tönt es wieder aus der Küche: „Du, wir dürfen nicht vergessen, den Schlauch an der Waschmaschine ..." „Mach' ich selllllber!" Eine Weile ist Ruhe. Der Mann ist mit den Scheuerleisten fertig und untersucht noch den Teppich auf der Treppe. Die Frau ist immer noch mit dem Kochen beschäftigt. Dann kommt wieder ein gut gemeinter Hinweis aus der Küche: „Karl, glaubst du, wir können am Samstag den Gartenzaun malen ...?" „Mach' ich selllllber!" Die Frau hat anscheinend eingesehen, dass aus dieser, sicher freundlich gemeinten Kommunikation nichts wird, obwohl sie bestimmt bewusst stets die Wir-Formulierung benutzte, also keine Aufträge erteilt hatte. Und er war sicher in dem Gefühl beruhigt, seiner Frau alle handwerklichen Arbeiten gerne und sofort abzunehmen. Über den weiteren Verlauf des Abends wurde nichts berichtet. Schließlich machen sich beide für die Nachtruhe bereit. Als er dann unter seine Bettdecke kriecht und vorsichtig mit der einen Hand unter ihre Decke greift, wohl um sie zärtlich zu streicheln und dann ... na ja. Plötzlich wendet sie sich ruckartig von ihm ab, macht ihre Nachttischlampe aus und zieht sich die Bettdecke über den Kopf, nachdem sie ihn noch vorher hat wissen lassen: „Das machst du selllllber...!"[36]

Eine ausführliche Behandlung der verschiedensten Kommunikationstechniken kann man in dem aufschlussreichen Buch „Das war eigentlich nicht das, was ich sagte" von Deborah Tannen lesen.

---

[36] *Die Reklameeinblendung gibt aus der Erinnerung nur den Effekt sprachlichen Missverständnisses wieder;*

Um den Überblick nicht zu verlieren – mit vielen Analysen und Ratschlägen auf einmal kann man ja mehr Verwirrung stiften als dienliche Hinweise geben –, hier eine kurze Zusammenfassung der berührten Probleme in der heutigen Familie. Was kann also ernsthafte Probleme schaffen?

Gegensätzliche Einstellungen und Gewohnheiten
bei den Ehepartnern   aufgrund unterschiedlicher Religionen, Ausbildungen, sozialer Herkunft, Temperamente, Lebenseinstellungen und Ansprüchen, Integrationsschwierigkeiten in multikulturellen Familien, Uneinigkeit hinsichtlich erotischer Erwartungen

Missverständnisse in der sprachlichen Kommunikation, in der Alltagsmonotonie erstickte Gefühlswärme, Rivalität in der Erziehungspraxis
Verwöhnung oder Bestrafung der Kinder, Buhlen um deren Gunst, einseitiges Sympathisieren und Bevorzugung eines Kindes

Struktur einer Fassadenfamilie
Nach außen Repräsentieren bei internen Streitigkeiten und verdächtigendem Misstrauen

Physische oder psychische Leiden bei einem der Familienmitglieder
Schmerzen, rasche Ermüdung, Depressionen, Manien,

Elternteile, bei beiden oder bei Kindern
Medikament- oder Stoffmissbrauch, narzisstische Neigungen

Gewalttätigkeiten   Vergewaltigung, Pädophilie, Randalieren, häufiger Aggressionen, Schreiereien, gegenseitige Anklagen, Drohungen

Finanzielle Probleme   aufgrund von Scheidungen, Arbeitslosigkeit, Invalidität oder Todesfälle

Verwicklung in kriminelle Angelegenheiten,
auch mancher Kinder   Besuch von Kriminalbeamten, Strafen, Strafanstalt, Hausdurchsuchungen

Ohnmacht gegenüber Verwaltungsbehörden
Jugendfürsorge, Sachberater im Sozialamt, Familienberater, Lehrer, Kirche

Doppelbelastung bei Alleinerziehern
Angst, es nicht zu schaffen, oft Isolation, Stress, Übermüdung, Schuldgefühle

Minderwertigkeitsgefühle gegenüber anderen
und daher Verstellung im Auftreten
Heuchelei, falsche Freundlichkeit, nach dem Munde reden, trotz Enttäuschung nachgeben, Gefühle unterdrücken

Psychische Bestrafung des Partners
Schweigen, sich zurückziehen, einander verdächtigen, schnell verletzt sein, den anderen ignorieren, höhnend kritisieren

Einförmige Freizeitgestaltung
Fernsehen, Computerspiele, wenig kulturelle gemeinsame Aktivitäten, das wird Schulen, Klubs u.a. überlassen

Krankheit oder Pflegefälle in der Familie
Einer der Großeltern oder beide leben bei der Familie, Krankheiten, vor allem chronische, eines Kindes wie Anorexia nervosa, Bulimie, Übergewicht oder Haltungsschäden

Wie gehört, kämpfen also viele Familien schon rein sprachlich mit verwirrenden und verletzenden Kommunikationsproblemen. Überschatten dann aber

Gewaltentartungen das bislang geordnete Familienleben, nehmen Unruhe, Angst, gegenseitige Anklagen und Ohnmacht zu. Am tragischsten ist bei solchen Ausfällen, dass nicht nur in Armenmilieus, sondern ebenso in Wohlstandskreisen Kinder oft furchtbar darunter leiden müssen und das nicht selten mit Folgewirkungen, die ein Leben lang nachwirken können. Da dieses tragische Kapitel in unserer „zivilisierten Gesellschaft" immer mehr an Aktualität zunimmt, seien hier einige ausführlichere Anmerkungen eingefügt.

Bei allen zu diesem Problem vorliegenden Untersuchungen unterscheidet man zwischen aktiver und passiver <u>physischer</u> Misshandlung und aktiver und passiver <u>psychischer</u> Misshandlung. Bei aktiver physischer Misshandlung erlebt man Übergriffe wie Prügel, gewaltsames Schütteln, Stechen, das Schlagen mit beliebigen Gegenständen, Verbrennungen, Ersticken und auch Vergiften. In vielen Fällen haben derartige Übergriffe auf Kinder zum Tode geführt. Bei passiver physischer Misshandlung war seitens der Eltern gar nicht beabsichtigt, dem Kinde Schaden zuzufügen. Es handelt sich dabei um unverzeihliche Versäumnisse, die ihre Ursachen haben können in: „Schwachsinn, extremer Egozentrik, physischer oder psychischer Ermattung, verschrobenen oder direkt verrückten Vorstellungen davon, was dem Kinde dienlich sei."[37] Abgesehen von rein körperlichen Schäden (Gehirnschäden, Muskelschäden mit Lähmungen zur Folge) können vor allem auch daraus resultierende psychische Defekte (Bettnässen, fehlendes Selbstvertrauen, Zwangshandlungen, Hyperaktivität, sonderbares Verhalten, Zwangshandlungen u.a.) eine ernsthafte Behinderung für das ganze Leben sein. Eigentlich sollten alle Eltern mit der 1959 von der FN veröffentlichten *Menschenrechtserklärung* vertraut sein, in der festgestellt wird, „dass alle Kinder das Recht haben, unter freien und würdigen Verhältnissen aufzuwachsen, dass sie somit die Möglichkeit haben, sich zu physisch, seelisch, moralisch, geistig und sozial gesunden Menschen zu entwickeln". An gleicher Stelle fährt Jan Seidel dann fort: „Auf der Basis der bedeutsamen materiellen Wohlstandsentwicklung, die das Kennzeichen des Westens in den späteren Jahrzenten gewesen ist, sollte man erwarten können, die freien und würdigen Verhältnisse wiederfinden zu können, auf die die Erklärung der FN hinweist. Bedauerlicherweise zeigt die Erfahrung, dass der materielle Lebensstandard eines Volkes keineswegs eine Garantie für dessen Lebensqualität ist. Sollte man den vorliegen-

---

[37] *„Overgreb mod børn"* (dän.: *Vergehen an Kindern*), Jan Seidel; Seite 21;

den Resultaten wissenschaftlicher Untersuchungen glauben – und dazu besteht aller Grund –, dann ist die allgemeine psychische Gesundheit in der Bevölkerung niemals schlechter gewesen, als sie es jetzt ist!"[38]

Zu aktivem psychischem Missbrauch ist vor allem das bewusste Ablehnen des Kindes, das die gefühlsmäßige Nähe der Vertrauten sucht, zu zählen. Es gibt gar nicht so wenige Fälle, in denen sich die Eltern absolut nichts aus der „Schmuserei" machen, da das nur zu Verwöhnung führe. Wie wichtig aber gerade diese emotionale Geborgenheit, vor allem in den ersten Lebensjahren, für das Kind ist, wurde schon bei der Erläuterung zu der Maslowschen Bedürfnis-Pyramide und in mehreren Hinweisen auf Emil Schmalohrs „Frühe Mutterentbehrung bei Mensch und Kind" deutlich hervorgehoben! Interessant in diesem Zusammenhang ist Jan Seidels Bemerkung: „Mit anderen Worten setzt das traditionelle Geschlechtsrollenmuster die Frau weit mehr Frustrationen aus als den Mann – und das führt wahrscheinlich zu dem häufigeren Vorkommen von Kindesmisshandlung, die von Müttern begangen werden."[39] Um aus dieser Feststellung nun nicht eine vorschnelle Verurteilung der Frau von heute abzuleiten, sei nochmals unterstrichen, dass die „viel gepriesenen" modernen Fortschritte und Veränderungen der technisierten, materialistischen Gesellschaft von keinem Mitbürger derartig gewaltsame Umstellungen erzwungen hat wie eben von der Frau. „So kann es geschehen – und es geschieht fast in der Regel –, dass der Verstand (mind) (((????))) einer einen männlichen Beruf ausübenden Frau, von ihr unbemerkt, für ihre Umgebung aber sehr bemerkbar, von der unbewussten Männlichkeit beeinflusst wird. Daraus entsteht eine gewisse starre Verstandesmäßigkeit mit so genannten Prinzipien und einer ganzen Menge von Argumentiererei, welche in aufreizender Weise immer etwas daneben geht und immer ein kleines Etwas ins Problem hineinlegt, das nicht drin ist. Die unbewusste Voraussetzung oder Meinung ist der schlimmste Feind des weiblichen Wesens, gelegentlich eine geradezu dämonische Leidenschaft, welche die Männer irritiert und verstimmt und der Frau selber den größten Schaden zufügt, indem sie den Charme und den Sinn des weiblichen Wesens allmählich überwuchert und in den Hintergrund drängt. Eine solche Entwicklung endet schließlich in einer tiefen Entzweiung mit sich selbst, das heißt mit einer Neurose. Natürlich brauchen die

---

[38] *a.a.O.: Seite 30;*
[39] *a.a.O.: Seite 28;*

Dinge nicht so weit zu gehen, aber schon lange vorher hat die seelische Vermännlichung der Frau unwillkommene Folgen."[40] Ich habe diese Stelle aus C. G. Jungs „Die Frau in Europa" eingefügt, da sie sehr treffend auf eine mögliche, tiefer verborgene Ursache zu den auf den ersten Blick wenig verständlichen Entgleisungen mancher Mütter in ihren Erziehungspraktiken, wie sie Jan Seidel zuvor erwähnte, hinweisen. Wenn so viel von Veränderungen und Modernisierungen, mittlerweile auch von unzähligen Entartungen, in unserer Gesellschaft geredet und geschrieben wird, sollte nie vergessen werden, dass die Psyche unzähliger Menschen unter diesem Fortschritt furchtbar gelitten hat. Es scheint also wohlbegründet zu sein, wenn Christopher Lasch (siehe frühere Hinweise) in seinem Buch „Narzissmus" von einer Kultur des Untergangs spricht. Jung scheint dem zuzustimmen, wenn er ausführt: „Eines ist wohl über jeden Zweifel erhaben, und das ist die Tatsache, dass die heutige Frau im selben Übergang steht wie der Mann. Ob dieser Übergang ein historischer Wendepunkt ist oder nicht, bleibe dahingestellt. Bisweilen scheint es – namentlich bei einem historischen Rückblick –, als ob die heutige Zeit ein Analogon hätte mit gewissen Epochen, wo große Reiche und Kulturen ihren Höhepunkt überschritten und unaufhaltsam ihrem Zerfall entgegeneilten."[41]

Ein weiteres, wesentliches Argument, weshalb Mütter häufiger in der Statistik der Eltern auftauchen, die ihre Kinder misshandeln, ist natürlich, dass in der Regel die Frau entschieden mehr Zeit mit den Kindern zubringt, zubringen muss als der Vater.

Eine andere Art aktiven psychischen Übergriffs auf Kinder sind sich immer wiederholende Verhöhnungen oder Zuschieben von Schuld. In all diesen Situationen, in denen bewusste oder unbewusste Übergriffe geschehen, nimmt natürlich nicht nur das Kind ernsthaften Schaden. In Fällen ambivalenter Gefühle der Mutter gegenüber dem Kinde kann das im Laufe der Zeit zu einem nagenden schlechten Gewissen führen, dem kaum noch zu entrinnen ist, wenn nicht durch Wiedergutmachungen, die dann in regelmäßigem Nachgeben enden.

Und was ist unter passivem psychischen Missbrauch zu verstehen. Kurz gesagt: alle Arten von Fürsorgeversäumnis, oft wegen Stress oder Übermü-

---

[40] *„Der Einzelne in der Gesellschaft", Carl Gustav Jung; Seite 41;*
[41] *a.a.O.: Seite 35;*

dung, und Verwahrlosung. Zu all diesen tragischen Vorkommnissen ist abschließend zu bemerken, dass sie keineswegs ausschließlich in hart bedrängten oder asozialen Familienverhältnissen zu registrieren sind. Auch erstaunlich viele wohl situierte Familien kommen in den Statistiken vor. Abschließend zwei Statistiken über Forschungsergebnisse:

Die eine aus dem Queen Mary Maternity Hospital i Dunedin in Neuseeland, wo 200 von insgesamt 1880 gebärenden Frauen zwei Jahre hindurch genauer untersucht worden waren. Von diesen 200 Frauen wurden 18% in eine „Hochrisiko-Gruppe" eingestuft.[42]

Problemtypen in der „Hochrisiko-Gruppe"

	Anzahl	%
1. Schlechtes Verhältnis zu eigenen Eltern	37	100,0
2. Probleme in der Schule	35	94,5
3. Mangelnde Fähigkeit als Mutter	35	94,5
4. Schlechte Wohnverhältnisse	33	89,1
5. Ökonomische Probleme	33	89,1
6. Als Kind harter Disziplin unterworfen	30	81,0
7. Unnormale/unrealistische Erwartungen an das eigene Kind	28	75,6
8. Sozial isoliert	22	59,4
9. Alleinerziehende Mutter	22	59,4
10. Probleme mit den Schwiegereltern	22	59,4
11. Hast als Kind Trennung von den Eltern erlebt	20	54,0

Die andere nach dem Amerikaner David Gil, der 1380 Fälle von Kindesmisshandlung eingehend untersuchte, wonach er zu folgender Übersicht gelangte:

Bestrafungsarten in verschiedenen sozialen Klassen:[43]

Soziale Klasse Art der Erziehungsmittel		
Psychologisch	Gemischt	Physisch
Mittelklasse 76 %	13 %	11 %
Arbeiterklasse 12 %	36 %	52 %

---

[42] „Overgreb mod børn" (dän.: Vergehen an Kindern), Jan Seidel; Seite 60;
[43] a.a.O.: Seite 67;

Bei sinkender Moral in der Gesellschaft wird man sich auch bald an die gehäuften Fälle von Pädophilie gewöhnt haben, die immer wieder in Familien vorkommen – und das entweder in Form von Verführung der ahnungslosen, gutgläubigen Kinder oder mit Gewalt. Welche moralischen Normen haben noch Geltung, wenn diese Neigung sogar bei Geistlichen und profilierten Persönlichkeiten des öffentlichen Lebens (Vorbilder für die Bevölkerung!) nachgewiesen wird. „Schlag gegen Kinderpornos im Internet" war in der Chronik des Wiener Kuriers zu lesen:[44] „In Österreich ist Dienstag früh der bisher größte Schlag gegen Kinderpornografie durchgeführt worden: Um 5 Uhr früh schwärmten 1087 Exekutivbeamte zu 311 Hausdurchsuchungen im ganzen Bundesgebiet aus. Die 275 Verdächtigen sollen bei einer amerikanischen Firma Kinderpornos über das Internet bezogen haben. Alleine in Wien wurden 144 Wohnungen und Büros durchsucht ... Die Ermittler stießen bergeweise auf belastendes Material – es waren LKW notwendig, um es abzutransportieren. Pikant: Auch Rechtsanwälte, Ärzte und ein Journalist zählen zum Kreis der (mutmaßlichen Abnehmer) – ebenso wie ein Ex-Nationalrat, ein Wiener Bezirkspolitiker sowie der Sohn einer bekannten Psychologin. Er soll den PC seiner Mutter benutzt haben, der Computer mit gespeicherten Gesprächsprotokollen namhafter Persönlichkeiten (etwa aus der Politik) wurde beschlagnahmt. Mittlerweile soll es bereits erste Geständnisse geben. Bei einem Volksschullehrer in Niederösterreich war sogar ein Klein-LKW notwendig, um alle pornografischen Fotos und Datenträger wegzuschaffen." Was wird sich wohl in der Familie dieses Volksschullehrers und in seiner Nachbarschaft abspielen? Das aber nicht nur das größtenteils katholische Österreich von solchen Eklats überrascht wird, sondern kriminelle Vorfälle auch im deutschen Bayernland zu registrieren sind, dokumentiert ein Artikel aus einer lokalen Zeitung Unterfrankens.[45] Unter der großen Überschrift „Ein Heim für junge Straffällige ohne Halt?" heißt es:

„Die Zahl der jugendlichen Kriminellen wächst – nicht nur in den Großstädten, auch am bayerischen Untermain. Immer mehr junge Straftäter haben keine Arbeit, keinen Kontakt zur Familie und daher kein Zuhause. ,Die Tendenz ist im Landkreis Miltenberg höher als in Stadt und Kreis Aschaffenburg', erklärt der Direktor des Amtsgerichts Obernburg (Name ist genannt). Der Jugendrichter setzt sich für ein Wohnheim ein, in dem entwurzelte Jugendliche zwischen Alzenau

---

[44] *„Wiener Kurier", Chronik; Mittwoch, den 17. April 2002; Seite 9;*

[45] *„Main-Echo", unter Kreis Miltenberg; Mittwoch, den 26. Juni 2002;*

und Walldürn ganztägig betreut werden ... Der Obernburger Richter und viele seiner Kollegen in Unterfranken sind immer mehr davon überzeugt, dass kurzfristiges Einsperren nicht viel bringt. ‚Jugendarrest beeindruckt die Straffälligen doch gar nicht mehr', weiß M. aus täglicher Erfahrung im Gerichtssaal. Ein- bis viermal Wochenendarrest? ‚Da konnte ich endlich mal wieder ausschlafen!', lautet nicht selten ein Kommentar der Entlassenen. – Doch auch andere Strafen wie Arbeitsauflagen verfehlen oft ihre erzieherische Wirkung: ‚Wie sollen Jugendliche, die in ihrem Leben kaum gearbeitet haben, etwas leisten?' Auch mehrere Wochen oder Monate hinter Gittern hätten längst nicht mehr den abschreckenden Effekt wie früher – viele begingen nach drei Tagen in der Freiheit wieder eine Straftat. ‚Wir stoßen an die Grenzen der Jugendgerichtsbarkeit.' Wer vor wenigen Wochen noch als Opfer in einer Verhandlung saß, steht heute als Täter vor dem Richter – und umgekehrt. Der Rollenwechsel gehört zum Kreislauf der Gewalt, die aus unkontrollierbaren Spontanaktionen, aus Gruppendynamik und unter Alkoholeinfluss entsteht, gerade jetzt zur Festsaison. Die Hemmschwelle zur Gewalt ist unter den Jugendlichen in den vergangenen Jahren abgesackt, wie die Polizeidirektion Aschaffenburg in den Landkreisen Aschaffenburg und Miltenberg beobachtet hat. Zwar ist der Anteil Minderjähriger an allen Tatverdächtigen im vergangenen Jahr leicht von 30,9 auf 29,4 Prozent zurückgegangen – doch die ‚Qualität' der Straftaten hat sich verändert: ‚Wer früher wegen Ladendiebstahl aufgefallen ist, ist heute vielleicht wegen schwerer Körperverletzung angezeigt', wie Polizeisprecher W. S. beobachtet hat. Diese Intensivtäter würden immer auffälliger, sagt der Direktor des Obernburger Amtsgerichts. ‚Wie in den bayerischen Jugendvollzugsanstalten, wo 23 Prozent der Täter Russlanddeutsche sind, ist auch hier in der Region der Anteil schwer integrierbarer ausländischer Jugendlicher sehr hoch. Weder ein fester Arbeitsplatz noch eine Familie können ihnen wie auch den deutschen Jungkriminellen einen Halt geben. Diese Basis', so hofft der Direktor, ‚könnten die Täter im betreuten Wohnheim finden.'"

Unter einer kaum noch schnell überschaubaren Sammlung von Presseauszügen aus Österreich, Dänemark, Deutschland und der Schweiz hatte ich diesen ausgewählt, weil er repräsentativ für alle anderen mit dem gleichen Thema steht, vielleicht abgesehen von den Nationalitäten, die sich auf Asylanten und Flüchtlinge aus dem Balkan, aus Afrika, Palästina oder aus arabischen Ländern verteilen.Die Art der Dokumentation durch nachweisliche Quellen schien unerlässlich, um die dramatische Aktualität der in diesem Buch zu behandelnden Probleme eindringlich zu verdeutlichen.

Nachdem an früherer Stelle die Einflussnahme von Behörden auf die Familie, von „Bevormundung" und Überwachung und unter *Gegensätzliche Einstellungen und Gewohnheiten bei den Ehepartnern* der Aspekt *Erotik* angeführt worden ist, muss hier auch das oft unsägliche christliche Über-Ich, vor allem aus der Überzeugung fanatischer Orthodoxer (griech.: *ortho* = aufrichtig)[46], erwähnt werden. Wenn die Liebenden also beim Partner alle gewünschten Einstellungen zum Leben, Eigenschaften, Fähigkeiten und Interessen als ausbedungene Voraussetzung für eine harmonische Zweisamkeit gefunden haben, können sich zuletzt doch alle Träume in tiefe Enttäuschung und Abkehr wandeln, weil eben in intimen Stunden eigenartige Vorlieben und Verlangen des einen den Partner entweder zu widerwilliger Beherrschung („Ich musste ihm/ihr ja zu Diensten sein") oder aber zu entschlossener Abweisung genötigt hatten! Übertriebene Moralität? – Tierisches Gebaren? – Unappetitlichkeit? – Hemmungsloses Ausnutzen des anderen? – Rücksichtslose Dominanz? – Fehlendes Einlebungsvermögen? – Alles kann diskutiert werden. Nur die Harmonie ist gestört oder zerstört. Ich kann mich manchmal der Neigung zu ironischen Bemerkungen nicht erwehren: Soll das wirklich im Namen eines Gottes geschehen? Hören wir hierzu einmal Uta Ranke-Heinemann:[47]

„Alfons von Liguori (gest. 1787), der der maßgebliche Moraltheologe für das 19. und 20. Jahrhundert werden sollte, neigt im Gegensatz zu vielen seiner Vorgänger der Meinung zu, Verweigerung der ehelichen Pflicht bei großer Armut sei *nicht erlaubt*, eben wegen der Gefahr der Unzucht. Das heißt, dass die latente Treulosigkeit des Mannes bei der überforderten Frau als ihre eigene Sünde zu Buche schlägt, wenn sie den Verkehr (aus übergroßer Armut wohlgemerkt) nicht leistet. Einem wohlwollenden, treuen und liebenden Mann sich aus einem viel weniger schwerwiegenden Grund zu versagen wäre dagegen nach Alfons keine Sünde, falls der Mann nicht insistiert (Theologia moralis VI, n. 940 und 941). Wer also, weil er keine weiteren Kinder mehr ernähren kann, mit seinem potentiellen Ehebrechermann nicht verkehrt, sündigt schwer; wer mit seinem treuen Ehemann ohne besonderen Grund nicht verkehren will, sündigt leicht. Der Vortritt der Unzüchtigen, wenn es um Eheverkehr geht, ist ein Grundmotiv kirchlicher Ehemoral bis einschließlich des Zweiten Vatikanischen Konzils. Dem Verkehr zur Vermeidung der Unzucht und des Ehebruchs wird die größte Aufmerk-

---

[46] *Man kann auch so aufrichtig gehen, dass man davon steif wird!*

[47] *„Eunuchen für das Himmelreich", Uta Ranke-Heinemann; Seite 281;*

samkeit zugewandt und Vorrang eingeräumt vor einem eventuellen schweren Schaden der Mutter. Katholische Ehemoral ist weiterhin Herrenmenschenmoral und eine gnadenlose sexuelle Ausbeutung der Frau."

Auf äußerst unangenehme Situationen, in die Lehrer bei der Stellungnahme zu diesem Thema gebracht werden können, wird später noch eingegangen. Wie kann man nur einflussreichen kirchlichen Würdenträgern vorwerfen, ihre gläubigen Gemeindemitglieder ungerecht zu bevormunden, wenn alle ausgegebenen Richtlinien doch nur zum Besten des Einzelnen gedacht sind: „Einzelkinder von verhütenden Eltern sind selbstsüchtig und schwächlich, Einzelkinder von enthaltsamen Eltern dagegen nicht, so Bischof Rosset schon 1895 (Noonan, S. 647). Oder diese: Coitus interruptus verursacht bei der Frau nervöse Störungen und Unterleibsbeschwerden (zitiert bei Noonan, S. 648). Bernhard Häring spricht von ‚verheerenden Wirkungen ... auf die Nerven und die seelische Gesundheit der Gatten, besonders der Frau' (das Gesetz Christi III, S. 357). Wo theologische Argumente fehlen, stellen sich glücklicherweise medizinische Irrtümer hilfreich zur Verfügung."[48] Mit dem Urteil „Andere Früchte theologischen Schwachsinns" hatte Uta Ranke-Heinemann die vorherigen Zitate kirchlicher Sanktionen eingeleitet. Gänzlich unakzeptabel wäre es, solche Beeinflussung leichtgläubiger Menschen damit abzutun, dass kein normaler Mensch diese „Märchen" heute noch glauben würde. Unter den Fällen, die das Ehepaar Gastager in der „Fassaden-Familie" behandelt, kann man Problemfälle finden, in denen einer der Ehepartner aus einem strenggläubigen Familienkreis kommt und für den die religiösen Entscheidungen keineswegs „Märchen" waren.

Bei der Frage, was alles in einer Familie Probleme schaffen könne, war auch *Physische oder psychische Leiden bei einem der Eltern, bei beiden oder bei Kindern* angeführt.

Dazu hier als Beispiel eine statistische Übersicht häufig auftretender Beschwerden bei Kindern:[49]

Unter der groß ausgelegten Überschrift „Schulkinder füllen sich mit Pillen" ist zu lesen: „Mehr Schulkindern als je zuvor geht es elendig. Sie nehmen Pillen, weil sie Kopfschmerzen, Magenschmerzen haben, sind nervös oder haben Schlafschwierigkeiten. Jedes fünfte Kind im Alter 11 bis 15 Jahre hat mindestens ein Arzneimittel gegen die oben genannten Symptome ... Die

---

[48] *a.a.O.: Seite 306;*
[49] *B.T. (dänische Zeitung), Donnerstag, den 4. Mai 2000; Seite 12;*

Untersuchung der Schulkinder wurde von der WHO (Weltgesundheitsorganisation) in Zusammenarbeit mit einer Forschergruppe am Institut für Volksgesundheitswissenschaft der Universität Kopenhagen durchgeführt. Die Entwicklung in den letzten 15 Jahren zeigt eine deutliche Verschlechterung, konkludieren die Forscher: Die 11- bis 15-Jährigen rauchen mehr, trinken mehr und viele sorgen kaum für Bewegung. Auch die Essgewohnheiten der Kinder sind entsetzlich – weniger Obst und Gemüse, aber massenweise Junkfood (geringer Nährwert und hoher Fett- oder Zuckergehalt) und Limonade. Der einzige Lichtblick ist, dass die Kinder älter sind, wenn sie das Rauchen beginnen. ‚Das ist eine beunruhigende Entwicklung, die alle Alarmlampen zum Blinken bringen müsste', sagt die Kinder- und Jugendärztin N. N., was auf Stress als eine der Hauptursachen hinweist. ‚Viele Kinder leben heute ein hektisches Dasein, wo sie nach der Schule zu mehreren Freizeitaktivitäten jagen, dann Hausaufgaben, Computer und Fernsehen. Das bedeutet, dass viele allzu wenig Schlaf und somit Stress bekommen', sagt N. N., die Kinderfamilien u.a. im Internetdienst Netdoktor berät. Die Erkenntnisse bauen auf eine Fragebogen-Untersuchung mit 5205 Schülern von 56 Schulen. Nicht weniger als jedes fünfte Kind im Alter 11 bis 15 Jahre hat bei der Untersuchung geantwortet, dass sie jeden Tag entweder Kopfschmerzen, Magenschmerzen, Rückenschmerzen und andere Symptome wie Nervosität, Beschwerde beim Einschlafen, Schwindelgefühl, Gereiztheit und Kummer haben ... ‚Wir müssen uns auch die andere Gehirnhälfte vornehmen – die, die mit Gefühlen zu tun hat, um die Erwachsenen in den Schulen, Institutionen und Ausbildungsstätten dazu aufzurütteln, den Kindern zu helfen. Die Zahlen sind ein Ausdruck dafür, dass wir in Dänemark eine große soziale Ungleichheit haben, wie wir sie in nicht vielen unserer Nachbarländer kennen', sagt der Vorsitzende des Kinderausschusses P.S.J. Auch die Eltern sollten die Untersuchung benutzen, um sich an die eigene Brust zu greifen, meint die Kinderärztin. ‚Anstatt eine lose Hand zu haben und dann schnell eine Pille zu reichen, müssen die Eltern mit ihrem Kind darüber sprechen, warum es Schmerzen hat. Es gibt immer einen Grund – physisch oder psychisch. Bekommt das Kind zu wenig Schlaf, falsche Kost, zu wenig Flüssigkeit oder hält es sich in einem schlechten Innenklima auf? Oder ist die Ursache, dass das Kind es leid ist oder einsam? Ein Kinderdasein mit einem von morgens bis abends vollgestopften Programm zu führen, kann ein recht einsames Leben werden, denn dass du dauernd von einem zum anderen springst, kann ab und zu engen Beziehungen ein Bein stellen', warnt die Kinderärztin. ‚Die Untersuchung zeigt uns einige nicht beabsichtigte Nebeneffekte, wenn man in einer Wohlstandsgesellschaft lebt. Wenn die Kinder und Jugendlichen sehen, wie die Eltern eine Pille nehmen, nur weil ihnen die große Zehe wehtut, oder wenn sie Eltern mit großem Alkoholverbrauch haben, steckt das an', sagt der Vorsitzende der Vereinigung Kindes Willkür, Kinderpsychologe N. N., der die Schlussfolgerung aus der Untersuchung ‚niederschmetternd' nennt." Das folgende Diagramm über genannte Beschwerden der Jugendlichen gehört zu dem Artikel.

Auch diese Erhebungen und deren Ergebnisse entsprechen weitgehend nahezu gleichen Veröffentlichungen aus Großstädten anderer europäischer Länder.

15-Jährige, die ... mindestens einmal in der Woche (leiden unter):

Kopfschmerzen
♀   34%
♂   17%
Magenschmerzen
♀   12%
♂   6,5%
Rückenschmerzen
♀   27%
♂   26%
Schwindelgefühle
♀   21%
♂   15%
Bedrückt sein
♀   42%
♂   12%
Launenhaftigkeit
♀   62%
♂   48%
Nervosität
♀   32%
♂   21%
Schwierigkeiten beim Einschlafen
♀   35%
♂   17%

Ähnliche beunruhigende Untersuchungsergebnisse als Folgeerscheinung körperlicher, physischer Misshandlungen führt Harold Martin in seinem Buch *The abused child* (Das missbrauchte Kind) an. Dabei ist erschütternd, dass unerwartet viele Kleinkinder gerade von den Erwachsenen so unmenschlich behandelt, traktiert werden, zu denen sie sich sehr innig hingezogen fühlen und von denen sie sich Wärme, Liebe und Geborgenheit erwarten, nämlich von den eigenen Eltern oder näheren Verwandten (nach Markus Alexander Honus missbrauchen ca. 25% der Erwachsenen ihre Kinder, darunter ebenso Frauen!).

Einige von Harold Martins Feststellungen seien hier genannt:

1. auffallende Entwicklung von Erwachsenengehabe 20%
2. Zwangshandlungen 22%
3. angestrengte Wachsamkeit, oft überängstlich 22%
4. extrovertierte gewalttätige Verhaltensweise 25%
5. Zurückgezogenheit und Verschlossenheit 25%
6. auffallende Anzeichen von fehlendem Selbstvertrauen und Selbstbewusstsein 52%
7. Zornausbrüche, ungewöhnliches Verhalten, unfreiwilliges Wasserlassen, Hyperaktivität 62%
8. unfähig, Freude empfinden zu können 66%

Bei den hier aufgeführten Symptomen ist nicht immer mit Gewissheit zu sagen, dass sie die Folgen handgreiflicher Strafmethoden sind. Viele Psychologen und Psychiater sind der Überzeugung, dass das zutiefst enttäuschende Gefühl, abgewiesen zu werden, weit entscheidenderen Einfluss auf die Persönlichkeitsentwicklung des jungen Menschen nimmt. Bei dem Thema *physische Misshandlung* von Kindern machen Sachverständige auf einen zu beachtenden Unterschied aufmerksam, der zwischen *aktiver* und *passiver* physischer Misshandlung besteht. Im ersten Falle handelt es sich darum, dem Kinde bewusst Schmerzen zuzufügen, wohingegen bei *passiver* Misshandlung eigentlich nicht von bewusstem Vorsatz, den Kleinen mit schmerzendem Unbehagen strafen zu wollen, die Rede sein kann. Vielmehr hat man es in solchen Fällen oft mit eigenartigen Vorstellungen der Eltern zu tun, was dem Kinde dienlich sei. Andere Ursachen zu Prügel und anderen gewaltmäßigen Strafmaßnahmen sind auch häufig Überanstrengung von der Arbeit und gar nicht so selten Selbstbezogenheit, um nicht zu sagen nahezu krankhafte Egozentrik. Abschließend sei noch bemerkt, dass die meisten gewaltmäßigen Vergehen vorrangig an Kindern in den ersten zwei Lebensjahren begangen werden. Wie aber wirken sich diese psychischen Schäden im Zusammensein mit anderen Gleichaltrigen in der Kindertagesstätte und später in der Schule aus? Davon mehr im nächsten Kapitel.

Wäre noch zu fragen, womit unsere Kinder und Jugendlichen ihre Freizeit verbringen. Aus den beigefügten Fragebögen an Schüler (von 13 Jahre ab aufwärts) geht deutlich hervor, dass nahezu 36% nach der Schulzeit oder abends einem Nebenerwerb nachgehen. Das verdiente Geld wird größtenteils für „smarte" Modeartikel, Besuche in der Disco, Süßigkeiten, kosmetische Artikel, Friseur, Mobiltelefon und Computer (Internet) „investiert". Einige haben Benzinausgaben für das Moped und einige wenige sparen für eine Ferienreise oder einen Studienaufenthalt im Ausland. An die 41% sind Mitglieder in einem Sportverein (vor allem Reitsport, Judo und Karate, Fußball, Handball und Schießen, sechs Mädchen waren Mitglieder in einem Schwimmverein). Ungefähr 19% sind bei den verschiedensten Pfadfinderorganisationen und 9% gehen in Musikbands, Jugendorchestern und Theaterspielen auf. Der Korrektheit halber seien auch die fünf Schüler genannt, die nachmittags öfter im Alten- bzw. Pflegeheim mithelfen, Gänge erledigen oder sie besuchen alte Menschen, die in eigenem Haus oder eigener Wohnung allein leben. Was machen nun die übrigen jungen Bürger in ihrer Freizeit? 79% sehen regelmäßig, bis zu drei Stunden am Tag, fern. Ca. 62% gaben an, viel am Computer zu sitzen, wo man sich die Zeit entweder mit Spielen oder mit Surfen im Internet vertreibt („Manchmal muss ich eine Pause machen, weil mir der Rücken dann wehtut ..."). Kulturelle Interessen wie Besuch eines Museums, alter historischer Sehenswürdigkeiten (Schlösser, Kirchen, Burgen, Rathäuser, Gemäldegalerien oder anderer Ausstellungen, abgesehen von technischen Dingen wie Autos u.ä.) tauchen bei der Beantwortung der Fragebögen fast nicht auf. Auch hier sei einer Verallgemeinerung vorgebeugt: Vier Jungen malen gern, einer schreibt Gedichte, neun arbeiten nach der Schule auf dem Bauernhof der Eltern und drei nehmen an Turniertanzveranstaltungen teil. Bei den Mädchen beschäftigten sich elf mit Malen oder Patchwork, vierzehn mit Gedichte- oder Tagebuchschreiben und alle 25 sitzen auch oft und gerne mit Handarbeiten. Interessant ist bei dieser Befragung, dass nur ganz wenige ihre Freizeitbeschäftigung zusammen mit den Eltern betreiben (einige mit Großeltern, die in der Nähe wohnen). Es ist zu bedauern, dass die Fragebögen nicht Auskünfte über Haushaltsarbeiten wie Kochen, Abwaschen, Wäsche-waschen, Reinemachen u.ä. einholen wollten. Aus den Befragungen war allerdings deutlich herauszulesen, dass in den meisten Familien nur sehr wenig Zeit für gemeinsame Unternehmungen oder Beschäftigungen zu Hause wie z. B. für Hilfe bei den Hausaufgaben war. Ob das nun damit zusammenhängt, dass die Eltern auf diese Weise ihre Kinder zur Selbstständigkeit erziehen wollen, die Kinder dann aber nicht zu fragen wagen, ob es Gleichgültigkeit zuzuschreiben ist oder ob die Eltern den Kindern gar nicht helfen können bei all den neueren Unterrichtsanforderungen, darüber kann hier leider nichts ausgesagt werden. Von der Verteilung von Fragebögen an Eltern war abgesehen worden, weil es nicht sicher war, ob dabei verlässliche Informationen eingeholt werden könnten. Nicht mehr über Aktivitäten unserer jungen Menschen in ihrer Freizeit, soweit die Resultate aus den Fragebögen stammen. Die genauere Auswertung (in Prozenten und mit Diagrammen) folgt in Kapitel 10. Andere diesbezügliche Untersuchungen aus den USA, aus Deutschland und Dänemark stimmen darin annähernd überein, dass Fernsehapparat, Computer, Kino, Diskotheken und ausgelassene Vergnügungen mit Freunden bei Feiern oder intimeres Beisammensein mit Freund/in (intime Befriedigung) die Freizeitprogramme ausmachen. Es ist sehr bedauerlich, dass sehr viele Jugendliche keine Bibliotheken aufsuchen, um sich ein Buch zu leihen. Abgesehen davon, dass ihnen damit viel an Besinnlichkeit, Entfaltung von vielleicht vorhandenen kreativen Fähigkeiten und kultureller Weiterbildung entgeht, schließen sie sich natürlich auch immer mehr von der gebildeten Schicht aus – und das wiederum schafft soziale Abgrenzungen. Das Bedenklichste an dieser Entwicklung ist die Entleerung des heimischen Bereiches. Man kann kaum noch erwarten, geschweige denn fordern, dass die Familie Geld, Zeit und Mühe in die Gestaltung eines musisch-kreativen Milieus investiert, wenn den jungen Leuten das in Schulen, Jugendklubs und Freizeit-Tagesstätten weit billiger, bequemer und noch dazu in der Gesellschaft Gleichaltriger angeboten wird. Wer allerdings die gedankenweckende Sendung „Kultur heute" im Deutschlandfunk aufmerksam mitverfolgt hat, in der es sich um Heterogenität[50] drehte, wird sich anschließend noch resignierender gefragt haben: Und was nun? „In unseren Grundschulen werden schwache Schüler zu wenig gefördert und begabte zu wenig gefordert!" Über Verbesserungen hinsichtlich

---

[50] *„Kultur heute" – Deutschlandfunk, 8. April 2003; 17.30 Uhr;*

der problemvollen Anforderung „differenzierten Unterrichts" an die Lehrer, und das bei kaum vertretbaren Klassenquotienten und reduzierter Anzahl Unterrichtsstunden in den musischen Fächern, ist bisher noch nicht viel oder gar nichts zu hören gewesen, wenn man einmal von privilegierten Privatschulen absieht! Die sind jedoch aus verschiedenen Gründen nur wenigen zugänglich. Was sollen bekümmerte Eltern unternehmen, um aus einem aktuellen Erziehungsdilemma herauszukommen, wenn sie die Kinder schon nicht mehr an das Zuhause binden können, teilweise auch gar nicht mehr wollen?

Als ich 1970 an einer dänischen Volksschule auf dem Lande mit effektiver und unvergesslicher Unterstützung des damaligen Schulleiters ein Jugendorchester aufbaute, das nach einiger Zeit sogar durch erwachsene Musiker und einen Chor vergrößert werden konnte, begann der Schulalltag stets mit einem Morgengesang aller Schüler und des gesamten Personals. Außerdem wurde später auch eine Theatergruppe ins Leben gerufen, die, von besagtem Orchester unterstützt, im Gemeindehaus eine gelungene Musical-Inszenierung aufführte. Orchester und Chor erreichten sehr bald ein Niveau, das es erlaubte, sogar auf Konzertreisen ins Ausland zu gehen Es dauerte leider nur wenige Jahre und die ersten Stundenreduzierungen machten sich zum großen Bedauern der jungen Musiker sehr nachteilig bemerkbar: weniger Stunden für Orchesterproben, kaum noch finanzielle Förderung. Ich erwähne das hier, weil es mir wichtig erschien, die Bedeutung der Förderung von Kreativitätsentfaltung in jungen Menschen hervorzuheben. In mehreren Gesprächen mit Vertretern verschiedener Kultur- und Schulbehörden, wenn ich mich für musische Schüleraktivitäten eingesetzt hatte und in den letzten Jahren meistens „höflich im Stich gelassen worden war" (abgewimmelt!), bekam ich immer wieder zu hören: „Du, wozu können die jungen Leute so etwas später im Beruf gebrauchen?" oder „Ja, wissen Sie, das sind ja nun eigentlich mehr private Interessen. Wenn die Eltern dafür bezahlen wollen, ist das eine ausgezeichnete Idee. Die Gemeinde hat dafür leider keine Mittel verfügbar."

Es war aussichtslos, Verwaltungsbehörden mit ausführlicheren Erklärungen über die ausschlaggebende Bedeutung *kreativer Entfaltung* und der sich daraus entwickelnden „Musikalischen Intelligenz"[51] zu kommen. Die sich ständig verändernden neueren Produktionsmethoden im Erwerbsleben fordern in

---

[51] (*„Schädliche Auswirkung von Konformitätsdruck auf kreatives Denken"*, 1962, *Richard S. Crutchfield*) in: *„Kreativitätsforschung"*, Gisela Ulmann; Seite 155;

der Schule vor allem Unterweisung in den für diese Anforderungen zuständigen Fächern. Also werden große Summen in die Anschaffung von Computern, Printern, Brennern und die dazu notwendigen Programme, für verbesserte Ausstattungen in den Chemie- und Physikräumen, für Fernsehapparate und Video-Abspielgeräte in jedem Klassenzimmer investiert, weshalb für Musikinstrumente und Unterrichtsstunden in diesem Fach nicht auch noch Gelder beschafft werden können! Gleiches gilt auch für den Kunstunterricht (*„Spatiale Intelligenz"*)[52]. Um dem Leser diese leider unverzeihlich unterschätzte Entwicklung unserer Kinder durch kreative Entfaltung etwas verständlicher zu machen, folgen hier einige Erläuterungen zu den Begriffen *Kreativität* und entsprechende *Intelligenzen*. Die meisten der Leser haben in Verbindung mit schulischen Fähigkeiten und Leistungen ihrer Kinder den Begriff *Intelligenz* (lat.: *inter* = zwischen; *legere* = lesen)[53] des öfteren gehört, worunter in der üblichen Anwendung das Verstehen und Einsehen abstrakter Lerninhalte gemeint ist. Seit Mitte der 70er Jahre war der amerikanische Psychologe Howard Gardner mit Forschungsarbeiten bezüglich Intelligenzfunktionen beschäftigt, bis er 1983 mit der Veröffentlichung seines Buches „Frames of Mind" seine Theorie MI (Multiple Intelligences) von den sieben Intelligenzen[54] vorstellte. Danach unterscheidet er zwischen:

Sprachlicher Intelligenz – Logisch-mathematischer Intelligenz – Spatialer Intelligenz – Körper-kinästhetischer Intelligenz – Musikalischer Intelligenz – Interpersoneller Intelligenz – Intrapersoneller Intelligenz.

Es würde zu weit führen, hier auf alle sieben Formen näher einzugehen, auch wenn es vielleicht eine lehrreiche, geänderte Einstellung zu den verschiedenen Unterrichtsfächern und entsprechenden Unterrichtsmethoden mit sich führen könnte, eventuell sogar eine Neubewertung. Die folgenden Erläuterungen nehmen ihren Ausgangspunkt in einer Zusammenschau von Howard Gardners und Crutchfields (siehe Anm. 44 unten) Forschungsergebnissen, wobei ich mich auf die Fächer Musik und Kunsterziehung begrenze.

Nach Gardner ist mit *musikalischer Intelligenz* „die Fähigkeit des Auffassens und Verstehens (z.B. als Musiklehrer) gemeint, das Unterscheiden (z.B. als Musikanmelder), das Transformieren (z.B. als Komponist) und die Ausdrucks-,

---

[52] *Siehe alphabetisches Verzeichnis der Fachausdrücke im Anhang;*
[53] *Siehe alphabetisches Verzeichnis der Fachausdrücke im Anhang;*
[54] *„Mange Intelligenser" (dän.: Viele Intelligenzen), Thomas Armstrong; Seite 11;*

Gestaltungsfähigkeit (z.B. als auftretender Künstler). Diese Art der Intelligenz befähigt zu Feingefühl für Rhythmus, Tonhöhe oder Melodie wie auch Klangfarbe oder Stimmung eines musikalischen Stückes, also Dynamik. Man kann ein figuratives oder ‚hierarchisches‘ Verständnis für Musik (ganzheitlich, intuitiv), ein formelles oder ‚umgekehrtes‘ (analytisches, technisches) Verständnis oder beides haben.“[55] Das Wesentliche bei dieser Aufgliederung nach Funktionen ist, dass diese Fähigkeiten auch in anderen Beziehungen zur Anwendung kommen, wo es sich nicht direkt um musikalisches Erleben oder Ausüben dreht wie in sprachlicher Relation, bei der es sich ebenfalls um Rhythmus, Dynamik, Tonhöhe oder stimmungsmäßige Ausstrahlung handelt. Praktisch ausgedrückt sollen also Menschen mit einer ausgeprägten musikalischen Intelligenz in Situationen sprachlicher Kommunikation sensibler, nuancierter empfinden und auffassen, was auch für die Anwendung der Sprache gilt.

Alle gestaltende, schöpferische Aktivität ist Arbeit. Unabhängig davon, um welche phantasiebegabte Tätigkeit es sich handelt, setzt Arbeit immer die Beherrschung von Technik und Kenntnis über dazu notwendige Geräte voraus. Diesbezügliche Unterweisungen (welche Farbe, welchen Pinsel, welchen Geigenbogen, welche Saiten, wie stimmt man eine Geige, welchen Meißel usw.), was die verschiedenen Geräte und Materialien angeht, können ohne weiteres in größeren Gruppen, in Klassen durchgeführt werden. Diese Art des Unterrichts vollzieht sich in Form von Instruktionen, die für alle Teilnehmer gelten, womit eine Konformität erreicht wird. Die eigentliche Entfaltung *musikalischer* oder *spatialer* Intelligenz beginnt erst in dem Augenblick zu wirken, wo der Schöpferdrang aus dem Inneren des Gestalters heraus Ziel und dessen Erreichung entscheidet. Der Gestaltungsprozess soll also individueller Art sein, wobei nicht länger ein *Konformitätsdruck* den Ausschlag für Leistung gibt. Und nicht weniger bedeutungsvoll ist in diesem Zusammenhang die Art der Motivation!

Ich will es kurz an einem praktischen Beispiel erläutern:

Die ersten Geigenstunden mit einem Neuling vergehen natürlich erst einmal mit dem Erklären des Instrumentes (Bezeichnung der einzelnen Teile und deren Funktion und Benutzung). Auch die Kenntnis der Noten ist Voraussetzung.[56] Immer nur auf leeren Saiten ein bisschen hin- und herzu-

---

[55] *a.a.O.: Seite 11;*
[56] *Es würde zu weit führen, hier auch die Yamaha-Methode (ohne Noten) zu erläutern;*

schrubben, wird ja sehr bald langweilig. Wie aber motiviert man den begeisterten jungen Musiker, damit das Interesse nicht schon nach einigen Wochen abebbt und die Lust in der Gewohnheit erstirbt? Schenkt man nun dem neugierig und engagiert experimentierenden Schüler geduldig und aufmerksam Gehör und unterbricht ihn nicht mit der Ermahnung, dass er das nicht aufgehabt habe, dann wird man erstaunt sein, was bei solchen selbst entdeckten Möglichkeiten und Effekten herauskommen kann. Wenn der Lehrer immer nur konsequent sein Programm mit dem Schüler durchexerziert, haben wir die Situation, die Crutchfield mit *Konformität* meint. Wozu soll der Lehrer den jungen Musikus motivieren? Dazu, dass er das und das immer wieder üben muss, wenn er ein „berühmter" Geiger werden will, oder zu dem ausharrenden Eifer, aus ergriffener Hingabe an die Musik und aus Begeisterung nie aufzugeben, unentwegt neue Möglichkeiten zu erproben. Ganz von selber werden sich Fähigkeiten und deren Steigerung weiterentwickeln. Natürlich sind Ratschläge des Lehrers unentbehrlich. Aber anstatt gute Noten auszuteilen und den tüchtigen Schüler mit üblichen Lobesworten zu „manipulieren", was ihn im Laufe der Zeit – ganz unbewusst – mehr und mehr von Bewunderungen durch andere abhängig macht, sein geltungsbedürftiges EGO stärkt, sollte man als Lehrer eher kommentarlos nur lauschen. Eventuelle Korrekturen nicht dauernd von sich geben, während der Schüler konzentriert spielt, sondern ihn lieber nach beendetem Spiel überrascht fragen: „Warum hast du die und die Passage so schnell gespielt oder warum hast du die letzten Takte so leise gespielt?" Auf einmal werden die Rollen vertauscht sein und der Schüler „belehrt" mich. Ich erinnere mich noch sehr gut eines 14-jährigen Schülers, der Kaysers Geigenetüden durchaus nicht langweilig oder monoton empfand. Er hielt allerdings selten das vorgeschriebene Tempo und dynamische Anweisungen ein, dafür erlebte ich aber ein stimmungsvolles Konzert, dem er anschließend sogar einen Namen gegeben hatte. Als wir in dem Geigenbuch schon mehrere Stücke gespielt hatten, kam er eines Tages mit von ihm selber komponierten kleinen Werken, wozu ich ihm nie eine Anleitung oder Ideen gegeben hatte! Was ich hier kurz berichtete, wäre bei einem Gruppenunterricht mit mehreren Schülern in der gleichen Stunde undenkbar gewesen.

„Dass Konformität und kreatives Denken gegensätzlich sind, ist ein Gemeinplatz." So lautet die Einleitung zu Crutchfields Abhandlung und er fährt dann fort: „Der erste allgemeine Gesichtspunkt, der hier vermittelt werden soll, ist der, dass Konformitätsdruck dahin tendiert, *Motivationsarten* im Individuum hervorzurufen, die mit dem kreativen Prozess unvereinbar sind. Der zweite allgemeine Gesichtspunkt, für den gleich Belege angeführt werden, ist der, dass hohe Beeinflussbarkeit eines Individuums durch Konformitätsdruck im Allgemeinen mit gewissen Persönlichkeitsmerkmalen einhergeht, die für kreatives Denken schädlich sind."[57]

Bezüglich der Motivation, die kreative Betätigung auszulösen und voranzutreiben, unterscheidet Crutchfield zwischen zwei Arten: „... der *äußerlichen, ich*bezogenen Motivation zu kreativem Denken und der *eigentlichen, aufgabenbezogenen* Motivation. Bei erster können Begehren nach materiellem Gewinn, Statusbedürfnis und Drang nach Bewunderung, Karriere im Beruf oder Zusammensein mit anderen Menschen die Triebfeder sein. Ganz anders die Motivationen, die es mit den Werten zu tun haben, die im kreativen Prozess selbst enthalten sind. Die Person ist gewissermaßen ‚gefangen' und getrieben durch die dem Problem inhärente Herausforderung. So mag jemand ein neues Gerät erfinden, ein Bild malen oder eine wissenschaftliche Theorie entwerfen, einzig und allein um der damit verbundenen Freude willen – Freude am kreativen Prozess, am Erlangen einer Lösung, oft auch an der ästhetischen Befriedigung einer ‚eleganten' Lösung. Dieses ist dann die Art von Motivation, bei der der kreative Akt selbst ein Ziel darstellt und nicht nur ein Mittel."[58]

So viel über *musikalische* und *spartiale* Intelligenz und deren Entwicklung/Entfaltung in Abhängigkeit von den sie aktivierenden Motivationen. Von den Unterrichtsstunden in den Schulen und bei Wochenendkursen her wie auch in den meisten Familien kennt man die *äußerliche, ich*bezogene Art, bei der nicht mit Bewunderungsformeln gespart wird: „Sehr schön!", „Du bist ja ein Talent", „Na, ich sag's ja, und weißt du, was du jetzt machen musst ...?" Eltern sollten sich einmal fragen, warum das Kind so gerne malt und dann mit seinem kleinen Kunstwerk in die Küche kommt, um es vorzuzeigen? Weil es Freude am Malen hat oder weil es bewundert werden will. Letzteres dient einzig der Ich-Bestätigung, die im Kreise mit anderen zur Konkurrenz führt.

Ganz wichtig bei all diesen Erkenntnissen ist, dass die verschiedenartigen Motivationen ganz verschiedene Persönlichkeiten prägen, und eben diese Perspektive wird in den meisten Unterrichtsstunden kaum oder überhaupt

---

[57] *„Kreativitätsforschung"*, *Gisela Ulmann; Seite 155;*
[58] *a.a.O.: Seite 156;*

nicht bedacht, wohl auch deswegen nicht, weil sie gar nicht bekannt ist oder weil aller Unterricht bewusst programmiert einer Produktionsgesellschaft brauchbare Produzenten liefern muss. In dem Zusammenhang ist auch der Slogan „Teamwork" eine Forderung, die ebenfalls unter Konformitätsdruck der Gemeinschaft die *äußerliche* Persönlichkeit formt.

Nach Christopher Lasch ist die Verwandlung des Erfolgsmythos – der Definition Erfolg und der Eigenschaften, die dadurch gefördert würden, nicht länger der kapitalistischen Produktion, sondern dem Verbrauch zuzuschreiben. Er benennt dann mehrere Forscher der Soziologie, die alle die „wesentlichen Seiten des neuen Mannes aufzeigen: sein Eifer, mit anderen gut auszukommen; sein Bedürfnis, sogar sein Privatleben in Übereinstimmung mit den Forderungen großer Organisationen zu ordnen; sein Versuch, sich selbst zu verkaufen, als ob seine Persönlichkeit eine Ware sei, der ein Marktwert zugeordnet wird; sein neurotisches Bedürfnis nach Geborgenheit, Bestätigung und orale Befriedigung; die Verderbnis seiner Werte."[59]

Gleiche Anstrengungen erleben wir vielerorts in unserer Gesellschaft, wozu übliche Erziehungsmethoden von Kindheit an die besten Voraussetzungen schaffen. Überhaupt bedienen sich die Erwachsenen gerne verlockender Bewunderungsformeln gegenüber Kindern, nicht aber, um sie in deren Entwicklung zu fördern, sondern um sie in deren hilfsbereiter Aktivität zu Diensten der Erwachsenen anzuspornen. Schon vor zwanzig Jahren hatten Christopher Lasch und andere darauf hingewiesen, dass unsere narzisstische Gesellschaft dem Untergang preisgegeben sei. Es bedurfte erst erschreckend gestiegener Scheidungs-, Kriminalitäts-, Stoffmissbrauchs-, Arbeitslosigkeits-, Gewalttätigkeits- und Korruptionsstatistiken, ehe man aus einer Wohlstandslethargie erwachte, um zu erkennen, dass nun vieles grundlegend geändert werden muss!!!

Da bisher die alten Menschen in allen zitierten Analysen zu kurz gekommen sind, wollen wir abschließend der Lage dieser Generation der Familie auch kurz unsere Aufmerksamkeit widmen. Leider war keine statistische Erhebung darüber zu bekommen, wie viele ältere Menschen (in %) heute alleine und isoliert[60] oder in Alters- und Pflegeheimen leben. Man gehe einmal

---

[59] *Die Kunst, sozial zu überleben in „Narcissismens kultur", Christopher Lasch; Seite 69 ff.;*
[60] *In eigener Wohnung oder in eigenem Haus;*

von der Überlegung aus, dass sich die heutigen Eltern hinsichtlich ihrer Verantwortung und Gefühlsbindung in einer wenig behaglichen Position zwischen zwei Generationen befinden. Oft wird ein engerer Kontakt zu Blutsverwandten (zu Kindern und Großeltern) eigentlich nur dank behördlicher Besprechungen aufrechterhalten: Familienberater, Elternsprechabend in der Schule, Schulpsychologe, Kinderarzt, Veranstaltungen oder Besprechung im Pflegeheim. Wenn ich an die Familienbande in Palästina, Peru oder bei den Samen in Nordskandinavien zurückdenke, kann man in unserer Gesellschaft von einem Distanzverhältnis der Eltern zu ihren Generationen sprechen:

Distanz		Distanz
Kinder	Eltern	Großeltern
(vermissen oft Wärme und Herzlichkeit – begnügen sich mit Ersatzobjekten)	(moderne Individualisten, oft egozentrisch, gestresst, narzisstisch)	(oft isoliert, zurückgezogen, nicht selten Pflegefälle, einsam, traurig)

Die Großeltern waren die ersten, die aus dem engeren Familienverband ausschieden, entweder weil die damaligen Kinder – die heutigen Eltern – das Elternhaus verließen oder weil die Großeltern in eine kleinere Wohnung oder in ein Heim umzogen. Die nachrückende Generation, die heutigen Kinder, machten nun zusammen mit den Eltern die engere Lebensgemeinschaft aus. Aber nicht sehr lange, denn schon kurz nach Ende der Pubertät „wanderten" die ältesten wegen Weiterbildung oder Lehre in einem Handwerksberuf aus, bis auch der Jüngste seine Zeit gekommen sah, den Wohnort zu wechseln. Nun hatten die Eltern „endlich mal wieder mehr Ruhe" und weniger Verpflichtungen. Na ja, wer's glaubt, wird selig! Der Staat hat sich der ältesten wie der jüngsten Generation angenommen, hat sie übernommen. Bezüglich der dann folgenden Sorgen und Beschwerden wegen der „distanzierten" Kinder, selbst wenn sie noch bei den Eltern wohnen, sind mehrere aufgezeigt worden und oft müssen die Eltern ohnmächtig zusehen und abwarten.

Und wie ergeht es heute den Alten und Ältesten, denen eine höhere Lebenserwartung bestätigt wird? Durch dänische wie deutsche Pressemitteilungen[61] sind die ersten beunruhigenden Skandale an die Öffentlichkeit gedrun-

---

[61] *Bei der Arbeit an diesem Buch lagen nur Informationen aus diesen Ländern vor;*

gen. Obwohl es allgemein bekannt sein sollte, dass alte Menschen, wenn sie heute in ein Heim kommen, weit pflegebedürftiger sind als noch vor einigen Jahren – ist das der bittere Preis für die höhere Lebenserwartung? –, haben sich ihre dortigen Lebensverhältnisse derartig verschlechtert, dass man immer dramatischer danach fragen muss, wozu alle eindrucksvollen Reden der Politiker über Menschenrechte, Humanismus und sozialen Wohlfahrtsstaat dienen sollen, wenn die Wirklichkeit ein erschütterndes Bild zeichnet? Also zur Sache: Wie sieht die „grausame Wirklichkeit" wirklich aus?

Hier zunächst einige Feststellungen: In einer Vormittagssendung des Deutschlandfunks ließ Professor Hirsch aus Bonn[62] die Öffentlichkeit wissen, dass in manchen Pflegeheimen heute „Misshandlungen und Gewaltanwendung gegenüber alten Menschen keine Seltenheit sind!"[63]

Worin besteht diese Gewaltanwendung? „Oft nicht genug zu essen, langes Warten bei Toilettengang, Fixieren[64], Bettlägerige müssen oft lange in ihren Exkrementen liegen."

Wie kann so etwas vorkommen?

Eine wesentliche Ursache ist darin zu sehen, dass das Personal sehr gestresst ist. Viele Mitarbeiter würden gerne vieles anders machen, aber sie stehen unter dem Druck: weiter, weiter! Zudem wurde in der Sendung unterstrichen, dass in vielen Heimen ganz einfach zu wenig Fachkräfte verfügbar seien, und ein weiterer bedenklicher Notstand tue sich bei der Frage auf, ob der „Pflegeschlüssel" gut genug sei, mit anderen Worten: „Wie viele pflegebedürftige alte Menschen kommen auf eine Pflegekraft?" Um derartige Missstände zu verhindern oder zu beseitigen, hat die Gesetzgebung Aufsichtspflicht vorgeschrieben, jedenfalls auf dem Papier. Aber zu welchem Nutzen, wenn „die Heimaufsicht oft unterbesetzt und nicht selten unterqualifiziert sei". Kaum verständlich ist auch, dass „vorgeschriebene amtliche Kontrollen nur einmal im Jahr kommen, doch müsse der Besuch vorher angemeldet werden". Die Entrüstung über herrschende Verhältnisse wurde in besagter Sendung mit der Frage zum Ausdruck gebracht: „Was ist uns wirklich die Würde der Alten wert? Drei neue Gesetzesinitiativen seien eingeleitet worden, aber wozu sol-

---

[62] *Von der Gerontopsychiatrischen Abteilung Bonn;*

[63] *Ausgestrahlt am 12. März 2003;*

[64] *Missbräuchlicher Notbehelf u.a. in einem Kopenhagener Pflegeheim, wo alte Menschen auch bestohlen und ihnen todbringende Medikamente verabreicht worden waren (mit Gerichtsprozess zur Folge);*

len sie nützlich sein, wenn die Umsetzung zu wünschen übrig lässt?" Auch Privatpflege sei in der Gesellschaft oft nicht anerkannt, was aus dementsprechenden Bemerkungen zu folgern sei: „Die Alte muss doch ins Heim!" Die Schlussfolgerung lautete denn auch: Die Missstände könnten kaum behoben werden, wenn nicht die Struktur völlig verändert würde. Empfehlenswert seien: kleinere Wohngemeinschaften, Hausgemeinschaften, sich mehr mit der Biografie der Alten zu beschäftigen und die Altenpfleger durch ein höheres Ansehen und bessere Löhne entsprechend zu schätzen. Erste hoffnungsvolle Schritte, gegen die gegenwärtigen Pflegeverhältnisse etwas zu unternehmen, künden sich in der „Aktion gegen Gewalt an Alten"[65] und der Notrufeinrichtung von Professor Hirsch (siehe Anmerkung 62) an.

Für Menschen in unwürdigen Notständen, die dringend einer Erleichterung bedürfen, ist kein Geld verfügbar! Um irgendwie die Lage versäumter alter Menschen oder Kinder zu verbessern, wird intensiv um <u>ehrenamtliche</u> Mithilfe geworben ...

---

[65] *Nähere Informationen müssten via den Deutschlandfunk bei einer Frau Rita Stein zu bekommen sein;*

115

8. Aktuelle Probleme in der Schule

Zielsetzung – Äußere Rahmen – Lehrersituation – Schüler – Kooperation Eltern/Schule – Lehrer und Schüler in der Freizeit – Unterrichtsanforderungen – Unterrichtsmethoden – Unterrichtsstörungen – Beurteilung der Schülerleistungen – Beurteilung der Lehrer – Pisa-Studie — Neueste Schulreform – Ganztagsschule

„Das ist nicht zu viel gesagt, dass eine Erziehungsphilosophie, die den Anspruch erhebt, auf dem Gedanken der Freiheit zu bauen, genauso dogmatisch werden kann wie der traditionelle Unterricht, gegen den sie reagierte."[1] Man könnte den Eindruck bekommen, als habe diese vor nahezu fünfzig Jahren ausgesprochene Warnung John Deweys auch heute noch aktuelle Geltung. Und er fährt fort: „Denn jede Theorie und jede Satzung von Vorgehensweisen, die nicht auf einer kritischen Untersuchung ihrer eigenen grundlegenden Prinzipien basieren, ist dogmatisch. Lasst uns nur sagen, die neue Erziehung unterstreiche die Freiheit des Schülers. So weit, so gut. Ein neues Problem meldet sich. Was bedeutet Freiheit, und unter welchen Umständen besteht die Möglichkeit, sie zu verwirklichen?"[2]

In Kapitel 7 war ausführlich die Rede von der Generationskluft und aktuellen Problemen in den heutigen Familien und bereits in der Einleitung wie auch in Kapitel 1 war auf die Veränderung in der Gesellschaft hingewiesen worden, die vor allem einen radikalen Verfall übergeordneter Moralprinzipien zur Folge hatte. Aus dem damals unaufhörlich propagierten Liberalismus resultierte die Geburt eines gänzlich veränderten Menschentyps, der begann, markant und unüberhörbar auf seine Rechte zu pochen. Der Ego-Typ und im krassesten Fall der Narzisst. Ich erinnere mich sehr genau jener Tage, als ich an einem dänischen Seminar für Vorschulpädagogen Psychologie unterrichtete, wie man mehr und mehr die neue pädagogische Richtung „Frihed under ansvar"[3] praktizierte. Das Freiheitsbewusstsein hatte sich schon nach kürzester Zeit eingebürgert, wobei es allerdings sehr bald oft mit der Verantwortung nicht so richtig klappte. Wohin die hochgelobte Freiheit schließlich geführt hat, kann man aus den Problemen ablesen, mit denen viele Familien heute zu kämpfen haben.[4] Auch

---

[1] *„Erfahrung und Erziehung", John Dewey; Seite 195;*
[2] *a.a.O.: Seite 198;*
[3] *Dänisch: „Freiheit unter Verantwortung";*

die Existenzphilosophie war ungemein populär. Erlaubte man sich irgendeine Kritik bezüglich unverschämten oder schamlosen Auftretens, wartete der Gerügte oft mit dem selbstsicheren Hinweis auf, dass das sein Leben sei und dass nur er selber darüber zu entscheiden habe! Philosophie- und Psychologiekurse waren damals an den Erwachsenenschulen viel gefragte Fächer. Von der Existenzphilosophie ist den meisten Kursusteilnehmern die Lehre „Das Leben ist eine Wahl und die kann nur der Betreffende selber entscheiden" als selbstverständlich erschienen. Die barsche Realität allerdings, dass man mit der getroffenen Wahl auch die daraus folgenden Konsequenzen gewählt und zu tragen habe, scheint verdrängt worden zu sein![5]

Von Konkurrenz, Gewalt und Liberalismus in all seinen egozentrischen Realisierungsprogrammen ist schon genug geredet worden. Aber man wird sich den erschütternden Medienberichten über eben diese Themen nicht entziehen können. Bald werden sich Gewalt- und Horrorfilme im Fernsehen erübrigt haben, der Alltag liefert „sensationelle Ereignisse" genug, um es nicht „langweilig" werden zu lassen.

Was hat sich also in den letzten Jahren in unseren Schulen getan? Geht man die Liste der in vielen Familien festgestellten Probleme durch, dann kann man sich ohne viel Phantasie ausrechnen, welche Probleme in die Schule importiert werden ...

Die entsetzlichen Gewaltkulminationen an Schulen in den USA, von Meißen, Erfurt oder aus Dänemark sollen hier nicht erneut erörtert werden. Die „sensationsinteressierten" Medien haben Aufklärung genug gebracht!

Im Vorwort hatte ich meine ernsthaften Bedenken hinsichtlich jener Kluft hervorgehoben, die sich zwischen anerkennenswerten, gesetzlich verankerten Zielsetzungen auf der einen Seite und der alltäglichen, realen Praxis auftut. Damit es nicht bei einer bloßen Behauptung verbleiben soll, sehen wir uns einige Zielsetzungsformulierungen (Gesetze) für den Schul- und Unterrichtsbereich an, die von den verschiedenen Kultur- bzw. Unterrichtsministerien[6] herausgegeben worden sind.

---

[4] *Siehe hierzu: Seite 92 ff;*
[5] *Vgl. hierzu: „Die deformierte Gesellschaft", Meinhard Miegel;*
[6] *Es gibt in den verschiedenen europäischen und auch in den deutschen Bundesländern verschiedene Bezeichnungen für die Ministerien, in deren Zuständigkeitsbereich das Schulwesen gehört;*

Da wäre zunächst einmal das Schulgesetz für das deutsche Bundesland Mecklenburg-Vorpommern (SchulG M-V) (nachzulesen auf der Internetseite des Bildungsministeriums unter www.kultus-mv.de. sites/bibo/gesetze/ schulgesetz-neu.pdf. veröffentlicht im Mitteilungsblatt Nr. 7/2002 des Ministeriums für Bildung, Wissenschaft und Kultur vom 19. Juli, Seite 275 und 283).

Teil 1 des Gesetzes behandelt das Recht auf schulische Bildung und Auftrag der Schule.

Da heißt es unter §2 – Bildungs- und Erziehungsauftrag der Schule:

„(1) Der Bildungs- und Erziehungsauftrag der Schulen wird bestimmt durch die Wertentscheidungen, die im Grundgesetz für die Bundesrepublik Deutschland und in der Verfassung des Landes Mecklenburg-Vorpommern niedergelegt sind. Ziel der schulischen Bildung und Erziehung ist die Entwicklung zur mündigen, vielseitig entwickelten Persönlichkeit, die im Geiste der Toleranz bereit ist, Verantwortung für die Gemeinschaft mit andren Menschen und Völkern sowie gegenüber künftigen Generationen zu tragen.

(2) Die Schule soll den Schülern Wissen und Kenntnisse, Fähigkeiten und Fertigkeiten, Einstellungen und Haltungen mit dem Ziel vermitteln, die Entfaltung der Persönlichkeit und die Selbstständigkeit ihrer Entscheidungen und Handlungen so zu fördern, dass die Schüler befähigt werden, aktiv und verantwortungsvoll am sozialen, wirtschaftlichen, kulturellen und politischen Leben teilzuhaben.

(3) Die Verbundenheit der Schüler mit ihrer natürlichen, gesellschaftlichen und kulturellen Umwelt sowie die Pflege der niederdeutschen Sprache sind zu fördern."

Im §3 werden die Lernziele vorgegeben:

„Die Schüler sollen in der Schule insbesondere lernen,

1. Selbstständigkeit zu entwickeln und eigenverantwortlich zu handeln,
2. die eigene Wahrnehmungs-, Erkenntnis- und Ausdrucksfähigkeit zu entfalten,
3. selbstständig wie auch gemeinsam mit anderen Leistungen zu erbringen,
4. soziale und politische Mitverantwortung zu übernehmen sowie sich zusammenzuschließen, um gemeinsame Interessen wahrzunehmen,
5. sich Informationen zu verschaffen und sie kritisch zu nutzen,
6. die eigene Meinung zu vertreten und die Meinung anderer zu respektieren,

7. die grundlegenden Normen des Grundgesetzes zu verstehen und für ihre Wahrung sowie
8. für Gerechtigkeit, Frieden und Bewahrung der Schöpfung einzutreten,
9. in religiösen und weltanschaulichen Fragen persönliche Entscheidungen zu treffen und Verständnis und Toleranz gegenüber den Entscheidungen anderer zu entwickeln,
10. eigene Rechte zu wahren und die Rechte anderer auch gegen sich selbst gelten zu lassen sowie Pflichten zu akzeptieren und ihnen nachzukommen,
11. Konflikte zu erkennen, zu ertragen und sie vernünftig zu lösen,
12. Ursachen und Gefahren totalitärer und autoritärer Herrschaft zu erkennen, ihnen zu widerstehen und entgegenzuwirken,
13. Verständnis für die Eigenart und das Existenzrecht anderer Völker, für die Gleichheit und das Lebensrecht aller Menschen zu entwickeln,
14. mit der Natur und Umwelt verantwortungsvoll umzugehen,
15. für die Gleichstellung von Frauen und Männern einzutreten,
16. Verständnis für wirtschaftliche und ökologische Zusammenhänge zu entwickeln."

Der §4 erläutert die „Grundsätze für die Verwirklichung des Auftrags der Schulen". Da heißt es:
„(1) Die Schulen haben die religiösen und weltanschaulichen Überzeugungen der Schüler, Erziehungsberechtigten und Lehrer sowie das verfassungsmäßige Recht der Erziehungsberechtigten auf Erziehung ihrer Kinder zu achten.

(2) Schule und Unterricht sind auf gleiche Bildungschancen für alle Schüler auszurichten. Eine den einzelnen Schülern angemessene Förderung von Fähigkeiten, Interessen und Neigungen ist zu gewährleisten, Schüler sind in ihrer Perönlichkeitsentwicklung zu stärken, individuellen Lernproblemen ist durch geeignete Fördermaßnahmen entgegenzuwirken. Unterricht ist so zu gestalten, dass gemeinsames Lernen und Erziehen von Schülern in größtmöglichem Ausmaß verwirklicht werden kann. Jede Form äußerer Differenzierung dient ausschließlich der Förderung der einzelnen Schüler.

(3) Allgemeine und berufliche Bildung sind gleichrangig. Die Schule schafft die Voraussetzungen für eine der Eignung und Leistung der Schüler entsprechende Berufsausbildung und Berufsausübung. Die Zusammenarbeit zwischen

Schule und Arbeits- und Berufswelt wird insbesondere durch Praktika sowie den Lernbereich Arbeit – Wirtschaft – Technik gefördert.

(4) Das Land, die kommunalen Gebietskörperschaften und die freien Träger wirken bei der Erfüllung des Bildungs- und Erziehungsauftrags der Schule mit Lehrern, Schülern, Erziehungsberechtigten und den für die außerschulische Berufsbildung Verantwortlichen nach Maßgabe dieses Gesetzes zusammen.

(5) Die Erziehungsberechtigten sind an der Gestaltung des Schullebens zu beteiligen. Besondere Erfahrungen und Befähigungen von Erziehungsberechtigten sollen für den Unterricht nutzbar gemacht werden. Insbesondere an schulischen Veranstaltungen außerhalb des Unterrichts sollen Erziehungsberechtigte unmittelbar beteiligt werden. Die Schule berät und unterstützt die Erziehungsberechtigten bei der Erziehung der Kinder.

(6) Schüler beiderlei Geschlechts werden grundsätzlich gemeinsam unterrichtet. Sofern es pädagogisch sinnvoll ist, können sie zeitweise auch getrennt unterrichtet werden. Die Entscheidung trifft die Schulkonferenz auf Vorschlag der Fachkonferenz.

(7) Die Schulen planen und gestalten den Unterricht, die Erziehung und die Organisation ihrer inneren Angelegenheiten eigenverantwortlich.

(8) Die Schüler sind auf der Grundlage der Rahmenpläne an der Auswahl der Unterrichtsinhalte zu beteiligen. Die fachlichen und pädagogischen Ziele des Unterrichts sind ihnen zu erläutern."

Werfen wir zum Vergleich nun einen Blick auf das dänische Schulgesetz[6] (Expedition: KommunekommunikationSommerstedgade 5, 1718 Kopenhagen V; ISBN 87-7848-660-2 und ISBN 87-7848-661-0-pdf), das in §1 (Stück 1 bis 3) die übergeordnete Zielsetzung vorgibt. Da heißt es in Kapitel 1: Zielsetzung für die Volksschule:

---

[6] *Bekanntmachung des Volksschulgesetzes entsprechend der Gesetz-veröffentlichung Nr. 714 vom 6. September 1999 mit den Änderungen, die aus § 1 im Gesetz Nr. 263 vom 12. April 2000, aus dem § 7 im Gesetz Nr. 482 vom 31. Mai 2000 und aus dem Gesetz Nr. 485 vom 31. Mai 2000 folgen. Die Gesetz-veröffentlichung in ihrer Gesamtheit gilt erst ab 1. Januar 2001, da die Änderungen, die aus dem § 22 im Gesetz Nr. 263 vom 12. April 2000 erst mit 1. Januar 2001 in Kraft treten;*

§1: Die Aufgabe der Volksschule ist es, in Zusammenarbeit mit den Eltern Aneignung von Wissen, Fähigkeiten, Arbeitsmethoden und Ausdrucksformen zu fördern, die zur allseitigen, persönlichen Entwicklung des einzelnen Schülers beitragen.

Stck. 2: Die Volksschule soll danach trachten, solche Rahmen für Erleben, Schaffensdrang und Vertiefung zu schaffen, dass die Schüler Erkenntnis, Phantasie und Lust zum Lernen entwickeln und somit Vertrauen in eigene Möglichkeiten und eine Grundlage erlangen, um Stellung zu nehmen und zu handeln.

Stck. 3: Die Volksschule soll die Schüler mit dänischer Kultur vertraut machen und zu deren Verständnis für andere Kulturen und für das Zusammenwirken von Mensch und Natur beitragen. Die Schule bereitet die Schüler auf Mitbestimmung, Mitverantwortung, Rechte und Pflichten in einer Gemeinschaft mit Freiheit und Demokratie vor.

§2: Die Volksschule ist eine kommunale Aufgabe. Der Gemeinderat ist verantwortlich dafür, dass allen Kindern in der Gemeinde unentgeltlich Unterricht in der Volksschule gesichert wird. Der Gemeinderat entscheidet: Die Zusammenarbeit mit den Eltern umfasst u.a.
   - Aufnahme in die Volksschule
   - Information über Unterrichtsresultate des Schülers (§13)
   - Beratung bezüglich Sonderunterricht (§12, Stck. 2)
   - Wiederholung einer Klasse (§12, Stck. 1)
   Es wird betont, dass die Schule Vielseitigkeit zu sichern hat in den Anforderungen, die den Schülern im Unterricht gestellt werden. „Die allseitige persönliche Entwicklung des einzelnen Schülers umfasst sowohl die geistige, intellektuelle, musische, physische wie auch soziale Entwicklung.
   In den Bemerkungen wird hervorgehoben, dass der Wunsch geäußert worden ist, dem Zielsetzungsparagraphen eine kulturelle Dimension anzufügen, indem ausdrücklich unterstrichen wird, dass die Schule die Schüler mit dänischer Kultur vertraut zu machen hat, hierunter Christentum, und dass sie ihnen Verständnis für die Kultur anderer Länder und für die Kulturen vermittelt, von denen die Einwanderergruppen geprägt sind.

Stck. 3: Schüler und Eltern arbeiten mit der Schule zusammen, um den Zielsetzungen für die Volksschule zu genügen.

121

In Kapitel 2 der Gesetzgebung für das Schulwesen „Struktur und Inhalt der Volksschule" heißt es:

§3: Die Volksschule umfasst eine einjährige Vorschulklasse, eine neunjährige Grundschule und eine einjährige 10. Klasse.

Stck. 2: Für Kinder, deren Entwicklung besondere Rücksicht und Stütze erfordert, wird Sonderunterricht und anderer spezialpädagogischer Beistand gewährt.

Stck. 3: Die Volksschule kann den Schülern Unterricht in deren Freizeit anbieten.

Stck. 4: Die Volksschule kann Kindern die Aufnahme in eine Schulfreizeitordnung anbieten, wenn die Kinder in die Schule eingemeldet sind oder das Alter erreicht haben, wo diese frühestens in die Vorschulklasse aufgenommen werden könnten.

Zusatz zu Stck. 4: Der Gemeinderat kann für die Teilnahme am Unterricht in der Freizeit entspr. §50 Gebühren erheben. Die Schule ist nicht verpflichtet, unentgeltlich Instrumente und Material für den Freizeitunterricht zur Verfügung zu stellen.

Stck. 5: Die Volksschule kann Erwachsenen anbieten, am Unterricht der Volksschule ab 8. bis 10. Klassenniveau teilzunehmen.

Deutschland mit seinen 16 Bundesländern hat entsprechend der innenpolitischen Landeshoheit des einzelnen Bundeslandes 16 verschiedene Schulgesetzformulierungen. Es würde zu weit führen, hier alle 16 zur Zeit geltenden deutschen Schulgesetze einzufügen. Daher sei mit den auszugsweisen Zitaten aus jeweils einem ostdeutschen und einem westdeutschen Bundesland Genüge getan. Mecklenburg-Vorpommern wurde bereits kurz behandelt. Konzentrieren wir uns abschließend noch auf das Schulgesetz für das westdeutsche Bundesland Bayern (erschienen im Carl Link Verlag: Kaiser/Mahler, Die Schulordnung der Volksschule, 2002.48).

Da heißt es im Art. 1 BayEUG – **Bildungs- und Erziehungsauftrag:**
Art. 1 Abs. 1 BayEUG (Bildungsziele)
(1)   Die Schulen haben den in der Verfassung des Freistaates Bayern verankerten Bildungs- und Erziehungsauftrag zu verwirklichen (hierzu Erläuterung 1). Sie sollen Wissen und Können vermitteln sowie

Geist und Körper, Herz und Charakter bilden (hierzu Erläuterung 2). Oberste Bildungsziele sind Ehrfurcht vor Gott, Achtung von religiöser Überzeugung und vor der Würde des Menschen, Selbstbeherrschung, Verantwortungsgefühl und Verantwortungsfreudigkeit, Hilfsbereitschaft, Aufgeschlossenheit für alles Wahre, Gute und Schöne und Verantwortungsbewusstsein für Natur und Umwelt (hierzu Erläuterung 3). Die Schüler sind im Geiste der Demokratie, in der Liebe zur bayerischen Heimat und zum deutschen Volk und im Sinne der Völkerversöhnung zu erziehen (hierzu Erläuterung 4).

Erläuterungen:

(1) Diese Vorschrift gilt für alle Schulen. Sie beruht auf Art. 131 der Bayerischen Verfassung und wiederholt zum Teil dessen Wortlaut. Art. 131 BV lautet:

„(Erläuterung 1): Die Schulen sollen nicht nur Wissen und Können vermitteln, sondern auch Herz und Charakter bilden.

(Erläuterung 2): Oberste Bildungsziele sind Ehrfurcht vor Gott, Achtung vor religiöser Überzeugung und vor der Würde des Menschen, Selbstbeherrschung, Verantwortungsgefühl und Verantwortungsfreudigkeit, Hilfsbereitschaft, Aufgeschlossenheit für alles Wahre, Gute und Schöne und Verantwortungsbewusstsein für Natur und Umwelt.

(Erläuterung 3): Die Schüler sind im Geiste der Demokratie, in der Liebe zur bayerischen Heimat und zum deutschen Volk und im Sinne der Völkerversöhnung zu erziehen.

(Erläuterung 4): Die Mädchen und Buben sind außerdem in der Säuglingspflege, Kindererziehung und Hauswirtschaft besonders zu unterweisen."

Die Verfassungsbestimmung in Art. 131 Abs. 3 BV ist auf ausländische Schüler mit den Einschränkungen anzuwenden, die sich aus der fremden Staatsangehörigkeit des Schülers ergeben.

(2) Bei der Erfüllung ihres Auftrages haben die Schulen das verfassungsmäßige Recht der Eltern auf Erziehung ihrer Kinder zu achten.

Art. 2 Aufgaben der Schulen:

(1)   Die Schulen haben insbesondere die Aufgabe, Kenntnisse und Fertigkeiten zu vermitteln und Fähigkeiten zu entwickeln, zu selbstständigem Urteil und eigenverantwortlichem Handeln zu befähigen, zu verantwortlichem Gebrauch der Freiheit, zu Toleranz, friedlicher Gesinnung und Achtung vor anderen Menschen zu erziehen, zur Anerkennung kultureller und religiöser Werte zu erziehen, Kenntnisse von Geschichtc, Kultur, Tradition und Brauchtum unter besonderer Berücksichtigung Bayerns zu vermitteln und die Liebe zur Heimat zu wecken, zur Förderung des europäischen Bewusstseins beizutragen, im Geist der Völkerverständigung zu erziehen, die Bereitschaft zum Einsatz für den freiheitlich-demokratischen und sozialen Rechtsstaat und zu seiner Verteidigung nach innen und außen zu fördern, die Durchsetzung der Gleichberechtigung von Frauen und Männern zu fördern und auf die Beseitigung bestehender Nachteile hinzuwirken, die Schülerinnen und Schüler zur gleichberechtigten Wahrnehmung ihrer Rechte und Pflichten in Familie, Staat und Gesellschaft zu befähigen, insbesondere Buben und junge Männer zu ermutigen, ihre künftige Vaterrolle verantwortlich anzunehmen sowie Familien- und Haushaltsarbeit partnerschaftlich zu teilen, auf Arbeitswelt und Beruf vorzubereiten, in der Berufswahl zu unterstützen und dabei insbesondere Mädchen und Frauen zu ermutigen, ihr Berufsspektrum zu erweitern, Verantwortungsbewusstsein für die Umwelt zu wecken.

(2)   Die Schulen erschließen den Schülern das überlieferte und bewährte Bildungsgut und machen sie mit Neuem vertraut.

(3)   Bei der Erfüllung der Aufgaben der Schulen wirken alle Beteiligten, insbesondere Schule und Elternhaus, vertrauensvoll zusammen. Dies gilt auch für die Entwicklung eines eigenen Schulprofils.

(4)   Die Öffnung der Schule gegenüber ihrem Umfeld ist zu fördern. Die Öffnung erfolgt durch die Zusammenarbeit der Schulen mit außerschulischen Einrichtungen, insbesondere mit Betrieben, Sport- und anderen Vereinen, Kunst- und Musikschulen, freien Trägern der Jugendhilfe, kommunalen und kirchlichen Einrichtungen sowie mit Einrichtungen der Weiterbildung.

ABSCHNITT II

Die Schularten
a) **Allgemein bildende Schulen**

Art. 7 Die Grundschule und die Hauptschule (die Volksschule)

(1) Die Volksschule besteht aus der Grundschule und der Hauptschule.

(2)　In den Volksschulen werden die Schüler nach den gemeinsamen Grundsätzen der christlichen Bekenntnisse unterrichtet und erzogen. In Klassen mit Schülern gleichen Bekenntnisses wird darüber hinaus den besonderen Grundsätzen dieses Bekenntnisses Rechnung getragen.

(3)　Angesichts der geschichtlichen und kulturellen Prägung Bayerns wird in jedem Klassenraum ein Kreuz angebracht. Damit kommt der Wille zum Ausdruck, die obersten Bildungsziele der Verfassung auf der Grundlage christlicher und abendländischer Werte unter Wahrung der Glaubensfreiheit zu verwirklichen. Wird der Anbringung des Kreuzes aus ernsthaften und einsehbaren Gründen des Glaubens oder der Weltanschauung durch die Erziehungsberechtigten widersprochen, versucht der Schulleiter eine gütliche Einigung. Gelingt eine Einigung nicht, hat er nach Unterrichtung des Schulamts für den Einzelfall eine Regelung zu treffen, welche die Glaubensfreiheit des Widersprechenden achtet und die religiösen und weltanschaulichen Überzeugungen aller in der Klasse Betroffenen zu einem gerechten Ausgleich bringt; dabei ist auch der Wille der Mehrheit, soweit möglich, zu berücksichtigen.

(4)　Die Grundschule schafft durch die Vermittlung einer grundlegenden Bildung die Voraussetzung für jede weitere schulische Bildung. Sie gibt in Jahren der kindlichen Entwicklung Hilfen für die persönliche Entfaltung. Um den Kindern den Übergang zu erleichtern, arbeitet die Grundschule mit dem Kindergarten zusammen.

(5)　Die Grundschule umfasst die Jahrgangsstufen 1 bis 4. Sie vereinigt alle Schulpflichtigen dieser Jahrgangsstufen, soweit sie nicht eine Förderschule besuchen.

(6)　Die Hauptschule vermittelt eine grundlegende Allgemeinbildung, bietet Hilfen zur Berufsfindung und schafft Voraussetzungen für eine qualifizierte berufliche Bildung, sie eröffnet in Verbindung mit dem beruflichen Schulwesen Bildungswege, die zu einer abgeschlossenen Berufsausbildung und zu weiteren beruflichen Qualifikationen führen können, sie schafft die schulischen Voraussetzungen für den Übertritt in weitere schulische Bildungsgänge bis zur Hochschulreife. Die Hauptschule spricht Schüler an, die den Schwerpunkt ihrer Anlagen, Interessen und Leistungen im anschaulich-konkreten Denken und im praktischen Umgang mit den Dingen haben. Das breite Feld von unterschiedlichen Anlagen, Interessen und Neigungen wird durch ein differenziertes Auswahlangebot neben den für alle Schüler verbindlichen Fächern berücksichtigt; hierfür ist die Bildung eigener Klassen und Kurse möglich, z.B. Praxis-Klassen, Klassen bzw. Kurse für Aussiedlerschüler und Schüler mit nichtdeutscher Muttersprache. Für besonders leistungsstarke Schüler werden ab der Jahrgangsstufe 7 Mittlere-Reife-Klassen angeboten, in den Jahrgangsstufen 7 und 8 zur Vorbereitung auf Mittlere-Reife-Klassen auch Mittlere-Reife-Kurse.

(7)   Die Hauptschule baut auf der Grundschule auf und umfasst die Jahrgangsstufen 5 bis 9 und, soweit Mittlere-Reife-Klassen in der Jahrgangsstufe 10 angeboten werden, auch die Jahrgangsstufe 10. In der Jahrgangsstufe 9 verleiht sie, wenn die erforderlichen Leistungen erbracht sind, den erfolgreichen Hauptschulabschluss; die Schüler können durch eine besondere Leistungsfeststellung den qualifizierenden Hauptschulabschluss erwerben. In der Jahrgangsstufe 10 führt die Mittlere-Reife-Klasse zum mittleren Schulabschluss.

(8)   Die Hauptschule stellt auf Antrag das Zeugnis über den qualifizierten beruflichen Bildungsabschluss aus, wenn der qualifizierende Hauptschulabschluss befriedigende Kenntnisse in Englisch, die dem Leistungsstand eines fünfjährigen Unterrichts entsprechen, sowie ein überdurchschnittlicher Berufsabschluss nachgewiesen werden. Art. 2 Satz 2 Halbsätze 2 und 3 gelten entsprechend. Örtlich zuständig ist die Hauptschule, an der der qualifizierende Hauptschulabschluss erworben worden ist.

***

Jeder an einer aktuellen Problemstellung in unserer Gegenwartsgesellschaft interessierte Leser wird verständlicherweise seine besonderen Schwierigkeiten mit der Lektüre bürokratisch formulierter Vorschriften, Satzungen und Informationen haben! Warum wurden bei den neuerlich eingeführten Sprachreformen nicht auch Anweisungen für ein verständlicheres „Ministeriendeutsch" erlassen? Im Hinblick auf die nachfolgenden kritischen Bemerkungen zur deutschen und dänischen Schulsituation der Gegenwart erschien es bedauerlicherweise unumgänglich, die bewundernswert durchdachten Aufträge und Forderungen an die Schule in deren Satzungsform vorauszuschikken. Es wird sich also gelohnt haben, sich geduldig und aufmerksam durch das Paragraphenlabyrinth gearbeitet zu haben. Erst nach genauerer Kenntnis der zuvor wiedergegebenen Gesetze wird die Behauptung des vorliegenden Buches verständlich, die darauf hinausläuft, dass die Kluft zwischen formulierten Zielsetzungen und der alltäglichen Wirklichkeit unakzeptabel groß ist! Mit Überraschung und Erstaunen musste ich bei Befragung sehr vieler Eltern feststellen, dass diese sich noch nie die Mühe gemacht hatten, sich näher damit zu beschäftigen, was Staat und entsprechende Behörden ihren Kindern an Entwicklungs-, Entfaltungs- und Förderungsmöglichkeiten zusichern. Da wird in allen Schulgesetzen u.a. besonders die Zusammenarbeit von Schülern, Eltern und Schule hervorgehoben, aber man muss sich fragen: Auf der Basis welcher Kenntnisse um berechtigte Forderungen und Verbesserungsansprüche werden um ihre Kinder besorgte Eltern in solcher Zusammenarbeit wirksam aktiv? Auf aktuelle Schwierigkeiten in der Zusammenarbeit zwischen Eltern und Lehrern komme ich später noch zu sprechen. Weit bedenklicher ist allerdings, dass nicht wenige der befragten Lehrerkollegen ebenfalls „keine Zeit gehabt haben", sich eingehender mit den Schulgesetzen zu befassen. Übrigens sei hier nachdrücklich hervorgehoben, dass ich absolut nicht nach Schuldigen suche. Dazu werde ich abschließend in den Kapiteln 9, 11 und 12 auf der Basis von Expertenerkenntnissen, aktueller Medieninformationen[7] und eigener Erfahrungen Stellung nehmen.

Schon an den <u>äußeren Rahmen</u> bemängeln viele Schüler, Lehrer und Eltern bedenkliche Missverhältnisse, also Schulgebäude. Es sei einmal abgesehen von einigen Schulgebäuden, die erst vor wenigen Jahren nach neuesten

---

[7] *Deutschlandfunk, Danmarks Radio Programm 1, Presse und Fachzeitschriften der deutschen und dänischen Lehrerverbände;*

Erkenntnissen und Anforderungen an einen modernen, reformierten Unterricht gebaut worden sind. Im Verhältnis zu diesen doch noch wenigen Schulgebäuden, deren Zustand, Ausstattung, Platzverhältnisse und vielseitige Entfaltungsmöglichkeiten für Schüler und Lehrer modernen Anforderungen entsprechen, gibt es immer noch sehr viele ältere Schulanlagen, die neuesten Unterrichtsanforderungen durchaus nicht gewachsen sind. Da wäre einmal der Mangel an Klassenzimmern hervorzuheben, weshalb sich viele Schulen mit dem Aufstellen von Bauwagen behelfen mussten. Mit dieser Notlösung ist aber noch lange nicht das Problem eines zu begrenzten Pausenhofes gelöst, ganz zu schweigen von geeigneten Spielplätzen für die jüngsten Schüler. Nicht weniger schwierig gestaltet sich an vielen Schulen die Parkplatznot; sowohl für die Lehrer wie auch für die Eltern, die ihre Kinder nach dem Unterricht abholen. Platzmangel wird immer Gedrängel auslösen, was sich vor allem in Fällen akuter Alarmsituationen sehr gefährlich auswirken kann. Dazu kommt, dass viele Schulen keine Mittel für absolut notwendige Instandhaltung wie Verputzen oder Malen vieler Wände, Erneuerung von Türen und Schlössern, Reparaturen oder Modernisierung von Toiletten verfügbar haben. Noch bedenklicher wird es, wenn dann sogar bei Überwachung und Vorbeugung bezüglich Sicherheitsveranstaltungen gespart wird. Unter der alarmierenden Überschrift „Gemeinden sparen an regelmäßiger Inspektion der Einrichtungen zwecks Brandverhütung und -bekämpfung". In diesem Zusammenhang war in der Presse[8] zu lesen: „Versäumnis: Viele Gemeinden führen nur einen Bruchteil der gesetzlich vorgeschriebenen Brandinspektionen u.a. an Schulen und Institutionen durch. Die kommunale Aufsicht der Einrichtungen für Brandsicherheit in Gebäuden, wo viele Menschen verkehren, findet sich in mehreren Orten des Landes fast gar nicht mehr. So haben einzelne Gemeinden im Jahre 2002 nicht eine einzige der gesetzpflichtigen Inspektionen durchgeführt ... ‚Wenn die Gemeinden nicht die Fälle kontrollieren, in denen die Vorschriften hinsichtlich Brandsicherheit übertreten werden, bedeutet das ein erhöhtes Risiko, dass sich ein Brand ausbreiten und verheerende Folgen haben kann', sagt N. N., Abteilungchef der Bereitschafts-Verwaltung ... Der Vorsitzende der kommunalen Bereitschaftschefs N. N. ist der Ansicht, dass die Gemeinden aus ökonomischen Gründen ganz bewusst im Bereich der vorbeugenden Einsätze gegen Brandunfälle Einsparungen vornehmen." Der letzte Abschnitt zu diesem aktuellen Problem hob hervor,

---

[8] *Berlingske Tidende; 20. Okt. 2003; 1. Sektion, Seite 2;*

dass die zuständige Ministerin nicht zu sprechen war! Was das Problem Platzmangel angeht, so wird es neuerdings noch verschärft durch viele Schließungen von Schulen. Das führt zum einen eine Erhöhung der Klassenquotientzahl in den erhaltenen Schulen mit sich (nach geltenden Schulgesetzen sind bis zu 28 Schüler pro Klasse zulässig, was auch bereits überstiegen wird), zum anderen bedeutet das für viele Schüler einen Anfahrtsweg von bis zu 18 km. So wurden in zwei Orten der dänischen Gemeinde Südfalster aktive Unterschriftensammlungen durchgeführt, um einen Mehrheitsbeschluss des Gemeinderates zu verhindern, wonach eine Schule ganz geschlossen und in der anderen Schule die Jahrgangsstufen 8 und 9 in die dritte der bisher drei Gemeindeschulen überführt werden sollen. Bisher ist noch nichts bekannt über eventuell notwendige erweiternde Umbauarbeiten an der Schule, die nun alle Oberstufenschüler aufnehmen soll.

Ein interessanter Artikel in der Lokalzeitung beleuchtet einen weiteren Notstand, der durch die geplante Schulschließung ausgelöst wird. Die Vorstandsschaft der Organisation „Familie und Gesellschaft" (ein gutes Beispiel für die im Schulgesetz anempfohlene Zusammenarbeit der Schule mit außerschulischen Vereinen, Betrieben und Organisationen) schreibt in der dänischen Lokalzeitung *Lolland-Falsters Folketidende* (3. Okt. 2003, Seite 10) u.a.:

„... ‚Familie und Gesellschaft Gedesby' (die ehemalige Gedesby Haushaltsvereinigung) wird hart betroffen werden, sollte der Gemeinderat Südfalster beschließen, die Ostseeschule zu schließen." Im Weiteren werden andere Vereinigungen genannt, die ebenfalls die Räumlichkeiten der Schule benutzen und ihre Materialien dort aufbewahrt haben. Und weiter heißt es dann: „Da sich das Vereinsleben mit den derzeit vielen Angeboten in großer Turbulenz befindet, würde es uns sehr enttäuschen, wenn ihr die Schule schließen lasst, womit auch unsere Vereinigung und die große freiwillige Arbeit, die hier in all den Jahren (die Vereinigung ist 67 Jahre alt) investiert worden ist, beendet werden soll. In diesen Jahren kämpfen die Dorfmilieus einen harten Kampf, um weiterleben zu können, was ihr bei eurem Beschluss mit in Betracht ziehen müsst – deshalb bewahrt die Ostseeschule." Auf der gleichen Seite hat ein Bürger aus Gedser unter der Überschrift „Tut die Gemeinde genug für Gedser?" seine Enttäuschung in einem Leserbrief ausgedrückt: „Neun Gedser-Bürger haben einen riesigen Bericht (Entwicklungsmöglichkeiten in Gedser) entwickelt und dem Gemeinderat Südfalster zugestellt, aber man hat den Eindruck bekommen, dass die ihn niemals durchgehen."

Wie viel bedeuten heute den Behörden noch die Bewahrung von Traditionen, die Menschen verbindet, und vor allem die Sicherung eines den Kindern vertrautes Familienmilieu?

Dieses Beispiel ist hier in der Region kein Einzelfall. Unter der großen Überschrift „Eltern gingen umsonst zur Ausschusssitzung" und darunter „An die 50 zornige Eltern machten ihrer Verbitterung gegenüber dem Familien- und Kulturausschuss Luft" kann man u.a. lesen:

„Nach der Ausschusssitzung hatte der Ausschuss eine Sitzung mit der Schulleitung. Auch da bekamen den Eltern nicht den erhofften Dialog mit den Politikern. – Das war von vornherein entschieden, sagt N. N. aus Stokkemarke (Ort auf der Insel Lolland). Das bestätigte der Ausschussvorsitzende N. N. – Und daran ist nichts verwunderlich. Die Sitzung war ganz einfach unsere jährliche Orientierungssitzung mit den Verwaltungsräten."[9]

Man wird sich wundern, wenn man noch einmal zu der Formulierung im Schulgesetz zurückkehrt und dort liest, dass es die Aufgabe der Volksschule ist, in Zusammenarbeit mit den Eltern dies und jenes zu fördern (siehe §1, Seite 68), und dass „die Volksschule danach trachten soll, solche Rahmen für Erleben, Schaffensdrang und Vertiefung schaffen soll, dass die Schüler Erkenntnis, Phantasie und Lust zum Lernen entwickeln usw." (siehe Stck. 2, Seite 68), dann aber hinnehmen muss, dass über die Köpfe der in diesem Zusammenarbeiten Engagierten hinweg von der Gemeindeverwaltung Beschlüsse gefasst und entschieden werden, die wohl kaum der im Gesetz angestrebten Verwirklichung wertvoller Vorsätze dienen können. Auch in dieser Gemeinde sollen alle Landschulen geschlossen und die Schüler in einer Schule gesammelt werden. Ordnungshalber muss noch erwähnt werden, dass genannten Gemeinderatsbeschlüssen bezüglich Schließung von Schulen Anhörungen der betroffenen Schulen, Bürger und Vereine vorausgegangen waren. Ähnliche Beispiele sind auch aus den verschiedenen deutschen Bundesländern zu vermelden. Ein anderes Beispiel eines Nachdenken weckenden Behördenbeschlusses stammt aus dem Landkreis Parchim in Mecklenburg-Vorpommern. Der siebenjährige Oliver ist mit seiner Mutter in das Dorf Wessen umgezogen. Das Problem mit seinem neuen Zuhause besteht darin, dass es „direkt an einer vielbefahrenen Landstraße liegt. Das heißt für den neuen Schulweg des Jungen 1000 Meter Angst bis zur nächsten Bushaltestelle. Mutter

---

[9] *a.a.O., Seite 17;*

Uta: ‚Einen Fußweg gibt es nicht. Und weil die Strecke gerade ist, fährt hier keiner unter 100 Sachen. Autos überholen die vielen Laster, es wird gerast. Ich mache mir große Sorgen.' Darum bat sie bereits Anfang August das zuständige Parchimer Schulverwaltungsamt um Hilfe. Denn: Der Bus fährt ja direkt am neuen Haus vorbei. Der Fahrer könnte kurz stoppen und Oliver mitnehmen. Schon wäre die Gefahr gebannt. Vor ein paar Tagen kam die Antwort der Behörde. Inhalt: Anliegen abgelehnt. Begründung: Nach der Satzung für die Schülerbeförderung im Landkreis gelte für Kinder der Klassen 1 bis 4 ein Weg zum Bus bis zwei Kilometer als zumutbar. Im letzten Satz des amtlichen Schreibens heißt es dann noch: ‚Sie haben den Wohnsitz unter Kenntnis der örtlichen Bedingungen gewählt ...'"[10]

Die in den vorausgegangenen Abschnitten hervorgehobenen Problembeispiele sollen abwechselnd deutsche wie dänische Verhältnisse widerspiegeln. Wie viel bedeuten Behörden wirklich Wohlergehen und Sicherheit der kleinen Mitbürger? Hier geht es offenbar ausnahmslos um Einsparungen und bürokratische Vorschriften! Auch im vorherigen Fall wird auf merkwürdige Art an die achtbaren Zielsetzungen im Schulgesetz erinnert, aber die Wirklichkeit?

Doch auch derartige Belastungen von Eltern und Schülern wird man sehr bald als Bagatellen abtun müssen, wenn man die neuesten Ankündigungen des Bildungsministers in Mecklenburg-Vorpommern vernommen hat. „Das wird ein hartes Schuljahr: Für die Lehrer! Für die Schüler! Für die Eltern!"[11] Ein kurzer Auszug aus diesen düsteren Zukunftsperspektiven: „Wir ziehen ordentlich die Zügel an!" An die 500 Lehrer werden arbeitslos. Und was kommt auf die Eltern zu? „Sie müssen 30 Euro für Schulmittel zahlen. Bei Klassenreisen gibt's verschärfte Kontrollen der Sozialämter, ob Zuschüsse für arme Eltern überhaupt noch gezahlt werden. Und: Weil ab jetzt (laut Gewerkschaft) 5000 Unterrichtsstunden mehr ausfallen, müssen sich viele Eltern verstärkt um außerschulische Betreuung und Nachhilfe kümmern. Hart für Schüler: 29 Schulen im Land werden geschlossen. Einige müssen darum längere Schulwege in Kauf nehmen. Und: Wahlpflichtangebote fallen weg. Auch fast alle Projekte zur Verkehrs- und Umwelterziehung fallen weg. Latein-Schüler am Schweriner Goethegymnasium müssen für ihr Fach an eine andere Schule

---

[10] *Bild/Mecklenburg-Vorpommern, 18. August 2003, Seite 3;*
[11] *a.a.O.: 16. August, Seite 3;*

reisen, ihr Kurs wurde gestrichen. Auch neu: Erstmals gibt's nach der 10. Klasse am Gymnasium Zwischenprüfungen. In allen Hauptfächern, schriftlich und mündlich, je eine Woche. Wer nicht besteht, kann aber die Klasse wiederholen."

Bezüglich der immer häufigeren Schließungen von Schulen in Dänemark wie in Deutschland kann wohl kein Zweifel darüber bestehen, dass derartige Umwälzungen (Zusammenlegen) bestehender Schul- und Dorfatmosphären (allmähliche Entfernung der Kinder) wohl nicht zwecks Verbesserung der psychischen wie physischen Schulgegebenheiten, sondern vorrangig aus Sparerwägungen vorgenommen werden. Außer den bereits angeführten bedenklichen Nachteilen kommt noch hinzu, dass wegen bedeutend längerer Schulwege noch mehr der verfügbaren Freizeit der Schüler eingebüßt und der tägliche Familienkontakt (Nestwärme, vertraute Geborgenheit) in Mitleidenschaft gezogen wird. Derartig einschneidende Veränderungen wären wohl kaum kurz vor einer Wahl beschlossen worden. Da würde es ja ohne Zögern um Versprechungen hinsichtlich Verbesserungen der Lern- und Lebensbedingungen der jungen Generation gehen, wie man das schon oft gehört hat!

Kommen wir zu der immer mehr belastenden (nicht selten sogar stressenden) Lehrersituation an den kommunalen Schulen. Da wäre zunächst einmal mit Bekümmerung zu erwähnen, dass der Lehrerstand im Laufe der letzten Jahre deutlich an Ansehen in der Gesellschaft verloren hat, wobei die Veröffentlichung der Untersuchungen europäischer Schul- und Leistungssituationen (PISA-Studie) keineswegs zur Wiedererlangung eines geschätzteren Rufes beigetragen hat. Mehrere Politiker und die zuständigen Behörden hatten umgehend die Schuldigen ausgemacht und angeprangert, die Lehrer natürlich! Aber der aufgeschreckten und beunruhigten Bevölkerung mussten von höchster Instanz aus umgehend Eingriffe gegen Gleichgültigkeit, Nachlässigkeit, Inkonsequenz und mangelndes wie phantasieloses Engagement des Lehrerstabes zugesichert werden. Übliche Versprechungen? Dabei ist dieser Beschluss zu notwendigen Veränderungen in der Schule an der verkehrten Stelle angesetzt. Keiner der Lehrerkollegen wird bestreiten, dass die Anzahl der Krankmeldungen in den letzten Jahren auffallend zugenommen hat. Aber warum? Nicht mangelndes Pflichtbewusstsein oder Gleichgültigkeit waren die Ursachen! Auch der Vorwurf unzureichender Qualifikation oder nicht wahrgenommener Weiterbildungsangebote kann so verallgemeinernd, wie es in öffentlichen Anklagen ausposaunt worden war, unter keinen Umständen weiterhin gemacht werden. Vorgeschriebene Mehrarbeit bei gleichem Gehalt, differenzierter Unterricht, um „die begabten Schüler zu fordern und die schwächeren zu fördern", dies aber bei wachsender Anzahl von Schülern in der Klasse, bei zunehmenden Konzentrations- und Lernschwierigkeiten sowie psychischen Problemen bei vielen Schülern, bei häufigeren Fällen von Gewalt unter den Schülern wie auch gegenüber Lehrern (die dramatischsten Ereignisse dürften aus Presse und Fernsehen hinreichend bekannt sein), das ist die barsche Realität, in der die Unterrichtenden heute ihren Dienst versehen müssen. Wie lange können noch so widerstandsfähige und ausdauernde Lehrerinnen und Lehrer derartigen physischen wie psychischen Belastungen standhalten? Sehr lange hat die verbreitete Auffassung vorgeherrscht, der Lehrerberuf gehöre zu den angenehmeren Jobs: kein schlechter Lohn (was noch zu diskutieren wäre), viele Ferientage im Jahr, gute Möglichkeiten zur Weiterbildung (wird ebenfalls immer mehr reduziert, da oft keine Ersatzkräfte verfügbar sind oder weggespart werden) und andere angenehme Vorteile wie gesicherter Arbeitsplatz, geregelte Arbeitszeit u.a. Auch mit dieser völlig abzulehnenden Einschätzung sollte endlich aufgehört werden. Die durchschnittlich 29 wöchentlichen Arbeitsstunden vermitteln einen irreführenden Eindruck! Wenn nämlich die im Unterrichtsschema vorgeschriebenen Unterrichtsstunden überstanden sind, stehen oft am Nachmittag noch Lehrersitzungen oder Fachsitzungen mit Kollegen zwecks Planung von Unterrichtsprojekten oder Fächerintegrierung auf dem Plan. Damit nicht genug! Abends stehen manchmal Elterninformation und -konsultation an. Ist der offizielle Arbeitstag überstanden, wartet zu Hause eine Familie auf die Mutter, auf den Vater, die auch berechtigte Ansprüche stellt (Haushaltspflichten, Kinderkontakt und -fürsorge). Damit ist der Tagesplan noch lange nicht abgeschlossen. Der pflichtbewusste Lehrer steht jeden Tag gut vorbereitet vor der Klasse. Also werden oft die Abendstunden, wo andere Familien entspannt vor dem Fernsehapparat sitzen, zur Unterrichtsvorbereitung benutzt, was nicht immer ungestört verlaufen kann (Fragen der Kinder, Krankheitsfälle u.a.). Nun könnte man meinen, Unterrichtsvorbereitung sollte für den erfahrenen Lehrer Routinearbeit sein. Auch diese Annahme kann nur der Beurteilung Unkundiger entstammen, denn da sind erst einmal mehrere notwendige Überlegungen anzustellen: Welches gesellschaftsaktuelle, die Schüler interessierende Thema behandelt man in der nächsten Stunde? Welches Anschauungsmaterial wählt man? Wo bekommt man das Material her? Was ist zu dem gewählten Thema eventuell auch aus dem Internet zu holen? Wie präsentiert man das Thema (dabei immer mal an Abwechslung denken)? Wo, wann und wie die Vervielfältigung des Informations- und Anschauungsmaterials erledigen? Kann das Thema in mehrere Unterthemen aufgegliedert werden, die dann in von den Schülern gewählten Arbeitsgruppen behandelt werden? Ist in der Schule noch ein extra Gruppenraum verfügbar? Welche Apparate kann, soll man zur Präsentation des Materials verwenden: Videoapparat? Overheadprojektor? Filmvorführgerät? Lichtbildapparat? So weit die vorbereitenden Überlegungen. Dann geht es an den Schreibtisch oder an den Computer, um anregende, inspirierende Fragen und Aufgabenformulierungen zu schreiben. An anderen Abenden sitzt man mit der Korrektur von 25 Aufsätzen, Mathematik- oder anderen Schülerarbeiten. Wenn so eine Themenbearbeitung als Projekt oder fachintegrierte Aufgabe durchgeführt werden soll, folgen noch Absprachen mit den entsprechenden Kollegen, Veränderungen und Funktionsverteilung. Und all das lässt sich nicht einfach routinemäßig bewerkstelligen. Wenn das ganze Vorauspensum der Vorbereitung zufriedenstellend abgeschlossen ist, muss man vor dem Unterrichtsbeginn für die Bereitstellung der Geräte und des Materials im Klassenzimmer sorgen, was oft auch noch am Abend davor erledigt werden muss. Der hier kurz skizzierte Ablauf einer Unterrichtsvorbereitung gehört zum üblichen Alltag eines Lehrers. Was aber stellt man an, wenn man nach aller Vorarbeit in der Klasse mit Müdigkeit, Gleichgültigkeit, Spannungen oder mit anderen Problemen konfrontiert wird? – Motivieren, stimulieren heißen die „Zauberwörter". Das ist leichter gesagt als getan. Unter den 20 bis 25 Schülern finden sich immer einige erregte oder *apathische*[12], hyperaktiv-dynamische oder *introvertierte*[13] junge Menschen, die nicht so ohne weiteres zu beruhigen oder zu aktivieren sind. Auf den beunruhigenden Medikamentkonsum vieler Schüler ist bereits hingewiesen worden (siehe Seite 58). Auf verbreitete aktuelle psychische Probleme bei vielen Jugendlichen komme ich später ausführlicher zu sprechen. Da wird von den Unterrichtsministerien mehr Disziplin in den Klassen gefordert, gleichzeitig „soll die Volksschule danach trachten, solche Rahmen

---

[12] *Siehe alphabetisches Verzeichnis der Fachausdrücke im Anhang;*
[13] *Siehe alphabetisches Verzeichnis der Fachausdrücke im Anhang;*

für Erleben, Schaffensdrang und Vertiefung zu schaffen, dass die Schüler Erkenntnis, Phantasie und Lust zum Lernen entwickeln und somit Vertrauen in eigene Möglichkeiten und eine Grundlage erlangen, um Stellung zu nehmen und zu handeln".[14] „Menschenschule oder Lehranstalt" überschreibt der Vorsitzende der dänischen Lehrergewerkschaft seinen Artikel zur derzeit aktuellen Diskussion über erforderliche Änderungen an den Schulen und dies vermutlich als Gegenpol zu den energischen Forderungen der Unterrichtsministerin nach mehr fachlicher Gründlichkeit (der Wissensstand der Schüler soll gehoben werden) und mehr Disziplin. In erwähntem Artikel meint der Vorsitzende: „Die Schule soll den Kindern Wissen und Kompetenzen vermitteln. Die Schule kann vieles ermöglichen, aber man soll aufpassen, dass die Schule nicht zu viele Aufgaben bekommt ... Die dänische Volksschule kann – und soll – viele Aufgaben lösen, aber wenn die Schule Zeit haben soll, den Schülern soziale und fachliche Fertigkeiten beizubringen, kann die Schule auch zu viele Aufgaben haben ... Plötzlich ist der Ausgangspunkt nicht mehr die Entwicklung des einzelnen Kindes – hingegen dreht es sich um Testergebnisse und unbeholfene Zielsetzungen. Die Folge davon wird eine ganz andere Schule sein ...".[15]

Und vergessen wir bei all den aufgezählten Belastungen nicht die Angst vor gewaltsamen Übergriffen seitens ihrer Schüler, die keineswegs als Einzelfälle erachtet werden sollte, auch wenn sie natürlich vor der Umwelt unterdrückt wird.[16]

„Eine ‚ohnmächtige Angst' unter seinen Kollegen registriert Studiendirektor N. N., Präsident des deutschen Lehrerverbandes ... Der stellvertretende Leiter N. N. der Hagener Fritz-Steinhoff-Gesamtschule sieht sich und seinen Berufsstand seit dem 26. April in einer Sackgasse: ‚Wie soll ein Lehrer in Zukunft einem Schüler sagen, dass er nicht zum Abitur zugelassen wird?'... und der Leiter N. N. der Hauptschule Immenstadt-West in Dortmund weiß, dass ‚viele Kollegen richtig Angst haben'."[17] Alle Bemühungen, eine Statistik über diejenigen Lehrkräfte zu erstellen, die sich über längere Zeit in psy-

---

[14] *§1, Stck. 2 des dänischen Schulgesetzes; siehe hierzu Seite 68;*

[15] *Morgenavisen Jyllandsposten, 18. September 2003, Seite 5;*

[16] *Im Zusammenhang mit dem Buch ausgeteilte Fragebögen an Lehrer in Dänemark und Deutschland bestätigen das;*

[17] *Focus, 6. Mai 2002, Seite 22;*

chologischer oder psychiatrischer Behandlung befanden und befinden, führten bedauerlicherweise zu keinen brauchbaren Informationen, da dies sehr persönliche Belange berührt. Wer weiß, welches Bild sich dann vom Arbeitsmilieu an den Schulen ergeben würde?

Andere psychische Belastungen mancher Lehrer können die Isolierung im Lehrerzimmer oder rivalisierende Kontroversen mit der Schulleitung sein. Diese meist im Verborgenen erduldeten Schwierigkeiten sind nicht selten die Ursachen zu *psychosomatischen*[18] Leiden und führen dann nach gewisser Zeit zu Krankmeldungen (ich habe selber sieben solcher Fälle bei Kollegen erlebt). Auch Haltungs- wie Meinungsgegensätze zwischen älteren und jüngeren Lehrern wirken an nicht wenigen Schulen als ungünstiger Einfluss auf die alltägliche Arbeitsatmosphäre. In den meisten Fällen schwelender Unstimmigkeiten zwischen Kollegen wie markanter Gegensätze zur Schulleitung scheint man sich aus Furcht vor eventuellen dienstlichen Konsequenzen (Versetzung, vorübergehende Suspendierung vom Dienst oder gar Entlassung aus dem Dienst, Letzteres häufig mit der Begründung: Schwierigkeiten in der Zusammenarbeit) schließlich zu beugen. Bei der vorliegenden bedenklichen Arbeitslosenstatistik muss verständlicherweise jeder um seine Existenzsicherheit bangen. Daher werden in Fällen der zuletzt angeführten Schwierigkeiten im Lehreralltag selten öffentliche Klagen geführt, wobei auch noch die „verpflichtende kollegiale Haltung" hinsichtlich des Schulimages eine wesentliche Rolle spielt. Aus der Fachzeitschrift des dänischen Lehrerverbandes sind mir mehrere Fälle von geplanten und auch vollzogenen Versetzungen und Entlassungen bekannt, die jedoch aus Gründen der Diskretion und auf Rücksicht der betroffenen Kollegen hier nicht beschrieben werden konnten. Es war mir auch nicht möglich gewesen, mit den betreffenden Lehrern in persönlichen Kontakt zu kommen. Als recht irritierendes Moment in der Zusammenarbeit mit Kollegen erweist sich des Öfteren die Tatsache, dass es auch „smarte" Lehrkräfte gibt, die es verstehen, auf diplomatisch-freundliche Art „großen Anstrengungen" auszuweichen, indem sie ideenreichen und engagierten Kollegen mit anerkennender Bewunderung entgegenkommen, dabei aber die Lasten den Bewunderten überlassen und sich abwartend im Hintergrund halten oder unsichtbar machen. Bei solchen Lehrern habe ich erlebt, dass sie z.B. bei der Unterrichtsvorbereitung nicht sehr viel Mühe und

---

[18] *Siehe alphabetisches Verzeichnis der Fachausdrücke im Anhang;*

Neudenken (jede Klasse ist ja irgendwie anders) investierten, indem sie Jahr für Jahr stets den einmal ausgearbeiteten Unterrichtsstoff wieder verwendeten. Mehrere Male habe ich bei einem solchen Fall erlebt, dass mir einige ihrer Schüler, die ich privat im Musikunterricht hatte, erzählten: „Du, im Augenblick nehmen wir bei der in Dänisch etwas durch, das kenne ich schon von meinem großen Bruder. Die hat im letzten Jahr genau dasselbe behandelt – die gleichen Texte, die gleichen Bilder, die gleichen Fragen und die gleichen Aufgaben." Wenn man dann von so einer Kollegin eine Kritik bezüglich Unterrichtsvorbereitung hinnehmen soll, kann das schon sehr befremdend wirken. Ja, wie heißt es doch so schön: Reden ist Silber, Schweigen ist Gold. Wie lange aber soll man sich solche Kritiken anhören?

Kommen wir zu einem weiteren heiklen Thema: Pädophilie! Ich hatte einmal an einer Internatsschule einen sehr begabten, höflichen, aber etwas zurückhaltenden Schüler in den Fächern Deutsch, Kunsterziehung und Sozialkunde. Nach kurzer Zeit hatte er ein aufrichtiges Zutrauen zu mir gewonnen und meldete sich auch sofort freiwillig, als ich nach jungen Mitarbeitern suchte für die Redaktion einer von Schülern der Gemeinschaftskundeklasse herauszugebenden Zeitschrift. Da viele der an dieser Schule untergebrachten jungen Menschen im Alter von 14 bis 17 Jahren (die meisten aus Kopenhagen und der Großstadtumgebung) mit den verschiedensten Problemen aus früherer Zeit belastet waren (Jugendkriminalität, Stoffmissbrauch, aus früherer Schule verwiesen, Gewalttätigkeit, Lese- und Schreibschwierigkeiten), wollte ich deren Kreativität, Neugier und Lust zum Lernen durch ihnen bis dahin ungewohnte Erlebnisse stimulieren. Ihrer Zeitschrift gaben die „jungen Journalisten" den Titel „Stimme des Volkes". Nach einem Besuch der Redaktionsmitglieder bei ihren professionellen „Kollegen" in der Redaktion der lokalen Tageszeitung *Lolland-Falsters Folketidende* wurden Vorbereitung der Texte, Organisieren von Annoncen bei lokalen Betrieben und Geschäften, Layout und Verkauf dieser Schülerzeitschrift ganz und gar in selbstständiger Regie der Schüler geleistet. Nachdem wir uns im Kunstunterricht vor dem aktiven Zeichnen und Malen mit den Begriffen Proportion und Perspektive beschäftigt und Zeichnungen, Stiche und Gemälde von Rembrandt, Leonardo da Vinci und Dürer eingehend betrachtet hatten, ging es erst ans Zeichnen und dann ans Malen. Nach recht begabten Zeichnungen von Körperteilen und Landschaften fuhr die Klasse nach Kopenhagen ins Thorvaldsen-Museum (Kunstmuseum), um dort die Skulpturen der drei Grazien zu zeichnen. In

Verbindung mit der Behandlung der dänischen politischen Parteien planten wir eine Fahrt nach Kopenhagen, um den Schülern im Bundestag einen lebendigen Eindruck vom politischen Leben zu vermitteln. Den Höhepunkt unserer ungewohnten Ausflüge erlebten wir dann mit der Vorstellung von Mozarts Oper „Die Zauberflöte" in der Königlichen Oper in Kopenhagen. An all diesen Projekten hatte der eingangs erwähnte höfliche und zurückhaltende Schüler mit zunehmender Begeisterung und lebendigem Interesse teilgenommen. Da er alle die neuen Eindrücke natürlich am Wochenende zu Hause der Mutter erzählte, schien diese zu meinem Erstaunen ganz und gar nicht von allen unseren Unternehmungen angetan gewesen zu sein. Ganz im Gegenteil! Sie schrieb an den Schulleiter einen Brief, in dem sie ihre Angst dahin gehend zum Ausdruck brachte, dass so ein Lehrer nicht normal sein könne und dass sie hinter meinem pädagogischen Engagement pädophile Absichten vermutete. Anfangs beabsichtigte ich, mich gegen solche verunglimpfenden Verdächtigungen gerichtlich zur Wehr setzen zu wollen. Nach eingehender Besprechung mit dem Schulleiter, der alle Projekte voll und ganz befürwortet und unterstützt hatte, einigten wir uns dahin gehend, dass er es erst einmal mit einem vertraulichen Gespräch mit der besorgten Mutter versuchen wollte, um sie von der Einstellung und den eigentlichen Absichten des angeklagten Lehrers mit dessen Inspirationen zu überzeugen. Zu einem aussöhnenden Gespräch zu dritt kam es leider nicht mehr, da der Junge zu dessen wehmutsvollem Bedauern kurz darauf von der Mutter aus der Schule genommen worden war. Ungeachtet aller Zufriedenheit und Freude, die ich mit den nach kurzer Zeit in ihren Interessen, ihrem Auftreten und ihrem arbeitsfreudigen Engagement deutlich veränderten jungen Menschen hatte erleben dürfen – und das war mir bereits Anerkennung genug gewesen –, hatte es mich einige Zeit gekostet, um über diese Verunglimpfung hinwegzukommen, wobei mir vor allem mein Bemühen geholfen hatte, mich vorurteilslos in die Lage und Furcht einer alleinerziehenden Mutter hineinversetzen zu wollen. Ich habe ihr verzeihen können! Später habe ich sie auch besser verstehen können, nachdem kurz danach in den Medien von mehreren solcher pädophilen Vergehen von Lehrern, Vereinstrainern, ja sogar von Ärzten und Psychologen berichtet worden war. Bei allem wohlwollenden Verständnis für besorgte Eltern werfen derartige Erfahrungen freilich eine beunruhigende Frage auf: Wie sollen die Lehrer denn nun unsichere, einsame, furchtsame, Geborgenheit suchende junge Menschen trösten, stützen, gefühlvoll mit ihnen umgehen, um ihnen

Vertrauen einzuflößen, wenn sie gleichzeitig auf gebührlichen Abstand bedacht sein müssen? Wird dieses vorsichtige Abstandhalten nämlich zu systematisch eingehalten, kann das wiederum bei manchen Schülern den verständlichen Verdacht wecken, der oder die mag mich nicht! Wenn ich heute an mein damaliges Erlebnis zurückdenke, weiß ich nicht, wie ich jene Situation durchstanden hätte ohne meine Kenntnisse und Erfahrungen aus einem neunsemestrigen Psychologiestudium. Aber man muss auch derartige Erschütterungen durchgemacht haben, um heute durchaus verstehen zu können, warum manch ein Kollege, vor allem weibliche, unter ähnlichen Verdächtigungen oder Anklagen psychisch völlig zusammenbrechen.

Auch die Frage, wie tolerant oder konsequent sich der (die) Lehrer(in) bezüglich der Integration von ausländischen Schülern (Flüchtlinge, Asylanten) verhalten sollte/muss, wenn diese sich durch Rituale oder Kleidung bewusst den Gepflogenheiten des „Gastgeberlandes", des neuen Heimatlandes (?) nicht anpassen wollen. Diesbezüglich unterschiedliche Einstellungen können unter Kollegen ebenfalls zu durchaus unbehaglicher Isolierung und nicht selten auch zu Diskriminierung führen. Was die Aufgabe der Integration angeht, kann man zur Zeit ja auch eine interessante Haltungsänderung feststellen. „Tempora mutantur et nos in illis" (lat.: Die Zeiten ändern sich und wir uns mit ihnen) war eine Redewendung im alten Rom. Sie scheint auch heute noch Geltung zu haben, vor allem, was die Auffassung von Toleranz betrifft, wenn es sich um die Einstellung zu den in unseren Ländern wohnenden, weilenden **Aus**ländern, vor allem zu vielen islamischen, handelt. Dabei hat auch der viel zitierte Begriff *multikulturell* an einstiger Aktualität verloren! In diesem Zusammenhang hörte ich einer in ihrer Dienstauffassung sehr pflichtbewussten und engagierten dänischen Lehrerin mit äußerst aufmerksamem Interesse zu, als sie mir von einem Vorfall aus einer ihrer Klassen berichtete. Zwei islamische Mädchen waren mit Kopftüchern in die Schule gekommen, die sie auch im Unterricht aufbehalten hatten. Nach einiger Zeit hatte sie die beiden Schülerinnen aufgefordert, die Kopftücher vor Unterrichtsbeginn abzunehmen – und dies vor allem auch deswegen, um sie vor hänselnden Bemerkungen (Mobbing!) ihrer dänischen Klassenkameraden zu bewahren. Nachdem mehrere Aufforderungen nichts bewirkt hatten, waren sie verboten worden. Das hatte eine dienstliche Vorladung zur Schulleitung zur Folge gehabt, in der sie mit den Klagen der Eltern (rassistische Einstellung) konfrontiert worden war. Derartige „Diskriminierungen" waren dem Ruf der Schule „natürlich" abträglich. Damals! Mittlerweile hat sich die Situation grundlegend geändert, wie das in Deutschland viel diskutierte Beispiel der islamischen Lehrerin Fereshta Ludin in Baden-Württemberg bestätigte. Was vor kurzem noch eine Frage der Toleranz gewesen war, ist nun nach Auffassung der Publizistin Alice Schwarzer eine „Machtprobe" (Spiegel-Ausgabe Nr. 26, 2003, Seite 88) geworden, die zuletzt vor dem deutschen Bundesgerichtshof entschieden werden sollte. Inzwischen hat die Gesetzgebung in einigen deutschen Bundesländern die „Machtprobe" beendet, wonach infolge des „strikten Neutralitätsgebotes des Staates" und „des demokratischen Grundprinzips der Trennung von Staat und Religion" das Tragen des Kopftuches nun verboten ist. Auch in Dänemark hat die frühere Innenministerin ein „Verbot religiöser Bekleidung unter Lehrern vorgeschlagen" (Berlingske Tidende, 20. Oktober 2003, 1. Sektion, Seite 5). Auch der Vorschlag eines gleichen Verbots im Hinblick auf Schüler ist bereits auf dem Tisch gewesen. Überraschenderweise vertrat sie in dieser Angelegenheit die Meinung: „... das Tragen von Kopftüchern unter Schülern sollte immer noch von der jeweiligen Schule entschieden werden." Ist das nun ein Rest labiler Toleranzpraktizierung oder die Konsequenz parteipolitischen Gerangels (unter den stimmberechtigten dänischen Wählern finden sich bereits zahlreiche Islam-Gläubige mit dänischer Staatsbürgerschaft, deren Stimme man sich sichern will)? Könnten sich eventuell nach einiger Zeit wegen verschiedenartiger Auslegung von Toleranz und Liberalismus daraus auch Divergenzen zwischen verschiedenen Schulen ergeben, z.B., wenn islamische Schüler bestimmte Schulen verlassen und andere vorziehen? Nicht unbedeutend könnte dabei sein, dass gemiedene Schulen einen Schülerverlust zu verzeichnen hätten, was letzten Endes aus ökonomischen Gründen einen spürbaren Einfluss auf Finanzbewilligungen und Lehrerstellungen (Quotientverteilung) nehmen würde!

Eine andere, Verwirrung auslösende Situation hatte sich in den Schulen Deutschlands und Dänemarks durch gesetzlich vorgeschriebene Sprachreformen ergeben. Die in Deutschland eingeführte neue Rechtschreibeordnung führte nach sehr erhitzten Debatten dazu, dass schließlich einige Bundesländer sie eingeführt, andere sie abgelehnt haben. In Dänemark handelte es sich um eine Neuregelung der Kommasetzung, die mittlerweile wieder zurückgenommen worden ist!

Ehe ich das Thema Lehrerprobleme abschließe, will ich noch kurz auf eine letzte komplizierte Unterrichtssituation eingehen. Ich denke hierbei an die Verpflichtung zur Aufrichtigkeit und das vor allem in Verbindung mit Meinungsäußerungen. Ich werde es anhand von erlebten Unterrichtsstunden erläutern:

Gemeinschaftskundeunterricht (Sozialkunde): Anlässlich der Behandlung einiger Paragraphen aus dem Grundgesetz stehen die Begriffe *Menschenwürde, Respekt* und *Toleranz* zur Diskussion. Dabei fragt mich dann ein Schüler sehr dynamisch: „Meinst du wirklich, ich soll auch einen Pfarrer respektieren, wenn der in der Konfirmandenstunde solche Märchen erzählt, dass die Maria den Jesus auf so eine unglaubliche Art geboren hat? Die hat doch noch ein paar andere Kinder auf die Welt gebracht. Und dann soll der Jesus in den Himmel gefahren sein! Das ist doch alles unlogisch! Glaubst du an so was?" – Für mich lag die Schwierigkeit darin, dass der Schüler von mir nicht eine Auslegung (symbolisch) hören wollte, sondern meine Einstellung, also ob ich Gesagtes glaube. Was soll man antworten, wenn man nun von diesen Glaubensbotschaften nichts hält? Lässt man das durchblicken, kann man sich die Kritik einhandeln, die jungen Menschen zu manipulieren. Hätte ich wirklich einer atheistischen Einstellung gehuldigt und dies in einer Sozialkundestunde – nicht in einer Religionsstunde – offen kundgetan, es wäre auf jeden Fall keine Abweichung von zielsetzenden ministeriellen Anweisungen für das betreffende Fach gewesen, obwohl es an einer Schule geschieht, die der Wahrung christlicher Werte und Traditionen verpflichtet ist.

Eine andere Frage: „Hast du gestern in den Fernsehnachrichten gesehen, da haben ein paar Sozialdemokraten bei der Wahlfinanzierung Unterschlagung von Spendengeldern gemacht. Die haben die gar nicht richtig verbucht und einfach für sich behalten. Findest du nicht, da sind zu viele korrupte Politiker an der Macht?" Was antwortet man auf so eine, eigentlich verständliche und durchaus berechtigte Frage, wenn man selber der gleichen Auffassung ist? Ein Kollege in Deutschland hat mir ein gleiches Dilemma aus seiner Stunde erzählt. Er habe seinen Schülern auf diese Frage geantwortet: Mit dem Wahlrecht habe jeder Bürger eine Möglichkeit, seinen Einfluss geltend zu machen. Wer von euch noch nicht wählen dürfe, könne ja zu Hause die Eltern davon überzeugen, dass es eine gute Reaktion wäre, der Wahl fernzubleiben. Wenn dabei nur eine ganz geringe Wahlbeteiligung herauskäme, wäre das eine eindrucksvolle Misstrauensbekundung. Einer der Eltern habe sich bei der Schulleitung darüber beschwert, dass die Schüler politisch manipuliert würden, was für ihn eine dienstliche Zurechtweisung zur Folge hatte. Man muss sich als Lehrer fragen, was unter Meinungsäußerungsfreiheit zu verstehen sei. Alle diese Komplikationen sollte man genauer durchdenken, bevor man sich erdreistet, über den Lehrerstand ein generell abwertendes Urteil zu fällen.

Damit soll nicht gesagt sein, dass es unter den Lehrern nicht auch ungeeignete Lehrer gibt, weil einige ungenügend qualifiziert sind oder anderweitig der anstrengenden und Verantwortungsbewusstsein fordernden Unterrichtsaufgabe nicht gewachsen sind. Zu dieser Kategorie abzulehnender Kollegen wären einmal diejenigen zu zählen, die in ihrem Auftreten ausnahmslos rechthaberisch-autoritär sind und selber keine Kritik vertragen können (siehe hierzu: Einfluss des Lehrerverhaltens auf die Schüler; Seite 18 ff.); dann jene, die den Lehrerberuf einzig als eine willkommene Verdienstmöglichkeit in einem halbwegs gesicherten Anstellungsverhältnis mit vorauszuberechnender Altersversorgung betrachten. Lehrer, die sich unzulässige moralische Entgleisungen haben zu Schulden kommen lassen (Veruntreuung, Stoffmisbrauch, Sexschikane, Pädophilie, Unzuverlässigkeit im Dienst u.a.) wie auch der ausgesprochen narzisstische Typus brauchen wohl nicht extra erwähnt zu werden. Ohne Zweifel kommen die hier erwähnten Charaktere im Lehrerzimmer vor und tragen manchmal dazu bei, einen ganzen Berufsstand in Verruf zu bringen, aber sie machen doch eine Minderheit aus.

Um sich den bei Durchführung angekündigter Sparmaßnahmen im Schulbereich noch verschlimmernden Arbeitsbedingungen zu entziehen, hatten in Dänemark junge Lehrer bereits vor zwei Jahren ein Alarmsignal gesendet: „Junge Lehrer flüchten von der Schule" lautete die in unübersehbar großen Buchstaben hervorgehobene Schreckensbotschaft in der Überschrift der Presse: „Das miserable Arbeitsmilieu in den Volksschulen des Landes ist schuld daran, wenn Lehrer ihren Job verlassen. Das erwies eine ganz neue Untersuchung der Gemeinde Aarhus (Dänemark), die versucht hatte, klarzulegen, weshalb vor allem die jungen Lehrer die Volksschule verlassen. An oberster Stelle auf der Ursachenliste steht Arbeitsdruck. Die vielen Sitzungen und alles andere, was nichts mit Unterricht zu tun hat, bewirkt, dass die jungen Lehrer keine Lust mehr haben. Die Untersuchung der Lehrervereinigung und der Schulverwaltung in Aarhus legt offen, dass auffallend mehr junge als ältere Lehrer ihre Stellungen aufgeben. Über die Hälfte der Lehrer, die im letzten Jahr den Dienst in der Volksschule verließen, waren unter 35 Jahren. Die frisch gebackenen Lehrer haben nämlich keine Lust, sich weiterhin mit widerspenstigen Schülern und Eltern herumzuschlagen – und das schon gar nicht bei unzureichendem Beistand seitens der Schulleitungen."[19]

Der zweite Vorsitzende N. N. der Lehrervereinigung in Aarhus: „Das ist problematisch, dass mehr junge Lehrer die Schule verlassen. Wir befinden uns in einer Situation, wo eine große Gruppe älterer Lehrer bald in Pension geht, weshalb es besonders wichtig ist, die jungen zu halten. Junge Lehrer sind heute weit beweglicher und haben es leichter, andere Arten der Beschäftigung zu finden. Und junge Lehrer finden sich nicht in gleiche Bedingungen wie ihre älteren Kollegen. Ist das Arbeitsmilieu an einer Schule zu schlecht, gehen sie, weil sie sich nicht in bestehende Verhältnisse finden wollen. Das muss auf der ganzen Linie verbessert werden.

Schon jetzt besteht ein Lehrermangel, der noch zunehmen wird. Soll diese Entwicklung gebremst werden, besteht die Lösung in besseren Arbeitsbedingungen für die Frischgebackenen. Es gibt zu viele Schulen, an denen man für die neuen Lehrer nicht genug getan hat."

Der Artikel schließt mit dem Abschnitt: <u>Brennpunkt Unterricht.</u>

„Die Untersuchung aus Aarhus kommt, nachdem die Fachzeitschrift *Folkeskolen*[20] veröffentlicht hatte, dass nach nur vier Jahren jeder fünfte Lehrer die Volksschule verlassen hatte. Und vor knapp einem Monat stellte die Gewerbeaufsicht fest, dass beinahe jede fünfte Schule derartig große Probleme mit dem psychischen Arbeitsmilieu hat, dass Verordnungen zwecks Verbesserung angekündigt sind."

Na, endlich geschieht etwas! Es war auch wirklich an der Zeit ... oder sind es erneut nur beruhigende Versprechungen?

Kaum anderthalb Jahre später kann man der Presse fassungslos entnehmen:[21]

<u>„Respekt durch Gequassel und Fingermalen ausgehöhlt.</u>

Die Situation in der dänischen Volksschule wiederholt sich täglich. Der Lehrer ist schon längst in die Klasse gekommen, um zu unterrichten, doch das stört die Schüler keineswegs. Die hören weiterhin laute Musik und erzählen gellend vom Fest letzten Freitag. Die Schüler senden keinerlei Zeichen der Bereitschaft zum Unterricht – ganz im Gegenteil.

---

[19] *BT, 20. Dezember 2001, Seite 2;*

[20] *Dänisch: Volksschule;*

[21] *BT, 16. März 2003 (ein Leserbrief);*

Prof. N. N. von Dänemarks Pädagogischer Universität nimmt in dem kürzlich herausgegebenen Buch zur Debatte *Herausforderung an die Schule* das Blatt vom Mund. Er weist darauf hin, dass Unruhe und lärmende Schüler eines der ernsthaftesten Probleme in der Volksschule unserer Tage ausmachen. Er führt außerdem an, dass die fehlende Disziplin in den Schulklassen bedenkliche Folgewirkungen für unsere Gesellschaft haben kann. Er sagt unter anderem: „Wenn die Kinder nicht von einem frühen Zeitpunkt an lernen, dass ihre Handlungen Konsequenzen haben, werden sie es auf dem Arbeitsmarkt schwer haben, wo es nicht in Ordnung ist, zu spät zu kommen und mit den Füßen auf dem Tisch dazusitzen und Zeichenserien zu lesen." Jeder Berufstätige, jeder Lehrer und Eltern werden dem Professor zustimmen. Aber wie ist Dänemark in diesem völlig unakzeptablen Schlamassel gelandet, wo wir in Bezug auf Unruhe in den Schulen in der letzten PISA-Untersuchung unter 32 europäischen Ländern verhängnisvoll an der Spitze lagen? Die Erklärung ist in der antiautoritären Einstellung zum Unterricht in der Volksschule zu finden, die in den letzten Jahrzehnten vorgeherrscht hatte. Das Wohlbefinden der Schulkinder durfte um nichts in der Welt beeinträchtigt werden. Im Kreis sitzend plaudern und Fingermalen haben das Lernen grundlegender Fertigkeiten abgelöst. Gleichzeitig ist die Autorität des Lehrers als Experte völlig untergraben worden. Damit büßte der dänische Lehrerstand den letzten Rest an Achtung ein. Und eines ist sicher: Die Missstände müssen geändert werden, und zwar jetzt!"

Wenngleich zitierte Lesermeinung nicht zu leugnende Fakten und Kritiken anführt, fühle ich mich objektiver Korrektheit wegen doch dazu verpflichtet, vor dieser verallgemeinernden Abwertung in Bausch und Bogen zu warnen. Es gilt unter allen Umständen, daran festzuhalten, dass es im dänischen Schulwesen sehr viele achtbare Kollegen gegeben hat und auch heute gibt, die sich seither entschieden gegen jenen pädagogischen Liberalismus gewehrt hatten. Dabei hatten sie immer auf der Hut sein müssen, durch ihre „extravagante" Haltung nicht isoliert oder mit dem Etikett *„unflexible, altmodische Typen"* abwertend behaftet zu werden. Der früher in Dänemark aus dem damaligen Zeitgeist heraus sehr beliebte und weit verbreitete Slogan *„Du sollst dir nicht einbilden, du seiest etwas Besonderes"*[22] (beinahe ein nationaler Prägungseffekt) hatte einen nicht geringen Einfluss auf das Verhalten des einzelnen

---

[22] *Siehe hierzu Anmerkung 4, Seite 16;*

144

Menschen, vor allem, wenn man beliebt sein und akzeptiert werden wollte! In diesem Zusammenhang muss auch einmal darauf hingewiesen werden, dass es vor allem die jüngeren Menschen (auch unter den Lehrern) waren, die jenem Lebensstil huldigten, sei es nun aus überzeugter Freude oder unter dem Einfluss des Gruppendrucks. Man wollte populär sein („in" sein), und an diesem Verlangen hatten bis vor kurzer Zeit doch noch viele Junglehrer festgehalten, wenn sie auch sehr bald die unseligen Folgen erkennen mussten und schließlich vor ihnen kapitulieren, indem sie den Lehrerberuf aufgeben.

Aus vielen, manchmal auch spektakulären Besprechungen mit Eltern wie aus den verschiedensten Lehrersitzungen bin ich im Laufe meiner Unterrichtsjahre zu einer wesentlichen Erkenntnis gelangt, was Expertenratschläge und einander korrigierende Anweisungen betrifft. Als ich feststellen musste, dass in zunehmendem Maße Konkurrenzgebaren und egozentrisches Jagen nach Anerkennung das menschliche Miteinander bestimmen, fragte ich mich immer häufiger, wie man zur Zeit noch entschieden für die in den Zielsetzungen der Schulgesetze hervorgehobenen menschlichen Werte (wie z.B. Erkenntnis, Wertbewusstsein, Phantasie, Lust zum Lernen, Mitverantwortung, Hilfsbereitschaft usw.) eintreten kann, wenn nicht zuletzt auch „die psychologische Atmosphäre dazu beigetragen hat, eine *egozentrische Lebenshaltung* zu entfalten – gerade auch beim Meinen und Wollen des ihr Entgegengesetzten –, der Mensch als dieses Subjekt wird zum Maß aller Dinge. Eine existentielle Relativierung ist die Folge der Verabsolutierung psychologischen Wissens als dem vermeintlichen Wissen vom eigentlichen Geschehen."[23]

Wenn man sich ab und zu ein wenig Zeit nimmt, aus verhaltener Zurückgezogenheit seine Umwelt aufmerksam zu beobachten, wird man bemerken, dass „die Tyrannei eines Wirtschaftssystems den Einzelnen geradezu zum egoistischen Denken und Handeln konditioniert. Unser Leben ist zu einem Laufsteg geworden, auf dem wir im Wettbewerb mit anderen die Ergebnisse unserer Arbeit am Selbst präsentieren. Sinn und Zweck dieser ‚Veranstaltung' ist es, ‚besser' als der Mitmensch zu sein, mehr Anerkennung, mehr Erfolg, mehr Wohlstand vorweisen zu können als dieser. Wir glauben, all dies sei unser freier Wille und Ausdruck unserer selbstverwirklichten Persönlichkeit – in Wirklichkeit aber sind wir nichts weiter als perfekt funktionierende Marionetten einer Gesellschaft, die uns in diesem Glauben bestärkt,

---

[23] *„Wesen und Kritik der Psychotherapie", Karl Jaspers; Seite 45;*

gleichzeitig aber dafür sorgt, dass wir die vorgegebenen Bahnen nicht verlassen."[24]

Nach allen zuvor kurz hervorgehobenen Schwierigkeiten und Problemen im Alltag eines Lehrers unter heutigen Arbeitsbedingungen gelangt man allmählich in sonst nicht so bewusste Spären, aus denen geradezu unentrinnbare Kräfte in unseren Alltag einwirken. Ich neige immer mehr zu der Überzeugung, dass an den bestehenden Missständen kaum viel zu ändern sein wird, wenn es nicht gelingen sollte, eine humanere, mehr der Gemeinschaft dienstbare Persönlichkeitsstruktur zu prägen, wozu freilich ganz andere Voraussetzungen erfüllt sein müssten, ehe eine berechtigt hoffnungsvolle Realisierung solch einer Zielsetzung ermöglicht werden könnte!

Es kann doch niemand mehr verwundern, weder Lehrer noch Eltern, noch die verantwortlichen Behörden und Politiker, wenn alle mit Erziehungs- und Ausbildungsaufgaben Beschäftigten es mit überraschend vielen Kindern und Jugendlichen zu tun haben, die ganz unbewusst wie ihre erwachsenen Bezugspersonen – Vorbilder – in selbstverständlicher, oft hemmungs- und schamloser Bequemlichkeit der Selbstrealisierung leben mit den nach deren Auffassung dazu gehörenden Berechtigungen, Besitz- und Konsumierungsansprüchen. Die meisten Schwierigkeiten, die sie uns Erziehungsberechtigten, Erziehungsbeauftragten und anderen für ihre Entwicklung Verantwortlichen heute bereiten, haben viele von uns unseren früheren, selbstverständlichen Lebensansprüchen und Lebensformen zuzuschreiben! **Mea culpa** (lateinisch: meine eigene Schuld) pflegten die Philosophen im alten Rom zu sagen ...

Der nun folgende Abschnitt beschäftigt sich mit den eigentlichen Hauptpersonen dieses Buches, mit den **Kindern,** vor allem im schulpflichtigen Alter und dabei mit besonderem Augenmerk auf deren psychische Probleme. Ich gehe davon aus, dass der interessierte Leser die vorausgeschickten Kapitel 2, 3, 4, 5 und 6 aufmerksam durchgegangen ist. Die dort in kurzer Zusammenfassung beschriebenen Prozesse bezüglich menschlicher Entwicklung wie auch tragischer Leiden in Fällen von unverzeihlichen Versäumnissen seitens der Verantwortlichen sind bei Elternsprechtagen in der Schule, bei der Berufsberatung, beim Arzt und natürlich auch in der Familie stets wiederkehrende Themen!

---

[24] *„Die Egoismus-Falle", Ursula Nuber; Seite 17;*

Um mich nicht allzu oft wiederholen zu müssen, komme ich hinsichtlich der in Kapitel 5 beschriebenen Entwicklungsvorgänge auf einen ganz wesentlichen Faktor zurück: Zeit! Es kann nicht oft und eindringlich genug betont werden, dass ein bestmöglicher Entwicklungsverlauf, auch unter ärmeren Umständen, vor allem Zeit für die jungen Seelen erfordert. Herzenswärme, Besinnlichkeit, Hingabe und Geduld scheinen in der konkurrenzgeprägten Hektik unserer Zeit, vor allem in den modernen Industriestaaten, Gefühlsduselei zu sein, die man sich nicht erlauben kann. Dabei wird auf das Familienmilieu kaum noch Rücksicht genommen! Man denke hierbei vor allem einmal an Alleinerzieher! Wie folgenschwer sich diese, offensichtlich akzeptierte Gesellschaftsmoral einst auswirken könnte, kann man aus einem Zeitungsartikel erahnen:[25]

„Immer mehr Kinder werden nur von einem Elternteil großgezogen" verkündet die Überschrift!

„Innerhalb von zwölf Jahren hat sich der Anteil der Kinder im Westen, die nur mit einem Elternteil leben, auf zehn Prozent verdoppelt. In den neuen Bundesländern hat sich dieser Anteil in nur zehn Jahren von sieben auf 20 Prozent sogar nahezu verdreifacht. Dies ist das Resultat einer Befragung des Jugendinstitutes aus dem Jahr 2000, die das Bundesfamilienministerium in Berlin vorlegte. Wie die Wissenschaftler herausfanden, sind Frauen in Deutschland mittlerweile im Durchschnitt 29 Jahre alt, wenn sie zum ersten Mal Mutter werden. Damit habe sich das Durchschnittsalter in den vergangenen Jahren stetig erhöht. Die Hauptursache dafür sei, dass sich die Menschen in Deutschland immer später fest an einen Partner binden."

Das gleiche Ergebnis zeitigen Untersuchungen aus Dänemark. Man kann sich fragen, ob eine Hauptursache zu dieser bedenklichen Entwicklung in ökonomischen Verhältnissen oder in der Eigenheit des modernen Narziss-Typs zu suchen ist.[26]

Dass heute viele Menschen nach wiederholten bitteren Enttäuschungen in einer Partnerschaft aus Angst vor weiteren „Niederlagen" vorrangig auf ihre Unabhängigkeit bedacht sind, kann man durchaus verstehen. Allerdings ist bei einigermaßen selbstkritischer Überlegung auch zu bedenken, ob bei der heutigen Freisinnigkeit (Sexualität) nicht viele intime Beziehungen aus der

---

[25] *Main-Echo, 23. Juli 2003, Seite 5;*
[26] *Siehe hierzu: Kap. 1, Kennzeichen des Narziss, Seite 16, 17;*

egozentrischen Begierde des Augenblicks heraus eingegangen werden. Tauchen dann nach einiger Zeit erste unakzeptable Neigungen beim Partner auf oder sie/er beeinträchtigt zu sehr die persönliche Freiheit des anderen, kehrt man zur früheren Unabhängigkeit zurück – deutlicher gesagt: Man hat bekommen, was man begehrte, jetzt will man für sich sein und fordert den anderen auf, die gemeinsame Wohnung zu verlassen, oder geht selber. An das Kind ist bei dieser Entscheidung selten gedacht worden. In mehreren Gesprächen mit alleinerziehenden Eltern meiner Schüler habe ich mir hin und wieder erlaubt, sie auf den nicht unwesentlichen Entwicklungsprozess der *Identifikation*[27] aufmerksam zu machen. Dabei ist die vertrauliche Nähe beider Eltern wünschenswert, da das Kind sich in vielen Situationen an den Eltern orientiert, will sagen, sie nachahmt und damit verschiedene Wesenszüge der vertrauten Erwachsenen übernimmt. Dieser Vorgang ist in den letzten zwei Jahren des Vorschulalters vor allem für die geschlechtsspezifische Persönlichkeitsprägung nicht unbedeutend. Viele alleinstehende Eltern haben mir immer wieder als Rechtfertigung ihres Trennungsbeschlusses erklärt, dass es eben aus Rücksicht auf das Kind geschah, um ihm weitere Belastungen (Alkoholproblem, Stoffmissbrauch, Gewalttätigkeit, Untreue u.a.) durch den Partner zu ersparen. Dagegen war kein Einwand vorzubringen, aber warum wurden diese Neigungen so spät erkannt? Wie heißt es doch so schön in einem Sprichwort: Drum prüfe, wer sich ewig bindet ...! Ohne Zweifel kann es in manchen dramatischen Partnerschaftsverhältnissen eine Erlösung für das gepeinigte und versäumte Kind sein, von derartigen Einwirkungen erlöst worden zu sein. Doch schon bald meldete sich für den Alleinerzieher ein neues Problem, das heute so oft klagend diskutiert wird: eben Mangel an Zeit!

Ein anderes Alarmsignal, dessen Ursachen natürlich zuerst im Familienbereich zu suchen sind, ist die falsche Ernährung! „Jedes fünfte Berliner Kind zu dick" informierte die Berliner Morgenpost ihre Leser mit großer Überschrift auf der Titelseite in ihrer Ausgabe vom 8. Juli 2003.

„Fast jedes fünfte Berliner Grundschulkind ist übergewichtig und fettleibig. Nach einer Untersuchung der Freien Universität Berlin sind 17,2 Prozent der Kinder davon betroffen. Die Studie ... zeigt zudem bedenkliche motorische Mängel bei einem Großteil der 400 untersuchten Kinder auf. Die Wis-

---

[27] *Vgl. hierzu Anmerkung 10, Seite 42;*

senschaftler konnten aber auch nachweisen, dass sich verstärkter Sportunterricht positiv auswirkt. Sie fordern deshalb mehr Sportstunden an den Berliner Schulen ... Untersucht wurden neun- bis zwölfjährige Kinder an fünf Grundschulen ... Ein Drittel der Neun- bis Zwölfjährigen, so das Ergebnis, konnte nur ausreichende Fitnesswerte erbringen. Bei 35,4 Prozent der Schüler wurden Haltungsauffälligkeiten festgestellt ... Die Lehrergewerkschaft GEW machte in diesem Zusammenhang darauf aufmerksam, dass es in Berlin an Nachwuchs ausgebildeter Sportlehrer mangelt ... Im Grundschulbereich würde Sport sogar überwiegend von fachfremden Lehrern erteilt." Diese Situation ist nicht nur für Berlin kennzeichnend. Ähnliche Zustände können auch aus Dänemark und anderen deutschen Regionen nachgewiesen werden. Kein Zweifel darüber, dass dieses rein physische Problem für die betroffenen Kinder nicht nur hemmend, sondern auch für die Gesundheit nicht zuträglich sein kann! Im Hinblick auf deren soziales Umfeld unter Kameraden ist es sehr oft der Anlass zu verhöhnenden Provokationen und anderen Formen von Mobbing. Nicht selten ziehen sich diese Schüler dann schamvoll zurück oder werden von den anderen direkt gemieden, ausgeschlossen. Minderwertigkeitsgefühle wie auch *Introvertiertheit* oder gar Angst können die Folgen sein. Denkt man nun an die alltägliche Unterrichtssituation, kommen auf die Lehrer außer den rein fachlichen Aufgaben auch noch „psychotherapeutische" Verpflichtungen zu! Wie viel Zeit bleibt dann eigentlich noch für effektive Lehr- und Lernprozesse, wenn es sich in einer Klasse von an die 25 oder noch mehr Schülern um mehrere solcher „Behinderten-Fälle" handelt?

In verschiedenen Gesprächen bezüglich des Themas „Übergewicht bei Schülern" mit Schulleitern, aber auch mit Kollegen ist mir hin und wieder die bezweifelnde Frage gestellt worden, ob ich nicht zu sehr übertreibe oder die ganze Sache zu schwarz sähe? Vor allem solche Erfahrungen bei all meinen Recherchen haben dazu geführt, dass ich mich mit meinen Ausführungen, wo es nur irgendwie möglich ist, auf authentische Quellen beziehe. Daher also zum Thema „Übergewichtige Kinder" noch einen Auszug aus der Presse, und zwar aus der Frankfurter Allgemeinen Zeitung[28]: Da ist das beunruhigende Problem ebenfalls bereits in der Überschrift angekündigt:

---

[28] *Frankfurter Allgemeine Zeitung, 6. Februar 2002, Nr. 31, Seite N 2; der Autor des Artikels ist Direktor der Universitätsklinik für Kinder und Jugendliche in Leipzig;*

„Immer mehr übergewichtige Kinder. Schwere Erkrankungen als Folge. Behandlung der Fettsucht oft unzulänglich." Die im Folgenden aufgezeigten Warnungen resultieren aus Untersuchungen der Wissenschaftler an der Universität Leipzig, die in Zusammenarbeit mit einem Netzwerk von über 200 Kinderärzten in Ostdeutschland durchgeführt worden sind. Danach leiden „rund 20 Prozent aller Kinder und Jugendlichen unter 18 Jahren an Übergewicht oder Fettleibigkeit *(in der Fachsprache unter dem Begriff **Adipositas** geläufig)*. Etwa vom zwölften Lebensjahr an bleibt eine solche Störung mit großer Wahrscheinlichkeit auch im Erwachsenenalter bestehen ... Das *Adipositas* ist umso hartnäckiger, je höher das Übergewicht ist und je stärker die Eltern davon betroffen sind. Von größter gesundheitspolitischer Bedeutung ist die Tatsache, dass das Ausmaß von Übergewicht und *Adipositas* bei Kindern und Jugendlichen stetig zunimmt." Es kommt noch beängstigender, denn weiter ist dann zu erfahren, dass „Fettsucht bei Kindern eine schwerwiegende Gesundheitsstörung ist. Das Ausmaß des Übergewichts ist ein Gradmesser für die Wahrscheinlichkeit, mit der sich Folgeerkrankungen einstellen werden. Kinder mit *Adipositas* haben ein geringeres Selbstbewusstsein. Außerdem verfallen sie leichter Drogen, vor allem Alkohol und Nikotin. Schwer übergewichtige Jugendliche sind häufig sozial isoliert und neigen sogar häufiger zu Selbstmord.[29] Von besonderer Bedeutung ist, dass übergewichtige Kinder und Jugendliche bereits durch Arteriosklerose und Bluthochdruck bedroht sind. Hormon- und Stoffwechselstörungen sind oft Vorboten der Zuckerkrankheit. Hinzu kommen orthopädische, vor allem chronische Rückenschmerzen, unter denen inzwischen in Deutschland sieben bis zehn Prozent der übergewichtigen Jugendlichen leiden. Es kommt vermehrt zu Atembeschwerden bis zum *Schlaf-Apnoe-Syndrom*[30] und – bei Mädchen – zum *polyzystischen Ovarsyndrom*[31], das mit Störungen der Fruchtbarkeit einhergeht. Parallel zum Anstieg von Übergewicht und *Adipositas* nehmen *affektive* (ein Stimmungszustand, der durch heftige Erregung gekennzeichnet ist und der durch Willen und Vernunft kaum oder überhaupt nicht zu steuern ist) Störungen, vor allem Depressionen, Angst und Essstörungen, stark zu. Dies zeigt, dass dem Übergewicht bei Kindern und Jugendlichen große psychosoziale und gesellschaftspolitische Bedeutung zukommt ... Bei den

---

[29] *Ich habe selber vier derartige Vorfälle unter meinen Schülern miterlebt;*
[30] *Siehe alphabetisches Verzeichnis der Fachausdrücke im Anhang;*

allermeisten Kindern gehen Übergewicht und *Adipositas* auf äußere und angeborene Faktoren zurück. Einerseits begünstigt Fehlernährung mit einem zu hohen Fettanteil, das typische ‚Snakken' zwischen den Mahlzeiten, die Entstehung von Fettdepots. Andererseits bedingt mangelnde Bewegung einen zu geringen Verbrauch von Kalorien." Abschließend hebt der Verfasser des Artikels noch hervor: „Die fehlende Wahrnehmung bei Politikern, Krankenkassen und Förderinstitutionen ist gefährlich, weil Übergewicht schwer rückgängig zu machen ist."

Beeindruckt von derartig erschreckenden Vorwarnungen, wage ich hier die Frage: Hat der Verfasser des zitierten Artikels mit der Formulierung „Fehlende Wahrnehmung" bei u.a. „Förderinstitutionen" auch die Schulen gemeint? Würde das dann gar bedeuten, dass auch die Lehrer dazu angehalten werden sollten, „bedrohten" Kindern und Eltern eindringlich Arztbesuche zu empfehlen?

Immerhin gibt es bereits mehrere Schulen in Deutschland und in Dänemark, die auf das Problem der ungesunden Ernährung schon vor einiger Zeit aufmerksam geworden sind und dagegen etwas unternommen haben. Als nämlich eine zunehmende Anzahl von Schülern von zu Hause entweder überhaupt keine Esspakete mitbrachte oder wenn, dann die Gesundheit keineswegs fördernde Schnitten verzehrte, war man dazu übergegangen, Kantinen mit gesunden Nahrungsmitteln einzurichten.

In Verlängerung der Informationen über ungesundes Essverhalten und Essstörungen noch zwei besondere Beispiele unnormaler Essgewohnheiten: „Immer mehr ganz junge Mädchen bekommen *Anorexie*.[32] Heute sind 9- bis 10-jährige Mädchen mit *Bulimie*[33] nicht länger eine Besonderheit ..."[34]

In dem Artikel wird die zunehmende Anzahl junger Menschen mit Essstörungen hervorgehoben, wozu norwegische Experten erklären, dass sie nun schon Mädchen im Alter von sechs Jahren in Behandlung bekommen. In diesem Zusammenhang wird auch auf eine australische Untersuchung hingewiesen, dass auch dort Kinder schon im Alter von acht bis zwölf Jahren wegen Essstörungen behandelt werden müssen. Die Psychologin N. N. meldet

---

[31] *Siehe alphabetisches Verzeichnis der Fachausdrücke im Anhang;*
[32] *Siehe alphabetisches Verzeichnis der Fachausdrücke im Anhang;*
[33] *Siehe alphabetisches Verzeichnis der Fachausdrücke im Anhang;*
[34] *B.T., 31. August 2003; in der Beilage „Kun for kvinder" (nur für Frauen), Seite 3;*

ihre Bedenken an: „Ich frage mich, ob Eltern wissen, was eine normale Ernährung ist. Wenn eine Zehnjährige anlässlich eines Kindergeburtstages anstatt um Kuchen um einen Apfel bittet, ist das ein Signal, dass etwas nicht in Ordnung ist. Wir sehen heute bei Kindern ein erschreckendes Beanspruchtsein von Körper, Essen und Aussehen." Dänische Experten schätzen die Zahl der von *Anorexie* und *Bulimie* geplagten Menschen in Dänemark auf 50.000. Verwunderlich an dieser Feststellung ist, dass trotz beunruhigender Untersuchungsergebnisse laut Artikel nur an die 50 Betten in ganz wenigen Krankenhäusern zur Verfügung stehen!

Einmal abgesehen davon, was die jungen Menschen heute so alles in sich hineinstopfen oder ablehnen, ist auch die Art der Nahrungsaufnahme bemerkenswert. Auch auf sie scheinen sich die sie umgebenden Umweltsymptome Zeitmangel und Hektik aus der Umwelt der Erwachsenen übertragen zu haben! Zahlreiche Schüler essen häufig stehend, gehend und, wie man so schön sagt, von der Hand in den Mund. Ich habe bei meinen zahlreichen Besuchen verschiedener Schulen oft nach den Pausen in die Abfallkörbe gesehen und dort angebissene Brötchen, Schnitten und weggeworfene Reste anderer Nahrungsmittel gefunden. Und stehen oder gehen mehrere Schüler in Gruppen und essen wirklich alles auf, so geschieht das sehr oft unter engagierten Debatten mit vollem Mund. Es ist mir einige Male passiert, dass an und für sich nette Schüler in der Pause mit einer Frage zu mir gekommen waren, wobei sie gleichzeitig noch Essen im Mund hatten. Als ich ihnen dann sagte, dass ich gerne noch einen Augenblick warten würde, bis sie den Mund wieder geleert hätten, da ich sie nicht richtig verstehen könnte, musste ich mir plötzlich die Essensreste aus dem Gesicht wischen. Dabei habe ich nie eindeutig herausfinden können, ob ihre Frage „Kannst du mich jetzt besser verstehen?" als Spaß gemeint war oder ob es eine Art von irritierter Aggression war, weil meine Bemerkung als „typisch besserwissendes Herummäkeln" der Erwachsenen an den Schülern aufgefasst worden war. In solchen Augenblicken autoritär und zurechtweisend zu reagieren, das halte ich für wenig nützlich. Ich hatte es daher vorgezogen, diese Handlungsweise ihrer häufigen Hektik und Nervosität zugute zu halten, dabei jedoch nie versäumt, eine geeignete, ruhige Stimmung abzuwarten, um unter vier Augen vertraulich, ohne Anklagen über das Vorgefallene noch einmal zu sprechen. Fast immer hatte sich meine Zurückhaltung bezahlt gemacht, da ich eine Entschuldigung bekommen hatte, auf die ich nie bestanden hatte. Sie war aufrichtig bereuend aus dem Herzen gekommen. Manche ausfallende Entartung bei jungen Menschen ist meines Erachtens vor allem entweder Hektik und Nervosität, Verlegenheit, die spontan durch Clown-Gebaren abreagiert werden muss, Isolationsangst und nicht zuletzt auch mangelndem vertraulichen Kontakt in der Familie zu Hause zuzuschreiben.

Bezüglich Nervosität kann nicht umgangen werden, sich etwas eingehender mit der Unruhe des bekannten „Zappelphilipps" zu beschäftigen. Um zur Fachsprache zurückzukehren, haben wir es dabei mit dem so genannten *ADHS* (**A**ufmerksamkeits- und **H**yper**a**ktivitäts-**S**yndrom) zu tun. Laut eines Artikels im Wiener Kurier[35] „streiten sich die Wissenschaftler über die Hintergründe der Aufmerksamkeitsstörungen bei Kindern". Auch über eine genauere Angabe prozentualer Verbreitung ist nichts zu erfahren. Fachliche Schätzungen gehen von zwei bis 20 Prozent aus. „Ebenso umstritten ist der Auslöser dieser Störung. Für die einen steckt hinter *ADHS* ein vererbbarer Defekt im Gehirn, der zu einer Stoffwechselstörung führt. Dieser bewirkt eine fehlerhafte Informationsverarbeitung. Vertreter dieser Theorie plädieren für eine medikamentöse Therapie, zum Beispiel mit der umstrittenen Arznei *Ritalin* ... Andere Experten sehen Umweltfaktoren als Auslöser von *ADHS* im Vordergrund: ‚Dieses Phänomen ist Folge eines gesellschaftlichen Wandels', sagt der Darmstädter Pädagogikprofessor Manfred Gerspach. Eine wichtige Rolle spielten etwa Scheidungen, Leistungsdruck, mangelnde Bewegung sowie hoher TV-/Computerkonsum. ‚Bei 70 Prozent meiner Patienten führt ein verändertes Verhalten der Eltern und zum Teil auch der Lehrer zu massiven Verbesserungen', sagt auch der Familientherapeut Wolfgang Bergmann aus Hannover. *Ritalin* sei hingegen der schlechteste therapeutische Ansatz: ‚Damit fühlen sich die Kinder vier Stunden lang toll und danach wieder getrieben ...' Der Wiener Kinderpsychiater Uni.-Prof. Ernst Berger hält wenig von solchen Extrempositionen. ‚Es spielen sowohl biologische als auch Umweltfaktoren eine Rolle. Wir fordern daher eine differenzierte Diagnose im Einzelfall.' Nur so könne man entscheiden, ob dem jungen Patienten eher Medikamente, Psychotherapie oder Lerntraining helfen. Arzneien etwa seien sinnvoll, wenn die Störung in allen Lebensbereichen durchgängig auftrete."

Interessant sind abschließend einige fachliche Aufklärungen zu der Krankheit:

---

[35] *Wiener Kurier, 9. Januar 2003, Seite 13;*

„Symptome: Kinder mit Aufmerksamkeitsdefizit- und Hyperaktivitäts-syndrom (*ADHS*) sind leicht ablenkbar und wechseln häufig von einer Aufgabe zur anderen. Begonnene Tätigkeiten werden nicht abgeschlossen. Die Patienten leiden an großer Ruhelosigkeit, vor allem in Situationen, die Ruhe erfordern. Dies kann sich in Herumlaufen, Lärmen oder Zappeln äußern.

Verlauf: Die Störung beginnt meist in den ersten fünf Lebensjahren. Buben sind häufiger betroffen als Mädchen. Oft verschwindet die *ADHS* in der Pubertät von selbst.

Ritalin: Die Arznei ist ein *Amphetamin*-Verwandter und fällt unter das Betäubungsmittelgesetz. An sich wirkt *Ritalin* aufputschend, bei Kindern hingegen in niedrigen Dosen beruhigend. Bei schwerem chronischen Missbrauch kann die Arznei unter anderem *psychotische*[36] Beschwerden auslösen.“

Ein im Schulalltag immer wieder diskutiertes Problem, das in Gruppensituationen zunehmend Schwierigkeiten bereitet – und das vor allem in größeren Gruppen: Man spricht von *Mobbing!* In dem Kapitel über Gruppenpsychologie (siehe Seite 17 ff.) wurde u.a. erwähnt, dass Aussehen, Leistungsvermögen, Handicaps und soziale Herkunft einen nicht zu übersehenden Einfluss auf Gebaren und Selbstwertempfindung des einzelnen Gruppenmitglieds nehmen. Antrieb zu solchem Auftreten und Empfinden sind grundlegende Bedürfnisse (Triebe; siehe hierzu Maslows Bedürfnis-Pyramide, Seite 12) wie Geborgenheit, Anerkennung oder Selbstrealisierung. Wo diese Bedürfnisse nicht befriedigt werden können, werden oft Frustration, Neid, Missgunst, Minderwertigkeitsgefühle, Ablehnung oder Isolation die Folge sein. Um derartigen psychischen Belastungen schließlich entfliehen zu können, verfügt die menschliche Psyche über verschiedene Abwehrmechanismen, die meistens ganz automatisch in Funktion treten, in zuletzt genannten Fällen die so genannte *Kompensation* (Ersatz- oder Ausgleichshandlungen).[37] Wenn also ein junger Mensch z.B. mit guten schulischen Leistungen, einem korrekten Verhalten oder auch durch imponierende Kleidung keinen Eindruck bei den Mitschülern erreichen kann, also keine Bewunderung oder Anerkennung ern-

---

[36] *Siehe alphabetisches Verzeichnis der Fachausdrücke im Anhang;*
[37] *Siehe alphabetisches Verzeichnis der Fachausdrücke im Anhang;*

tet, wird er es auf andere Art versuchen. Da bieten sich dann z.b. mutiges Auftreten in Gefahrsituationen, Kraftdemonstrationen oder auch Verhinderung der Anerkennnung anderer durch herabwürdigende Behandlung des/der Bewunderten oder dessen/deren gewaltsame Unterdrückung an. In der Regel beginnt *Mobbing* von Mitschülern zunächst verbal. Der irritierende, beneidete „Rivale" wird verhöhnt, lächerlich gemacht. Erbringt solches Vorgehen noch keine Verbesserung der eigenen sozialen Stellung in der Gruppe, muss eben „härter durchgegriffen" werden. Verschaffen auch die ersten kräftigeren Schubser immer noch keinen Erfolg, wird ein Bein gestellt oder zum ersten gewaltigen Schlag ausgeholt, bis es zuletzt in wütende Schlägerei ausartet. In ganz dramatischen Fällen ist solches verzweifelte Ringen um Selbstbehauptung in affektartigen, besinnungslosen Racheakten, ja sogar in tödlichem Amoklauf geendet!

Das *Mobbing*-Problem ist nicht nur unter Schülern bekannt. Mittlerweile erfährt man auch, dass immer mehr Erwachsene ebenfalls darunter leiden.

„Der Tag, an dem sich Peter (37) auf dem Weg zur Arbeit übergeben musste, war der Tag, an dem er die Notbremse zog. Zu diesem Zeitpunkt litt der Lehrer bereits seit eineinhalb Jahren unter massiven Schlaf- und Konzentrationsstörungen, war nicht mehr in der Lage, selbst einfachste Dinge im Job zu erledigen, und hatte eine solche Angst davor, Fehler zu machen, ‚dass ich am laufenden Band welche produzierte'. Peter brauchte Hilfe – und fand sie in Deutschlands erster Klinik für *Mobbing*-Opfer in Saarbrücken.

Mobbing. Über 1,5 Millionen Menschen leiden darunter. 400 bis 600 im Jahr verzweifeln so sehr an den Schikanen, denen sie sich am Arbeitsplatz ausgesetzt fühlen, dass sie sich das Leben nehmen.

‚Vor fünf Jahren dachte ich noch, die suchen einen Dummen, dem sie die Schuld für ihre eigene Unfähigkeit geben können', erinnert sich Joseph Schwickerath (49), Leitender Psychologe der Klinik Berus. Doch die Zahl derer, die ähnliche Erlebnisse und Beschwerden schilderten, wurde immer größer. ‚Da habe ich begriffen, dass wir das Phänomen ernst nehmen müssen.' Inzwischen wurden 200 *Mobbing*-Opfer in Saarbrücken behandelt, die Kassen zahlen (auf dem Krankenschein steht etwa: Reaktive Depression bei Arbeitsplatzkonflikt) – drei von vier Patienten können danach wieder arbeiten. Auch Peter ist zurück im Job. ‚Ich fühle mich sicher wie schon lange nicht mehr', sagt der Mann, der sich damals unter einem neuen Vorgesetzten vorkam wie ein Totalversager. ‚In den Jahren zuvor gab es nie Probleme, dann wurde meine Qualifikation infrage gestellt.' Dauersticheleien, penetrantes Suchen nach Fehlern – ‚ständig fand ich mich in der Position des Angeklagten wieder'.

Mobbing ist längst definiert: ‚Es bedeutet, dass ein Mensch über einen Zeitraum von etwa einem halben Jahr persönlich angegriffen wird – durch Gerüchte, durch konsequentes Nicht-Grüßen oder auch durch Zuteilung niederer Arbeiten. Denn *Mobbing* hat immer nur ein einziges Ziel: Ausgrenzung', erklärt Schwickerath.“[38]

Was kann man dagegen tun?

„„Es gibt keinen hundertprozentigen Schutz gegen *Mobbing*', weiß Lothar Drat (48), Geschäftsführer vom Verein gegen psychosozialen Stress und *Mobbing* (VPSM) in Wiesbaden. Nur ein paar Faustregeln:

1. Nicht bei jedem Konflikt Mobbing unterstellen. – Lage sauber prüfen.
2. Freunden, Familie die Situation sauber schildern. Rat einholen.
3. Sich fragen: Was kann ich durch eigenes Verhalten ändern?
4. Hilfe bei Kontaktstellen mit medizinischen und juristischen Kompetenzen suchen.“[39]

Für Leser, die mit derartigen Konflikten zu kämpfen haben, hier einige Möglichkeiten, Rat einzuholen: www.VPSM.de – Sorgentelefon von DAG, AOK, KA: 040/20 23 0 09 (in Deutschland).

Ein kurzer Auszug aus: Über den Tod einer Schülerin und die Suche nach den Gründen[40]

Keine Skandalschlagzeilen aus der Schickeria-Halbwelt, keine Horrormeldung aus der politischen Aktualität. Es geht um das Schicksal einer Berliner Schülerin, um Ulrike, 15 Jahre jung, neunte Klasse Gymnasium. Gestorben nach dem Sprung aus dem Fenster ihres Zimmers im 15. Stock. Das Motiv: Ulrike war unglücklich über ihr Aussehen. Sie dachte, sie sei zu dick, nicht schön genug, und ihre Brille hat sie auch gestört. Ulrike hätte unsere Tochter sein können, hätte in der Nachbarschaft wohnen können. Ulrike ist das Opfer von Körperkult und Schönheitswahn, der unsere Gesellschaft fest im Griff hat. Selten war eine Epoche so aufs Äußere fixiert wie die unsere. Werbung

---

[38] *BILD am SONNTAG, 10. März 2002; Sektion Medizin; Seite 48;*

[39] *a.a.O., Seite 48;*

[40] *Bild am Sonntag, 29. Juni 2003; Seite 15 (unter Gedanken zum Sonntag; Verfasser: Peter Hahne);*

und Mode, Schönheitschirurgie und Fitness-Industrie preisen den perfekten Körper als lohnendes Ideal, als einziges Ideal. Marketing-Strategen haben längst unsere Kinder im Visier. Und wir Erwachsenen machen ihnen vor, was es heißt, unter der Diktatur der Äußerlichkeiten zu stehen. Spezielle Kosmetikserien für ganz junge Mädchen sind der letzte Schrei. Bereits bei den Kleinsten geht es um die großen Markennamen. Wessen Outfit nicht die „richtigen" Labels oder Logos trägt, ist arm dran und schnell out ...

Dem ehemaligen Star-Model Nadja Auermann sei erst durch ihre kleine Tochter bewusst geworden, was die wahren Werte im Leben seien, weshalb sie „aus diesem sehr oberflächlichen Leben ausgebrochen sei". Das war eine ihrer Bemerkungen in einem BamS-Interview. Bekannte von ihr hätten sich zusammengesetzt und dem Mode-Marken-Terror in der Schulklasse den Kampf angesagt. Anlässlich eines Elternabends in der Schule brachten sie das Thema zur Sprache, wobei sich herausstellte, dass fast alle Eltern die gleiche Einstellung hatten, nur hatte niemand den Mut, die Initiative zu ergreifen. Ja, „was soll man denn schon machen, wenn man von seinen Kindern dauernd zu hören bekommt, was die Mitschüler so alles haben, dürfen und denken". Von den Lehrern wurde das heikle Thema dann im Unterricht behandelt. Was versteht man unter *Persönlichkeit?* Eine sehr interessante Antwort kam von einem Schüler: „Persönlichkeit ist, was übrig bleibt, wenn man Ämter, Orden und Titel von einer Person abzieht."

Persönlichkeit entfaltet sich im menschlichen Miteinander, nicht im Wettkampf um Outfit und Aussehen. Aussehen ist kein Wertemaßstab für Ansehen. So viel aus den „Gedanken zum Sonntag".

Man braucht sich nicht einmal mit Philosophie oder Psychologie beschäftigt zu haben, um den hier dargelegten Appellen zur Besinnung auf und Verteidigung von übergeordneten Werten vorbehaltlos zustimmen zu können. Ich fürchte allerdings, dass dieses Wertbewusstsein auch weiterhin nur Philosophie in Worten bleiben muss, da die Wirklichkeit durch materialistisches Status-Repräsentieren bestimmt ist. Da ist gerade die BILD-Zeitung, das populäre Massenblatt (auch wenn darin hin und wieder Gedanken weckende Artikel zu finden sind), ein gutes Beispiel dafür, wie die Medien Geschmack, Bedarf und Lebensstil weiter Kreise in der Bevölkerung manipulieren, sie aufoktroyieren. Das Blatt könnte schon einen kleinen, aber wertvollen Beitrag zu eventuellen Änderungen oberflächlicher Wertmaßstäbe liefern, wenn es die Nacktfotos auf jeder Vorderseite, die Liebesaffären der Schauspieler und alle „guten Tipps" für sexuelle Variationen künftig weglassen würde. Ich habe aus der Presse ausgeschnittene Nacktfotos an den Wänden der Schülerzimmer in Internatsschulen wiedergefunden. Auf meine Frage, was daran interessant sei, bekam ich die Antwort: „Ja, da kannst du nicht mehr mit, Opa, aber die ist doch geil." Mir leuchtet schon ein, dass das nicht zu machen ist, weil dann ohne Zweifel der Umsatz und damit die Auflagenzahl merkbar fallen würde. An solchen Marktmechanismen ist doch deutlich abzulesen, was der „Massenmensch"[41] wirklich haben will und braucht, und die Volksschule ist nun einmal eine *Schule des Volkes!*

Wie mühsam und nicht selten sogar gefährlich es ist, gegen den verflachten Zeitgeist (und damit auch gegen das Problem *Mobbing*) anzugehen, zeigt sich schon darin, dass schon vor zwei Jahren die dänische Lehrervereinigung eindringlich nach einem *Mobbing*-Gesetz verlangt hatte. Nachfolgender Presseartikel dokumentiert dies (leider fehlten hierzu Datum und Seitenangabe)[42]:

Lehrer fordern *Mobbing*-Gesetz.

Dänemarks Lehrervereinigung und das staatliche Institut für Volksgesundheit fordern einen größeren Einsatz gegen *Mobbing*. *Mobbing* wird mit nicht einem einzigen Wort in dem neuen Gesetz bezüglich Unterrichtsmilieu genannt, das u.a. die psychischen Rahmen für die Schüler verbessern soll. Der Vorsitzende des pädagogischen Ausschusses der Lehrervereinigung Dänemarks, Jörgen Stampe: „*Mobbing* ist weiterhin ein großes Problem in den Volksschulen und man hätte der Sache weit besser gedient, indem man ein Arbeitsmilieugesetz für Kinder erlassen hätte. Das würde eine Instanz sichern, die bei Übertretungen der Bestimmungen bezüglich des psychischen Unterrichtsmilieus eingreifen könnte", sagt er zu Ritzau.

Auch in Deutschland war man sehr früh auf zunehmende Schwierigkeiten und Probleme im Schulmilieu aufmerksam geworden.

Alle Schüler sollen sich sicher fühlen[43]

Schüler in Döhren sollen freundlicher miteinander umgehen und außerdem Gebäude, Mobiliar und Unterrichtsmaterialien pfleglicher behandeln.

---

[41]*Der interessierte Leser sollte sich einmal eingehend mit Ortega y Gassets „Aufstand der Massen" auseinandersetzen! Siehe hierzu: Literaturverzeichnis im Anhang;*
[42] *(Fußnote fehlt)!!!!*
[43] *Schaumburger Nachrichten, 24. Juni 1999;*

Der Arbeitskreis Schulen im Präventionsrat Döhren-Wülfel hat dafür einen „Verhaltenskodex" erarbeitet, der mit kleinen Abwandlungen an allen neun Schulen des Bezirks im nächsten Schuljahr eingeführt werden soll.

Die einfachen Verhaltensregeln wie „An unserer Schule sollen sich alle sicher und wohl fühlen können. Dies bedeutet, dass keine Schülerin und kein Schüler andere beleidigen, bedrohen oder schlagen darf" sollen in kleinen Heftchen zusammengefasst werden. „Sie werden dann als ‚Vertrag' von Schülern, Eltern, Lehrern und der Schulleitung unterschrieben", erläutert Oberkommissar N. N., Beauftragter für Jugendsachen bei der Polizeiinspektion Süd.

Der „Vertrag" habe zwar keinerlei rechtlichen Charakter, aber er gehe über die eher anonyme Schulordnung hinaus, weil jedes Kind das Papier unterschreibe und mit nach Hause nehme. Dann könne auch jeder Schüler das Einhalten der Regeln durch den anderen einfordern, sagt die Vertrauenslehrerin der Bonhoeffer-Schule. Das fördere die Bereitschaft, statt den bequemen Weg des Wegsehens zu gehen, Verantwortung zu übernehmen und Mut zum Eingreifen zu zeigen.

„Wird gegen Regeln verstoßen, kann sofort darauf reagiert werden. Mit einer unmittelbaren Reaktion auf ein Fehlverhalten erreicht man mehr als mit offiziellen Strafen wie Tadeln, die erst in einem größeren zeitlichen Abstand erfolgen", unterstreicht die Lehrerin. Nach ihren Angaben soll in erster Linie über ein Fehlverhalten mit den Betroffenen gesprochen werden, um zu zeigen, welchen Schaden sie einem anderen oder einer Sache zugefügt haben. „Bisher stand immer die Strafe im Vordergrund. Sie löst aber keine Erkenntnis über das begangene Unrecht aus. Vielmehr kommt es dann zu dem Versuch, sich beim nächsten Mal nicht erwischen zu lassen", berichtet die Lehrerin.

Wenn bei Verstößen gegen den „Vertrag" Gespräche nichts bringen, soll auf eine persönliche Wiedergutmachung durch die Schüler gesetzt werden. Arbeitseinsätze in der Schule, die der Gemeinschaft dienen wie Aufräum- oder Putzarbeiten, werden erwogen. Das sei für den Betroffenen wesentlich weniger anonym, als einen Schadenersatz zu leisten, den womöglich die Haftpflichtversicherung zahle, erläutert die Vertrauenslehrerin weiter. Oberkommissar Volkmann hofft, dass das Döhrener Regelwerk so erfolgreich wird, dass es auch andere Schulen in Hannover übernehmen ...."

Wer einen gewissen Einblick in den Schulalltag hat, kann kaum Einwände gegen diese Initiative vorbringen. Nicht nur der gemeinsame Schutz der Einrichtungen und die Bewahrung einer behaglichen, alle respektierenden Atmosphäre in der Gemeinschaft ist beeindruckend an diesem „Vertragswerk", vor allem die im Grunde sokratische Herausforderung „Erkenn dich selbst!" muss besonders hervorgehoben werden. Imponierend ist auch, dass man nicht auf eine Gesetzgebung „von oben" wartete, sondern sich direkt am „Tatort" daranmachte, nicht länger zu akzeptierende Zustände durch entschlossenes Handeln und gegenseitiges Verpflichten wirkungsvoll zu ändern. Dabei sind freilich ein harmonisches, kollegiales Klima im Lehrerstab und eine gute Zusammenarbeit mit den Eltern und der Schulleitung eine unerlässliche Voraussetzung! Jede verfügbare Sozialarbeiterkraft ist in solch einem Projekt eine wesentliche Stütze, da viele der unter *Mobbing* leidenden Schüler in der Regel psychisch belastet sind. Wenn man dann aus der Presse vernimmt, dass gerade Sozialarbeiterstellen in einigen Regionen des Landes Brandenburg gestrichen werden sollen, bleibt einem die Sprache weg! Die Kollegen an der Bonhoeffer-Schule können, wenn sie über die Zukunftsaussichten im Dahme-Spree-Kreis lesen, über das Gelingen ihrer Aktion doppelt glücklich sein. Dort ist in einem von der Kreisverwaltung vorgelegten Notprogramm die Streichung aller Sozialarbeiterstellen an folgenden Institutionen vorgesehen: Allgemeine Förderschule Luckau, Gesamtschule Luckau, Allgemeine Förderschule Königs Wusterhausen (jeweils eine halbe Stelle), Allgemeine Förderschule Lübben, Gesamtschule mit gymnasialer Oberstufe „Johann Gottfried Herder", Königs Wusterhausen, Gesamtschule Schönefeld, Oberstufenzentrum Schönefeld und Gesamtschule Schulzendorf (jeweils eine Stelle). „Bereits während der Sommerpause sei über das mögliche Streichkonzert mit Schulleitern beziehungsweise -trägern diskutiert worden. Erklärt wurde auch, warum der Kreis gezwungen ist, Prioritäten zu setzen. Interessanterweise wurde die Meinung vertreten, dass ein Teil der bisher geleisteten Sozialarbeit an den betroffenen Schulen auch von Lehrern aufgefangen werden könne.[44] Kein Lehrerkollegium an besser gestellten Schulen wird diese Kollegen beneiden, ist doch der Lehrer heute von vornherein schon mit genügend anderen Extraaufgaben belastet.

Unter dem Eindruck der sich beängstigend verschlechternden Lage an zahlreichen Schulen wagten bei meinen Gesprächen mit Schulleitern allmählich

---

[44] *Märkische Allgemeine, 8. Oktober 2003, Dahme-Kurier, Seite 13;*

immer mehr, ganz offen und vorbehaltlos, ja verbittert über nahezu ausweglose Notstände zu berichten. Noch vor einem Jahr hatte man mir gegenüber eventuell anstehende Probleme meistens zwar angedeutet, jedoch (wahrscheinlich aus Furcht vor persönlichen Schwierigkeiten mit übergeordneten Dienststellen) umgehend darauf hingewiesen, dass man verschiedene Missstände schon in den Griff bekommen würde. Solche Vorsicht wird heute nicht mehr an den Tag gelegt! Als Beispiel seien hier Auszüge aus meinem Gespräch mit einem Schulleiter in Hessen wiedergegeben, dessen Name ich aus Gründen der Diskretion geändert habe:

Schulleiter „Schuffti": „Sie können sich gar nicht vorstellen, wie erleichtert man in meiner Lage einmal sein kann, bedenkenlos abladen zu können. Ich hatte schon oft Lust gehabt, den ganzen Kram hinzuschmeißen, weil man die Grenzen des Zumutbaren erreicht hat – und so geht es vielen meiner Kollegen. In all den Dienstjahren, die ich hinter mir habe, hatte ich keinen einzigen Tag, an dem ich mich krank melden musste. Mittlerweile kann man in meiner Abwesenheitsstatistik auch schon einige Tage registrieren. Kennen Sie das, wie das ist, wenn man Probleme nicht einfach nach Dienstschluss am Arbeitsplatz zurücklassen kann? Sie verfolgen einen auch in der dienstfreien Zeit, und bei mir hat sich das nun in Form von Schlaflosigkeit bemerkbar gemacht. Ich hätte nie geglaubt, dass ich bei meiner guten Kondition einmal auf Schlaftabletten angewiesen sein würde.

Ich bin von Ihrem umfangreichen Projekt sehr beeindruckt und frage mich, wie Sie die ganze Arbeit mit all den Fragebögen und Interviews überhaupt bewältigen. Ich hoffe sehr, dass Ihr Werk sehr bald herauskommt! Ich bin überzeugt, Sie sprechen mit Ihren vielen, erstaunlich gründlichen Untersuchungen und Dokumentationen den meisten Kollegen aus deren bedrückten Seelen.

Wissen Sie, seit Schulanfang diskutieren wir im Lehrerzimmer fast nur noch kritische Angelegenheiten wie Unterrichtschwänzen, Mobbing, Schülerkriminalität, Integrierung unserer ausländischen Schüler, Kooperationsprojekte mit dem Jugendamt, mit dem Schulpsychologen wegen psychischer

Probleme vieler Schüler und Zusammenarbeit mit der Poli-
zeidienststelle. Ja, ja, neuerdings hat man ja in Hessen – ich
glaube, auch bereits in anderen Bundesländern – einen Erlass
herausgegeben, wonach Schulschwänzer nun von der Polizei zu Hause abgeholt werden können. Wenn wir die Schüler
endlich wieder im Klassenzimmer haben, beginnt der Papier-
kram. Ach, wissen Sie, oft hängt einem das alles zum Halse
raus: polizeiliches Protokoll, Information der Schulbehörde
und natürlich der Eltern, alles muss durch Unterschriften ab-
gesichert sein. Dann kommt die Vorladung der betroffenen
Schüler und deren Eltern zu eingehenderen Gesprächen – die
Schule soll ja fördern und helfen, nicht strafen usw., usw.
Abgesehen von aller Verwaltungsarbeit kommt dann im Unterricht die schwierige Aufgabe für die jeweiligen Lehrer,
einen absolut lernunwilligen Schüler zu motivieren.
Ich brauche Ihnen wohl nicht zu erzählen, dass sich die meisten vorgeladenen Eltern dann völlig überrascht und unwissend stellen und die eigentlichen Ursachen allen Übels natürlich in den Schulverhältnissen sehen. Was uns alle hier an
unserer Schule sehr bedrückt, ist die Tatsache, dass heute den
Schulen immer mehr Schuld für Versagen und Entgleisungen der jungen Menschen angelastet wird. Was kann man
dazu noch sagen, wenn sich sogar ein Bundeskanzler dazu
herabgelassen hat, den gesamten Lehrerstand zu diffamie-
ren."

Ich: „Oh, entschuldigen Sie, wenn ich Sie kurz unterbreche, aber
das mit der Bemerkung des Bundeskanzlers habe ich gar nicht
mitbekommen. Ich wohne in Dänemark und da ist es manchmal schon schwierig, alle für mich wichtigen deutschen Informationen mitzubekommen. Können Sie mir für diesen
Vorfall eine Quelle aus den Medien besorgen? Da wäre ich
Ihnen sehr dankbar."

Schulleiter „Schuffti": „Ja, ich werde nachher mal nachsehen, ob wir die Zeitung noch irgendwo haben. Aber ich erinnere mich noch ganz
genau an den Artikel, der eines Morgens im Lehrerzimmer
hing, der kurz darauf auch bei einer Schulleiterkonferenz in

Wiesbaden sehr lange und heftig diskutiert worden war.

Ich möchte aber bei unserem interessanten Gespräch nicht versäumen, Sie darauf aufmerksam zu machen, dass ich keineswegs die Absicht habe, die Schule durchweg nur in Schutz nehmen zu wollen. Alle machen Fehler – und da unterscheidet sich die Schule natürlich nicht von anderen Arbeitsplätzen.

Ich hatte Ihnen doch von den derzeit vordringlichsten Themen bei unseren Lehrerbesprechungen erzählt. Sehen Sie, ich bin schon auf die nächste Anklage vorbereitet, dass wir nämlich kaum noch zu fachlichen Themen wie z.B. Anschaffung von Unterrichtsmaterial, Unterrichtsmethoden bei der wachsenden Schülerzahl in den Klassen, Förderunterricht u.a. kommen ..."

Über eine Stunde hatte der Schulleiter für mich geopfert, als er schließlich wegen Ankündigung des Schulpsychologen unsere Sitzung beenden musste. Ehe ich mich verabschieden konnte, hatte er mich zuletzt gebeten, einen Augenblick zu warten, da er noch nach dem erwähnten Zeitungsartikel sehen wollte. Der war leider zur damaligen Zeit nicht auffindbar gewesen, aber er versprach mir, ihn nachzuschicken, sobald er aufgetaucht sei. Dafür kam er mit einer Ausgabe der Stern-Zeitung zurück, worin über dramatische Vorfälle an einer Schule in Stadthagen berichtet wird. Ich werde anschließend auf diesen Artikel zurückkommen, zuvor aber noch eine kurze Wiedergabe eines Gesprächs, das ich mit einer Schulleiterin aus Bayern führte, nachdem ich ihr von meiner Arbeit an vorliegendem Buch kurz berichtet, ihr eine Kopie des zur damaligen Zeit vorliegenden Textes zugeschickt und sie darum gebeten hatte, etwas sowohl zu dem Buchinhalt wie auch aus ihren erfahrungsreichen Schuldienstjahren zu sagen.[45]

Schulleiterin „Sorgi"[46]: „Du meine Güte, wo soll ich beginnen! – Ja, zum Text Ihres Buches: Der ist sehr gut lesbar; anschaulich dargestellte Beispiele aus der Schule, wie wir sie alle kennen, verdeutlichen die problematische Thematik Ihrer Arbeit,

---

[45] *Leider ist der Artikel aus Hessen nicht gekommen, habe aber auch aus Rücksicht auf alle Probleme an der dortigen Schule nicht mehr nachgefragt;*
[46] *Der Name ist aus Rücksicht auf erbetene Diskretion geändert;*

wobei ich den verschärften Ton in den Kapiteln über aktuelle Probleme durchaus angebracht und berechtigt finde. Ja, wir haben in unserer Region die Schwierigkeit mit der Anstellung von Lehrern. Da man an oberster Stelle ab dem Jahre 2010 mit einem deutlichen Rückgang der Schülerzahl rechnet – da kommen dann die geburtenschwachen Jahrgänge –, fürchtet man, zu diesem Zeitpunkt einen Lehrerüberschuss zu haben. Nun versucht man, dem derzeitigen Lehrermangel dadurch beizukommen, indem nun Eltern oder andere, am Unterrichten Interessierte eingesetzt werden können/sollen. Da es sich dabei um Aushilfskräfte ohne entsprechende Qualifikation handelt, sehe ich schon jetzt Situationen voraus, die zu eventuell berechtigten Klagen seitens der Eltern führen, weil sie mit der methodischen Unterrichtsgestaltung oder mit dem fachlichen Unterrichtsinhalt nicht einverstanden sind. Die Verantwortung liegt selbstverständlich bei der Schulleitung – laut Dienstverordnung –, und ich frage mich ernsthaft, welche Kollegen diese Verantwortung auf sich nehmen wollen. Ich kann es unter keinen Umständen, vor allem schon deswegen nicht, weil ich mir überhaupt nicht vorstellen kann, wie das mit den Zielsetzungen im Bayerischen Schulgesetz zu vereinbaren ist (hierzu: Seite 69 ff.).
Übrigens ließ der Stoiber vor kurzem verlauten, dass alle Lehrer noch wöchentlich zwei Nachhilfestunden zu übernehmen hätten, natürlich ohne Lohnzuschlag. Es gäbe noch eine Reihe anderer nicht mehr sehr lange zu ertragender Belastungen, die Sie aber sicher bereits von anderen Schulen schon kennen."

Wie steht es vergleichsweise um die Situation der Schulleiter in Dänemark?
„Schulleiter verlässt die Schule aus Frustration."[47]
  „Entscheidungen rücken näher in die einzelnen Schulen, ist von vielen Politikern zu hören, wenn sie erklären, warum sie das Schulwesen dezentrali-

---

[47] *Folkeskolen (Volksschule, Fachzeitschrift des dänischen Lehrerverbandes), 28. Februar 2002; Seite 18;*

sieren. Aber oft bedeutet das, dass sie Verwaltungsaufgaben den Schulen auf-
erlegen. Und dann ertrinken die Schulleiter in Administration. Schulleiter
‚Frusti‘ (der Deckname ist vom Verfasser des Buches gewählt), an einer Ganztagsschule in Kopenhagen tätig, ist von seinem Job beurlaubt, u.a. weil er es
müde ist, einen so großen Teil seiner Zeit für die Verwaltung aufzuwenden.
Er möchte wieder ein Arbeitsleben mit mehr fachlichem Focus haben. ‚Frusti‘
ist der vierte Schulleiter, der innerhalb eines dreiviertel Jahres der Öffentlichkeit mitgeteilt hat, dass er seinen Job wegen frustrierender Arbeitswillkür
verlässt. Dazu erklärt er: ‚Ein großer Teil unseres Freiraumes, um sich kreativer Lösungen und aktiver Personalleitung anzunehmen, wird dadurch aufge-
zehrt, dass die Gemeindeverwaltung immer mehr Aufgaben uns überträgt,
was einen Haufen von Administration und Bürokratie mit sich führt, weshalb
ich viel zu viel Zeit vor dem Computer verbringe.‘ Zum Beispiel muss er sich
mit vier Abkommen befassen und unglaublich viel Energie in Verhandlungen
verhältnismäßig kleiner Lohnanteile mit Gewerkschaftsvertretern aufbringen.

‚Im Rathaus sitzen Leute, die bedeutend mehr Ahnung von Abkommen
und Lohnverhandlungen haben als ich. Trotzdem beauftragt die Gemeindeverwaltung mich, die Aufgaben zu erledigen, anstatt mich dazu einzusetzen,
wozu ich ausgebildet bin, nämlich Leiter der fachlichen Entwicklung der Schule zu sein ... Wenn man bei der Dezentralisierung nicht Vor- und Nachteile
gegeneinander aufrechnet, kann man leicht den Eindruck bekommen, die
Politiker bedienen sich der Dezentralisierung als einer Art verdeckter Einsparungen. Die Dezentralisierung ist wie eine Woge, die mit der Flut gekommen
ist; zu einem bestimmten Zeitpunkt muss die sich wieder zurückziehen. Die
Frage ist nur, wie viel Verwüstung sie in der Zwischenzeit anrichtet, wenn
wir nicht mithelfen, dass sie sich zurückzieht‘, sagt ‚Frusti‘, der als selbstständiger Berater weitermacht.“

Werfen wir nun noch schnell einen Blick auf den Artikel im Stern, den mir
der Schulleiter in Hessen überlassen hatte[48]:

Der ausführliche Artikel berichtet von entsetzlichen Vorfällen an der niedersächsischen Schule in Stadthagen. Mit der Überschrift „Überfall auf der
Toilette“ wird ohne Zweifel die Aufmerksamkeit des Lesers gefangen. „Hän-
seleien, Beschimpfungen, Prügel; über 90 Prozent aller Schüler erleben Ge-

---

[48] *stern, Nr. 48, vom 21. November 2002; Seite 88 und 90;*

walt in der Schule – als Zuschauer, Opfer oder Täter. Die Eltern sind oft ahnungslos, die Lehrer hilflos, viele Kinder schutzlos. Jetzt landen die ersten Fälle vor Gericht." Und im Kleindruck unter der Überschrift: „Die Kleidung bestimmter Marken ist begehrte Beute beim so genannten ‚Abziehen': In dieser nachgestellten Szene (ein illustrierendes Bild über dem Text) nehmen Schüler einem Klassenkameraden die Jacke ab. Die Lehrer scheinen längst resigniert zu haben. Ein Schuldirektor sagt: ‚Wir sind mehr Löwenbändiger als Unterrichtende'."

An der Schule in Stadthagen handelte es sich um ein geradezu sadistisches Geburtstagsritual. Das Geburtstagskind wurde beglückwünscht, dann musste es niederknien und es wurde gezählt: „Eins, zwei, drei, vier ... und für jedes Lebensjahr gab es einen Hieb – auf den Kopf, in den Bauch, in den Rücken.

Gut 80-mal ging das so. Auf dem Pausenhof oder auf dem Jungsklo, in der Fünf-Minuten-Pause zwischen Deutsch und Mathe oder nach Schulschluss – wer Geburtstag hatte, war dran. Das wussten alle in Klasse sieben und acht der Haupt- und Realschule ‚Am Schlosspark'. Nur Mädchen blieben verschont. Das bizarre Ritual, genannt ‚Geburtstagsprügel', hatte vergangenes Jahr an der Schule im niedersächsischen Stadthagen begonnen. Es endete im Oktober mit Anklagen gegen 36 Schüler wegen Köperverletzung. Die meisten Täter – aber auch die meisten Opfer – waren türkischer Herkunft. Einer der Geprügelten spukte Blut, viele hatten blaue Flecken. Doch alle schwiegen."

Wenn unter anderem davon die Rede ist, dass die Kinder in Stadthagen nicht „auf den Schutz der Großen" bauen wollten, sollte der Leser nach allem, was ich bisher über die vielschichtigen Belastungen unserer Lehrer versucht habe, eindringlich darzustellen, mit Kritiken an den Kollegen zurückhaltend sein und vielmehr darüber nachdenken, was überhaupt die Gesellschaft dazutun kann, um derartigen makabren Ausschreitungen Einhalt zu gebieten!

„Die Pädagogen waren offenbar blind und taub (oder hatten Angst nach all den ungeheuerlichen Vorfällen in Schulen, über die die Medien ausführlich berichtet hatten!)[49] – bis Lehrer Eberhard Greuel im Mai einen übel zugerichteten Jungen aus dem Gebüsch zog. Schulleiter Rudolf Krewer ging zur Polizei. Die fand heraus, dass seit über einem Jahr an der Schule routinemäßig geprügelt wurde. Gegen vier Pädagogen laufen nun Anzeigen wegen unter-

---

[49] *Vom Verfasser des vorliegenden Buches hinzugefügt;*

lassener Hilfeleistung und vernachlässigter Aufsichtspflicht. Staatsanwalt Wolfgang Jäger beklagt ‚eine Mauer des Schweigens' im Kollegium, die die Ermittlungen erschwert habe. Seine Lehrer seien ausgebrannt vom täglichen Kampf im Klassenzimmer, versucht Rektor Krewer das Verhalten der Kollegen zu erklären, ‚wir sind mehr Löwenbändiger als Unterrichtende'. Und die Dompteure hätten republikweit noch mehr zu tun, wenn die Schüler redeten. Als das Landeskriminalamt Mecklenburg-Vorpommern 15.500 Schüler der Klassen 5 bis 13 nach Gewalterfahrungen fragte, kam heraus, dass Lehrer nur in 46 Prozent der Fälle alarmiert wurden. Den Rest machten die Jugendlichen unter sich ab. Motto: Wer petzt, ist erst recht dran. Auch Eltern wissen nicht besser Bescheid: Fast die Hälfte aller Übergriffe, so die repräsentative Umfrage, verschwiegen die Kinder.

Das gilt erst recht für subtilere Formen von Gewalt, die bei Ermittlungen kaum eine Rolle spielen, für Kinder und Jugendliche aber zum Alltag gehören: Sticheleien, Beleidigung, Verleumdung und Ausgrenzung aller Art. Mobbing, die ‚kleine Gewalt', gäbe es an fast allen Schulen, bestätigt Hans-Peter Menke, Sozialpädagoge aus Reutlingen ... ‚Pisa', so Menke, ‚ist in dieser Hinsicht kontraproduktiv. Denn jetzt wird noch mehr Leistung verlangt."

Aus wohl wissenden und erschütternden Erfahrungen hatte ich bereits im Vorwort auf die geradezu strafbare Vernachlässigung des psychischen Milieus in der Gesellschaft der Gegenwart hingewiesen!!!⁵⁰ Immer wieder muss ich auf die fassungslos von mir hingenommene Kritik zurückkommen, ich würde in meinen Darstellungen gegenwärtig drohender Gefahren überdramatisieren, wenn ich bei verschiedenen Vorträgen auf die folgenschwere Vernachlässigung aufmerksamer Rücksicht auf die menschliche Psyche eindringlich hingewiesen hatte. Solche Probleme habe es doch immer schon gegeben! Das könnte schon sein, hatte ich jedes Mal eingeräumt, aber dann sollte man in den Grundgesetzen der europäischen Länder nicht länger von einer **humanen, christlichen, sozialen und demokratischen** Gesellschaft sprechen! Und nicht weniger ohnmächtig fühle ich mich manchmal, wenn die fortschrittlichen, industrialisierten und zivilisierten Staaten den so genannten unterentwickelten Völkern die Einhaltung von Menschenrechten abverlangen! Haben vor allem Kinder und Jugendliche in unserer Gesellschaft kein Recht auf Einhaltung dieser Menschenrechte? Ich spreche doch nicht

---

⁵⁰ *Siehe Seite 9;*

von Einzelfällen, wenn ich abscheuliche und verwerfliche Zustände anprangere!

Ich fordere in diesem Zusammenhang den Leser auf, sich ab und zu einmal im Internet unter www.schueler-mobbing.de zu informieren.

Aus besagtem Stern-Artikel zuletzt noch Auszüge aus einer Langzeitstudie der Universität Eichstätt und aus den Ratschlägen der Schulpsychologin Karin Jefferys-Duden, wie Eltern erkennen können, ob ihre Kinder gemobbt werden.

„An bayerischen Gymnasien, so die Wissenschaftler, intrigiere und mobbe jeder dritte Schüler. Die übrigen sind Opfer oder ‚Claqueure'. Nur knapp zehn Prozent der Gymnasiasten, bei Realschülern sogar weniger als drei Prozent, seien völlig unbeteiligt, ‚an die geht keiner ran und die lassen auch die anderen in Ruhe', sagt der Soziologe Jens Luedtke. Über 90 Prozent der Schüler, so das Fazit der Studie, seien ‚in irgendeiner Form in Gewalt involviert'".

Was rät nun die Schulpsychologin:

„Woran merken Eltern, dass ihr Kind dem Druck nicht mehr standhält:

> Wenn Kinder Opfer einer Gewaltsituation werden, sollten Eltern das möglichst rechtzeitig wahrnehmen. Mögliche Anzeichen: kleine Verletzungen, für die es keine Erklärung gibt, zerrissene Kleidung, beschädigte Bücher und Materialien. Wenn das Kind Geld verlangt oder zu Hause Geld verschwindet, kann das ein Anzeichen dafür sein, dass das Kind erpresst wird.

Schulische Leistungen:

> In einer extremen Opfersituation können die Schulleistungen dramatisch nachlassen. Die Stimmung des Kindes ist meist unglücklich, deprimiert. Sie kann aber auch wechselhaft, gereizt und zorning sein.

Durch Mobbing besonders gefährdete Kinder:

> Besonders anfällig sind ängstliche, unsichere und zurückhaltende Kinder, die sehr sensibel und meist auch körperlich schwächer sind. Diese Kinder vermeiden Konflikte, reagieren auf Angriffe eher mit Rückzug und Weinen. Sie haben keine Freunde, bringen nie jemand mit nach Hause. Auf dem Schulhof sind sie allein, bei Team-Arbeiten und im Sport werden sie als Letzte gewählt. Durch die Mobbing-Situation

kann sich das schwache Selbstwertgefühl noch weiter verschlechtern.

Beklagen sich solche Kinder bei Eltern oder Lehrern?

Jüngere Kinder sprechen noch mit Eltern und Lehrern darüber. Ältere tun das immer weniger.

Also muss man auf sie zugehen?

Unbedingt. Wenn es Anzeichen gibt, dass ein Kind in die Opferrolle gerät, sollte man es ansprechen. Allerdings behutsam. Kinder und Jugendliche befürchten meist, dass sich ihre Lage verschlechtert, wenn sich Eltern oder Lehrkräfte einmischen. Deshalb sollte das Vorgehen unbedingt mit dem Kind abgestimmt werden.

Folgen von Mobbing:

Die Kinder können sich in der Schule schlechter entfalten, lernen weniger, bringen schlechtere Leistungen. Sie werden immer hilfloser und unsicherer, trauen sich wenig zu.

Manche werden depressiv und sind dann auch suizidgefährdet.

Woran können Eltern oder Freunde die Selbstmordgefahr erkennen?

Gefährdete Kinder und Jugendliche machen meist Andeutungen. Manche verschenken Dinge, die ihnen lieb sind. Sie sprechen davon, dass sie nicht mehr leben oder immer schlafen wollen. Es ist wichtig, dass man solche Äußerungen ernst nimmt. Sie zu verschweigen oder gar zu bagatellisieren wäre ganz verkehrt. Man muss aber nicht nur zuhören, sondern auch nach Auswegen und Hilfen suchen."

In Kapitel 6 hatte ich das Buch des dänischen Chefredakteurs und gesellschaftskritischen Verfassers Bent Hansen „Wohlstand ohne Wohlbehagen" erwähnt. Nach meinen bisherigen Ausführungen über Schrecken erregende Zustände in vielen Familien und Schulen komme ich wieder auf besagtes Buch zu sprechen, da es in seiner Analyse des dänischen Wohlstandsstaates bereits 1971 auf gesellschaftspolitische Symptome aufmerksam gemacht hatte, die sich heute in noch krasseren Verhältnissen zeigen. Schon damals stellte Bent Hansen fest: „Der soziale Druck in einigen Milieus kann derartig hart sein, dass nur wenige Saiten bleiben, darauf zu spielen – für einige öffnet sich nur eine Bahn im Leben: jene, die ins Gefängnis führt. Für andere eröffnet sich überhaupt keine Möglichkeiten; die sterben, weil sie auf die Welt in Umgebungen und Milieus kommen, wo Säuglinge nicht überleben … Aber messen wir unsere Gesellschaft an dem Ideal Gleichheit, wird alles Gerede darüber verstummen, dass wir eine Gesellschaft erreicht hätten, in der wir bleiben wollen."[51]

Und wie sieht es heute aus, wenn wir uns eingehender mit den Existenz- und Arbeitsverhältnissen vieler Familien und Schulen beschäftigen? Ich habe das über zwei Jahre hindurch mit dem Studieren einschlägiger Fachliteratur und entsprechenden Artikeln/Sendungen aus Presse und Radio, mit Untersuchungen via Fragebögen, durch Teilnahme an internationalen Kongressen und Konferenzen, durch Gespräche mit Ärzten, Psychologen und Therapeuten, auf ausgedehnten Reisen durch Vorsprache bei einigen Unterrichts- und Kulturministerien, durch Besuche vieler Schulen und dort Gespräche mit den Schulleitern und Lehrerkollegen getan. Die bisherigen Resultate aller meiner Recherchen sind in den hier vorgelegten Seiten zusammengefasst – und nun frage ich wie unzählige andere:

Wie verhalten sich alle Kultur- und Bildungsminister wie auch die unumgänglichen Finanzleute, die unmittelbar nach Veröffentlichung der infolge *Pisa*-Studie erschreckenden Leistungsresultate überraschend vieler Schüler lauthals „absolut und umgehend notwendige Verbesserungen der Schulverhältnisse" verkündet hatten, zu all den Schließungen von Schulen, zu Stellenstreichungen und anderen Sparmaßnahmen, die vorherige Zustände nur noch verschlimmert haben?

Eine die Stimmung und Zukunftsorientierung an vielen Schulen zu allen schon existierenden Schwierigkeiten noch mehr belastende Debatte besteht in der Kontroverse: zum einen erst einmal das psychische Milieu entschieden verbessern, zum anderen die Leistungsanforderungen und disziplinären Methoden strammen. Es hat den Anschein, als ob immer mehr Eltern, auch einige Lehrer, dafür eintreten, den Benotungen und Zeugnissen nicht die hoch geschätzte Bedeutung zukommen zu lassen, wie dies der Fall ist, sondern vor allem effektiver fördernd etwas für die harmonischere Entwicklung der jungen Persönlichkeiten zu tun.[52] Sowohl manche Lehrer wie auch Eltern be-

---

[51] „Velstand uden Velfærd" (Wohlstand ohne Wohlbehagen), Bent Hansen; Seite 17 ff.;
[52] Mein Eindruck aus vielen Gesprächen mit Eltern und Lehrern in Deutschland und in Dänemark!

gründen ihre Einstellung damit, dass die von unserer Leistungsgesellschaft geforderten Qualifikationserfolge innere Ausgeglichenheit, Selbstwertgefühl, Freude am Lernen, Ausdauer und soziales Eingebettetsein voraussetzen. Erst dann könne man von den Kindern und Jugendlichen auch Konzentration, Motiviertheit und lernwilliges Engagement erwarten. Zudem, so eine weit verbreitete Auffassung, seien Noten oft sehr subjektiv und damit relativ. Dass daran etwas Wahres sein könnte, habe ich zum einen mehrere Jahre hindurch in Dänemark als Zensor (neutraler Beisitzer bei den qualifizierenden mündlichen Abschlussexamina in der 9. und 10. Klasse) erfahren, zum anderen beweisen das Zeugnisse, die Schüler nach dem Wechsel an eine andere Schule bekommen haben. Ein fachlich weniger erfolgreicher Schüler ist überrascht, an der neuen Schule plötzlich weit positiver beurteilt zu werden oder umgekehrt, dass er nach guten bis ausgezeichneten Resultaten an der alten Schule nun auf einmal zur Kenntnis nehmen muss, dass seine Leistungen den früheren Noten keineswegs entsprechen. Das ist natürlich ein Problem im Schulsystem, das junge Menschen durchaus verunsichern kann. Bleiben wir aber noch einen Augenblick bei der zuvor erwähnten kontroversiellen Debatte. Es besteht kein Zweifel, dass die psychische wie auch die physische Verfassung eines jungen Menschen einen deutlichen Einfluss auf dessen praktisches und geistiges Leistungsvermögen nimmt. Da immer mehr Schulen heute Klassen mit teilweise über 30 Schülern haben, ist die in allen Schulgesetzen auferlegte „Förderung der Schwachen und Forderung der Begabten" (siehe Seite 66 ff.) kaum noch zu bewältigen, weshalb sich viele Eltern entweder für eine besser funktionierende Privatschule oder für Nachhilfeunterricht entscheiden. Beide Lösungen sind freilich mit höheren Ausgaben verbunden, die sich aber nicht jede Familie leisten kann! Wo bleibt da noch die Chancengleichheit für Kinder aus minder bemittelten Familien?! Der Auszug bezüglich Hilfe für Schüler mit Lernproblemen aus nachfolgendem Zeitungsartikel kann repräsentativ für Dänemark und Deutschland stehen:

„Mit dem Lernhilfeteam zu Erfolg in Schule und Beruf.[53]

Obernburg. Probleme in der Schule oder in der Ausbildung kratzen oft am Selbstbewusstsein eines Kindes. Oftmals schlummern aber in einem Schüler Talente und Kräfte, die nur geweckt werden müssen. ‚Schule und Beruf sind nicht alles im Leben.' Wer mit dieser Einstellung zum Lernhilfeteam Klemm

---

[53] *Main-Echo, 16. Februar 2002;*

& Zengel nach Obernburg kommt, hat viel gewonnen. Mit professioneller Hilfe konnte schon mancher Schüler und Auszubildende eine ‚Ehrenrunde' oder eine vermasselte Prüfung vermeiden ... Einen Schwerpunkt der Arbeit bildet die professionelle Nachhilfe und Hausaufgabenbetreuung in allen Fächern von der Grundschule bis zum Abitur. Spezielle Kurse dienen der Prüfungsvorbereitung für Quali, mittlere Reife, Fachabitur und Abitur. Ein intensives Bewerbungstraining soll Schülern beim Sprung ins Berufsleben helfen. Berufstätige werden mit ausbildungsbegleitendem Förderunterricht, Vorbereitungskursen auf die Gesellen- und Meisterprüfung sowie Werksunterricht für alle Ausbildungsbetriebe individuell unterstützt. Neu im Bildungsprogramm sind EDV- und Internet-Kurse im eigenen Computerraum ... ‚Die besten Ergebnisse werden in kleinen Gruppen erzielt', weiß Stefan Klemm. Deshalb finden sich beim Lernhilfeteam nur Gruppen von höchstens vier Schülern eines Jahrgangs zum Unterricht zusammen."

Wirklich anerkennenswert, aber leider eben nur für die schwächeren Schüler aus gut situierten Familien!

Der ausschlaggebende Vorteil dieser Unterrichtsrahmen liegt in den kleinen Gruppen, die entschieden wirkungsvollere Motivierungs- und Stimulierungsmöglichkeiten bieten. Zudem fühlt sich der Schüler persönlicher angesprochen, was vor allem einer Intensivierung des Vertrauensverhältnisses zum Unterrichtenden zum Vorteil gereicht und damit Konzentration und Arbeitseinsatz erhöhen. Die Frage ist nur, wie schon an früherer Stelle hervorgehoben: Wer kann sich das leisten? In Kapitel 11 werde ich dazu ausführlicher Stellung nehmen.

Obwohl in allen für das Schulwesen zuständigen Fachkreisen umfangreiche Erkenntnisse hinsichtlich wirkungsvoller Lernvoraussetzungen und -methoden vorliegen, weshalb u.a. auch der Bayerische Elternverband (BEV) und der Bayerische Lehrerinnen- und Lehrerverband (BLLV) sich für „bestmögliche Lern- und Arbeitsbedingungen an bayerischen Schulen" und in diesem Zusammenhang für eine „Senkung der Klassenhöchststärke auf 25 Schülerinnen und Schüler"[54] einsetzen, geschieht nichts! Noch vor einigen Jahren war die Idealnorm in Dänemark 18 bis 20 Schülerinnen und Schüler. Das war einmal ...

---

[54] *BLLV, Bayerische Schule, Lehrerzeitschrift, 17. Januar 2002; Seite 3;*

Ich hatte zuvor jene Debatte erwähnt, in der von zwei kontroversen Vorrangs-forderungen die Rede ist: primär etwas für die Verbesserung der psychischen Atmosphäre zu tun und in diesem Zusammenhang den Leistungsdruck zu mindern oder in erster Linie die Leistungsanforderungen zu erhöhen und da-bei auch eine strammere Disziplin einzuführen.

Es wird der Schule heute schwer fallen, die Anklage abzuweisen, sie trage einen wesentlichen Teil der Schuld hinsichtlich fehlender Disziplin und Auf-sichtspflicht. Vor allem mit Hinblick auf Kinder mit Anpassungsproblemen ist aufgrund eines allzu liberal gehandhabten Ideales individueller, freier Ent-faltung ohne deutliche und konsequente Regeln zu viel geredet, diskutiert und abgestimmt worden. Um unnötigen Zusammenstößen aus dem Wege zu gehen, ist bei eklatanten Vorfällen zu oft Nachgiebigkeit geübt und durch die Finger gesehen worden. Nun hat man bedrohliche Entwicklungstendenzen erkennen müssen und muss auf der Hut sein, in bedrängter Notlage nicht zu radikal in das entgegengesetzte Extrem zu verfallen. Der forcierte Leistungs-druck und in fast allen Belangen Konkurrenz, Konkurrenz, Konkurrenz – wer ist der Schnellste? – wer ist die/ derSchönste? – wer ist der Stärkste? – wer ist der Tüchtigste? – wer ist am smartesten gekleidet? – wer ist am be-liebtesten? – dieser Stress hat nicht nur die Schwächeren heimgesucht, son-dern auch Begabte, die in ihrer Vorschulzeit noch zu berechtigten Erfolgs-hoffnungen Anlass gegeben hatten.

„30 Prozent der Kinder in Dänemark sind ernsthaft psychisch belastet", konnte man im Lokalradio hören.[55]

Auf Seite 58 findet sich eine Tabelle bezüglich häufig auftretender *psycho-somatischer* Leiden bei 15-jährigen dänischen Kindern. Höchstwahrschein-lich sind die dort angegebenen Werte (stammen aus dem Jahre 2000) in der Zwischenzeit bereits noch beunruhigender. Sehen wir nun einmal, wie es um die deutschen Kinder und deren psychische Verfassung steht.

„Die Angst zu versagen ist groß"[56] überschreibt der Stern eine Interview-Serie mit acht Schülern im Alter von 16 bis 18 Jahren.

„Druck? Frust? Stress? Längst zählt in der Schule nur noch Leistung statt Erziehung. Der *stern* sprach mit Schülern – drei besuchen Schulen, an denen

---

[55] *Radio Sydhavsøerne (Radio Südseeinseln – lokaler Sender für die südöstl. Region Dänemarks, 23. Oktober 2003;*
[56] *stern, 8. Mai 2002; Seite 43 ff.;*

Lehrer ermordet wurden – über die Vorbereitung auf eine Gesellschaft, die nur noch auf Karriere setzt."

Aus diesen interessanten Gesprächen mit jungen Menschen lassen sich eine Reihe von ernsthafte Besorgnis erregender „Krankheitssymptome"[57] ableiten, die unsere „moderne" Gesellschaft kennzeichnet, worunter vor allem unsere Kinder leiden – die „kommende Generation" –, für die nahezu alle Politiker sooo viel tun wollten! Gott sei Dank versinken nicht alle jungen Menschen in resignierender Gleichgültigkeit. Dass sie jedoch ihrem verbitterten Unmut in unbeherrschten Bemerkungen Ausdruck verliehen und verleihen, dafür hatte ich vor allem in den Gemeinschaftskundestunden volles Verständnis, weshalb ich oft aus einsichtsvoller Sympathie für die jungen Revoluzzer gegen die verbalen Verbitterungsausbrüche nicht eingeschritten war. Es ist heute manchmal angebrachter, auch im Unterricht den Schülern Möglichkeiten einzuräumen, aufgestaute Aggressionsenergie abreagieren zu können, als sich immer wieder schreiend Ruhe auszubitten. Dabei war ich hin und wieder sehr positiv beeindruckt, als z.B. eine Schülerin, als sie einen Abschnitt aus der Menschenrechtskonvention kommentieren sollte, antwortete: „Ich kann einfach nicht verstehen, dass du Zeit für Diskussionen verschwendest, die nichts als leere Versprechungen beinhalten!"

Ich: „Es ist doch aber für jeden Bürger wichtig zu wissen, welche Rechte ihm zustehen, die niemand beeinträchtigen kann."

Andere Schüler (rufen, schreien durcheinander): „So ein Quatsch; die Rechte, von denen du da faselst, gelten doch nur für ganz bestimmte Leute, die Geld und Verbindungen haben. Wenn da ein Politiker Scheiße gebaut hat, tritt der Gauner zurück und bekommt noch eine Übergangsabfindung und seine Pension."

Da den Schülern solche Fälle aus Dänemark bekannt waren, konnte ich nur abwarten, bis sich die Erregung wieder gelegt hatte und ein Schüler die erhitzte Debatte versöhnend beendete: „Ja, ich weiß, du bist ja genau so machtlos wie wir. Das war auch nicht gegen dich gerichtet!"

---

[57] *Während eines Gesprächs mit einem dänischen Schulpsychologen anlässlich einer internationalen Lehrerkonferenz erzählte dieser mir, dass er in vielen Fällen nicht mehr wüsste, wie er noch helfen kön*ne, da „nahezu unsere ganze Gesellschaft krank" sei. *Es würden keine „entscheidenden Veränderungen eingeleitet, sondern nur hier und da einige Löcher geflickt."*

Innerlich aufrichtig gefreut hatte ich mich einige Wochen später, als die Schüler in ihrer Zeitschrift „Stimme des Volkes" einen interessanten Artikel veröffentlicht hatten, worin sie die „ungerechte Handhabung ihrer Rechte auf Mitbestimmung in bestimmten internen Schulangelegenheiten" (laut Satzung der betreffenden Schule hinsichtlich Schülerrat und Mitbestimmung der Schüler) beklagten. In ihrem Artikel griffen sie u.a. die eigenartige Bevorzugung oder Zurücksetzung einiger ihrer Mitschüler in bestimmten Unterrichtsstunden, unangebrachte Wortwahl einiger Lehrer, kaum verständliche Erklärungen des Unterrichtsstoffes wie auch die häufige Benutzung von Videofilmen einiger Lehrer auf, was die meisten Schüler als bequeme Unterrichtsvorbereitung auslegten, die auf die Dauer langweilig wirke. Die Berechtigung ihrer Kritik begründeten sie mit dem Hinweis auf das dänische Schulgesetz, das wir im Unterricht auszugsweise durchgearbeitet hatten.[58] In diesem Zusammenhang will ich noch nachträglich meine Anerkennung für den damaligen Schulleiter hervorheben, der sehr an gesellschaftspolitischen Verhältnissen interessiert war und daher das Fach Gemeinschaftskunde/Politik als Wahlfach an dieser Internatsschule eingeführt hatte (mit abschließender mündlicher Prüfung nach der 9. Klasse). Ihm war es auch zu danken, dass die Schüler mit dem Versuch der Durchsetzung ihrer Mitbestimmungsrechte so weit gehen konnten, in einem Aufruf zu verlangen, einen Nachmittag alle Unterrichtsstunden ausfallen zu lassen und Schüler wie Lehrer in der Aula zu versammeln, wo alle betroffenen und kritisierten Personen zu der in der Schülerzeitschrift vorgebrachten Unzufriedenheit Stellung nehmen konnten, sollten. Anerkennenswert war auch, dass diese Aktion von den dafür verantwortlichen Schülern in beherrschtem Ton und in ruhiger Atmosphäre wirklich durchgeführt worden ist. Dass einige Schüler nach überstandener öffentlicher Anhörung und Diskussion eine gewisse Ironie darüber nicht verbergen konnten, dass einige Lehrer und Lehrerinnen die Paragraphen des Schulgesetzes gar nicht kannten, auf die man sich berufen hatte, war zwar peinlich, sollte aber verständlich sein und zu ernsthaftem Nachdenken anregen!

Die zuvor beschriebene Protestaktion von Schülern konnte u.a. auch nur deshalb durchgeführt werden, weil es sich zum einen um eine kleinere Schule handelte, zum anderen vor allem auch deswegen, weil es eine Internatsschule war und die Schüler sich rund um die Uhr in engem Kontakt mit dem

---

[58] *Siehe hierzu: Dänisches Schulgesetz, §2, Stck.3; Seite 69 im vorliegenden Buch;*

Lehrerkollegium befanden.[59] Da ich in den letzten fünf Jahren keine eigenen Erfahrungen mehr bezüglich Arbeitsbedingungen und aktuellen Problemsituationen an großen Schulen habe sammeln können, wage ich nur mit Vorbehalt darauf hinzuweisen, dass vielleicht doch so manche Konfliktlösung mit einer intensiveren und vor allem verständnisvollen Kooperation mit den Schülern aus der Welt gebracht werden könnte. Der Gemeinschaftskunde-Unterricht hatte damals unter den im Laufe der Zeit immer engagierteren Schülern noch eine weitergehende, verlockende Idee ins Leben gerufen:

„Könnte man nicht die ganze Schulsituation in eine demokratische Regierungsform mit verschiedenen Parteien, einer Regierung, einem Bundestag und Bundesrat samt Vermittlungsausschuss und einem Bundesgerichtshof umwandeln?" Lediglich Schulleiter und ihre Stellvertreter würden nach bis dato geltenden Bestimmungen von der dazu zuständigen Gemeindeverwaltung ausgewählt und angestellt. Alle anderen Ressorts sollten nach fachlicher Kompetenz und vorheriger Anhörung im „Schul-Bundestag" gewählt werden. Die „Regierung" wählt selber ihre Minister und Ratgeber, wobei eine „Volksabstimmung" diese Berufungen wieder rückgängig machen könnte. Wer unter den Schülern Stimmrecht zugestanden oder entzogen bekommt, solle dem Schülerrat zustehen, wobei nach rücksichtsvollem Benehmen, Engagement in der Gemeinschaft und Einhaltung der Ordnungsregeln der Schule entschieden werden sollte. Auch die Idee einer Schülerpolizei und eines Schülergerichtes wollte man nach dem Vorbild einiger englischer Schulen übernehmen. Vielleicht kann man bedauern, dass dieses gemeinschaftspolitische, in Studienkreisen in der Freizeit ausgearbeitete Projekt nach einiger Zeit fallen gelassen wurde.

Kehren wir zurück zu dem Leitgedanken des *stern*-Artikels „Druck, Frust, Stress, Angst".

Aus den Schülerinterviews geht u.a. hervor, dass manche Eltern überhaupt keine Ahnung von den von den Kindern vor ihnen geheim gehaltenen psychischen Problemen haben. Wo soll dann eine effektive Eltern-Lehrer-Zusammenarbeit helfend eingreifen können, wenn die Erwachsenen nicht ahnen, was in den Jugendlichen vor sich geht? Ein anderer, belastender Druck geht von den Erwartungen der Erwachsenen aus, die auf Beherrschung des um-

---

[59] *Das könnte ein gewichtiges Argument zum Vorteil der Idee der Ganztagsschule sein; Näheres dazu in Kapitel 12;*

fangreichen Stoffes, auf konzentrierte Teilnahme am Unterricht und auf gute Noten bauen. Alle interviewten Schüler können durchaus die Notwendigkeit der genannten Forderungen einsehen und akzeptieren, doch vermissten sie dabei menschlicheres Verständnis für ihre angespannte Lage und die Vermittlung menschlicher Werte. „Es ist nicht die einzige Aufgabe von Lehrern, uns Stoff beizubringen. Da kann ich mir auch einen Computer hinstellen, der die Fakten runterleiert", bemerkt eine der Schülerinnen. Eine andere bemerkenswerte Äußerung: „Das Elternhaus ist *das* Problem." Kommentar eines anderen Schülers: „Erziehung beginnt immer im Elternhaus." Kontrabemerkung: „Aber was sollen Eltern machen, wenn sie jeden Tag arbeiten müssen?" Darauf antwortet ein Junge: „Du tust so, als könnte man sein Kind weggeben und sagen: ‚Bitte, hier habt ihr mein Kind, in acht Jahren hätte ich gern einen fertigen Menschen, der weiß, was er darf und was nicht.'"

Ein wesentliches Thema in dieser Diskussionsrunde Jugendlicher ist die Versagensangst und das vor allem bei Schülern, die kaum Kontakt zu einem vertraulichen Kameradenkreis haben oder gänzlich isoliert sind. Ich werde zu diesem lehrreichen Gedanken und Gefühlsaustausch unter Jugendlichen zurückkehren, will jedoch hier kurz den Brief eines 18-jährigen dänischen Schülers einfügen, der sich in seiner bedrängten Situation an die Ratgeberin für Jugendliche wendet.[60]

Der Schüler Nicolai schreibt:

„Ich bin ein junger Kerl von bald 18 Jahren, der sich zur Zeit recht untauglich vorkommt, weil ich kein Selbstvertrauen habe. In der Schule geht es richtig mies. Ich gehe ins Gymnasium in die 2. g (entspricht in Deutschland der 11. Klasse) und fühle mich überhaupt nicht motiviert, irgendetwas zu machen. Hausaufgaben erledige ich höchstens zwei Stunden einmal wöchentlich, weil ich ganz einfach gezwungen bin, einen Aufsatz oder einen Bericht zu schreiben, nichts anderes. Ich habe ernsthaft Angst davor, in dem einen oder anderen Fach durchzufallen, aber ich kann mir überhaupt nicht vorstellen, was ich ohne Abitur anfangen sollte. Technische Schule, das bin ganz und gar nicht ich und das ist die Handelsschule auch nicht. Ich habe natürlich ein paar Freunde in der Klasse, aber wenn ich ganz ehrlich sein soll, mache ich mir aus niemandem was hier an der Schule. Mir kommen viele zu snobistisch vor und behandeln die anderen ziemlich schlecht. Die arrangieren mei-

---

[60] *B.T., 26. Januar 2003; Seite 34;*

stens Feste für die Klasse, schließen aber einige aus (darunter mich). Ich kann ein frisches Beispiel geben: Ein Junge sollte ein Fest für die Klasse vorbereiten und ich fragte ihn, ob ich mitkommen könnte. Er antwortete mir, dass das eigentlich nicht ein richtiges Fest sei und dass nur einige wenige zu ihm nach Hause kämen. Die wenigen waren 22 aus meiner Klasse. Ich war äußerst bedrückt darüber und empfand das wie einen Ausschluss. Ich hatte das Gefühl, ich sei getreten worden, obwohl ich bereits am Boden lag. Ich kann auch das Mobben nicht ausstehen. Man sagte, dass man nur in der Volksschule gemobbt wird. Das ist ganz einfach eine Lüge. Hier an der Schule werden auf jeden Fall die gemobbt, die ein bisschen anders sind, die verkehrt sprechen, verkehrte Sachen anhaben und ähnliche Ursachen. Ich kenne mehrere, die gröbsten Angriffen, die man sich vorstellen kann, ausgesetzt waren, die größten verbalen Schweinereien, die ich je gehört habe. Zugegeben, ich habe auch manchmal den Eindruck, dass einen einige irritieren, aber ich greife sie doch nicht an. Ich weiß, das klingt merkwürdig, aber ich will, trotz all der Dinge, die ich sage, nicht die Schule verlassen. Ich fühle, dass ich gerade den Übergang von der Volksschule ins Gymnasium geschafft habe, und nun bin ich auf halbem Wege, vorausgesetzt, ich falle nicht durch. Ich glaube nicht, dass das gut ist, in eine neue Schule zu wechseln, wo alle Freundschaften schon etabliert sind. Ich glaube, da würde ich noch einsamer werden. Obwohl ich zeitweise sehr traurig über alles bin, habe ich niemals Selbstmord- oder andere selbstzerstörerische Gedanken gehabt. Ja, doch, vielleicht einmal in der 7. Klasse, als ich sagte, dass ich Selbstmord begehen wollte, und dann ging ich von der Schule nach Hause. Aber ich würde es niemals so weit kommen lassen, so etwas zu tun, dafür schätze ich das Leben als zu wertvoll ein. Wie kann ich es besser bekommen? Ich weiß es nicht. Ich hatte daran gedacht, ob ich mich einem Burschen anvertrauen sollte, mit dem ich oft rede. Er geht in die 1. g, aber er wirkt viel reifer als meine Klassenkameraden. Ich habe nur Angst davor, dass er von mir Abstand nimmt, er weiß nämlich nicht, dass ich so fühle. Wäre das dumm, ihm das zu erzählen? Meine Eltern wissen auch nicht, dass ich mit meinem Leben nicht richtig weiterkomme. Ich weiß selber, dass es darum geht, mein Selbstvertrauen aufzurichten."

Erschütternd! Als Lehrer sollte man sich davor bewahren, derartige Erlebnisse – wenn man denn vertrauensvoll von Schülern um Hilfe gebeten wird – nüchtern als Routineaufgabe zu betrachten, wenngleich man sich vor allzu vielen seelischen Belastungen irgendwie abschirmen muss. Ich selber hatte auch so einen zurückhaltenden, schweigsamen Schüler, der sich eines Nachmittags doch endlich mir gegenüber zu öffnen gewagt hatte. Es war ein Tag vor den Sommerferien, und ich hatte den Rest des Nachmittags vor seiner Heimreise zu den Eltern mit einem sehr ergreifenden Gespräch verbracht. Ich erinnere mich noch sehr genau, wie er sich unter Tränen verabschiedet und mir angenehme Ferien gewünscht und sich auf das Wiedersehen mit mir gefreut hatte. Als ich nach den Ferien an die Schule zurückgekehrt war, hatte ich erfahren müssen, dass sich der Junge in den Ferien erhängt hatte ...

Folgen wir nun wieder der Schülerdiskussion anlässlich des Interviews mit dem *stern*-Reporter, in dem zuletzt von Versagensangst, vor allem bei isolierten und einsamen jungen Menschen, die Rede war. Bei solchen Schülern richtet sich dann häufig die Aggression „bei Mädchen gegen sich selbst, bei Jungen eher gegen andere", z.B. auch gegen Lehrer. Bezüglich der Abreagierung von Aggressionen holen sich besonders männliche Jugendliche inspirierende Anregungen aus Videofilmen, in denen Gewaltanwendung als Befreiung dargestellt wird. Wenngleich sich die Experten über den Einfluss solcher Medienfilme noch nicht einig werden können, haben einige Horrorbeispiele den vermuteten Zusammenhang bestätigt, indem bei den Tätern (Amokläufern) solche Filme in größerer Auswahl gefunden worden sind. Was die Uneinigkeit der Experten betrifft, seien hier zwei „kontroverse" Auffassungen zitiert:

Dave Grossman, Verhaltenspsychologe und ehemaliger Oberstleutnant der US-Armee:

„Durch das immer wieder eingeübte Zielen, Schießen, Treffen kann, davon ist er überzeugt, für einen völlig unauffälligen Menschen das Töten ein selbstverständlicher *Reflex*[61] werden."

Jürgen Fritz, Sozialforscher meint dagegen:

„Der Mensch ist zu komplex, als dass er sich von nur einem Impuls so stark bestimmen ließe." Doch weist er auf den Ausnahmefall hin, in dem der „kulturelle Goldrand" wie in Erfurt[62] wegbricht, wenn er einräumt: „Jeder sucht sich das Spiel aus, das zu seinen Wünschen und zu seinen Gefühlen passt. Viele spielen Strategiespiele, Steinhäuser mochte Waffen. Und er konnte

---

[61] *Siehe alphabetisches Verzeichnis der Fachausdrücke im Anhang;*
[62] *Der Schüler Steinhäuser erschoss nach Verweisung von der Schule in einem Amoklauf mehrere Schüler und Lehrer;*

179

mit realen Waffen umgehen. Als er Amok lief, hat er unterbewusst das getan, was ihm in der virtuellen Welt Erfolg brachte: Schießen."[63]

Ich gehe nun einmal davon aus, dass in vorangegangenen Problemaufzeigungen anschaulich und ausführlich genug über die alles andere als fördernde und stützende Situation vieler unserer Schüler an vielen Schulen berichtet worden ist.

Eines der neueren Forschungsprojekte an der Universität Kopenhagen[64] läuft darauf hinaus, zu untersuchen, inwieweit die Motorik der Schüler eine Bedeutung für deren sozialen Rang in Gruppengemeinschaften und für deren fachliches Vermögen haben könnte.

„Wir hoffen, be- oder entkräften zu können, ob Kinder besser werden für akademische Fertigkeiten, wenn sie über gute motorische Fähigkeiten verfügen ... Die Forscher hoffen, mit der sehr großen Gruppe von Kindern in Ballerup und Tårnby (Stadtteile in Kopenhagen), die mehrere Jahre hindurch beobachtet und untersucht wird, eine qualifizierte Antwort auf die Frage geben zu können, die viele im Schuldienst Tätige beschäftigt. Mehrere Schulen setzen mit intensivem Training der motorisch unsicheren Kinder ein – u.a. mit der Absicht, späteren fachlichen Problemen vorzubeugen.

Die Untersuchungen der 700 Kinder umfassen eine Reihe exakter naturwissenschaftlicher Messungen und mehr soziologisch begründete Fragebögen hinsichtlich des allgemeinen Gedeihens der Kinder. Bei den Kindern werden u.a. deren Kondizahl, Blutdruck und Blutzucker gemessen. Dazu werden periodisch deren Knochenentwicklung und Gewicht kontrolliert. Die Forscher testen die Motorik der Kinder und holen dazu aus den Schulen die Resultate der Lesetests ein. Eltern, Lehrer und Kinder werden darüber hinaus gebeten, Auskünfte über ihren Eindruck hinsichtlich physischen, sozialen und lernmäßigen Befindens des Kindes weiterzugeben, wozu die Eltern auch über die Kost der Kinder berichten. In Schulkreisen besteht die verbreitete Auffasung, dass die heutigen Kinder ihren Körper weit weniger gebrauchen als Kinder in früheren Zeiten. Diesbezüglich liegen allerdings keine wissenschaftlichen Untersuchungen vor.

‚Aber wenn man mit Kindern arbeitet, ist man ja nicht im Zweifel darüber,

---

[63] *stern, 8. Mai 2002; Seite 214;*
[64] *Berlingske Tidende, 10. Oktober 2003; 1. Sektion, Seite4;*

dass physische Aktivität eine grundlegende Voraussetzung in einem Kinderleben ist – und eben diese physische Aktivität fehlt heute im Leben einiger Kinder ... Da, wo Kinder sich heute weniger bewegen, ist in erster Linie der tägliche Transport, und dann werden ihre Entfaltungsmöglichkeiten dadurch begrenzt, dass sie immer unter der Kontrolle der Erwachsenen sind', sagt N. N."

Schließen wir die Beschäftigung mit dem teilweise recht traurigen Dasein der Kinder und Jugendlichen mit einer statistischen Übersicht über psychische und körperliche Probleme der deutschen Jugendlichen zwischen elf und 18 Jahren ab:

Beschwerte Kindheit[65]

Ängste und emotionale Probleme: Unruhe, Nervosität:

	manchmal	*häufig*		*manchmal*	*häufig*
Phobien	36,4 %	8,6 %	Konzentrationsprobleme	40,2 %	6,2 %
Verschlossen sein	34,9%	8,2 %	Nicht von Gedanken loskommen	39,5 %	13,5 %
Sich viele Sorgen machen	33,9 %	6,1 %	Nervosität	36,0 %	3,9 %
Befangenheit	26,6 %	2,1 %	Nicht still sitzen können	31,4 %	8,9 %
Furchtsamkeit	17,4 %	1,2 %	Verwirrt/zerstreut sein	25,5 %	2,1 %
Suizidgedanken	4,1 %	0,8 %	Fingernägel kauen	22,2 %	8,7 %
Schlafprobleme	19,1 %	1,0 %			
Tics	11,2 %	1,5 %			

Verhaltensprobleme: Körperliche Beschwerden:

	manchmal	*häufig*		*manchmal*	*häufig*
Viel streiten/ widersprechen	57,8 %	11,6 %	Kopfschmerzen	29,0 %	10,0 %
Lügen/Betrügen	39,9 %	1,4 %	Ständige Müdigkeit	26,9 %	5,4 %
Wutausbrüche/Hitzigkeit	35,5 %	7,0 %	Energielosigkeit	21,6 %	1,9 %

---

[65] *stern, 5. Juli 2001; Seite 30 (Quelle: Hamburger Gesundheitsstudie im Auftrag des stern);*

Perfektionismus	31,3 %	4,8 %	Mattigkeit	16,0 %	4,7 %
Gemein sein	28,0 %	1,6 %	Schwindelgefühle	15,8 %	1,7 %
Andere angreifen	10,2 %	0,5 %	Appetitlosigkeit	14,2 %	5,4 %
Anderswo stehlen	9,9 %	1,1 %	Rückenschmerzen	13,5 %	6,8 %
Eigene Sachen kaputtmachen	8,8 %	0,7 %	Magenschmerzen	11,4 %	2,5 %
Zwanghaftes Verhalten	7,4 %	1,2 %	Übergewicht	11,3 %	6,2 %
Sachen anderer kaputtmachen	6,0 %	1,0 %	Allergien	10,1 %	9,6 %
Zu Hause stehlen	0,7 %	0,7 %	Asthma	3,4 %	2,8 %

Wie wir an früherer Stelle bereits gehört haben, sieht es in vielen Familien nicht sehr lobenswert aus, was das Vertrauensverhältnis der jüngeren Generation zu den Eltern angeht, aber vermutlich wohl auch umgekehrt. Als Tatsache kann jedoch daran festgehalten werden, dass viele Eltern gar keine klare Vorstellung davon haben, womit sich ihre Kinder herumschlagen und wie sehr diese manchmal in einer unzugänglichen Welt leben.

„Kaum einer der Erwachsenen macht sich auch wirklich klar, welche Schulängste sein Kind insgeheim aussteht und wie oft es nachts wach daliegt. Und wenn Jugendliche den Psydata-Interviewern verrieten, dass sie viel weinen, sich schüchtern oder einsam fühlen, dann haben dies die Eltern nach ihren eigenen Angaben in diesem Ausmaß nicht bemerkt (s. Tabelle)."[66]

Ebenso geht es vielen Lehrern in der Schule, denen in unzähligen Fällen, in denen sie zwar bei dem einen oder anderen Schüler eine vage Vermutung hinsichtlich verborgener Schwierigkeiten haben, bei dem Bemühen, helfen zu wollen, jedoch gemieden oder mit beruhigenden Erklärungen auf Abstand gehalten werden, schließlich nichts anderes übrig bleibt, als den Schulpsychologen einzuschalten. Wenn sie sich in diesem Zusammenhang an die Eltern wenden, erfahren sie von denen oft, dass ihr Kind zu Hause durchaus normal und wie ein gewöhnliches Kind sei. Erfährt man dann, dass jährlich an die 400.000 Schüler die Schule schwänzen, kann man nicht länger erstaunt sein, wenn einige dieser Schulschwänzer später, wenn sie aufgegriffen

---

[66] *a.a.O.: Seite 28;*

worden sind, erklären, sie seien aus Angst geflohen. Allerdings bin ich auch Zeuge vereinzelter Fälle geworden, in denen es Kollegen – vor allem Lehrerinnen – gelungen war, einen vertraulichen Kontakt zu einem ihrer Problemschüler zu bekommen. Aber auch sie mussten zuletzt erkennen, dass sie alleine nicht viel ausrichten konnten und einige Male sogar in eine recht bedrängte Lage gekommen waren, als das Sorgenkind sie angebettelt hatte, bei ihnen wohnen zu dürfen. Als das Kind nach einiger Zeit nicht mehr in der Schule aufgetaucht war – auch zu Hause nicht mehr gesehen worden war –, hatten die Kollegen sogar mit Schuldgefühlen zu kämpfen gehabt. Kann man nach solchen Erfahrungen den Lehrern noch etwas vorwerfen, wenn sehr viele einem persönlicheren Kontakt zu ihren Schülern ausweichen?

Der nachfolgenden Aufstellung ist zu entnehmen, wie viele Schüler unter welchem Problem leiden und wie viele Eltern darüber Bescheid wissen:

Ungeteiltes Leid[67]

Eltern wissen wenig vom Seelenleben ihrer Kinder. 23,6 % der 11- bis 18-Jährigen zum Beispiel fühlen sich manchmal oder häufig einsam, nur 9,7 % der Eltern schätzen ihren Nachwuchs so ein:

Misstrauen	Schüchternheit	Lügen/Betrügen	Sich zu viele Sorgen machen[68]
Jugendliche: 52,2 %	Jugendliche: 41,5 %	Jugendliche: 41,1 %	Jugendliche: 40,0%
Eltern: 22,1 %	*Eltern: 20,8 %*	*Eltern: 17,2 %*	*Eltern: 19,7 %*

Deprimiertheit	Albträume	Verwirrt/zerstreut sein	Einsamkeit
Jugendliche: 29,7 %	Jugendliche: 29,4 %	Jugendliche: 27,6 %	Jugendliche: 23,6 %
Eltern: 16,4 %	Eltern: 11,7 %	Eltern: 11,1 %	Eltern: 9,7 %

Viel weinen	Schlafprobleme	Zu viel an Sex denken	Angst haben, Schlimmes zu denken
Jugendliche: 22,1 %	Jugendliche: 22,0 %	Jugendliche: 21,8 %	Jugendliche: 21,2 %
Eltern: 8,4 %	Eltern: 11,1 %	Eltern: 6,4 %	Eltern: 7,8 %

---

[67] *a.a.O.: Seite 28;*
[68] *Siehe hierzu den Brief des dänischen Gymnasiasten Nicolai auf Seite 100;*

Starke Schuldgefühle
Jugendliche: 12,8 %
Eltern: 4,8 %

Anderes Geschlecht wollen
Jugendliche: 5,2 %
Eltern: 1,9 %

Von Selbstmord sprechen
Jugendliche: 4,9 %
Eltern: 1,3 %

Selbstverletzung/Suizidversuche
Jugendliche: 4,1 %
Eltern: 0,6 %

Die Zahlen bedürfen meines Erachtens keines Kommentares mehr. Hinzufügen möchte ich noch, was mir besonders wichtig schien, dass die in obiger Statistik herausgefundenen Zustände keineswegs nur in sozial schlechter gestellten Familien auftauchen. Mittlerweile mehrt sich die Zahl solcher bekümmernden Entdeckungen auch in den so genannten „heilen" Familien. Da kann es wohl kaum mit materiellem Notstand zusammenhängen. Ich muss immer wieder an den dänischen Schulpsychologen denken, der in einer „kranken Gesellschaft" seine ohnmächtige Hilflosigkeit bekannte.[69] Fragen müssen wir uns nur, wie die Verhältnisse in wenigen Jahren sein werden, wenn es lediglich bei vereinzelten Ansätzen zu eingreifenden Veränderungen bleibt! Nachdem alle bisherigen Ausführungen immer wieder von den Begriffen *Materialismus, Konkurrenz* und *psychischen Problemen* durchtränkt waren, sehen wir uns einmal die Leistungserfolge unserer Kinder im internationalen Vergleich an: Da wäre zunächst einmal die öfter zitierte

---

[69] *Vgl. Anmerkung 57, Seite 174;*
[70] *SPIEGEL special; das Magazin zum Thema: Lernen zum Erfolg; Seite 7;*

PISA-Studie der OECD[70]
Nationenrangliste der Leistungen

... im Lesen: ...	in Mathematik: ...	in Naturwissenschaften:
1. Finnland	1. Japan	1. Südkorea
2. Kanada	2. Südkorea	2. Japan
3. Neuseeland	3. Neuseeland	3. Finnland
4. Australien	4. Finnland	4. Großbritannien
5. Irland	5. Australien	5. Kanada
6. Südkorea	6. Kanada	6. Neuseeland
7. Großbritannien	7. Schweiz	7. Australien
8. Japan	8. Großbritannien	8. Österreich
9. Schweden	9. Belgien	9. Irland
10. Österreich	10. Frankreich	10. Schweden
11. Belgien	11. Österreich	11. Tschechien
12. Island	12. *Dänemark*	12. Frankreich
13. Norwegen	13. Island	13. Norwegen
14. Frankreich	14. Liechtenstein	14. USA
15. USA	15. Schweden	15. Ungarn
16. *Dänemark*	16. Irland	16. Island
17. Schweiz	17. Norwegen	17. Belgien
18. Spanien	18. Tschechien	18. Schweiz
19. Tschechien	19. USA	19. Spanien
20. Italien	20. **Deutschland**	20. **Deutschland**
21. **Deutschland**	21. Ungarn	21. Polen
22. Liechtenstein	22. Russland	22. *Dänemark*
23. Ungarn	23. Spanien	23. Mexiko
24. Polen	24. Polen	24. Italien
25. Griechenland	25. Lettland	25. Liechtenstein
26. Portugal	26. Italien	26. Griechenland
27. Russland	27. Portugal	27. Russland
28. Lettland	28. Griechenland	28. Lettland
29. Luxemburg	29. Luxemburg	29. Portugal
30. Mexiko	30. Mexiko	30. Luxemburg
31. Brasilien	31. Brasilien	31. Brasilien

Wirft man einen Blick auf die jeweiligen Ausgaben der 31 Länder, die sie für die Entwicklung und Ausbildung eines jungen Menschen von der 1. Klasse bis zum 15. Lebensjahr investiert – „geopfert" haben, dann kann es einen schon wundern, dass Länder mit verhältnismäßig hohen Investierungen im Leistungsvergleich überraschend weit unten in der „Konkurrenztabelle" rangieren, wohingegen Länder mit einem begrenzteren Budget für den Ausbildungssektor mit erstaunlichen Leistungserfolgen aufwarten konnten. Hat das vielleicht etwas mit unterschiedlichen, ethischen Wertpriorisierungen zu tun und spielen als Folge davon jeweilige Mentalitätsunterschiede und Lebensgewohnheiten eine ausschlaggebende Rolle? Ich neige fast zu dieser Auffassung als einer möglichen Erklärung. Während meines Aufenthaltes in China konnte ich die unvergessliche Bekanntschaft mit der Atmosphäre einer chinesischen Schule und den von ihr geprägten Schülern machen. Als ich meine Überraschung und Bewunderung über die konzentrierte Aufmerksamkeit, die eifrige Mitarbeit und die respektvolle Höflichkeit der Schüler äußerte, wies mich ein älterer Deutschlehrer – er hatte zu DDR-Zeiten in Ostberlin studiert – auf einen Ausspruch Laotses hin:

„Der Weise hält sich zurück und kommt damit in vorderste Linie. Er nimmt keine Rücksicht auf sich selbst und wird damit eins mit den anderen. Weil er ohne persönliche Interessen ist, erreicht er das Ziel ohne Widerstand."

Dann fügte er noch bescheiden und mit der Bitte, ihn nicht missverstehen zu wollen, hinzu:

„Ach, wissen Sie, in Europa habe ich ein befremdendes Jagen nach Erfolg, Besitz und Bewunderung erlebt. Ich meine, darin liegt ein Hauptgrund für viele menschliche Leiden. Sagen Sie, was bedeuten den Deutschen Sprichwörter? Denken sie wirklich darüber nach, so wie wir das unsere Kinder lehren? Ich erinnere mich sehr genau an eines Ihrer interessanten Sprichwörter: Sagt man bei Ihnen nicht, Geld mache nicht glücklich? Ja, man sagt es öfter, aber kaum jemand lebt danach!" Ich habe ihn gefragt, wie er Deutschland erlebt habe, und er antwortete mit besorgtem Gesichtsausdruck: „Oh, ich bin überzeugt, je höher die Technik im Wettlauf um Gewinn und ohne Ehrfurcht vor der Natur steigt, desto tiefer wird der Mensch sinken ..."

Als die Resultate der Pisa-Studie veröffentlicht wurden, musste ich an jenen bescheidenen „Philosophen" mit seinen ihm dankbaren und ergebenen Schülern denken – und das zudem noch in einem Schulgebäude, das nach westeuropäischen Maßstäben beinahe ein bisschen verfallen wirkte.

Auf dem Rückflug nach Europa – in die „zivilisierte Sphäre" des Globus – kam ich mir hoch oben zwischen den Wolken auf einmal vor, als schwebte ich zwischen zwei entgegengesetzten Welten in eine unsichere, drohende – weil radikal zwischen gewinnbringend brauchbar und minderwertig unverwertbar trennende – Zukunft ... Und je mehr ich mir dieses Bild mit allen seinen möglichen Folgen ausmalte, desto mehr wünschte ich plötzlich, das Flugzeug würde seinen Kurs ändern und mich zurück nach Peru bringen, wo ich unter den Inkas in den Anden eine unvergessliche Herzensgüte, eine nicht repräsentierende Gastfreundschaft und einen wärmenden Familienzusammenhalt erleben durfte.

Diese meine Befürchtungen und Sehnsüchte damals im Flugzeug tauchten wieder aus meinem Unterbewusstsein auf, als ich in Bassam Tibis Werk „Die neue Weltunordnung" las:

„Diese Idee von der Gleichzeitigkeit von kultureller Fragmentation und struktureller Globalisierung ... hat weitere Widersprüche zur Folge: Konkurrierende Zivilisationen bewegen sich einerseits auf der Interaktionsebene aufeinander zu und driften andererseits immer weiter auseinander, weil ihre Auffassungen über die Weltordnung und ihre Weltanschauungen über das Leben, die Religion, das Recht und andere menschliche Belange im Allgemeinen unvereinbar sind. In einem Zeitalter wachsenden Zivilisationsbewusstseins wird die Idee eines Universalismus nach westlichem Vorbild daher zunehmend in Frage gestellt."[71]

Könnte diese Voraussage vielleicht schon in kurzer Zeit einen so bedeutenden Einfluss auf unser ethisches Umdenken gewinnen, dass wir Europäer gezwungen sein werden, uns auch im Hinblick auf inhaltsmäßige und methodische, umgehend notwendige Veränderungen im Bildungswesen auf andere übergeordnete ethische Werte zu besinnen?

Zurück in die Gegenwart – wie viel haben die in der Leistungsrangliste auf Seite 105 aufgelisteten Länder in ihre Schüler investiert?

Der Preis des Wissens[72]

Gesamtausgaben pro Schüler von der 1. Klasse bis zum 15. Lebensjahr in Dollar

---

[71] „Die neue Weltunordnung", Bassam Tibi; Seite 119;
[72] SPIEGEL special, das Magazin zum Thema: Lernen zum Erfolg; Seite 14 – Quelle: PISA-Studie der OECD;

Österreich: _____71 387
USA: _____67 313
Dänemark: _____65 794
Schweiz: _____64 266
Norwegen: _____ 61 677
Italien: _____ 60 824
Schweden: _____53 386
Japan: _____ 53 255
Frankreich: _____50 481
Finnland: _____ 45 363
Australien: _____44 623
Großbritannien: _____ 42 793
Deutschland: _____ 41 978
Spanien: _____36 699
Südkorea: _____ 30 844
Polen: _____16 154
Mexiko: ___11 239
Brasilien: _ 9 231

Es wäre sicher sehr aufschlussreich gewesen, zum Vergleich noch entsprechende Statistiken über die jeweiligen Nationalbrutto-Einkommen und die Verteilung der Gelder auf die verschiedenen Sparten wie Gesundheitswesen, Sozialfürsorge, Militär u.a. anzufügen. Es hätte zu lange gedauert, alle diese Zahlen zu beschaffen, wenn es überhaupt möglich gewesen wäre, und hätte auch den Rahmen meines Themas zu sehr gesprengt.

Nachfolgend kommen die Fragebögen, die an insgesamt 1017 Lehrer und an 1842 Schüler im Alter von 13 bis 18 Jahren in Deutschland und Dänemark ausgeteilt worden sind. Erfreulicherweise sind 1218 Schülerfragebögen und 912 Lehrerfragebögen ausgefüllt zurückgekommen. Als die ersten ca. 20 ursprünglichen Lehrerfragebögen unausgefüllt mit der Bemerkung „Sehr interessant, möchte aber nicht teilnehmen, viel Erfolg mit dem Buch" o.ä. zurückkamen, wurde zwecks Diskretion bezüglich der Personalien in der geänderten Ausgabe nur noch nach dem Vornamen gefragt. Zudem wurden die mir bekannten Kolleginnen und Kollegen gebeten, die ausgefüllten Fragebögen an neutrale Adressen in Deutschland zu senden. Anlass zu dieser Änderung war die Furcht vor eventuellen unangenehmen Folgen im Dienstverhältnis. Der Einfachheit halber sind die Fragebögen wie ausgeteilt beigelegt, weshalb die Seitenangabe nicht mit der des Buches übereinstimmt ...

9. Fragebögen

in deutscher und dänischer Fassung

<u>Insgesamt waren ausgeteilt worden:</u>

an **Schüler/-innen: 1700** Exemplare
davon ausgefüllt zurück: **1218**;

an **Lehrer/-innen: 1200** Exemplare
davon ausgefüllt zurück: **931**;

FRAGEBOGEN

"FAMILIE UND SCHULE IN DER GESELLSCHAFT DER ZUKUNFT"

(Deutsche Lehrer(innen))

Wir sind mehrere Lehrer aus Dänemark, Deutschland und der Schweiz, die mit dem Thema des Buches arbeiten

FRAGEBOGEN (Lehrer(innen))
zu dem Buch

„Familie und Schule in der Gesellschaft der Zukunft"

Um Ihre Auskünfte anonym zu behandeln, bitten wir nur um Ihren Vorname

Vorname: ....

Geschlecht: weibl.: .... *männl.:* .... *(Bitte ankreuzen)*

Alter: ....

---

1. Seit wann sind Sie im Schuldienst tätig? ....

2. Wie viele Unterrichtsstunden haben Sie in der Woche? .... *Std.*

3. Was ist Ihr Linienfach? ....

4. In welchen Fächern unterrichten Sie noch? ....

....

....

....

5. Haben Sie eine Klassenlehrer-Funktion? .... *Wenn ja, in welcher Klasse:* ....

6. Wie viele Stunden pro Tag (ca.) benutzen Sie für Unterrichtsvorbereitungen? ....*Std.*

7. Wie viele Stunden pro Woche (ca.) verbringen Sie bei Kooperationsvorbereitungen (Fächer-Integrierung) mit Kollegen? .... *Std.*

8. Wie viele Stunden (ca.) pro Woche erfordern Ihre Anwesenheit anlässlich Lehrersitzungen? ....*Std.*

9. Wie viele Eltern-Abende haben Sie (ca.) pro Schuljahr? ....

10. Wie viele Schüler befinden sich in Ihren Klassen:

....

....

....

....

....

....

**11. Kann der Altersunterschied unter Kollegen im Schulalltag manchmal Schwierigkeiten bereiten? Ja:** .... **Manchmal:** .... **Nein:** .... **(Bitte ankreuzen)** **Wenn ja, worin äußern sich diese?**

....

....

....

....

**12. Lässt sich ein <ins>differenzierter Unterricht</ins> immer ohne Schwierigkeiten durchführen? Ja:** .... **Wenn nein, worin sehen Sie belastende (.......), kaum realisierbare (.......) Anforderungen?**

....

....

....

....

**13. Bereiten Ihnen Vorbereitung und Durchführung von Fächer-Integrierung Schwierigkeiten? Nein:** .... **Manchmal:** .... **Oft:** .... **(Bitte ankreuzen)** **Wenn ja, worin bestehen diesbezügliche Schwierigkeiten?**

....

....

....

....

14. *In welchen Fächern würden Sie am liebsten unabhängig von Kollegen unterrichten und warum?*

....

....

....

....

....

15. *Finden Sie in Problemsituationen immer Gehör bei Ihren Vorgesetzten?*
    Ja: .... Nicht immer: .... Manchmal: .... Nein: .... (Bitte ankreuzen)

16. *Haben Sie manchmal Probleme mit Eltern Ihrer Schüler?*
    Oft: .... Manchmal: .... Selten: .... Nein: .... (Bitte ankreuzen)

    Wenn ja, was sind die Ursachen? ....

    ....

    ....

    ....

    ....

17. *Werden Sie an Ihrer Schule zufriedenstellend mit Unterrichtsmaterial versorgt?*
    Nein: .... Nicht immer: .... Ja: .... (Bitte ankreuzen)
    Wenn nein, woran mangelt es vor allem?

    ....

    ....

    ....

    ....

    ....

18. *Sind Sie mit den räumlichen Verhältnissen (Platz, Einrichtung) an Ihrer Schule zufrieden?*
    Nein: .... Es könnte besser sein: .... Ja: .... (Bitte ankreuzen)
    Wenn nein, was wäre Ihrer Meinung sehr wünschenswert:

....

....

....

....

19. Im „*Informations-Zeitalter*" *sind der Computer und das Internet scheinbar unentbehrlich geworden: Worin sehen Sie bei der Anwendung des Computers im Unterricht Vorteile:*

....

....

....

....

Sehen Sie auch bedenkliche Nachteile bei der Anwendung des Computers im Unterricht?
Nein: .... Ja: .... (Bitte ankreuzen)
Wenn ja, worin sehen Sie den Schülern weniger dienliche Auswirkungen:

....

....

....

....

20. <u>*Beunruhigende Probleme in der Klasse:*</u>
   a) Erleben Sie in Ihrer(n) Klasse(n) Mobbing? Nein: ....
   Wenn ja, wie äußert sich das?

....

....

....

....

   b) Aggressivität oder gar Gewalttätigkeiten: Nein: ....
   Wenn ja, wie äußert sich das?

....

....

....

....

Waren Sie schon einmal Gewalttätigkeiten seitens der Schüler ausgesetzt gewesen? Nein: ......
Wenn ja, wie geschah das?

....

....

....

c) Haben Sie schon einmal Tage erlebt, an denen Sie mit Angst vor eventuellen gewalttätigen Übergriffen seitens der Schüler in eine Klasse gegangen sind?
Nein: .... Manchmal: .... Nur: .... mal   Öfter: .... (Bitte ankreuzen)

d) Haben Sie in einer Ihrer Klassen Schüler mit Alkoholproblemen erlebt?
Nein: .... Selten: .... Ab und zu: .... Des öfteren: .... (Bitte ankreuzen)

e) Haben Sie in einer Ihrer Klassen Schüler mit Narkotika-Missbrauch erlebt?
Nein: .... Selten: .... Einige Male: .... Mehrere Male: .... Oft: ....
(Bitte ankreuzen)

f) Haben Sie Schüler (gehabt), die in Kriminalität verwickelt sind (waren)?
Nein: .... Selten: .... Einige Male: .... Mehrere Male: .... Oft: ....
(Bitte ankreuzen)
Wenn ja, welcher Art sind (waren) diese kriminellen Vergehen?

....

....

....

....

....

g) Haben Sie unter Ihren Schülerinnen Fälle von Abtreibungen erlebt? Nein: ....
Wenn ja, wie viele: ....

h) Haben Sie unter Ihren Schülern Fälle erlebt, die von den Eltern unverzeihlich versäumt worden sind? Nein: .... Wenige: .... Mehrere: .... Viele: .... (Bitte ankreuzen)

i) *Erleben Sie in Ihren Klassen Fälle von Unterrichtschwänzen?*
Nein: .... Hin und wieder: .... Häufiger: .... Bei einigen Schülern regelmäßig:.......
(Bitte ankreuzen)

j) *Ist für Sie das Problem <u>Konzentration</u> der Schüler im Unterricht eine belastende Erschwerung bei der Durchführung Ihres Lehrprogrammes?*
Nein: .... Ab und zu: .... Öfter: .... Sehr oft: .... (Bitte ankreuzen)

k) *Sind oder waren Sie einmal beängstigenden Drohungen seitens einiger Eltern ausgesetzt (gewesen)?*
Nein: .... mal Einige Male: .... Mehrere Male: .... Oft: .... (Bitte ankreuzen)

Wenn ja, können Sie Gründe nennen?

....

....

....

....

21. Haben Sie unter Ihren Schülern Fälle von Körperhaltungsschäden?
Nein: .... Einige: .... Mehrere: .... Viele: .... (Bitte ankreuzen)

22. Haben Sie unter Ihren Schülern Fälle mit psychischen Problemen?
Anorexi: .... Bulemie: .... Hypochondrie: .... Auffallende Introvertiertheit: ....

Angst: .... Minderwertigkeitskomplexe: .... Projektion (Schuld auf andere schieben):.......

Aggressive Dominanz: ....   *(Bitte ankreuzen)*

23. Welche der unter 21. und 22. genannten Persönlichkeitsprobleme beeinträchtigt Ihre Unterrichtsstunden am meisten?

....

....

....

....

24. Haben Sie mit Ihren Schülern / mit einigen Ihrer Schüler auch Kontakt außerhalb der offiziellen Schulstunden (Sportverein, Wanderverein, Gesangchor, Theaterkreis, Studienkreise, künstlerische Aktivitäten, Schachklub, Nachhilfestunden u.a.)?

Nein: .... Wenn ja, welche: ....

197

....

....

....

25. *Haben Sie in Ihrer bisherigen Dienstzeit Schüler erlebt, die Sie aus verschiedenen Gründen nicht ausstehen konnten und am liebsten aus der Klasse entfernt gesehen hätten?*
Nein: .... Einige wenige: .... Mehrere: .... Viele: .... (Bitte ankreuzen)

Wenn ja, können Sie Gründe nennen, warum Sie mit dem jeweiligen Schüler nicht auskommen konnten:

....

....

....

....

....

26. *Haben Sie mit der Integration und dem Unterrichten von ausländischen Schülern Schwierigkeiten (gehabt)?*
Nein: .... Hin und wieder: .... Des öfteren: .... Sehr oft: .... (Bitte ankreuzen)
Wenn ja, was waren wesentliche, häufige Anlässe zu solchen Schwierigkeiten?

....

....

....

....

27. *Interessieren sich die Eltern Ihrer Schüler sehr aufmerksam für das Weiterkommen ihrer Kinder und nehmen dementsprechend aktiv an Schulereignissen teil?*
Alle: .... Die meisten: .... Mehrere: .... Einige: .... Könnte besser sein: ....
(Bitte ankreuzen)

28. *Wenn Arbeitsverhältnisse und Zeit es ermöglichten, würden Sie dann häufigere Lerntest, d.h. Klassenarbeiten befürworten, um einen genaueren Einblick in den Wissensstand Ihrer Schüler gewinnen zu können?*
Nein: .... Unter Umständen: .... Ja: ....
Wenn ja, worin sähen Sie einen nennenswerten Vorteil?

....

....

....

....

....

29. Haben oder hatten Sie Schüler, die durch Geldverdienen in ihrer Freizeit spürbar in ihrer schulischen Ausbildung behindert sind (waren)?
Nein: .... Einige: .... Mehrere: .... Sehr viele: .... (Bitte ankreuzen)

Leiden Sie manchmal darunter, dass der Schuldienst Ihr Familienleben oder andere private Interessen zu sehr beeinträchtigt?
Nein: .... Ab und zu: .... Oft: .... Dauernd: .... (Bitte ankreuzen)

Würden Sie lieber heute als morgen den Schuldienst quittieren, wenn es Ihre Lebensumstände erlaubten?
Nein: .... Manchmal ja: .... Sofort: .... (Bitte ankreuzen)

Finden Sie, dass die von übergeordneten Schulbehörden vorgegebenen Unterrichtsziele und Unterrichtsinhalte nur in der Theorie als bewundernswert anzuerkennen sind, aber in der Wirklichkeit unter den gegebenen Umständen kaum durchführbar / erreichbar sind?
Völlig einig: .... Mit einigen Vorbehalten ja: .... Nein: .... (Bitte ankreuzen)

Was würden Sie sich in der heutigen Schulsituation an grundlegenden Änderungen wünschen?

....

....

....

....

....

Haben Sie es manchmal bereut, den Lehrerberuf gewählt zu haben und könnten sich heute eine andere Beschäftigung besser vorstellen? Nein: ....
Wenn ja, welche und warum?

....

....

....

....

Sehr geehrte Kollegin!
 Sehr geehrter Kollege!

Nachdem wir in mühsamer Kleinarbeit Informationen und fachliche Unterlagen für unsere Arbeit bei Unterrichtsministerien und anderen zuständigen Schulbehörden (u.a. auch bei Schulpsychologen) eingeholt haben, wollten wir unsere Untersuchungen nicht allein auf diese Experten-Informationen bauen. Damit unser Buch wirklich die gegebenen Verhältnisse in der derzeitigen Schulwelt widerspiegelt, sollten die Menschen sehr markant zu Wort kommen, die Tag für Tag an „der Front kämpfen"! Ähnlich ausführliche Fragebögen haben wir sowohl für Schüler, für Erzieherinnen und für Angestellte im Altenpflegedienst ausgefertigt.

 Wir sind Ihnen überaus dankbar für Ihre wertvolle und unentbehrliche Mitarbeit

 Im Namen der an diesem Buch arbeitenden Kollegen

 Mit freundlichem Gruß

 Frank-Volkhard Bauer

P.S.: Kennen Sie Kollegen, die uns auch bei unserer umfangreichen Arbeit beistehen wollen, kann man sich gerne an mich wenden:
 Frank-Volkhard Bauer
 Tangetvej 11, Tjaereby
 Dk – 4800 Nykøbing Falster
 Tlf.: 54 – 14 8118
 E-Mail: eruba@telefona.dk

SPØRGESKEMA

”FAMILIE OG SKOLE I FREMTIDENS SAMFUND”

(Danske elever – *fra 13 år*)

Vi er flere lærere fra Danmark, Tyskland og Schweiz der arbejder med bogens emne

1. Hvilke fag kan du godt lide?

· ....

....

....

....

....

2. Hvilke fag har du haft / har du problemer med og hvorfor?

....

· ....

....

....

3. Er du interesseret i fagene historie og samfundsorientering?

Ja: .... **Nej:** .... *(Sæt kryds)*
Begrund din mening nærmere:

....

....

· ....

4. Hvor mange elever var / er i din klasse? ....

Skole: .... *piger:* .... *drenge:* ....

Skole: .... *piger:* .... *drenge:* ....

Skole: .... *piger:* .... *drenge:* ....

Skole: .... *piger:* .... *drenge:* ....

5. Er din klasselærer i den skole du går på en mand eller en kvinde? ....

6. Er du glad for hende / ham ? ....

7. Hvis ja, hvorfor? ....

....

....

Hvis nej, hvorfor ikke ? ....

....

....

8. Har du været udsat for mobning ?

Hvis ja, hvad var grunden ? ....

....

....

....

9. Hvad forventer du dig af en god lærer? ....

....

....

....

10. Hvad bryder du dig ikke om hos en lærer ? ....

....

....

....

11. Har du haft lærer som ikke kunne lide dig? ....

12. Hvis ja, hvordan har den / de behandlet dig ? ....

....

....

13. Har du kunnet / kan du tale med den / de pågældende lærer for at få en forklaring, hvorfor den / de har behandlet / behandler dig sådan?

....

....

....

14. Har du selv af og til givet anledning til en ubehagelig behandling? Hvis ja, hvordan ?

....

....

....

....

15. Hvis du har oplevet kedelige undervisningstimer, beskriv kort, hvorfor de var kedelige:

....

....

....

....

16. Har du oplevet lærere som du har følt dig forfulgt af ? Ja: ..... Nej: ..... (Sæt kryds)

17. Hvis ja, hvad gjorde de?

....

....

....

....

18. Hvem af dine forældre har hjulpet / hjælper dig mest med lektierne? ....

19. Har du haft / har du et job efter skolen? Ja:..... Nej:..... (Sæt kryds)

Hvis ja, hvad laver du? ....

....

....

20. Hvad bruger du pengene til ? ....

....

....

....

21. Drikker du alkohol ? Ja:.... Nej:....   (Sæt kryds)

22. Hvis ja, i hvilken anledning og hvor meget?

....

....

....

23. Drikker en af dine forældre alkohol?
Moder:..........   Fader:.............   (Sæt kryds)

24. Ryger du ?............... Hvis ja, hvor mange cigaretter ryger du om dagen? ....

25. Ryger en af dine forældre?
Moder:...... Fader: .... (Sæt kryds)

26.. Er du medlem af en forening eller en klub ?..............

Hvis ja, hvilken? ....

....

27. Kan du godt lide at surfe på Internettet ?.............

Hvis ja, hvorfor? ....

....

....

28. Ser du fjernsyn ? Ja: ...... Nej: ....

Hvis ja, hvor mange timer cirka om dagen? .... ;

Hvilke udsendelser ser du gerne? ....

...

...

...

29. Har du en ven / inde (kæreste)? Ja: .... Nej: .... (Sæt kryds)

Hvis ja, har du sovet sammen med ham / hende? Ja: .... Nej: .... (Sæt kryds)

Har du haft samleje med din kæreste? Ja: .... Nej: .... (Sæt kryds)

30. Hvad har du for planer med henblik på en videregående uddannelse?

...

...

...

...

Vi siger mange tak for din værdifulde hjælp.

På medarbejdernes vegne

Frank-Volkhard Bauer

P.S.: Når vi bruger dine oplysninger i bogens tekst, må vi så nævne dit fornavn?

Kryds af: Ja ☐ Nej ☐

Dato: 2003

10. Auswertung der Fragebögen[1]

<u>Was haben unsere jungen „Mitarbeiter" uns mitzuteilen?</u>

Geschwister:
416 Einzelkinder – 321 eine Schwester oder einen Bruder – 420 zwei oder mehr Geschwister –
61 keine Angaben;

Geschiedene Eltern:
709; hierbei ist nicht gefragt worden, ob der eine Elternteil zusammen mit Lebensgefährten wohnt oder ob die Eltern getrennt leben; von den 709 Scheidungssituationen wohnen vier geschiedene Eheleute getrennt im gleichen Haus;

Was macht dein Vater:
326 arbeitslos – die übrigen Angaben verteilen sich auf Akademiker, öffentlich Angestellte, Auslandsarbeit, Pflegedienst, selbstständige Unternehmen und Hilfsarbeiter; eine ausführlichere zahlenmäßige Aufgliederung ist bedauerlicherweise unterlassen worden.

Was macht deine Mutter:
516 arbeitslos – 223 vorübergehend beurlaubt – die übrigen Angaben verteilen sich wie bei den Vätern;

Wohnst du in einer Wohnung:
752 wohnen in einer Wohnung, vor allem in den Städten;

Wohnst du in einem eigenen Haus:
429 wohnen in einem eigenen Haus, vor allem in ländlichen Regionen, 37 wohnen abwechselnd bei Pflegeeltern, Großeltern, Nachbarn ohne nähere Angaben über Wohnverhältnisse;

In welche Schule gehst du
(Fragebögen wenden sich an Schüler ab 13 Jahren): 349 gehen in die Volksschule (nicht näher aufgegliedert nach verschiedenen Stufen, da die Volks-

---

[1] *Der Korrektheit halber sei darauf aufmerksam gemacht, dass die auf der Vorderseite der Fragebögen angegebene Information nicht mehr zutrifft, da wir kurz nach Beginn der intensiven Arbeit mit Austeilen und Einsammeln der Fragebögen feststellen mussten, dass der ursprüngliche Plan mit drei Ländern zu umfangreich angelegt worden war, weshalb die Schweiz mit Bedauern aller Beteiligten aus dem Projekt genommen wurde;*

schule in Dänemark 1. bis 9./10. Klasse (Abschlussprüfungen) umschließt und die verschiedenen deutschen Aufgliederungen nicht kennt – 316 besuchen Gymnasien – 78 sind Internatsschüler – 472 besuchen Real-, Handels-, Handwerks- oder weiterbildende Abendschulen im zweiten Bildungsweg – drei hatten aus Verfolgungsangst die Schule verlassen (mehr war darüber nicht zu erfahren);

In welche Schulen bist du früher gegangen

(dic Antworten sollten Aussagen über die Häufigkeit der Schulwechsel machen; aus Gründen der Diskretion werden die betreffenden Schulen nicht genannt): 307 haben die Schulen 5-mal gewechselt (oft natürlich wegen Umzug) – 417 wechselten die Schule 3- oder 4-mal (keine Begründungen) – 494 wechselten bedingt durch weiterführende Ausbildung (z.B. von Volksschule in die Realschule und weiter ins Gymnasium: dennoch waren diese Zahlen schwer zu differenzieren, z.B. kann nichts über Schulverweisungen gesagt werden);

1. Welches Fach (Fächer) liegt dir

(auch diese Resultate sind nicht bis in Details ausgewertet): 452 bevorzugen Mathematik und die naturwissenschaftlichen Fächer – 225 Sprachen und die geisteswissenschaftlichen Fächer – 305 die kreativen Fächer und Sport – 28 Arbeit mit dem Computer – 76 ohne Angaben oder Bemerkungen wie „Ich muss ja in allen Stunden mitfolgen" – 132 gehen gerne in die Schule und mögen alle Fächer (?);

2. In welchem Fach (Fächern) hast du Probleme und warum:

408 in den Sprach- und geisteswissenschaftlichen Fächern (Lese- und Rechtschreibschwierigkeiten, zu viel Lesestoff, zu langweilig, der Unterrichtsstoff wird zu schnell durchgenommen, man kommt nicht zu Wort, interessiert mich nicht, weil ich es später nicht brauche, der Lehrer mag mich nicht – 316 haben Probleme in Mathematik und den naturwissenschaftlichen Fächern (oft verstehe ich es nicht – zu viele Fremdwörter der Lehrer, mag mich nicht – wage nicht zu fragen, weil ich mich nicht blamieren will – interessiert mich nicht) – 324 haben keine Probleme – 170 keine Angaben;

3. Interessieren dich die Fächer Geschichte und Sozialkunde:

719 nein (wozu soll ich den Quatsch später gebrauchen, zu langweilig, interessiert mich nicht, der Lehrer redet zu viel, kann ich auch alleine im Buch lesen oder aus dem Internet runterholen) – 321 interessiert es sehr (bin Mitglied in einer Partei, man sollte einiges über die Vergangenheit wissen, um

aus Fehlern zu lernen, wir diskutieren zu Hause viel Politik, will später mal Geschichte studieren, wenn man keine Ahnung von Gemeinschaftskunde hat, kann man später auch nicht mitreden, kritisieren, Ansprüche stellen u.a.) – 43 manchmal ja, nicht immer – 136 ohne Angaben;

4. Wie viele Schüler waren/sind in deiner Klasse

(hierzu muss gesagt werden, dass die Frage wohl zu umfangreich war, weshalb die Antworten auch sehr ungenau ausfielen). Die hier wiedergegebenen Informationen sind daher nur relativ: durchschnittlicher Klassenqotient 28 (in Dänemark etwas niedriger, was nicht genauer ausgerechnet worden ist), wobei die Gymnasiumklassen einen höheren Quotient ausweisen als die Volksschulen.

Die besten Verhältnisse finden sich an Real- und Internatsschulen, Durchschnitt 16 bis 21 Schüler. Das Verhältnis Mädchen zu Jungen (ungefähr): 3/5 zu 2/5;

5. Hast du eine Klassenlehrerin oder einen Klassenlehrer

(bei Verteilen der Fragebögen wurde darauf geachtet, dass nur ein Exemplar pro Klasse verteilt wurde): 681 hatten eine Klassenlehrerin – 530 hatten einen Klassenlehrer – sieben keine Angaben;

6. Magst du sie/ihn:

703 antworteten mit ja – 511 mit nein – vier nicht beantwortet;

7. Wenn ja, warum

(die Antworten sind nicht zahlenmäßig ausgewertet): Er/sie erklärt alles so, dass ich es gut verstehen kann, er/sie macht den Unterricht sehr spannend, er/sie ist oft witzig, kann mit Problemen zu ihr/ihm kommen, ich werde angehört, ich habe keine Angst, wenn ich mal die Aufgaben nicht gemacht habe, versteht mich, hilft mir nach dem Unterricht mit den Hausaufgaben, organisiert interessante Klassenstunden, wo wir auch sagen können, womit wir unzufrieden sind;

Wenn nein, warum nicht:

Er/sie ist so eingebildet, hört nicht auf uns, macht einen langweiligen Unterricht, hat kaum Zeit für uns, hat immer Recht, will nicht mit uns diskutieren, ist wie verrückt mit Aufräumen (vor allem weibl. Kollegen), schimpft dauernd, ist oft hitzig, redet ununterbrochen, mag mich nicht, habe Angst vor ihr/ihm, wenn wir etwas nicht verstanden haben, sagt er/sie nur: dann müsst ihr eben das nächste Mal besser zuhören;

8. Bist du Opfer von Mobbing (gewesen):

387 antworteten mit nein; davon 216 Jungen und 164 Mädchen; sieben haben nichts angegeben;

Wenn ja, was ist/war der Anlass

(diese Angaben sind nicht zahlenmäßig ausgewertet): Ich werde einfach nicht in Ruhe gelassen, weil ich die besten Freundinnen/Freunde in einer höheren Klasse habe, machen beleidigende Bemerkungen wegen meines Aussehens (Nase, Gesäß, Frisur, Kleidung u.a.), weil ich zu dick bin, wegen Handicaps (Hinken, Stottern, Hautausschlag), weil ich gute Noten bekomme, weil mein(e) Klassenlehrer(in) mich lobte, weil meine Eltern eine eigene Firma haben, weil ich mir nichts aus Diskothekbesuchen mache, weil ich keinen Alkohol trinke, weil ich nach dem Unterricht immer gleich nach Hause gehe, weil ich der Polizei gesagt habe, wer die Papierkörbe im Schulhof angezündet hat, u.a.;

9. Was erwartest du dir von einem(r) guten Lehrer(in)

(die Angaben sind nicht zahlenmäßig ausgewertet): Freundliches Wesen, Geduld, Verständnis für meine Probleme und Hilfe, er/sie soll nicht einzelne Schüler bevorzugt behandeln, nicht arrogant und rechthaberisch Polizei spielen, nicht hinter meinem Rücken schlecht über mich mit meinen Eltern, mit der Schulleitung sprechen, nicht immer gleich jemand verdächtigen, ohne die Situation genau zu kennen, ich brauche keinen militärischen Befehl, nicht launenhaft sein, gut erklären können, gut für den Unterricht vorbereitet sein, keine ungerechten Noten geben, den Unterricht spannend machen, nicht lange Reden halten, dass die Schüler nicht zu Wort kommen, uns keine moralischen Vorträge halten (Sexualität), wenn wir genau wissen, dass er/sie dauernd eine(n) andere(n) im Bett hat, uns nicht vor Alkohol und Rauchen warnen, wenn sie/er selber das nicht einhält, nicht immer die Verbesserung unserer Aufgaben vergessen, nicht einfach die Klasse mit Gruppenarbeiten beschäftigen und dann ins Lehrerzimmer abhauen;

10. Was magst du nicht an einem(r) Lehrer(in)

(es hat sich erwiesen, dass die Formulierungen der Fragen 9 und 10 manche Schüler verwirrt haben, weshalb viele die Frage 10 nicht beantwortet oder sehr vernünftig nur „das Gegenteil von dem unter Frage 9" geschrieben haben); 189 hatten nichts geantwortet;

11. Hast du eine(n) Lehr(er)in (gehabt), die/der dich nicht leiden kann (konnte):

674 haben mit ja geantwortet, davon 234 ausländische Schüler (diese Angabe ist mit Vorbehalt zu bewerten, da sie nach dem Namen gemacht wurde, wobei nicht gesagt werden konnte, ob es sich um Einwandererkinder oder im Aufenthaltsland geborene handelt) – 21 waren unbeantwortet;

12. Wenn ja, wie behandelt sie/er dich, (hat sie/er dich behandelt)

(eine exakte zahlenmäßige Auswertung war schwierig): 32 „Will ich nicht sagen, weil es doch keiner glaubt", 523 antworteten: „Habe ich nicht erlebt", 19 waren unbeantwortet; aus den übrigen ist zu erfahren: übergeht mich und guckt mich nicht an; nimmt mich niemals dran, wenn ich mich melde; wenn es unruhig in der Klasse ist, werde immer ich ausgeschimpft oder verdächtigt; blamiert mich oft vor der Klasse; hat mich wegen meiner Kleidung kritisiert (drei Fälle in Dänemark wegen des Kopftuches mohammedanischer Mädchen, 34 in Deutschland) und mir auch verboten, es in der Schule aufzuhaben; verbietet mir das Reden; macht komische Bemerkungen, wenn ich nicht gut genug lese; erzählt dumme Witze, die bestimmt mich meinen, was die Klasse lustig findet; ich muss immer Papier vom Boden aufsammeln, was ich gar nicht hingeschmissen habe; der/die Lehrer(in) sagt oft: „Wenn dir was nicht passt, bleib doch zu Hause"; hat mich ausgeschimpft, ich soll mein Handy ausmachen – und ich habe gar keins; holt mich in der Mathematikstunde oft an die Tafel, obwohl er/sie weiß, dass ich nicht gut bin im Rechnen; gibt mir eine viel schlechtere Note als meiner Freundin, obwohl sie mehr Fehler hatte; gratuliert mir nicht, wenn ich Geburtstag habe; ich habe ein Problem (Stottern, Schreibfehler u.a.), und der/die Lehrer(in) sagt: „Na ja, du lernst das wohl nie" – „Hoffnungslos mit dir" – „Du, gib's auf ..." – „Ich habe nichts anderes erwartet" u.ä.

13. Kannst du, (konntest) du mit dem(r) betreffenden Lehrer(in) darüber sprechen, warum er/sie dich so behandelt (hat):

331 antworteten mit nein; 549: war kein Grund dazu; 312 antworteten mit ja; 26 waren unbeantwortet;

14. Hast du selber einmal (hin und wieder) Anlass zu einer unbehaglichen Behandlung gegeben

(eine schwierige zahlenmäßige Auswertung): 618 antworteten mit ja; 340 waren unbeantwortet; 154 hin und wieder; die restlichen 106 waren schwer zu interpretieren (einige waren etwas ironische Gegenfragen);

Wenn ja, auf welche Weise: Habe im Unterricht geschlafen; war in eine Rauferei verwickelt, was aber nur Spaß war; mein Handy hat öfter mal im Unterricht gepiept; mit meinem Nachbarn gequatscht; öfter verschlafen; zu spät zum Unterricht gekommen; aus Protest den Unterricht verlassen; laut einen dummen Witz über die Lehrerin erzählt; den/die Lehrer(in) primitiv angeredet; mehrmals Anordnungen des Lehrers nicht befolgt; in der Pause Bier getrunken; in der Toilette geraucht; Graffiti auf eine Toilettentür gespritzt; an die Rückwand der Turnhalle gepisst; eine Schülerin in die Garage des Hausmeisters eingesperrt; öfter die Hausaufgaben nicht gemacht; die Schultasche eines Kameraden versteckt; in der Pause Mädchen mit Wasser besprizt; eine Schülerin aus Bosnien wegen ihrer komischen Kleidung lächerlich gemacht; habe einen blöden Kerl die Treppe runtergeschmissen; in die Schulbücher gemalt und geschrieben; einer Lehrerin die Luft aus den Autoreifen gelassen u.a.;

15. Wenn du langweilige Unterrichtsstunden erlebt hast, beschreibe kurz, warum sie langweilig waren
(eine zahlenmäßige Auswertung wäre zu verwickelt gewesen): Hier die häufigst genannten Gründe: Lehrer redet zu viel; immer dasselbe; dauernd Gruppenarbeit mag ich nicht; immer nur im Buch lesen oder Filme ansehen; der Unterrichtsstoff interessiert mich überhaupt nicht; oft kann man den/die Lehrer(in) nicht richtig verstehen; bin oft richtig müde; ist mir alles zu theoretisch; dem(r) Lehrer(in) ist es wurscht, ob wir interessiert sind, der/die ackert sein/ihr Programm durch und haut ab, wenn's klingelt; hält immer erst belehrende Moralvorträge, wenn sie/er in die Klasse kommt; gibt uns einen Text zum Lesen oder eine Aufgabe, die wir lösen sollen, und sitzt dann hinter dem Katheder und liest in der Zeitung, bis es klingelt, und sagt dann: „Den Rest macht ihr zu Hause fertig"; fehlt oft im Unterricht oder kommt mit Verspätung (oft krank) und dann haben wir eine Vertretung oder der Unterricht fällt aus; weil wir einen Lehrer haben, der gar nicht als Lehrer ausgebildet ist; weil sie/er oft etwas vergessen hat (korrigierte Hausaufgaben); redet nur zur Tafel, während sie/er sie vollschreibt;

16. Hast du Lehrer(innen) (gehabt), von denen du dich verfolgt fühlst (gefühlt hast):
423 antworteten mit ja; 712 antworteten mit nein; 83 waren unbeantwortet;

17. Wenn ja, was tun sie (haben sie getan)
(eine zahlenmäßige Auswertung wäre zu umfassend geworden): Die meisten

Beispiele waren Wiederholungen der unter Frage 12 angegebenen unbehaglichen Erlebnisse;

18. Wer deiner Eltern hilft dir (hat dir geholfen) meistens bei den Hausaufgaben:

742 schrieben Mutter; 167 schrieben: Vater; 282: niemand; fünf:? oder gar nichts; 22: Freund oder Freundin;

19. Hast du einen Job nach der Schule (gehabt):

707 antworten mit ja; 468 antworten mit nein; 37 antworten manchmal; sechs keine Antwort;

Wenn ja, was machst du (hast du gemacht)

(nicht zahlenmäßig ausgewertet): Die meisten nannten u.a.: Zeitungen austragen; Lagerarbeit im Supermarkt; Autowaschen an einer Tankstelle; helfe in der Firma meiner Eltern; Aufräumen im Lager eines Farbengeschäfts; Reinemachen in einem Pflegeheim; Bücher sortieren in einem Buchladen; alles Mögliche auf einem Bauernhof; meiner Partei helfen Wahlplakate ankleben; vor einem Einkaufszentrum Reklamebroschüren verteilen; spiele Gitarre in der Fußgängerzone; Geschirr abwaschen in einem Hotel; für ein älteres Ehepaar einkaufen, Post holen, Abfalleimer ausleeren, Fensterputzen; Zinsen für ausgeliehenes Geld; leere Flaschen sammeln und Pfandgeld im Geschäft kassieren;

20. Wozu verwendest du dein Geld

(nicht zahlenmäßig ausgewertet): Die meisten Antworten lauteten: Abzahlung für Fahrrad, Handy, Gitarre, Darlehen von Eltern; für Kleidung, Kosmetikartikel, Telefonrechnung, CDs, Sparen für Ferienreise, Besuch in der Disco, Zigaretten, Bier, Wein bei Festen, Friseur, Piercing; einige wenige verwenden ihr Geld für: Sparbuch, Bücher, Material für kreative Aktivitäten, Ausleihen an Kameraden gegen Zinsen;

21. Trinkst du Alkohol:

809 antworten mit ja; 304 antworten mit nein; 11 keine Antwort; 12 geben ausweichende Antworten wie „Warum?" – „Geht niemand was an" – „Ist das verboten?" – „Wer will das wissen?" – „Nicht so neugierig!" u.ä.; 82 antworten: manchmal;

22. Wenn ja, bei welchem Anlass und wie viel

(über die Mengen gab es sehr verschiedene Auskünfte, die nicht zahlenmäßig ausgewertet wurden): Jasager in der Disco, auf Partys, bei guter Stimmung, bei Festivals, zusammen mit Kumpels, in Pausen auf der Arbeit, bei Geburtstagen, im Ferienlager, auf der Heimfahrt in der Bahn, wenn ich eingeladen bin, am Wochenende mit meinem(r) Freund(in) bei Rockmusik, wenn meine/ihre/seine Eltern nicht zu Hause sind; manchmal: gemütlich zusammen mit meinen Eltern, bei besonderen Familienfeiern, wenn ich woanders eingeladen bin, wenn ich eine Prüfung bestanden habe; ohne nähere Erklärung;

23. Trinken deine Eltern:
Mutter: 517; Vater: 761; nicht beantwortet: 42;

24. Rauchst du, wenn ja, wie viele pro Tag
(über die Menge gab es sehr verschiedene Angaben, die nicht zahlenmäßig ausgewertet wurden): Raucher: 786; keine Angaben: 36; manchmal/selten: 12; Mengen: von 4-5 bis eine ganze Packung; einige wenige mehr als eine Packung;

25. Rauchen deine Eltern:
Mutter: 509; Vater: 702; nicht beantwortet: 14;

26. Bist du Mitglied eines Vereins (Klubs)
(nicht zahlenmäßig ausgewertet): 516 sind in einem Verein; an Beispielen wurden genannt: Fußballverein, Handballverein, Judo/Karate, Tanz-/Ballettschule, Theaterverein, Schwimmverein, Turnverein, Segel-/Yachtklub, Gymnastikverein, Schachklub, Schützenverein, Schulorchester, Kirchenchor, Rock-/Jazzband, Pfadfinder, Wanderverein, Heimatverein, Volkstanz, Tierschutzverein, Juniorenabteilung einer Partei, Integrationsaktivität (Arrangements mit ausländischen Kindern/Schülern), Computer-Klub, Redaktionsmitglied bei einer Schülerzeitschrift; einige wenige Mitgliedschaften wie Bergsteigerverein, Blaskapelle, kreative Aktivitäten wie Malschule, Töpfer, Schnitzen;

27. Surfst du gerne im Internet:
Ja: 712; **manchmal:** 133; **nein:** 321; nicht beantwortet: 52;

Wenn ja, warum (die verschiedensten Antworten wurden nicht zahlenmäßig ausgewertet): Hier einige der Antworten: „sehr lehrreich – finde schnell Informationen, die ich nicht in der Schule erfahre oder aus Büchern holen kann – interessante internationale Kontakte (Chat) – kann gratis viele Dinge runterholen – spannende Spiele – eigene Webside – Neuigkeiten aus aller Welt – Glückwunschkarten senden – man kann oft billigere Waren bestellen – kann Dinge kaufen, die es in unserer Stadt nicht gibt – bestellte Waren kommen direkt ins Haus" u.a.;

28. Siehst du fern:

Ja: 1184; nein: 22; nicht beantwortet: 12;

Wenn ja, wie viele Stunden pro Tag (viele verschiedene Angaben, weshalb die hier angeführten Zahlen nur nach ungefähren Zeitgruppen zusammengefasst sind):

Gruppe 1: 3–7 Std. pro Tag: 132; Gruppe 2: 2–4 Std. pro Tag: 418; Gruppe 3: 1–2 Std. pro Tag: 541; Gruppe 4: nur ab und zu (ca. 8 Std. in der Woche): 97; Gruppe 5: nur am Wochenende (3–5 Std. /sehr verschieden): 30;

Welche Sendungen siehst du gerne (es wäre zu viel, die zahlreichen verschiedenen Sendungen zahlenmäßig auszuwerten; zudem sehr verschiedene Filme in dänischen und deutschen Programmen; nachfolgende Zahlen sagen etwas über Interessensgruppen); demnach sehen:

Unterhaltungs-, Liebes-, Kriminal- und Westernfilme: 889;

Tierfilme, Filme über andere Länder, Kulturfilme, wissenschaftliche Filme: 432;

Sportsendungen (vor allem Fußball, Boxen, Wassersport, Tanzturniere): 627;

Nachrichten, Wochenschau: 478;

29. Hast du eine(n) Freundin (Freund), Liebste(n):

Ja: 779; nein: 361; nicht beantwortet: 78;

Wenn ja, hast du mit ihm/ihr geschlafen: Ja: 604; nein: 162; nicht beantwortet: 13;

Hast du mit deinem(r) Liebsten Intimverkehr gehabt:

Ja: 509; nein: 89; nicht beantwortet: 6;

30. Welche Pläne hast du mit einer weiterführenden Ausbildung:

923 streben eine höhere Weiterbildung (von Volksschule zur Realschule, von Realschule zum Gymnasium, von der Volksschule in Handwerkslehre, von Realschule zur Handwerkerschule, vom Gymnasium zur Universität, vom Gymnasium an die Hochschule für Journalistik, vom Gymnasium an die Technische Hochschule, vom Gymnasium an die Schauspielschule, vom Gymnasium an das Konservatorium, vom Gymnasium an die Kunstakademie;

218 noch keinen festen Plan; unsicher; 52 beginnen nach der Volksschule/ Realschule im Unternehmen der Eltern (Geschäft, Bauunternehmen, Transportfirma, Fischer); sechs spielen in einer Musikband und wollen das weiterbetreiben; vier arbeiteten in der Gymnasiumzeit in einer Programmierungsfirma und wollen nach dem Abitur ihre eigene Firma eröffnen;

acht haben nach der Volksschule an einen Vertrag als Fotomodell; sieben nicht ausgefüllt;

Folgen wir abschließend unseren Lehrerinnen und Lehrern in ihrem Schulalltag:

1. Seit wann sind Sie im Schuldienst tätig
(nachfolgende Informationen sind in Dienstjahre-Gruppen zusammengefasst):
1. Gruppe: 1–5 Dienstjahre: **132**; 2. Gruppe: 6–10 Dienstjahre: **237**;
3. Gruppe: 11–20 Dienstjahre: **271**; 4. Gruppe: 21–30 Dienstjahre: **219**;
5. Gruppe: **72** (gehen 2004 in Pension);
2. Wie viele Unterrichtsstunden haben Sie in der Woche
(nachfolgende Informationen sind in Unterrichtsstunden-Gruppen zusammengefasst):
1. Gruppe: 27–35 Stunden: **426**; 2. Gruppe: 19–26 Stunden: **457**;
3. Gruppe: unter 25 Stunden: **48**;
3. Was ist Ihr Linien-/Hauptfach:
Muttersprachen: **331**; Mathematik/Physik/Chemie: **302**; Sozialkunde, Geschichte, Religion: **218**; Sport,Werkstatt, musische Fächer, Handarbeit: **80**;
4. In welchen Fächern unterrichten Sie noch
(eine exakte Aufstellung nach Anzahl Lehrer und die entsprechenden Fächer war zu kompliziert; der einfacheren Übersicht ist eine Gliederung nach Anzahl der Unterrichtsfächer vorgenommen); danach unterrichten in vier Fächern: **278**; in drei Fächern: **424**; in zwei Fächern: **229**;
5. Haben Sie eine Klassenlehrerfunktion:
Ja: **804**;
Wenn ja, in welcher Klasse
(die Angaben sind nach Stufen-Gruppen zusammengefasst):
Klassen 1–4: **206**; Klassen 5–9: **314**;
Realschulklassen: **311**; Gymnasiumklassen: **94**; kein(e) Klassenlehrer(in): **6**;
6. Wie viele Stunden pro Tag (ca.) benutzenSie für Unterrichtsvorbereitungen:
1–2 Std.: **321**; 3–4 Std.: **412**; fünf und mehr Std.: **182**; keine Antwort: **16**;
7. Wie viele Stunden pro Woche (ca.) verbringen Sie bei Kooperationsvorbereitungen (Fächer-Integrierung) mit Kollegen:
4–5 Std.: **302**; 2–3 Std.: **374**; 1–2 Std.: **126**; keine Std.: **113**; keine Antwort: **16**;
Zu dieser Frage waren mehrere klein geschriebene Anmerkungen (man hätte in dem Fragebogen für diese Frage mehr Platz einräumen sollen!) wie: „hängt mir manchmal zum Hals raus, weil sich andere gar nicht vorbereiten" – „die

Diskussionen dauern oft viel zu lang" – „ich würde eigentlich viel lieber alleine mit meiner Klasse arbeiten" – „eine der modernen ‚Verbesserungen',
die in Wirklichkeit einen effektiven Unterricht blockiert" – „ich kann das
Wort Integrierung bald nicht mehr hören" – „da werden manchmal Fächer
integriert, die man besser getrennt unterrichten sollte" u.a.

**8. Wie viele Stunden (ca.) pro Woche erfordern Ihre Anwesenheit
anlässlich Lehrersitzungen:**
4–5 Std.: **203**; 2–3 Std.: **567**; verschieden, nach Bedarf: **145**; keine Antwort: **16**;

9. Wie viele Elternabende haben Sie pro Schuljahr: vier Elternabende:
227; drei Elternabende: **217**; zwei Elternabende: **360**;

10. Wie viele Schüler befinden sich in Ihren Klassen
(eine genaue Aufstellung wäre wegen der zahlreichen Variationen eine Darstellung über mehrere Seiten geworden; es folgen hier mehrere Beispiele:

Klasse:	Mädchen:	Jungs:	Ausländer:
1. Kl.:	6	7	1
1. Kl.:	9	6	2
1. Kl.:	8	8	2
1. Kl.:	10	7	0
1. Kl.:	7	9	1
2. Kl.:	7	6	2
2. Kl.:	8	6	4
2. Kl.:	7	9	1
2. Kl.:	6	8	4
2. Kl.:	10	6	1
3. Kl.:	9	8	1
3. Kl.:	8	8	0
3. Kl.:	6	8	2
3. Kl.:	9	7	0
3. Kl.:	7	7	1
4. Kl.:	9	8	2
4. Kl.:	8	5	3
4. Kl.:	7	9	0
4. Kl.:	8	6	5

4. Kl.:	9	4	3
5. Kl.:	7	9	0
5. Kl.:	7	8	0
5. Kl.:	9	16	1
5. Kl.:	12	7	0
5. Kl.:	8	7	3
6. Kl.:	10	5	4
6. Kl.:	8	7	4
6. Kl.:	9	13	0
6. Kl.:	19	(ohne Aufgliederung)	
6. Kl.:	9	7	2
7. Kl.:	26	(Angaben ohne Aufgliederung)	
7. Kl.:	10	9	4
7. Kl.:	9	11	3
7. Kl.:	11	12	2
7. Kl.:	10	13	0
8. Kl.:	7	8	1
8. Kl.:	7	8	4
8a. Kl.:	26	(Angaben ohne Aufgliederung)	
8b. Kl.:	26	(Angaben ohne Aufgliederung)	
8. Kl.:	9	9	6
9. Kl.:	28	(Angaben ohne Aufgliederung)	
9. Kl.:	14	11	4
9. Kl.:	15	12	4
9. Kl.:	13	10	6
9. Kl.:	9	16	5
10. Kl.:	9	11	0
10. Kl.:	11	13	5
10. Kl.:	14	14	4
10. Kl.:	13	16	3

10. Kl.:	10	17	5
11. Kl.:	11	13	3
11. Kl.:	9	17	4
11. Kl.:	16	9	6
11. Kl.:	14	15	0
11. Kl.	12	16	1
12. Kl.:	16	9	3
12. Kl.:	10	11	6
12. Kl.:	11	16	0
12. Kl.:	10	12	4
12. Kl.:	9	13	6

PS: Bei den Klassenangaben ging in den meisten Angaben nicht hervor, ob es sich um Hauptschule, Realschule, Technische Schule oder Gymnasiumstufe handelte. Daher sind die dänischen Gymnasiumklassen (nach der 9. Klasse Volksschule) mit 1g, 2g und 3g – Abiturklasse als 10., 11. und 12. Klasse in der Klassenübersicht eingeordnet.

11. Kann der Altersunterschied unter Kollegen im Schulalltag manchmal Schwierigkeiten bereiten:
Ja: **431**; manchmal: **318**; nein: **182**. **Wenn ja, worin äußern sich diese: Ja:** „Feste Clique der Älteren macht es mir als Neuling schwer, mich akzeptiert zu fühlen" – „Die jungen Lehrer lassen sich zu viel bieten, vielleicht sind die konfliktscheu" – „Die älteren Kollegen wollen keine Extraarbeit übernehmen" – „Die Junglehrer lassen oft was liegen" – „Meine älteren Kollegen sagen dauernd, ich soll mehr durchgreifen" – „Ich höre oft von den Älteren: Warte mal, bis du einige Jahre hinter dir hast, dann wirst du mich verstehen" – „Die Jüngeren sagen hinter meinem Rücken: Na, die geht ja bald in Pension" – „Ich werde als junger Lehrer nicht richtig für voll genommen" – „Ich wage manchmal nicht, die älteren Lehrer etwas zu fragen. Ich kann die dauernden Belehrungen nicht mehr ertragen" – „Die ‚erfahrenen' Kollegen sind oft bei den Lehrersitzungen rechthaberisch";
Manchmal: „Differenzierte Meinungen z.B. bei Bewertungen, Beurteilungen" – „Flexibler Einsatz älterer Kollegen" – „Bei Einführung neuer Techniken" – „Unterschiedliche Temperamente" – „Habe keine Lust, mir dauernd

Familiengeschichten anzuhören" – „Unterschiede im Arbeitstempo" – „Kann Prahlerei von weiblichen Kollegen nicht ausstehen, wenn sie nach dem Unterricht erzählen, wie gut die Stunde verlaufen ist" – „Wenn Stress angespannte Stimmungen schafft" – „Wenn ich ein Problem mit Schülern oder Eltern schildere und einige sagen: Das verstehe ich nicht" – „Wenn Behandlung eines schwierigen Schülers diskutiert wird" – „Unsere männlichen Kollegen haben oft kein Gefühl";

12. Lässt sich ein <u>differenzierter Unterricht</u> immer ohne Schwierigkeiten durchführen:

Ja: keine Ankreuzung; **belastend:** 898; **kaum realisierbar:** 29; **nicht beantwortet:** 4;

Wenn nein, worin sehen Sie belastende/kaum realisierbare Anforderungen:

„Die Platzverhältnisse in den Klassenräumen an unserer Schule erlauben das gar nicht" – „Eine Stunde ist viel zu kurz, um sich um alle schwächeren Schüler kümmern zu können" – „Wenn Psychologen an dieser Idee mitgearbeitet haben, dann kannten sie nicht die wirklichen Schulverhältnisse" – „Völlig unmachbar, es fehlt ganz einfach an Zeit" – „Ich gebe mir Mühe, aber man soll mich nicht nach dem Erfolg fragen" – „Gute Schüler sollen den schwächeren helfen; das geht nur bei wirklicher Disziplin – und die fehlt eben oft" – „Wenn ich mich so eingehend um einen weniger begabten Schüler kümmern soll, dass dabei etwas herauskommt, vernachlässige ich die guten Schüler; die langweilen sich dann und machen Dummheiten" – „Die Idee ist gut, weil sehr viele Eltern ihren Kindern nicht helfen, nicht helfen können, aber leider nicht unter den gegebenen Verhältnissen" – „Ja, ja, wir reden von differenziertem Unterricht, aber man frage nicht, wie das vor sich geht" – „Dabei kann man manchmal den Eindruck bekommen, man eignet sich nicht als Lehrer" – „Vor lauter Differenzieren kommt man bald nicht mehr zum Unterrichten (Lehrplan)" – „Mein Schulleiter kennt die Problematik und beruhigt mich mit ‚Tue, was du kannst'" – „Vorschriften und Anleitungen können sehr dienlich sein, aber sie müssen einen Sinn haben" – „Verrückt, die meisten meiner Kollegen sagen, das ist wichtig und wenn wir privat zusammen sind, sagen viele: ‚Ich halte das nicht mehr lange durch'" – „Das muss mir mal jemand vormachen bei 26 Schülern auf 48 m^2" – „Das kostet Zeit, mehrere Schüler auf verschiedenem Niveau über ihre Aufgaben zu orientieren" – „Erfordert umfangreiche Vorbereitung des Materials, das später evaluiert werden soll" –

„Für die verschiedenen Niveaus ist es unmöglich, das passende Unterrichts-material zu beschaffen" – „In 45 Min. Plan von Motivation, Erarbeitung, Fer-tigung, Kontrolle zu erfüllen und dabei alle Schüler zu erreichen, das ist un-möglich" – „Da in einigen Klassenstufen Haupt- und Realschüler in den Ne-benfächern nicht getrennt unterrichtet werden – also auch nach gleichem Lehr-plan –, ist die Differenzierung nur selten und begrenzt möglich, auch weil es sich dabei um 1-Stunden-Fächer handelt, also der zeitliche Spielraum äußerst begrenzt ist";

13. Bereiten Ihnen Vorbereitung und Durchführung von Fächer-integrierung Schwierigkeiten:

nein: 116; **manchmal:** 634; **oft:** 124; **unbeantwortet:** 57;

Wenn ja, worin bestehen diesbezügliche Schwierigkeiten:

„Das kann z.B. schwierig sein, Mathematik in bestimmte fächerübergreifende Themen zu integrieren" – „Nicht immer begreifen Schüler die Fächer-mischung" – „Deutsch[1] ist oft schwierig in fächerübergreifende Themen zu integrieren" – „Das kann auch schwierig mit Integrieren von Musik sein" – „Ich finde, man sollte mit fächerübergreifenden Themen erst ab der 6./7. Klasse beginnen, da sichere Kenntnisse grundlegender fachbezogener Fakten unerlässlich sind, und da kann Integrieren verwirren" – „Integrieren? Vor-sicht! – Wer zu viele Sportarten betreibt, holt in keiner Disziplin einen Er-folg" – „Beschaffen passenden Materials" – „Ich warne z.B. vor dauerndem Integrieren des Computers!" – „Verschiedene Fächer sind einfach nicht zu integrieren!" – „Religion kann beim Integrieren unangenehme Probleme be-reiten" – „Integrieren nur, wo es sinnvoll ist. Nicht integrieren, nur um zu integrieren. Das darf nicht zur Mode werden" – „Die so genannten Projekt-wochen mit fächerübergreifenden Themen und selbstständiger Bearbeitung durch die Schüler sind mehrere Male ein einziger Flop gewesen!"

14. In welchen Fächern würden Sie am liebsten unabhängig von Kolle-gen unterrichten

(in der folgenden Aufzählung sind die am häufigsten genannten Fächer, mit jeweiliger Anzahl der dafür eintretenden Kollegen, angeführt): Mutterspra-che (deutsch/dänisch): 318; kreative Fächer (Musik u.a.): 289; Religion: **104**; naturwissenschaftliche Fächer (Biologie, Chemie, Physik): **91**; EDV, Schreib-maschine: **82**;

---

[1] *Fragebögen, von dänischen Lehrern(innen) ausgefüllt;*

und warum: „Dänisch, denn ich kenne die Schüler und kann den Schülern, die Probleme haben, besser helfen" – „Deutsch, da wir eine sehr gute Zusammenarbeit in der Klasse haben" – „Ich kombiniere prinzipiell mit anderen Unterrichtsfächern, vor allem in Kunsterziehung mit den Fächern Geschichte (!), Deutsch, Musik, Ethik" – „In Physik und Chemie, weil da wegen Vorsichtsmaßnahmen absoluter Überblick und notwendige Kontrolle nötig sind" – „Weil auch unter Kollegen manchmal zu viel geredet wird" – „Weil ich meine Schüler sehr gut kenne und eine andere Art habe, mit ihnen umzugehen" – „Jeder hat seinen eigenen Stil" – „Ich kann mir nicht vorstellen, im Religionsunterricht mit anderen Kollegen Bibeltexte zu diskutieren" – „Weil die vier Kollegen an meiner Schule, mit denen ich mir das gut vorstellen könnte, zu sehr belastet sind" – „Weil das manchmal damit endet, dass die andere Kollegin nur zeigen will, was sie kann" – „Unterrichten, d.h. kameradschaftlich mit den Schülern arbeiten, ist auch eine Frage des Vertrauens und der Identifikation" – „Wir haben an unserer Schule ‚Massenaufläufe' genug. Den Schülern ist mit vertrauten Rahmen, Arbeitsruhe und Zutrauen manchmal viel mehr gedient" – „Weil ich mich dann weniger unter Druck fühle";

15. Finden Sie in Problemsituationen immer Gehör bei Ihren Vorgesetzten: Ja: 668; **nicht immer:** 116; **manchmal:** 108; **nein:** 12; **unbeantwortet:** 27;

16. Haben Sie manchmal Probleme mit Eltern Ihrer Schüler: oft: 510; **manchmal:** 267; **selten:** 86; **nein:** 41; **unbeantwortet:** 27;

Wenn ja, was sind die Ursachen: „Eltern haben eine andere Leistungseinschätzung ihrer Kinder" – „Viele Eltern sehen nur Fehler bei den Lehrern und in der Schule" – „Eltern meinen, ich verlange zu viel von ihren Kindern" – „Einsicht der Eltern bzgl. realer Situation, Schwierigkeiten ihrer Kinder" – „Meinungs- bzw. Ansichtsunterschiede Eltern/Lehrer" – „Angst der Eltern, Kind besteht Jahrgang/Abitur nicht" – „Eltern wehren sich vor allem gegen Verhaltens- und Fachnoten, suchen und finden aber Gespräche und Vereinbarungen mit dem Fachlehrer, da es bei uns neben Elternversammlungen auch noch Elternsprechtage gibt" – „Eltern ausländischer Kinder warfen mir vor, ich überging ihre Kinder" – „Die wenigen Male, wo ich Probleme mit Eltern erlebt habe, waren durch unzulängliche Fähigkeit und Verständnis der Eltern verursacht, da ich sie darauf hinweisen musste, wie wichtig es ist, die Kinder zu unterstützen und zu erziehen" – „Weil ich es abgelehnt hatte, mit einem völlig betrunkenen Vater zu sprechen. Er hatte mir sogar gedroht" – „Eine Mutter hatte mich verdächtigt, ich verführe ihre Tochter" – „Ein mohammedanisches Ehepaar hatte mich angeklagt, ich sei unmoralisch und verderbe ihre Tochter (Sexualaufklärung)" – „Einmal erlebte ich einen Vater, der im Ferienlager bestimmen wollte, dass seine Tochter in der obersten Koje schlafen sollte. Er hatte kein Recht, das zu bestimmen, und er drohte mir" – „Je mehr man vor den Eltern kriecht, desto weniger Spannungen gibt es! Wo bleibt dann aber der erzieherische Einfluss des Lehrers?" – „Ein Elternpaar hatte mich angeklagt, ich habe andere Schüler in der Klasse aufgefordert, ihren Sohn zu verprügeln. Der Junge hatte sich eingebildet, ich könnte ihn nicht leiden" – „Eine Mutter hatte mir vorgeworfen, ich würde mit ihrem Mann flirten" – „Ein Vater hatte mir einen Drohbrief geschrieben, nachdem ich die Schulleiterin darüber informiert hatte, dass die Eltern nie zu den Elternabenden kämen und auch meiner schriftlichen Aufforderungen, zu einer meiner Elternsprechstunden zu kommen, nicht gefolgt war" – „Eine Mutter (Krankenschwester) hatte mich angeklagt, ich mische mich aufdringlich in ihre Privatverhältnisse ein, als ich sie wissen ließ, dass ihre Tochter von den anderen in der Klasse gemieden würde, weil sie meistens ungepflegt und verwahrlost in die Schule käme".

17. Werden Sie an Ihrer Schule zufriedenstellend mit Unterrichtsmaterial versorgt:

nein: 562; **nicht immer:** 341; **ja:** 28;

Wenn nein, woran mangelt es vor allem: „Wenn kein Geld für Bücher da ist, kopieren wir – und das ist und bleibt eine Notlösung. Besonders in den untersten Klassen sollte man zu viel loses Papier vermeiden" – „Es fehlt an Anschauungsmaterial" – „Prinzipiell kauft man sich Folien, dazugehörige Stifte usw. selbst, vor allem für solche Fächer wie Gemeinschaftskunde, Wirtschaft (wo Aktualität Pflicht sein muss) reicht das Geld nicht, um stets die aktuellsten Lehrbücher zu kaufen. Von der Bundeszentrale für politische Bildung bekommt man veraltete Materialien zur Verfügung gestellt. Da wir eine Landschule sind, müssen wir privat eine 30-km-Strecke investieren, um Videos etc. auszuleihen" – „An der Finanzlage des Schulträgers; es mangelt an Karten, Modellen, Medientechnik" – „Es fehlt an Geld für Verdunkelung im Klassenzimmer (Film, Lichtbilder, Overhead-Projektor)" – „Wir haben nicht genügend Computer, alle sollen sich des Internets bedienen, unmöglich" – „Ich unterrichte auf veralteten Schreibmaschinen, für die es kaum noch Farbbänder gibt";

18. Sind Sie mit den räumlichen Verhältnissen (Platz, Einrichtung) an Ihrer Schule zufrieden:

nein: 516; **es könnte besser sein:** 309; **ja:** 87; **unbeantwortet:** 19;

Wenn nein, was wäre Ihrer Meinung nach sehr wünschenswert: „Größere Klassenzimmer und mehr Gruppenräume" – „Die Unterrichtsräume reichen nicht aus und sind zu klein" – „Wir reden von Käfighühnern; faktisch haben viele Schulkinder ärmliche Platzverhältnisse. Das gilt auch für andere Institutionen" – „Die ganze Schulpolitik ist ein einziger Widerspruch: Da werden extra Spezial-Gymnastikkurse eingeführt wegen der vielen Körperhaltungsfehler, aber die Stühle und Bänke stammen aus den 70er Jahren" – „Mobbing ist das aktuelle Schulproblem, aber gehen Sie mal in der Pause über unscren Schulhof. Da bekommen Sie den Eindruck, Sie sind in einem Flüchtlingslager" – „Der Platz auf unseren Schulgängen ist viel zu eng, das merkt man vor allem bei Regenwetter und bei Brandalarmübungen: Chaos, Panik!" – „Da die Raucher immer mehr diskriminiert werden, müssen sich unsere 14 Zigaretten-, Zigarren- und Pfeifenliebhaber in einem Käfig von 2x4 Meter zusammendrängen; wenn schon gesunde Platzverhältnisse, dann für alle!" – „Die Bushaltestelle vor unserer Schule liegt in einer Straße mit unheimlichem Durchgangsverkehr. Den Bus in eine Seitenstraße hinter der Schule umzudirigieren, das würde die Fahrplanzeiten aus dem Rhythmus bringen (Gemeindeverwaltung!)" – „An unserer Gesamtschule haben die 172 Schüler der Grundstufe ein Spiel- und Pausenareal von 900 m^2, ja, ja, Bewegung ist wichtig und gesund für unsere Kinder!" – „Es wird dauernd davon geredet, dass die Schule Kinder und Eltern dazu anhalten soll, etwas gegen bedenkliche Körperhaltungen und -schäden zu tun, aber mit der Aufgabe steht die Schule offenbar allein"[2] – „In unserem Klassenzimmer regnet es durch die Decke. Pedell und Schüler stellen Eimer unter die undichten Stellen (irritierend, wenn sie dann dem Getropfe lauschen)";

19. Im „Informations-Zeitalter" sind der Computer und das Internet anscheinend unentbehrlich geworden.

Worin sehen Sie bei der Anwendung des Computers im Unterricht Vorteile:

„Abgeschlossene vernünftige Programme sind wirklich gut! In der Schulbibliothek ist er ganz unentbehrlich" – „Man kann schnellstens auf aktuellste Informationen aufbauen" – „Der Computer kann eine interessante methodische Abwechslung sein" – „Der Computer kann eine gute Hilfe bei Rechtschreibübungen sein (Fehlerkontrolle)" – „Größere Möglichkeit der

---

[2] *Die Gesundheitsministerien verteilen interessante Broschüren bezgl. Übergewicht, Haltungsschäden u.a. Das ist meistens auch alles;*

Anschaulichkeit von Objekten" – „Der Schüler kann unabhängig von den anderen mit seinen eigenen Aufgaben in dem ihm passenden Tempo arbeiten" – „Computer als Einstieg in spätere Arbeit" – „Weltorientierung öffnet Daseinsperspektive über begrenzte Rahmen der Schule und des Wohnortes hinaus" – „Computer als Hilfe/Orientierung zur Bewältigung gestellter Aufgaben" – „Eine geeignete Herausforderung für technisch begabte und interessierte Schüler (technisches Experimentieren mit Möglichkeiten)".

Sehen Sie auch bedenkliche Nachteile bei der Anwendung des Computers im Unterricht:

nein: 294; **ja:** 619; **unbeantwortet:** 18;

Wenn ja, worin sehen Sie den Schülern weniger dienliche Auswirkungen:

„Zu viel Spiel und Geplänkel; ein Teil der Angebote im Internet sind bedenklich, z.b. Pornografie" – „PC allein keine Stoffvermittlung, nur als Begleitung ein Teil der Stoffvermittlung" – „Man muss die Schüler aufmerksam beaufsichtigen, sonst springen sie über in Spiele (Attraktion, Gewalt!)" – „Bereitschaft zur Kooperation wird geschwächt" – „Wenn Lehrer(innen) nicht genau vorgeben, was gemacht werden soll, entgleitet jeder sachliche Unterricht" – „Die Handschrift als Teil der Persönlichkeit wird geschwächt" – „Es ist schwierig, ein vorgenommenes Programm in der verfügbaren Zeit zufrieden stellend abzuschließen" – „Das Verhältnis zum Buch stirbt" – „Ein PC ist ein ‚Zeiträuber' und viel Zeit haben wir nicht in der dänischen Volksschule" – „Wieder ein materialistisches Statussymbol, das sich nicht alle leisten können. Das schafft soziale Unterschiede" – „Das kann den Gemeinschaftsgeist in der Klasse schwächen" – „Schafft hin und wieder Verwirrung und Nervosität, wenn plötzlich die Technik aussetzt (frustrierend)" – „Gibt oft Gerangel und Kniffe, weil nicht für jeden Schüler ein Apparat verfügbar ist" – „Kann unnötig teuer für die Schule werden, wenn Glückwunschtelegramme oder Liebesbriefe verschickt werden".

20. Beunruhigende Probleme in der Klasse:

a) Erleben Sie in Ihrer(n) Klasse(n) Mobbing: ja: 896; **nein:** 30; **unbeantwortet:** fünf;

Wenn ja, wie äußert sich das: „Nicht sichtbar, wenn es dazu kommt, passiert das in den Pausen" – „Einige Mädchen kommen von Bauernhöfen, wo die Reinlichkeit nicht ‚top' ist. Da sind Kommentare gekommen: Du stinkst – ich will nicht mit dir spielen!" – „Sehr oft: Raufereien, beleidigende Bemerkungen, Gegenstände wegnehmen" – „Bein stellen, wenn ein Schüler an die Tafel gerufen wird" – „Bei Geburtstagen Naschereien in der Klasse austeilen und bestimmte Schüler übergehen (das ist nicht für dich, du bist zu dick)" – „Die Toilettentüren in unserer Schule gehen nicht bis zum Boden. Da werden Schüler durch die Öffnungen mit Wasserpistolen oder Besenstielen geneckt" – „Man sagt zu einer tüchtigen Schülerin: Du sollst umgehend ins Lehrerzimmer zu dem und dem Kollegen kommen (was nicht wahr ist)" – „Mädchen festgehalten und einige Haare abgeschnitten" – „In der Pause Schülern Buttermilch in die Schultasche gegossen" – „Schülern, bevor der Lehrer die Hausaufgaben durchgehen will, das Schulheft entwendet" – „Petzen führt oft zu Strafen". Wir hatten an unserer Schule eine Clique, die ein unglaubliches Gewaltritual eingeführt hatte: Hatte ein Junge Geburtstag, bekam er für jedes Jahr seines Lebens einen Hieb oder Tritt"[3] – „Es kommt immer wieder vor, dass Schüler anderen die Luft aus dem Fahrrad lassen" – „An unserer Schule hatte ein Schüler einer jungen Lehrerin an den Busen gegriffen, als der Unterricht vorbei war und die Kollegin an der Tür stand" – „An meiner Schule haben Jungen zwei Lehrerinnen mit vulgären Bemerkungen provoziert (‚Sie möchte ich auch mal im Bett erleben‘). Als sie sich das verbaten, war ihnen mit der Faust gedroht worden";

b) Aggressivität oder gar Gewalttätigkeit:
nein: 623; **unbeantwortet:** 23;

Wenn ja, wie äußert sich das: „Reißen anderen Schülern die Schultasche oder das Mobiltelefon aus den Händen" – „Sperren Mitschüler in den Schrank ein, in dem kaum Platz ist" – „Schlagen von hinten mit Eisenringen" – „Mutwilliges Stoßen, Stanken, Entwenden persönlicher Sachen" – „Gewalt aller Art, von verbaler Gewalt bis hin zu Erpressungen, wovon man als Lehrer oft nichts oder sehr spät etwas mitbekommt" – „Verbale Auseinandersetzungen, Intoleranz" – „Festbinden an Garderobehaken" – „Ins Gesicht schießen mit Gaspistole" – „Festhalten und übergießen mit Wasser" – „An der Kleidung herumzerren" – „In die Ecke drängen, anschreien und dann zu Boden werfen".

Waren Sie schon einmal Gewalttätigkeiten seitens der Schüler ausgesetzt gewesen:
nein: 902; **unbeantwortet:** 29;

---

[3] *Siehe Seite 154 ff.: Gewalt in der Schule;*

Wenn ja, wie geschah das: „Selten: Bei Eingreifen wegen Nichtbeachtung von Normen des Schullebens: Intoleranz hinsichtlich Aussehen, Auftreten und Leistungswillen, Leistungsbereitschaft" – „In Beschimpfungen habe ich schon sehr oft verbale Gewalt erlebt" – „Als ich nach dem Unterricht zu meinem Auto kam, stand da ein gut gebauter Junge und drohte damit, Feuer unter meinen Wagen zu legen, wenn ich nicht die schlechte Englischnote verbesserte. Ein Kollege kam mir zu Hilfe" – „Hat mich die Treppe hinuntergestoßen" – „Kurz vor den Weihnachtsferien bekam ich einen anonymen Brief: Wenn Sie lauter miese Noten geschrieben haben, wenden wir den ‚Erfurt-Plan' an unserer Schule an".

c) Hatten Sie schon einmal Tage erlebt, an denen Sie mit Angst vor eventuellen gewalttätigen Übergriffen seitens der Schüler in eine Klasse gegangen sind:
nein: 871; **manchmal:** 37; **nur einmal:** 7; **nur zweimal:** 4; **nur dreimal:** 2; **öfter:** 5; **unbeantwortet:** 5;

d) Haben Sie in einer Ihrer Klassen Schüler mit Alkoholproblemen erlebt:
nein: 913; **selten:** 4; **ab und zu:** 6; **des Öfteren:** 3; **unbeantwortet:** 5;

e) Haben Sie in einer Ihrer Klassen Schüler mit Narkotika-Missbrauch erlebt:
nein: 857; **selten:** 27; **einige Male:** 21; **mehrere Male:** 14; **oft:** 7; **unbeantwortet:** 5;

f) Haben Sie Schüler, die in Kriminalität verwickelt sind (waren):
nein: 839; **selten:** 32; **einige Male:** 42; **mehrere Male:** 28; **oft:** 17; **unbeantwortet:** 5;

Wenn ja, welcher Art sind (waren) diese kriminellen Vergehen:
„Schüler erpressen Mitschüler" – „Stehlen Videos und Bücher in der öffentlichen Bibliothek" – „Unsere Schule liegt gegenüber von einem Supermarkt. Da gehen viele Schüler in den Pausen hin und stehlen Süßigkeiten, Parfum, Zigaretten, Feuerzeuge, Socken, Feuerzeuggas zum Schniffen u.a." – „Drei meiner Jungen montierten in der Nacht Nummernschilder von den Autos ab und verkauften sie an eine polnische Schmugglerbande" – „Eine meiner Schülerin war an der Fähre mit Kokain erwischt worden. Sie schmuggelte für eine albanische Bande" – „Schüler reißen alten Leuten in der Fußgängerzone die Handtasche weg" – „Einer meiner Schüler hatte in einer Diskothek völlig betrunken mit einem Stuhl eine Kellnerin geschlagen" – „Zwei meiner Schü-

ler hatten ein Auto gestohlen und waren auf einer anschließenden Spritztour verunglückt (15 Jahre)" – „Einbruch in Sommerhäuser bei Skagen[4]" – „Zwei meiner Schüler mit zwei Erwachsenen Einbruch in eine Apotheke" – „Verkaufen gestohlene Fahrräder an Mitschüler" – „Einer meiner Schüler hatte ein mongoloides Mädchen vergewaltigen wollen" – „Stehlen Obst von den Ständen auf dem Jahrmarkt" – „Entwenden Taschen schlafender Reisender im Zug" – „Nächtlicher Einbruch in eine Würstchenbude";

g) Haben Sie unter Ihren Schülerinnen Fälle von Abtreibungen erlebt: nein: 912; **ja:** 11; **unbeantwortet:** 5;

Wenn ja, wie viele:

Schwangerschaften: 3 (eine 13 Jahre); Abtreibungen: 11;

h) Haben Sie unter Ihren Schülern Fälle erlebt, die von ihren Eltern unverzeihlich versäumt worden sind:

nein: 826; **wenige:** 38; **mehrere:** 43; **viele:** 19; **unbeantwortet:** 5;

i) Erleben Sie in Ihren Klassen Fälle von Unterrichtschwänzen:

nein: 504; **hin und wieder:** 237; **häufiger:** 121; **bei einigen Schülern regelmäßig:** 67; **unbeantwortet:** 2;

j) Ist für Sie das Problem Konzentration **der Schüler im Unterricht eine belastende Erschwerung bei der Durchführung Ihres Lehrprogrammes:**

nein: 20; **ab und zu:** 207; **öfter:** 314; **sehr oft:** 387; **unbeantwortet:** 3;

k) Sind oder waren Sie einmal beängstigenden Drohungen seitens einiger Eltern ausgesetzt (gewesen):

nein: 909; **einmal:** 1; **einige Male:** 8; **mehrere Male:** 11; **oft:** 0; **unbeantwortet:** 2;

Wenn ja, können Sie Gründe nennen:

„Ambitiöser Vater war unzufrieden mit den Noten der Tochter" – „Bruder ausländischer Schülerin behauptete, ich würde seine Schwester erniedrigen" – „Eltern waren erbost über Zeugnis" – „Letztes Jahr wollte ein Vater absolut verlangen, dass ich dafür sorgte, dass seine Tochter im Ferienlager in Gedser eine obere Koje bekäme. Als ich ihm höflich, aber bestimmt antwortete, dass er sich nicht einmischen sollte, sagte er zweimal: ‚Du kannst was erwarten, wenn du heimkommst!' Das war sehr angenehm" – „Bei der Einweihung der Farö-Brücke[5]

---

[4] *Stadt an der nördlichen Küste Jütlands;*

[5] *Brücke zwischen den süddänischen Inseln Falster und Farö auf dem Wege zur Insel Seeland (Kopenhagen);*

wollte ich die dänische Königin fotografieren. Dabei schob ich einen Mann etwas zur Seite. Er schlug mich und schrie: ,Ihr eingebildeten Lehrer glaubt wohl, ihr seid was Besseres als wir blöden Eltern.'" – „Der Vater eines jähzornigen Jungen drohte mir, mit anderen Mitteln vorzugehen, wenn ich ihn weiterhin zurechtweisen und der Schulleitung melden würde" – „Nach Unterrichtsschluss war mir ein Erstklässler beim Anfahren vor mein Auto gelaufen. Ich hielt sofort an und sah nach, ob ihm was passiert wäre, als die Mutter mit ihrem Regenschirm auf mich einprügelte";

21. Haben Sie unter Ihren Schülern Fälle von Körperhaltungsschäden: nein:
168; einige: 701; mehrere: 56; viele: 4; unbeantwortet: 2;

22. Haben Sie unter Ihren Schülern Fälle mit psychischen Problemen:
Anorexi: 102; Bulemie: 86; Hypochondrie: 211; Auffallende Introvertiertheit: 201; Angst: 334; Minderwertigkeitskomplexe: 217; Projektion: 224; Aggressive Dominanz: 114;

23. Welche der unter 21 und 22 genannten Persönlichkeitsprobleme beeinträchtigt Ihre Unterrichtsstunden am meisten:
Aggressive Dominanz: 367; Auffallende Introvertiertheit: 281; Hypochondrie: 163; auch das Unterrichtsschwänzen (302 Erwähnungen) sei mehr als irritierend, zwar nicht im Unterricht, aber zeitmäßig, weil es wegen belastender Bürokratie (Kontakt mit Schulleitung, Eltern, Polizei, Schulpsychologe, Jugendfürsorge) sehr anstrengend sein kann;

24. Haben Sie mit Ihren Schülern/mit einigen Ihrer Schüler auch Kontakt außerhalb der offiziellen Schulstunden (Sportverein, Wanderverein, Gesangchor, Theaterkreis, Studienkreis, künstlerische Aktivitäten, Schachklub, Nachhilfestunden u.a.):
Künstlerische Aktivitäten: 112; Sportverein: 204; Nachhilfestunden: 72; Schülerzeitung: 32; Wanderverein: 5; Schachklub: 5; Pfadfinder: 17; Altenhilfe: 7; Ornithologie: 4; Naturschutz: 9; Computerkreis: 17; Reparaturarbeiten (Fernsehen, Moped, Fahrrad, Auto, Küchengeräte): 4;

25. Haben Sie in Ihrer bisherigen Dienstzeit Schüler erlebt, die Sie aus verschiedenen Gründen nicht ausstehen konnten und am liebsten aus der Klasse entfernt gesehen hätten:
nein: 414; einige wenige: 426; mehrere: 87; viele: 4;
Wenn ja, können Sie Gründe nennen, warum Sie mit dem jeweiligen Schüler nicht auskommen konnten:

„Weil die Eltern permanent kritisierten, blockierten oder das Kind aus dem Unterricht fern hielten" – „Mangelnde Disziplin" – „Dauernde unbeherrschte, vorlaute Einmischungen" – „Ständiges Stören durch Schwatzen" – „Absolutes Desinteresse und regelmäßiges Unterrichtschwänzen" – „Trotz unentwegter Ermahnungen vulgäres Auftreten (Herumreichen perverser, erotischer Bilder, beleidigende Bemerkungen, freche Witze)" – „Mir entgegengebrachte Ablehnung oder Überheblichkeit" – „Ich habe Schüler erlebt, die so viel Aufmerksamkeit erforderten, dass sie für die Klasse eine Belastung waren" – „Unbeherrschtheit und Unaufmerksamkeit stören das Lernen der Mitschüler" – „Immer wiederkehrende Gewaltausbrüche" – „Untergrub die Ordnungsverhältnisse durch Demolieren von Fensterscheiben, wiederholte Diebstähle, Zerstörung von Sachen anderer Schüler, verbittertes Verteidigen asozialer Eltern (Gefängnisaufenthalt, Alkoholismus, Narkotikamissbrauch, Prostitution u.a.)" – „Intrigen unter Kollegen verbreiten" – „Wiederholtes Drohen mit Selbstmord";

26. Haben Sie mit der Integration und dem Unterrichten von ausländischen Schülern Schwierigkeiten gehabt:

nein: 867; **hin und wieder:** 56; **des Öfteren:** 7; **sehr oft:** 0; **unbeantwortet:** 1;

Wenn ja, was waren wesentliche, häufige Anlässe zu solchen Schwierigkeiten:

„Die ausländischen Schüler, wenn sie mehrere in der Klasse sind, fühlen sich nicht anerkannt und bilden dann abgekapselte Gruppen" – „Sprechen oft in der eigenen Muttersprache und erschweren damit die Verständigung in der Klasse" – „Bestehen, oft verletzt, auf die Bewahrung ihrer gewohnten Traditionen (Beten, Geschlechtertrennung in den Sportstunden, Kleidung, Behandlung des anderen Geschlechts)" – „Schwierigkeiten mit Eltern, deren Kinder sich den Lebensgewohnheiten und Freizeitinteressen ihrer einheimischen Mitschüler angepasst haben (Misshandlung, Bestrafung eigener Kinder, Drohungen gegenüber Lehrer/-innen" – „Weil sie des Öfteren in Diebstähle und Schmuggelaffären verwickelt sind";

27. Interessieren sich die Eltern Ihrer Schüler sehr aufmerksam für das Weiterkommen ihrer Kinder und nehmen dementsprechend aktiv an Schulereignissen teil:

alle: 66; **die meisten:** 632; **mehrere:** 27; **einige:** 0; **könnte besser sein:** 206;

28. Wenn Arbeitsverhältnisse und Zeit es ermöglichten, würden Sie dann

häufiger Lerntests, d.h. Klassenarbeiten, befürworten, um einen genaueren Einblick in den Wissensstand Ihrer Schüler gewinnen zu können:
nein: 44; **unter Umständen:** 456; **ja:** 431;
Wenn ja, worin sähen Sie einen nennenswerten Vorteil:
„Genaueres Leistungsvermögen, Schwierigkeiten und Lücken im Lehrstoff
aufdecken, genauere Leistungseinschätzung, differenzierteres Leistungsbild
und Leistungsvermögen" – „Um den genaueren Wissensstand der Schüler zu
kennen" – „Um meine Notengebung gegenüber unzufriedenen Eltern über-
zeugender begründen zu können" – „Die Schüler würden sich schon dadurch
auch zu Hause intensiver mit dem Lernstoff beschäftigen, auch ihre Lernfähigkeit und den Umgang mit der Zeit trainieren".
Zwecks Dokumentation vorbehaltloser Erhebung bzgl. vorgelegter Frage hier
einige Bemerkungen der Nein-Argumentationen: „Ich führe regelmäßige kleinere ‚Tests' durch" – „Das würde eine kaum zu bewältigende Mehrarbeiten
bedeuten" – „Sechs Klassenarbeiten pro Jahr pro Fach ist genug; dazu noch
andere Noten" – „Durch noch mehr Tests und Beurteilungen kann der Stress
sowohl unter Schülern wie auch unter den Kollegen an die Grenzen des Er-
tragbaren gelangen";
**29. Haben oder hatten Sie Schüler, die durch Geldverdienen in ihrer Frei-
zeit spürbar in ihrer schulischen Ausbildung behindert sind (waren):**
nein: 556; **einige:** 227; **mehrere:** 103; **sehr viele:** 36; **unbeantwortet:** 9;
PS: Einige Bemerkungen zu diesen Angaben:
Unter der Rubrik <u>sehr viele</u> sind vermutlich typische Landwirtschafts- (Arbeit im elterlichen Anwesen) und Großstadtregionen zu vermuten, was jedoch aus den anonym gehaltenen Formulierungen in den Fragebögen nicht
eindeutig abzuleiten ist!

**Leiden Sie manchmal darunter, dass der Schuldienst Ihr Familienleben
oder andere private Interessen zu sehr beeinträchtigt:**
nein: 351; **ab und zu:** 342; **oft:** 214; **dauernd:** 16; **unbeantwortet:** 8;

**Würden Sie lieber heute als morgen den Schuldienst quittieren, wenn es
Ihre Lebensumstände erlaubten:**
nein: 615; **manchmal:** 231; **sofort:** 81; **unbeantwortet:** 4;

Finden Sie, dass die von übergeordneten Schulbehörden vorgegebenen Unterrichtsziele und Unterrichtsinhalte nur in der Theorie als bewundernswert anzuerkennen sind, aber in der Wirklichkeit unter den gegebenen Umständen kaum durchführbar/erreichbar sind:
völlig einig: 239; mit einigen Vorbehalten: 389; ja: 303; nein: 0;

Was würden Sie sich in der heutigen Schulsituation an grundlegenden Änderungen wünschen:
„Weniger bürokratische Gängelei" – „Einheitliche Rahmenplanvorgaben" – „Weniger Stress für Lehrer und Schüler" – „Verbesserte Disziplin und Reinlichkeit" – „Dass allen Kindern auf Landesebene eine bestimmte Anzahl Unterrichtsstunden zugesichert werden. Es dürfte keine Unterschiede geben!" – „Ich würde mir für alle Schulen mehr Stunden für die Ergänzungsbereiche wünschen" – „Viele der Schulschließungen rückgängig machen" – „Effektivere Kooperation zwischen Eltern und Schule" – „Einheitliche Bewertungskriterien und Prüfungen in den 10. Klassen und beim Abitur" – „Eltern sollten verpflichtet werden, sich gründlicher ihrer Kinder anzunehmen (Hausaufgaben, Disziplin, Benehmen" – „Gute Sanktionsmöglichkeiten. Das erfordert der Respekt vor der Arbeit der Lehrer und das haben nicht alle. Daher: Aufwertung der Lehrerarbeit und der Löhne" – „Klassenstärken von 20 Schülern, Finanzen für Fachexkursionen, mindestens <u>ein Sozialpädagoge</u> mit fester Anstellung für jede Schule, Trennung von Haupt- und Realschülern, keine Ungleichbehandlung von Ost- und Westländern" – „Eine grundlegende Änderung dieser unmäßigen Konsummoral" – „Markante, gesetzmäßige Eingriffe gegenüber Reklame und Medienmanipulation, vor allem aus Rücksicht auf unsere Jüngsten und Schüler" – „Geschichte war anscheinend schon immer ein wenig beachtetes Fach. Unsere Politiker kennen entweder nicht oder haben nichts aus *Oswald Spenglers* „*Untergang des Abendlandes*" gelernt" – „Weniger Konkurrenz, was auch für viele Kollegen gilt" – „Mehr miteinander als teilweise gegeneinander" – „Es ist an der Zeit, dass sich Gemeindeverwaltungen oder andere kompetente Behörden entschlossen der sehr vielen kriminellen Jugendlichen an-nimmt. Die Schule kann das bald nicht mehr bewältigen!" – „Wirklich ausreichende Lehrerstellen und bessere Weiterbildungsmöglichkeiten" – „Absolut notwendige Vorbeugungen hinsichtl. der häufigen Stundenausfälle" – „Stoppt die Massenansammlungen von Schülern, die sich in den großen Schulen versäumt, beengt oder an die Seite gedrängt fühlen" – „Es muss unbedingt für bessere Versorgung der Schule mit geeignetem Unterrichtsmaterial gesorgt werden";

Haben Sie es manchmal bereut, den Lehrerberuf gewählt zu haben, und könnten sich heute eine andere Beschäftigung besser vorstellen: ja: 141; **manchmal:** 307; **nein:** 477; **unbeantwortet:** 6;

Wenn ja, welche und warum:

„Auslandshilfe, weil der moralische Verfall in unserer Gesellschaft nicht aufzuhalten ist" – „In einer besser bezahlten Beschäftigung im freien Erwerb" – „Eine Stelle im Beratungsdienst (mit geregelten Arbeitszeiten)" – „Als Reiseführer auf Kulturstudienreisen" – „Weil mich der Lehrerjob einfach nervlich zu sehr mitnimmt" – „Weil noch so engagierter Arbeitseinsatz kaum anerkannt wird, als Selbstverständlichkeit bewertet wird" – „Als Freischaffender" – „Unglaublich strapazierende Arbeitsbelastungen führen an die Grenze psychischer Belastbarkeit" – „Bin psychisch und körperlich fertig" – „Mich nur noch um meine Familie kümmern, da kann ich mehr Zufriedenstellendes ausrichten".

11. Aktuelle Probleme in der Gesellschaft

*Materialismus – Egozentrismus – Konkurrenz und Stress –
Globalisierung – Korruption – Arbeitslosigkeit – Kluft zwischen
Armen und Reichen – Stoffmissbrauch – Schulwesen – Familien-
verhältnisse – Gesundheitswesen – Presse-/Medienmanipulation*

Bezüglich der zuvor ausgewerteten Fragebögen (aus zwei Ländern) ist nachträglich zu bedauern, dass es nur eine begrenzte Anzahl war, um daraus überzeugende Schlüsse hinsichtlich der heutigen *„Unordnungs"*-Gesellschaft[1]
(was in zitiertem Buch für die Weltverhältnisse behauptet wird, kann meines
Erachtens auch für unsere westeuropäischen Länder gelten) zu ziehen. Vielleicht findet sich einmal eine Gesellschaft für Demoskopie, die vorliegende
Untersuchungen auf umfangreicherer Basis durchführt[2], wozu uns sowohl
die finanziellen Mittel wie auch die nötige Zeit fehlten! Es kann aber nicht
von der Hand gewiesen werden, dass sie höchst alarmierende Signale, Hilfe-
rufe darstellen, die nicht länger mehr durch leere Zukunftsversprechungen
abgedämpft oder ganz verdrängt werden dürfen!

Die unselige, in den vorausgegangenen Seiten des Öfteren erwähnte Kluft
zwischen Armen und Reichen in unserer Gesellschaft stellt mittlerweile alle
so vorbildlich in Gesetzen verankerten Menschenrechte ernsthaft in Frage.
Das beweisen schon die neuerdings in den meisten „Wohlstands-Gesellschaf-
ten" geplanten oder bereits vorgenommenen Einschränkungen im sozialen
Bereich, was in erster Linie auf Kosten der Hilflosen, Wehrlosen und „Nichtorganisierten" geschieht! Den Fragebögen war das Verlangen nach Änderung der bestehenden Gesellschaftsmoral zu entnehmen, was jedoch bei dem
die meisten Sphären des menschlichen Lebens beherrschenden *Materialismus* leichter gesagt, als wirklich zu ändern ist. „Ein vulgärer Materialismus,
wie er heute in konsumistischen Gesellschaften maßgeblich geworden ist,
entdeckt überall bloß ökonomische Motive und ist blind für Verfeindungs-
energien, die aus der *thymotischen*[4] Leidenschaft entspringen."[5] Wozu dieser

---

[1] Vgl.: „Die neue Weltunordnung", Bassam Tibi; siehe Literaturverzeichnis;
[2] Für vorliegende Fragebögen werden keine Urheberrechte gesichert;
[4] Siehe alphabetisches Verzeichnis der Fachausdrücke im Anhang;
[5] „Wie viel Globalisierung verträgt der Mensch", Rüdiger Safranski; Seite 35;

geradezu *manische* Materialismus führt, kann man in den betrügerischen Machenschaften der oberen und vor allem netzartig verzweigten Machtkreise mitverfolgen.[6] Wenn die breite Bevölkerung sich aufmerksamer mit derartigen Veröffentlichungen auseinandersetzen würde (das kann problematisch werden, solche Themen im Gemeinschaftskundeunterricht zu behandeln; Manipulation junger Menschen!), würden wir vielleicht bald wieder so eindrucksvolle Lichterdemonstrationen erleben wie damals in Ostdeutschland vor der Wiedervereinigung. Das war eine der wenigen geschichtlichen Ereignisse, wo die Meinung einer entschlossenen breiten Bevölkerung doch vermocht hatte, Änderungen bestehender untragbarer Lebensumstände vorzubereiten. Die später folgenden „Privatisierungsgeschäfte" demonstrierten erneut, neben vielen anerkennenswerten Verbesserungen, den dynamischen Materialismus. Nicht nur in Verbindung mit lediglich an Bereicherung orientierten Gewinninteressen, sondern auch hinsichtlich angestrebter Machtbewahrung oder -erweiterung[7] haben sich hinter den Kulissen Geschäftsvereinbarungen abgespielt, die nicht nur gesetzwidrig waren, sondern auch ein Hohn allen Geredes von Gleichstellung und Menschenrechten. Wer das Geld hat, verfügt auch über die notwendigen Beziehungen und Möglichkeiten, weniger Informierten und Nichtorganisierten seinen Willen aufzuzwingen. Nun kann man behaupten, dies sei der Lohn der „Tüchtigen". Ohne Zweifel zeugt das von zweckdienlichem Realismus, aber es schiebt jegliche Verantwortung gegenüber ethischem Verpflichtungsgefühl beiseite. In diesem Zusammenhang muss natürlich auch erwähnt werden, dass der gewöhnliche Mensch allem Anschein nach käuflich, durch materielle Dinge (Statussymbole) verführbar ist, was schon die Kaiser im alten Rom sehr erfolgreich auszunützen verstanden hatten.[8] „Die Gesellschaft ist immer eine dynamische Einheit zweier Faktoren, der Eliten und der Massen. Die Eliten sind Individuen oder Individuengruppen von spezieller Qualifikation; die Masse ist die Gesamtheit der nicht besonders Qualifizierten. Man verstehe darum unter Masse nicht nur und nicht in erster Linie die ‚Arbeitermassen'. Masse

---

[6] *„Die Korruptionsfalle – Wie unser Land im Filz versinkt", Hans Leyendecker; siehe Literaturverzeichnis;*

[7] *Der Psychologe Alfred Adler, 7. 2. 1870–28. 5. 1937, sah den Hauptantrieb des Menschen im Machtstreben;*

[8] *Vgl. Anmerkung 6, Seite 70;*

ist der Durchschnittsmensch ... Dieser eigentümliche Zug, dass die wenigen sich zusammentun, gerade um sich von den vielen zu trennen, haftet der Bildung jeder Elite an."[9] Um auf den Materialismus zurückzukommen, so spielen in dieser Beziehung sicher die in den verschiedenen Gesetzen der zivilisierten Gesellschaften zugesicherte Gleichstellung (da sollte der Gesetzgeber eigentlich „mit Vorbehalten" hinzugefügt haben) und der verständliche Neid eine ausschlaggebende Rolle – und dies schon aus Gründen des Selbstwertgefühls und der Selbstbehauptung. Warum also über die zunehmende Kriminalität – und das bereits unter Jugendlichen und Kindern[10] – entsetzt sein, sind es nicht erklärliche Folgen des „modernen" Lebenszuschnitts, bei dem Schuldgefühle und moralisches Verantwortungsgefühl gegenüber Mitmenschen verdrängt worden sind oder überhaupt nicht mehr existieren! Die Kinder sind die unterste Schicht einer Macht- und Besitzerhierarchie, in der sich die absolut verwerflichen Verhältnisse in unserer Gesellschaft am tra-gischsten auswirken. Aber sie gehören nun mal zu den „Unqualifizierten" und einflusslosen Machtlosen, an denen sich die Doppelmoral der Gegenwart am verwerflichsten abzeichnet! Wirft man einen aufmerksamen und vorurteilslosen Blick auf die Familien, in denen diese benachteiligten Kinder zu leben gezwungen sind, so ist im Hinblick auf die psychische Atmosphäre ihrer Intimwelt eine Untersuchung von Schelsky interessant, wonach „Armut oder gemeinsame Not in Kriegszeiten solche Ehen vielfach zusammenhalten. Schelsky stellte in einer Untersuchung an Flüchtlingsfamilien Folgendes fest: Persönliche Spannungen, Gleichgültigkeit, ein Nebeneinanderleben von Ehegatten oder Eltern und Kindern wichen unter dem Druck der gemeinsamen Not einem wiedergewonnenen Zusammengehörigkeitsgefühl. Als die in Westdeutschland eingewanderten Ostflüchtlinge es schließlich zu neuem Wohlstand gebracht hatten, gerieten viele Ehen wieder in eine Krise, die nicht selten zur Scheidung führte."[11] Der Wohlstand hat also in Form von grassierendem Materialismus einen nicht geringen Anteil Schuld an dem zunehmenden, destabilisierenden Verfall einstmals geltender Gemeinschaftswerte. Diese vorsichtige Schlussfolgerung unterstrei-

---

[9] „Der Aufstand der Massen", Ortega y Gasset; Seite 71, 72; siehe Literaturverzeichnis;

[10] Siehe Ergebnisse aus den Fragebögen! Vgl. hierzu Frage 20, Seite 112, und Frage 20 f, Seite 120;

[11] „Die Fassadenfamilie, Ehe und Familie in der Krise", Heimo und Susanne Gastager; Seite 45;

chen vielleicht auch die Untersuchungsergebnisse des Max-Planck-Instituts vor vier Jahren, worüber die Presse in einem ausführlicheren Artikel berichtete[12]:

Unter der Überschrift Wessis haben mehr psychische Probleme als Ossis kann man lesen:

„Ergebnisse einer Umfrage stellen bisherige Annahmen von Psychologen auf den Kopf – stabilere Bindungen in Familie.

Wie Frank Jacobi, Psychologe an der TU Dresden, erläuterte, leiden 32% der Westdeutschen unter einer psychischen Störung[13]. Im Osten dagegen seien es nur 28%. Die Forschungsergebnisse basieren auf einer Umfrage des Max-Planck-Instituts vor vier Jahren. Die erst jetzt vollständig ausgewerteten Ergebnisse verblüffen die Experten. Befragt wurden damals 4200 Bundesbürger nach Symptomen, Beschwerden und Beeinträchtigungen ... Danach leiden 11,5% der Westdeutschen unter Depressionen, bei den Bürgern der neuen Bundesländer sind es dagegen nur 8,3%. Auch bei krankhaften sozialen Ängsten, Essstörungen und körperlichen Leiden, die auf seelische Ursachen zurückzuführen sind, stießen die Experten in Ostdeutschland auf eine deutlich geringere Quote. Selbst der Anteil der Alkoholabhängigen ist in den alten Ländern mit 3,7% fast doppelt so hoch wie im Osten mit nur 2%. Auch beim Umgang mit Menschen zeigen die Ostdeutschen weniger Scheu: Soziale Phobien haben in den neuen Bundesländern nur 1,2% der Menschen, in Westdeutschland liegt die Zahl dagegen bei 2,2%. Die Untersuchung stellte alle bisherigen Annahmen auf den Kopf. ‚Bisher ging die Forschung davon aus, dass die seelische Gesundheit in den neuen Ländern durch den gesellschaftlichen Druck der DDR, die drastische Umstellung der Lebensverhältnisse während der Wende und die hohe Arbeitslosigkeit stärker angegriffen sein müsse als im Westen‘, betonte Jacobi. Die Studie belege das Gegenteil. Als Gründe für die stärkere Robustheit der Ostdeutschen nannte der Experte stabilere Bindungen in der Familie oder zu Freunden und einen größeren Sinn für die Gemeinschaft. Das biete gemeinhin Schutz vor Schwierigkeiten."

Was sagt übrigens der ehemalige Bundeskanzler Schmidt zu diesen Erkenntnissen, der die ostdeutschen Landsleute mit dem Etikett „weinerlich" behäftete? Diese Aburteilung schien aus parteipolitischem Interesse gefällt worden zu sein, nicht aber aus human-ethischer Perspektive.

Ob sich die Menschen im Osten Deutschlands dieser nicht zu verachten-

---

[12] *Main-Echo – unabhängige Zeitung für Untermain und Spessart; 23. Juli 2003;*
[13] *Vgl. hierzu Anmerkung 55, Seite 173; dänische Untersuchungsergebnisse;*

den Vorzüge auch so bewusst sind, wenn man heute viele Beschwerden und Klagen wegen ungleicher Behandlung und im Durchschnitt bescheidenerer Lebensverhältnisse und geringerer Löhne vernimmt? Das kann man unter den derzeitigen „Globalisierungsprozessen" wohl kaum erwarten, verlangen, wenn in ihrer nächsten Nähe angeschafft, verbessert, modernisiert und durch „Reklamebombardements" zu Verbrauch und Genuss aufgefordert wird. Wer kann da widerstehen?

Die zuvor genannten Forschungsergebnisse fand ich auch bestätigt bei meinen Aufenthalten in Brasilien, Peru, China, Afghanistan, Palästina und weit draußen in den, nach westlichen Vorstellungen, ärmlichen Dörfern in der Taiga, soweit sie kaum oder nicht von den Einflüssen des großstädtischen materialistischen Jagens und hektischen Konkurrierens beeinflusst sind, bestätigt! Da wir gerade bei dem Thema *Materialismus* sind und ich meine Auslandsaufenthalte erwähnte, muss ich hier noch von einem für die zivilisierte Gesellschaft mehr als beschämenden Erlebnis aus Brasilien berichten. Als damaliges Mitglied von Amnesty International konnte ich ein Hospital besuchen, in dem schwer verletzte kleine Kinder untergebracht und sorgsam gepflegt wurden. Was war mit ihnen geschehen: Sie waren nachts oder an abgelegenen Stellen von organisierten Banden überfallen und betäubt worden. Dann hatte man ihnen bei lebendigem Leibe Organe herausgeschnitten und sie dann liegen gelassen. Dort wurden sie in der Regel am nächsten Tag von der Polizei aufgefunden. Warum aber solche Brutalitäten an Kindern verüben? Ganz logisch: In den westlichen Wohlstandsländern wurde und wird dringend nach Organspendern gesucht. Diese „Marktlücke" machten und machen sich kriminelle Banden, wie beschrieben, zunutze und verkaufen die „begehrte Ware" an Verteilerstellen in den USA und in Europa! Auf diesen meinen Reisen habe ich mich manchmal vor den bedeutend minder bemittelten Gastgebern geschämt, Europäer zu sein ...

Um das vielleicht deprimierende Kapitel *Materialismus* und der auf Kosten anderer zu ergatternden Macht wie genüsslicher Vorteile hier zu beenden, komme ich noch einmal auf das Buch des Philosophen Jürgen Safranski zurück, wenn er ausführt: „Nur Staaten und Staatenbündnisse haben Macht, die ‚Menschheit' aber hat keine Macht.[14] Sie ist eine Beschwörungsformel in der Arena der wirklichen Mächte, wo die globalen Asymmetrien von Macht, Produktivität und Reich-

---

[14] *z.B. ist im Grundgesetz der Bundesrepublik Deutschland keine Volksabstimmung vorgesehen!*

tum ein Souveränitätsgefälle neuen Typs hervorbringen: Souverän ist, so zeigt sich inzwischen, wer Folgelasten eigenen Handelns auf andere abwälzen kann. Insofern sind also die USA, wenn sie internationale Umweltschutzabkommen sabotieren, souveräner als andere Staaten. Wenn die Ressourcen von Energie, Wasser oder Luft knapp werden, entscheidet immer noch die Macht über die Verteilung der Lebenschancen. Die Folgen der Knappheit tragen zunächst die Schwächeren – bis dann auch die Stärkeren davon betroffen sind."[15] So verhält es sich in begrenzterem Umfang in einem Bundesland und in der kleinsten Dimension im Klassenzimmer!

Unfassbar, dass sich seit Jahrtausenden die Ausgenutzten, Unterdrückten und Entrechteten in dieses menschenunwürdige Schicksal ergeben hatten – natürlich mussten! Und wenn sie endlich in Verzweiflung und verbitterter Ausweglosigkeit keine anderen Möglichkeiten mehr sahen und sehen, ihren Daseinsdrangsalen entrinnen oder sie wenigstens für eine Zeit erleichtern, verbessern zu können, blieb und bleibt ihnen als letzte verfügbare Möglichkeit der Befreiung nur die entfesselte, brutale Gewalt oder wie es heute genannt wird: der Terror! Wir haben es mit einer schändlichen Dop-pelmoral zu tun, denn bei aller Verurteilung solcher erbarmungslosen Gewalttaten sollten wir alle sehr gründlich darüber nachdenken und es vor allem mit unseren Kindern und Schülern – sie sind doch die Zukunft – ausführlich diskutieren: **Wer** hat diese Greueltaten heraufbeschworen? Übrigens, ich habe diese Frage des Öfteren aufrichtig dem christlichen Glauben anhängenden Kollegen gestellt und sie dabei auf Vers 11 im 15. Kapitel des 2. Buch Moses hingewiesen, wo es heißt: „Herr, wer ist dir gleich unter den Göttern? Wer ist dir gleich, der so <u>mächtig</u>, heilig, <u>schrecklich</u>, löblich und wundertätig sei?"[15] Dass dieser Gott der Liebe, Gnade und Barmherzigkeit in der Tat „schrecklich" sein kann, wird im 27. Vers des 23. Kapitels im 2. Buch Mose unterstrichen, wenn er dort zu Moses sagt: „Ich will meinen Schrecken vor dir her senden und alles Volk verzagt machen, dahin du kommst; und will dir alle deine Feinde in die Flucht geben."[16] Meine etwas sarkastische Frage, ob nicht bereits in den ältesten Texten der christlichen Glaubensbotschaft Macht, Gewalt und

---

[15] „Wie viel Globalisierung verträgt der Mensch", Rüdiger Safranski; Seite 26;
[15] Zitiert nach **„Heilige Schrift"**; Preußische Haupt-Bibelgesellschaft, SW 61, Tempelhofer Ufer 3, Berlin 1934;
[16] Vgl. hierzu: „Wie viel Globalisierung verträgt der Mensch", Rüdiger Safranski; Seite 29;

Krieg, übrigens wie in den Glaubensregeln und Mythen nichtchristlicher Religionen, verankert sind, wurden in der Regel dahin gehend beantwortet oder ganz abgewiesen, dass ich einer völlig verkehrten Auslegung unterliege. Genug damit, diese „Auslegungsproblematik" wird im letzten Kapitel noch einmal aufgegriffen.

Eine andere, entscheidende Ursache für die hier eingehender zu beleuchtenden Missstände in unserer Gesellschaft ist der ebenfalls bereits häufig zitierte *Egoismus*!

Um nicht in einer ausschweifenden, subjektiven Diskussion zu versanden, gehe man sicherheitshalber von der wissenschaftlichen Definition des Begriffes aus: Danach versteht man in der Psycho-logie unter *Egoismus* (*lat.: ego* = ich) „Ichbezogenheit", Ichhaftigkeit. Zu den Egoismen rechnet Ph. Lersch alle selbstischen Strebensrichtungen. Sie beziehen sich stets durch die Umwelt hindurch auf das individuelle Selbst zurück: Selbsterhaltung, -behauptung, -bewahrung, -sicherung. Zu unterscheiden ist zwischen eigentlich egoistischer (selbstsicher) und egozentrischer[17] (selbstbezogener) Haltung. Letztere kennzeichnet die (ichhafte) Weltspiegelung im Bewusstsein. Das Streben nach Ichausweitung heißt Selbsterweiterung. Die Stufen und Ausprägungen des Egoismus sind mannigfaltig: normaler („gesunder") Egoismus, Geltungs-, Machtstreben, bis zu überwertigem Egoismus (Selbstsucht), der den gesamten Charakter durchstrahlen kann ..."[18]

Die Philosophie gibt folgende Definition: „Eigenliebe, Ichliebe; Verhalten, das vom Ich-Gefühl, von dem Gedanken an das eigene Ich beherrscht wird. Der Egoismus ist zunächst ein Ausfluss des natürlichen Selbsterhaltungstriebs, der auch ethisch vom Wert des Lebens gefordert ist. Er ist notwendig zur Erkenntnis und Verwirklichung der Persönlichkeitswerte und zur Erfüllung der sittlichen Pflicht, die eigenen Anlagen und Fähigkeiten zu größtmöglicher Vollendung zu bringen; er wird ethisch verwerflich, wenn der fremden Persönlichkeit weniger Wert beigemessen wird als der eigenen, wenn die Rechte anderer verletzt werden ..."[19] – und eben das gehört heute wohl in

---

[17] *Von lat. ego = ich und centrum = Mittelpunkt; ein Egozentriker wird bei allem Denken und Handeln immer bewusst oder unbewusst das eigene Ich in den Mittelpunkt rücken und dies oft sehr radikal;*

[18] *„Wörterbuch der Psychologie", Prof. Dr. Wilhelm Hehlmann; Seite 98/99;*

[19] *„Philosophisches Wörterbuch", Georgi Schischkoff; Seite 134;*

unzähligen Situationen zum Alltag, weil die Karriere nun einmal Durchsetzungsvermögen und vor allem Erfolg fordert.

Schon aus Maslows „Bedürfnis-Pyramide"[20] ist zu entnehmen, dass Egoismus eine angeborene, notwendige Neigung des Menschen ist, um überhaupt überleben zu können, was schon seit Platon eine indiskutable Erkenntnis ist, der den Drang zu „Verwirklichung der Persönlichkeitswerte" und „größtmöglicher Vollendung eigener Anlagen und Fähigkeiten" *Thymos* genannt hatte. „Dieses Verlangen nach Differenz gibt der Gesellschaft ihre Dynamik, es gefährdet sie aber auch ... Mit der *thymotischen* Leidenschaft kommt man über die bloße Selbsterhaltung hinaus, sie will nämlich Selbststeigerung. Es geht um Anerkennung und Rangerhöhung. Die *thymotische* Leidenschaft ist sogar bereit, um der Lebenssteigerung willen das gewöhnliche Leben aufs Spiel zu setzen."[21] In beherrschterem Maße spielt sich das in der heutigen Konkurrenz-Gesellschaft in Form von Streitigkeiten und herabwürdigenden Beleidigungen ab – der verbale Krieg. Ein gutes Beispiel hierfür sind die verbalen, parteipolitischen Machtkämpfe im dänischen Folketing und im deutschen Bundestag.

Aber man braucht nicht erst auf die „repräsentative" Bühne zu steigen. Schon in den modernen Familien spielt sich der verbale Wettstreit ab, ehe es zuletzt in energieüberschwellenden Ausbrüchen zu Handgreiflichkeiten, Vergewaltigungen und immer häufiger zu Mord kommt. Absurd in diesem Zusammenhang ist der immer lauter werdende Ruf nach psychologischem Beistand für die Bedrängten und deren Behandlung, nachdem doch die meisten Psychologen in den 60er und 70er Jahren den Slogan *Selbstrealisierung* derartig bedeutsam hervorgehoben hatten, dass er keinen geringen Beitrag zu der damaligen antiautoritären Bewegung am Arbeitsplatz, vor allem aber an den Hochschulen und sogar in der Kleinkind-Pädagogik lieferte, wofür die Gegenwart mit allen ihren Verhaltensproblemen heute die Quittung erhält. „Ernsthafter Mangel an Psychologenhilfe" springt dem Leser die groß aufgemachte Überschrift in die Augen und dann heißt es weiter: „Man schätzt, dass jährlich weit über 1000 Opfer von Vergewaltigung keine finanzielle Hilfe für Psychologenhilfe bekommen können." (Auch das ist ein treffendes Beispiel für den zuvor hervorgehobenen Materialismus.) Derartige, krankhaft egozen-

---

[20] *Siehe Seite 23, 24;*
[21] *„Wie viel Globalisierung verträgt der Mensch", Rüdiger Safranski; Seite 34;*

trische Übergriffe haben zur Folge, dass „viele Opfer von Vergewaltigungen von jeglicher öffentlichen Psychologenhilfe (Krankenkasse) abgeschnitten sind, obwohl zahlreiche Unter-suchungen beweisen, dass Vergewaltigung das schlimmste Trauma ist, dem ein Mensch ausgesetzt sein kann …"[22] Nun könnte man bezüglich des Begriffes *Egoismus* – man sollte eigentlich vorrangig von *Egozentrismus* sprechen – mit einer endlosen Reihe von Beispielen aufwarten. Mit einigen wenigen soll es genug sein. „Auf dem Weg zu Selbstverwirklichung und Autonomie haben wir auch eine Fähigkeit über Bord geworfen, die wir heute dringend nötig hätten: die Fähigkeit, mit anderen Menschen leben zu können und an ihrem Schicksal wirklich Anteil zu nehmen. Wir sind so sehr mit der eigenen Nabelschau beschäftigt, dass andere Menschen weitestgehend Staffage für unser Leben geworden sind. Sie spielen für uns nur insoweit eine Rolle, als wir sie für unsere Selbst-darstellung brauchen."[23] Wenn es schon in sehr vielen Familien mit dem „Füreinanderleben" nicht mehr so richtig funktioniert, wie können wir dann von den Kindern in der Schule eine selbstlose, gemeinschaftsorientierte, soziale Einstellung erwarten? Diese *egozentrische* Selbstrealisierung beginnt bereits mit den verschiedenen individuellen Sprachgebräuchen. Viele Irritationen beginnen oft mit ganz banalen Missverständnissen, wobei die so genannten *Meta*-Botschaften (unterverstandene oder geahnte, geglaubte Mitteilungen) aufreizende Irritationen hervorrufen können, wie Deborah Tannen es in dem Kapitel „Gemischte Meta-Botschaften in den eigenen vier Wänden"[24] sehr anschaulich beschreibt.

„Eltern legen aus lauter Liebe relativ größtes Gewicht auf Einmischung, aber im Laufe der Zeit, in der Kinder heranwachsen, werden die meisten Eltern die Liebe gradweise durch wachsenden Re-spekt vor ihrer Unabhängigkeit zum Ausdruck kommen lassen. Diese Entwicklung setzt nach dem Geschmack der Kinder gewöhnlich zu spät ein. Der Teenager, der sich darüber aufregt, dass er <u>den</u> Pullover anziehen oder <u>jetzt</u> zum Frühstück kommen soll, legt den Ausdruck der mütterlichen Einmischung als aufdringlich aus. Obwohl die Mutter davon nichts gesagt hat, hört der Teenager die Meta-Bot-

---

[22] *Morgenavisen Jyllandsposten, 26. Dezember 2001; 1. Sektion, Seite 9;*

[23] *„Die Egoismus-Falle", Ursula Nuber; Seite 15/16;*

[24] *„Det var ikke det jeg sagde" (Das war eigentlich nicht [das],was ich sagte),*
Deborah Tannen; Seite 29;

schaft: ‚Du bist ja nur ein Kind, das es nötig hat, dass wir für dich sorgen.' ...
Wenn wir dann versuchen, zu einem Verständnis mit demjenigen zu kommen, der unsere Absichten falsch interpretiert hat, endet das oft in einem Knoten kindischer Hartnäckigkeit:
‚Das sagtest du!' – ‚Das könnte mir im Traum nicht einfallen, so etwas zu sagen!' – ‚Ja, also, das sagtest du! Ich habe das selber gehört!' – ‚Du brauchst mir nicht zu erzählen, was ich gesagt habe!' Beide Partner können, so gesehen, Recht haben – oder Unrecht."

Und wer hat nicht eine Situation erlebt, in der man den anderen nach peinlicher Entgleisung um Entschuldigung bitten musste, und das nur wegen eines Missverständnisses, weil man das Gesagte falsch gedeutet hatte. Oder war es vielleicht gar kein Missverständnis, sondern aus egozentrischer Einstellung heraus ein Anstoß aus dem eigenen Unterbewusstsein? Darin offenbart sich bei diesen Meta-Botschaften ein heikles Deutungsproblem: Warum versteht die/der andere mich nicht oder will sie/er mich einfach nicht verstehen?

Eine andere, häufig vorkommende Begebenheit spielt sich bei erwiesener Hilfsbereitschaft ab. „Komisch", muss man sich fragen, „das war natürlich nett und ich war auch sehr dankbar, aber das hätte er doch sonst nicht gemacht."[25] War es einzig und allein, um einem geplagten Mitmenschen zu helfen, oder geschieht das, weil viele Umherstehende Zeuge dieser „Menschlichkeit" sind, eine willkommene Gelegenheit, der eigenen Publicity zu dienen? Ähnliche Szenen kann man häufig während einer Wahlkampagne erleben, wenn es darum geht, sich beliebt zu machen, und das tut man, wenn man sich vom hohen Rang herunter mit herzlichen Gesten unter das „Volk" mischt. Die eigentliche Absicht aber ist der Stimmenfang in egozentrischem Interesse. „Natürlicher Egoismus und Menschlichkeit lassen sich bei selbstloser und rücksichtsvoller Beherrschung durchaus miteinander vereinbaren. *Egozentrismus* – oft schwer von *Narzissmus* abzugrenzen – setzt sich über Gefühlsverletzung, Kränkung und Vernachlässigung des anderen, auch der oder des Geliebten, hinweg. Beklagt sich der Betroffene, muss er sich oft noch die Kritik gefallen lassen, zu anspruchsvoll, zu beengend, zu belästigend zu sein! Damit ist die Diskussion abgeschlossen! Bleiben wir noch ei-

---

[25] *Hörte ich eine ältere Frau während der Hochwasserkatastrophe sagen, nachdem ihr ein Politiker lächelnd ihren schweren Korb abgenommen hatte;*

nen Augenblick in den „eigenen vier Wänden", bevor wir uns in die Öffentlichkeit begeben. Ein sehr drastisches Beispiel für diese egozentrische Geringschätzung des anderen liefert wieder die Presse (nachfolgend auszugsweise zitiert):

„Familien werden durch Sex im Internet zerstört"[26], war die Überschrift über zwei Seiten!

„Mütter chatten und vergessen die Kinder. Väter vergeuden ihre Arbeitszeit mit Pornoseiten und werden entlassen. Und sowohl Mütter wie Väter haben heimliche Affären. – Der Computer mit Internet-Verbindung sieht ganz unschuldig aus. Aber er hat mittlerweile viele Verhältnisse zerstört und Tausende in einen perspektivlosen Netzmissbrauch gestürzt. – An die 400.000–500.000 Dänen sind heute so viele Stunden auf ‚online', was das Beisammensein mit Kindern, mit Freunden und Geliebten oder Frauen beeinträchtigt ... In 26 Fällen hat er Beispiele gesehen, in denen Männer ihren Arbeitsplatz verlassen mussten wegen Netz-Narkomanie ... Der Verkehr im Netz hat sich innerhalb eines halben Jahres verdoppelt ... Die Menschen, die sich besonders in der Gefahrenzone befinden, abhängig zu werden, sind Leute mit geringem Selbstwert, Selbstakzept und Selbstvertrauen. Leute, die ein großes Bedürfnis haben, gegenüber anderen sichtbar zu sein ... ‚Ich selber bekam 1994 IAS (**I**nternet **A**ddiction **S**yndrome) und brauchte zwischen fünf und zehn Stunden am Tag. Ich brachte es zu nichts anderem und wurde ganz besessen', berichtet M. R. ... Auch der Internet-Gebrauch Alleinstehender kann ein Problem sein. Viele dänische alleinerziehende Eltern benutzen das Internet zum Chatten und um Kontakt mit anderen Alleinstehenden herzustellen. Dieses Verhalten bewirkt, dass die Fürsorge für das Kind vernachlässigt wird, was ernsthafte Folgen haben kann ..."

Ja, wie weit kann man, darf man heute mit der Selbstrealisierung gehen, ohne sich in irgendeiner Hinsicht schuldig zu machen. Dabei komme ich immer wieder auf die Kinder zurück, die wir Er-wachsenen mit der behüteten, verteidigten Erziehungsberechtigung schon zur Ordnung bringen werden. Wie und wann das geschieht, können bis zu einem gewissen Grad die Erklärungen der Lehrer in den Fragebögen beantworten. Auch in Verbindung mit der Erziehungsberechtigung habe ich zahlreiche Fälle in Deutschland und in Dänemark erlebt, in denen vor Gericht – ich fragte mich ernsthaft – um das Kind

---

[26] *B.T. 26. Dezember 2001; Seiten 18/19;*

oder um die Kinderbeihilfe gestritten und gekämpft worden war. Wenn in dramatischen, familiären Konfliktsituationen Egozentrismus und Materialismus einander verstärkend einhergehen, bleiben alle entwicklungspsychologisch unerlässlichen Trost-, Stütz-, Hilfe- und Förderungsveranstaltungen unbeachtet. Ich habe von vielen dieser gleichgültigen „Erziehungsberechtigten", wenn ich sie hinsichtlich sichtbarer Verwahrlosung ihrer Kinder zu einem Gespräch in meine Lehrersprechstunde vorgeladen hatte, als Selbstrechtfertigung meistens die moderne Erklärung erhalten, ihr Kind sollte so früh wie möglich selbstständig werden. Sich zurückhalten zu müssen fiele oft schwer, wenn man am liebsten helfen wollte, aber es dürfe ja nicht sein, sonst kämen sie nie von Mutters Rockzipfel los! Ebenso oft führen grundverschiedene Einstellungen und Zielsetzungen hinsichtlich der Erziehung der Kinder zu unzweckmäßigen Zerwürfnissen, unter denen wiederum die Kinder am meisten zu leiden haben. Das verwerflichste Beispiel egozentrischer Hemmungslosigkeit muss in den häufigen Fällen pädophiler Vergehen an Kindern gesehen werden! Abgesehen von der unakzeptablen Perversität solcher Missbräuche von in Abhängigkeit befindlichen jungen Menschen, hinterlassen sie meistens bleibende psychische Schäden in der jungen Persönlichkeit, die oft später Behandlungen erfordern. So viel zu erschütternden Vorgängen in den „eigenen vier Wänden", deren Sphäre ja nach geltendem Recht weitgehend tabu (?) ist. Werden strafbare Handlungen schließlich doch aufgedeckt, sind die Schäden bereits geschehen ...

Aber auch außerhalb der abgeschotteten Wohnung entfaltet sich der egozentrische Drang nach Selbstbehauptung, Anerkennung und Rangerhöhung. Da organisiert man sich mit Gleichgesinnten zu Fans, Banden, Klubs oder anderen Formen der gemeinsamen Triebbefriedigung. Begeisterung für den eigenen Fußballklub ist ja verständlich. Anfeuerungsrufe und rasender Beifall sind psychologisch wirksame Mittel, den Kampfeswille der „eigenen Front" zu bestärken. Unzählige dieser oft ekstatischen Anhänger gehen so weit in ihrer vorbehaltlosen Identifikation mit dem Klub, dass sie sich mit den Vereinsfarben die Körper bemalen, um ihre Zugehörigkeit auch auf diese Weise sichtbar zu machen. Die egozentrische Befriedigung besteht darin, an dem errungenen Erfolg anderer teilhaben zu können, obwohl man effektiv nichts dazu beigetragen hat. Psychologen sagen, dass das Auftreten und Gebaren der Fußballfans sehr viel über deren Selbstsicherheit und Selbstwertgefühl aussagt. Meistens handelt es sich bei diesen Menschen um Typen, die nicht imstande sind, große, bewundernswerte Leistungen selbst zu vollbringen. Die Fan-Rolle ist eine Ersatzhandlung[27] – eine Kompensation. Die Selbststeigerung vollzieht sich dann nach Spielabschluss vor dem Stadion, wo die Anhänger des gegnerischen Klubs verprügelt werden ... Die Befriedigung eigener Triebe wird auf Kosten anderer erreicht. Gleiches erlebt man unter den rechtsradikalen, fanatischen Kämp-fertypen. Ich erlebte damals in Rostock den Prozess gegen die radikal-nationalen „Jung-Terroristen", die mit Brandsätzen die Wohnstätten der vietnamesischen Asylanten angegriffen hatten. Isoliert hatten die meisten von ihnen geradezu harmlos, untertänig gewirkt, will sagen: unsicher!

Im Zuge der Emanzipation hatte es in den Anfangsjahren dieser Bewegung ebenfalls sehr konsequente Vertreterinnen ihrer Frauenfront gegeben, die teilweise sehr rücksichtslos z.B. im Lehrerzimmer ältere Kolleginnen auf recht unverschämt provozierende Art angegriffen hatten: „Na, frage mal deinen Mann, ob du heute Abend mitkommen darfst ..." Zugegeben, es war an der Zeit, die im Grundgesetz und in den Menschenrechten zugesicherte Gleichstellung effektiv und glaubhaft in die Tat umzusetzen. Dieser Bewegung sehr wenig gedient hatten allerdings typisch narzisstische Madams, die unter zurückhaltenden Männern eher eine vorsichtige Distanz bewirkt hatten, freilich abgesehen von den Kollegen und Männern, denen die durch diese „Emanzen" ohne Scham praktizierte Pansexualität durchaus zusagte. Isoliert und einzeln wirkten sie zurückhaltender, vorsichtiger ...

Noch rigoroser und folgenschwerer wirkt sich diese egozentrische Art der Identifikation mit sich vorsätzlich abgrenzenden Ideologien aus. In dieser Verbindung sind Religionen, Nationalismus und auch Rassismus zu nennen. Wie schon erwähnt, wird die angeborene *thymotische Leidenschaft* nur selten dem Drang nach Selbststeigerung nachgeben können. Die angestrebte Selbstrealisierung oder sagen wir Selbstbehauptung wird letzten Endes immer durch Kriege entschieden! Das erinnert mich an meinen damaligen Professor in politischer Wissenschaft an der Universität Heidelberg, den kürzlich in Pension gegangenen Ministerpräsidenten Thüringens, als er einmal eine Diskussion über Machtverhältnisse im Kalten Krieg mit der Frage beendete: „Meine Damen und Herren, wie wollen Sie den Krieg in der Welt ausschalten, wenn er noch nicht einmal im Schlafzimmer zu verhindern ist?"

---

[27] *Vgl. hierzu: Abwehrmechanismen; Seite 29;*

Nach dem Koreakrieg gingen viele davon aus, dass nach Friedensschluss endlich eine beruhigende Balance zwischen den Interessen der Großmächte erzielt worden sei. Da kam der Vietnamkrieg, dann die Besetzung Tibets. In Südamerika spielten sich die Guerillakämpfe ab. Immerhin konnten wir Europäer uns damit beruhigen, dass wir aus den beiden Weltkriegen endgültig gelernt hatten, in gegenseitigem Einverständnis in Frieden miteinander existieren zu können. War das eine etwas selbstzufriedene Überheblichkeit, weil die aktuellen Kriegsschauplätze in der Welt Gott sei Dank ziemlich weit weg waren? Da kam die unerwartete, aber heimlich doch lange ersehnte Wende. Der Kapitalismus schien auf der ganzen Ebene über den Sozialismus zu siegen. In der Folge dieser Umstrukturierung brach der Vielvölkerstaat Jugoslawien auseinander und schon wieder hatten wir auch in Europa Krieg, dessen Nachwirkungen bis heute noch nicht überwunden sind: Uno-Truppen in Kosovo, Wiederaufbau usw. In Irland ging es in erster Linie um religiöse Auseinandersetzungen.

Grotesk übrigens: Zwei christliche Konfessionen bekriegen sich im zivilisierten Europa! Na ja, „dieser Gott, sofern er sich selbst als Hüter der Einheit aufspielte, war selbst das Problem, für dessen Lösung er sich hielt, denn er grenzte sich feindlich gegen die Götter der anderen Stämme ab."[28] Aber über den Prozess der Politisierung der Religionen mehr unter dem Begriff *Globalisierung*.

Unter den aktuellen Problemen in der Gesellschaft hatten wir bisher die Antriebsmotoren *Materialismus* und *Egoismus/Egozentrismus* unter die Lupe genommen. Wie einflussreich und oft destruktiv diese unsichtbaren Mächte in das Familienleben und den Schulalltag eingreifen können, ist wohl deutlich genug dargestellt und dokumentiert worden, und es wird noch in anderen Zusammenhän-gen auf sie verwiesen werden.

Die egoistischen Bestrebungen der menschlichen Psyche – auch im Hinblick auf materialistische Gewinne – bewirken unwillkürlich das Prinzip der Konkurrenz (lat.: *con* = mit, zusammen mit; currere = laufen). Bei der olympischen Idee der alten Griechen ging es darum, „miteinander" in den Wettstreit zu Ehren der Götter zu treten. Der aus vielen Mosaiken und Gemälden bekannte Lorbeerkranz war die Anerkennung für einen fairen Kampf, kein Geld, keine Reklameverträge. Auch diese, einstmals großartige ethische Ein-

---

[28] *„Wie viel Globalisierung verträgt der Mensch", Rüdiger Safranski; Seite 29;*

stellung hinsichtlich eines ehrbaren Kräftevergleichs ohne dauernd verbesserte technische Hilfsmittel, ohne Reklame und Dopingmittel ist entwürdigt worden! Alle kämpften unter den gleichen natürlichen Gegebenheiten. Der heutige Rummel, an dem zahlreiche Organisationen, Firmen, Manager, Medien und Fachkräfte wie Techniker, Trainer, Mediziner, Psychologen u.a. ihr Geschäft machen, hat mit der ursprünglichen olympischen Idee absolut nichts mehr zu tun, wenn man nicht von einer Kapital- und Marionetten-Olympiade sprechen will. Der einzelne Sportler ist eigentlich vielmehr ein Versuchskaninchen der pharmazeutischen und medizinischen Wissenschaft. Zudem war es einst ein geradezu geheiligtes Gesetz, dass während der Olympischen Spiele alle kriegerischen Auseinandersetzungen eingestellt waren, was tatsächlich eingehalten worden war – und heute?

Über die Konkurrenz unter den Firmengiganten brauchen keine Worte verloren zu werden. Da werden Rabatte gewährt, Sonderangebote feilgehalten, beeindruckende Serviceleistungen in Reklameüber-schwemmungen ausgestreut und die Waren als Statussymbole glorifiziert. Der Kunde muss einfach kaufen. Er wäre ja töricht, wenn er nicht zugriffe. In Perioden der Schluss- und Ausverkaufsangebote überträgt sich die Hektik der Handelskonkurrenz auf die Masse der Kunden. Angeregt durch meine Arbeit an dem vorliegenden Buch hatte ich mich in Schlussverkaufsperioden mehrere Male mit einer kleinen Videokamera vor verschiedene Warenhäuser gestellt und die konsummotivierten Kunden aufgenommen. Schon bei der Jagd um Parkplätze zeigte sich oft die Rücksichtslosigkeit der selbststeigernden Konkurrenzmentalität, und in den Eingangspassagen wurden alte, etwas unsicher gehende Menschen hastig zur Seite geschoben, Kinder in Nischen abgedrängt, sodass Eltern erst eine Weile später erschreckt stehen blieben und besorgt nach dem verschwundenen Kleinen Ausschau hielten. Kinder sind sehr aufmerksame Beobachter, lernen aus Erlebtem und ertüchtigen sich bei der nächsten sich bietenden Gelegenheit, indem sie gemachte Erfahrungen an Gleichaltrigen ausprobieren. Wer zuerst kommt, mahlt zuerst. Ganz bewusst hatte ich im ersten Kapitel einen Warnschuss mit dem Hinweis abgegeben, dass unsere Kinder in eine kommerzialisierte Welt geboren werden. Was aber können sie in dieser Welt gewinnen. Oh doch, einiges: Bewunderung, weil sie glücklicherweise die Schönsten, die Schnellsten, die Klügsten, die Stärksten sind, denn wenn man nicht über genug Fähigkeiten verfügt, Erfolge zu erringen, muss man eben Kraft anwenden, um die Kon-kurrenten zu verdrängen. Und sollte auch das nicht gewinnbringend sein, kann man immer noch Tricks, Lügen oder andere Manipulationsmethoden wie Prahlen, Übertreiben u. ä. einsetzen. Natürlich müssen wir Erziehungsbeauftragten und vor allem wir Erziehungsberechtigten unsere Kinder dazu anhalten, aufrichtig, ehrlich, anständig und rücksichtsvoll zu sein. So steht es ja auch in allen Schulgesetzen. Aber wo haben Kinder und vor allem Jugendliche alle ihre unaufrichtigen und hinterlistigen Machenschaften gelernt? Von den Erwachsenen in einer Gesellschaft, in der jeder Einzelne offenbar seine eigene Moral hat und danach lebt. Alle großen Firmen, Produzenten sind auf der Hut vor Werksspionage. Die meisten Staaten bedienen sich der Spionage und Geheimagenten. In Filmen und im Fernsehen erleben die jungen Menschen alle unaufrichtigen Konkurrenzmethoden und ahmen sie natürlich nach. Es gibt fast keinen Lebensbereich mehr, in dem nicht Konkurrenz praktiziert wird. Sogar der vertraulichste Intimbereich wird von dieser Geschäftsmanie mehr und mehr bestimmt. Man studiere einmal aufmerksam die verschiedenen Angebote sexueller Befriedigungen. Da gibt es heute fast keine Körperregion mehr, die nicht irgendwie Orgasmen hervorrufen kann und ausprobiert werden sollte, um „in" zu sein. Alles ist auf dem Markt der verwöhnten Kon-sumgesellschaft zu haben. Was aber ist der Preis für dieses „Schlemmerparadies"? Hektik, Rastlosigkeit und Stress, Angst, Minderwertigkeitskomplexe, Isolation, viele andere psychische Leiden und organische Schäden. Wo diese täglichen Beschwerden und Schmerzen nicht mehr zu ertragen sind, greift man zu Medikamenten, Alkohol oder Narkotika. Hören wir zu dem aktuellen Gesellschaftsproblem *Konkurrenz* noch einmal Jürgen Safranski: „Die Frage, die sich in der Geschichte, ob explizit oder implizit in den Lebensvollzügen, immer gestellt hat, lautet: Wie lässt sich die thymotische Energie als Produktivität organisieren? Gebändigt gibt sie einer Gesellschaft Dynamik. Entfesselt aber – und sie strebt stets nach Entfesselung – löst sie die Gesellschaft in die Anarchie der Gewalt auf. Zweifellos ist die Konkurrenz – wirtschaftlich, politisch, sportlich – ein bewährtes Mittel, die thymotische Leidenschaft auf gezähmte Weise auszuleben."[29] Wer wen wie und warum manipuliert, verführt oder unterdrückt, sollte doch nun erkannt sein! Beherrschung und Bändigung sind nur wirksame Bemühungen, Anstrengungen des qualifizierten, ethisch bewussten „Elitemenschen", solange er nicht in Versuchung gerät, sich der gut organisierten Jagdgesellschaft

---

[29] *„Wie viel Globalisierung verträgt der Mensch", Rüdiger Safranski; Seite 36;*

anzuschließen, die da nach raffiniert ausgetüftelten Umgehungsmanövern der Jagdvorschriften in aller Heimlichkeit die wichtigsten Beobachtungsposten besetzt hat und hält. Hinterhältige Taktiken, Gewalt und vorausschauende Organisation werden immer Gewinn bringen. Darin besteht die satanische Verlockung. Sollten einige der Jagdgenossen doch einmal bei groben Verletzungen der Na-turschutzregeln „gejagt und erlegt" werden, distanzieren sich die ehemaligen Genossen von dem Kumpel unter Berufung auf moralisches Bewusstsein und mit der Entschuldigung, dass es eben immer wieder mal „schwarze Schafe" gäbe, die dann den ganzen Berufsstand in Verruf brächten. Aber schon bald erklingen wieder die Halali-Hörner. Gejagt wird immer, ob Kinder, Frauen, Andersdenkende, Tiere – Gott sei Dank –, auch Schulschwänzer, Fahrtsünder, Schmuggler, Betrüger jeder Art und Verbrecher, wobei Einhaltung der Gesetze vielseitig ausgelegt werden kann. Je verlockender die Beute desto wilder die Jagd! Je wilder die Jagd desto brutaler die Jagdmethoden! Und je brutaler die Jagdmethoden desto unmoralischer, hemmungs- und schonungsloser die Vorge-hensweisen. „Bei der Jagd auf Absatzmärkte zahlen die Wohlstandsstaaten Exportprämien, z.B. beim Tierexport. Was ist die Folge? Unzählige der auf verwerflich langen Strecken in engsten Lastfahrzeugen (3-Etagen-Lastwagen!) – der Transport muss sich bezahlt machen – beförderten Tiere kommen misshandelt, verwundet, erschöpft oder gar tot am Ziel an. Tierschutzvereine treten doch für eine anständige, tiergerechte Behandlung der ‚Nahrungskreaturen' ein, und zur Einhaltung vorgeschriebener Regeln kontrollieren Tierärzte die Verladung. Aber bereits da beginnt der Leidensweg der Tiere: Tritte, Schläge, Elektroschocks verhindern unnötigen Zeitverlust. Nachdem Tierschutzvereine und die Presse in vielen Artikeln ernste Klagen wegen der furchtbaren Qualen der Tiere erhoben haben, bequemten sich die Politiker allmählich zu Versprechungen, die Subventionen abzubauen. Nichts ist bisher geschehen."[30] Nach derartigen Informationen fragt man sich, ob auch Ärzte für entsprechende Gegenleistungen käuflich sind? Dabei sei z.B. an den Import chinesischer Zahnersatzartikel und deren Abrechnung mit den Krankenkassen erinnert. Natürlich gibt es „schwarze Schafe in allen Berufsständen". Der pragmatische und nüchtern denkende Geschäftsmann wird die Erregung in der Öffentlichkeit vielleicht mit der bagatellisierenden Bemerkung abzuschwächen versuchen: „Na ja, es

---

[30] *Bericht im Deutschlandfunk; 29. Oktober 2003;*

sind doch bloß Kreaturen; die werden ja doch geschlachtet ..." Die Konkurrenz zwingt zur „Selbststeigerung" und damit auch zur Effektuierung der Produktions- und Lieferungsverhältnisse. In der Hinsicht haben auch die Menschenschmuggler längst von den Rationalisierungsmethoden der technisierten Industriestaaten gelernt. Beispiele hierfür brauchen nicht ausführlicher wiedergegeben zu werden. Sollte sich der Leser doch eingehender für diese Art der Unmenschlichkeit interessieren, kann man ihm raten, die nächste Ferienbuchung nicht für ein 4-Sterne-Hotel am Strand von Rimini vorzunehmen, sondern sich an einem unberührten Strand Süditaliens oder Siziliens vor dem eigenen Zelt in der Sonne zu aalen. Vielleicht hat man dann die Möglichkeit, die erschöpften Flüchtlinge in der „Freiheit" willkommen zu heißen, wenn sie denn überhaupt den Strand erreichen! Die Konkurrenz bei der Jagd nach Gewinn und Genüsslichkeiten kennt keine Grenzen und, wie gesagt, Not macht erfinderisch. Die Wohlstandsfamilie hat faktisch alles erreicht, wovon sie geträumt hat. Nun fehlen zum wahren Familienglück nur noch Kinder. Die kann man aber nach angestrengten Versuchen nicht selber bekommen. Ein Kind aus dem eigenen Land zu adoptieren wird zu umständlich und zeitaufwendig. Man bucht ganz einfach ein Flugticket z.B. nach Thailand und kauft sich dort ein Kind. Sollten sich später nicht vorauszusehende Schwierigkeiten mit dem „importierten Fremdkörper"[31] einstellen, gibt es Möglichkeiten genug, diese zu lösen ... Liberalismus und freie Marktwirtschaft scheinen beachtenswerte Vorteile zu haben.

Man werfe mir nicht verachtenswerte Ironie und schamlosen Spott vor, wenn ich zu fragen mich erdreiste: Wo kann man Erlösung aus dieser durch Machtkämpfe, egozentrische Begierden und er-barmungslose Konkurrenz aufgepeitschten Wohlstands-Arena finden? Im Gebet zu Gott? Ich habe nie eine Antwort auf meine Frage bekommen, nach welchen Prinzipien Gott eine Gruppe von Men-schen das Paradies bereits auf Erden genießen lässt – wenn es denn für die Auserwählten wirklich ein Paradies ist – und warum so unendlich viele erst durch die Qualen der Hölle wandern müssen, ehe sie durch den Tod erlöst werden. Können Religionen den Menschen in Bedrängnis wirklich mit Versprechungen auf ein besseres Leben das Dasein erleichtern, wenn

---

[31] *Bemerkung eines mir bekannten dänischen Ehepaares, nachdem es den zweijährigen thailändischen Jungen wegen nicht länger auszuhaltender* **Aphrasie** *(siehe alphabetisches Verzeichnis der Fachausdrücke im Anhang) in einem Kinderpflegeheim hatte loswerden können;*

sie auch in konkurrierende Machtkämpfe und missionarische „Kundenab-werbung" verstrickt sind, wobei heilige Werte und Traditionen (Taufe, Konfirmation, Trauung, Weihnachten, Pfingsten, Ostern) aus Dank und zum Gedächtnis an den Erlöser konsumistisch vermarktet werden?

Das beeindruckende Beispiel verdienter Anerkennung und Belohnung eines Tamino und seiner Geliebten nach mit Hilfe einer „Zauberflöte" bestandenen Prüfungen auf ihrem schauerlichen Marsch durch die Unterwelt kann nur als realitätsfremde Idealisierung erstrebenswerter Tugenden gewertet werden. Und gelingt es hin und wieder einem Sterblichen, doch eine bewundernswerte Leistung zu vollbringen, werden das Gelingen und darauf folgende Belohnung immer von förderlichen Umständen, Gönnern und Beziehungen abhängen. Wie wären Taminos und Paminas Bewährungsproben und die anschließende Belohnung ohne die Spender der Zauberflöte und ohne das Wohlwollen Sarastos ausgegangen? Alle Ungleichheiten im menschlichen Dasein sind keineswegs immer nur dem Schicksal zuzuschreiben. Das wäre „fatal"![32]

Viele solcher zweifelerfüllten Gedanken beim Nachdenken über die hier zu beleuchtenden aktuellen Probleme in unserer demokratischen Gemeinschaft hatten mich auf meinen Zigeunerfahrten in einem alten Skoda durch die damalige Sowjetunion bewegt. Die Idee einer gerechten Lösung ist mir dabei nicht gekommen, wohl aber die Bestätigung einer unanfechtbaren Tatsache, mit der zu leben wir alle gezwungen sind, wobei auch kein Gott uns helfen kann: „Man muss schon als Mensch der so genannten Oberschicht geboren sein, um ein langes Leben hindurch in ihrem Bannkreis ausharren zu können ohne den Wunsch, hin und wieder auszubrechen aus der Tyrannei komplizierter Konvention, bösartig-jämmerlicher Verlogenheit, krankhaften Dünkels, geistreichender Eigenbrötelei und jeder Art von Unaufrichtigkeit – kurz gesagt, aus einem Jahrmarkt der Eitelkeit, der das Gefühl abtötet und den Geist verdirbt. Zum Glück bin ich außerhalb dieser Gesellschaft zur Welt gekommen und aufgewachsen, sodass ich ihre Kultur nur in kleinen Dosen vertrage und außerdem immer wieder das dringende Bedürfnis verspüre, ihr davonzulaufen, um mich etwas von der ganzen Übertriebenheit und Verfeinerung zu erholen."[33]

---

[32] lat.: fatum = Schicksal;
[33] Aus „Konowalow" in „Meisternovellen", Maxim Gorki; Seite75;

Das war einer der ausschlaggebenden Beweggründe für meine Reisen (oft eine Art Flucht) in das mich unbeschreiblich faszinierende Russland. Die Weite der Natur, die gemütsbewegenden Klänge der Balalaika, die beneidenswerte Gefühlstiefe wie auch der Zusammenhalt in der Familie, die eingehendere Bekanntschaft mit der russischen Literatur (viel eindrucksvoller und anschaulicher, wenn man sie dort in der beschriebenen Natur liest) und nicht zuletzt ungeachtet aller primitiven Bescheidenheit und Armut eine unbeschreibliche, spontane Gastfreundschaft und Hilfsbereitschaft haben sich tief in meine Seele eingeprägt, wobei ich gestehen muss, dass ich ein wahrscheinlich unheilbarer neurotischer Romantiker bin, aber ich will mir meinen Glauben an alles Besinnliche und Völkerverbindende nicht rauben lassen. Was ich hier über meine Eindrücke von Russland geschildert habe, gilt freilich nur für die Regionen, in denen Massentourismus, Geschäftskonkurrenz und alle, die Seele verdüsternden Schatten, denen Gorki zu entfliehen sucht, noch nicht eingedrungen sind. Dort habe ich *Konowalow* so richtig verstehen können, wenn er meint: „Jedes Mal, wenn ich am Meer bin, muss ich denken, warum eigentlich so wenig Menschen da wohnen? Sie würden besser davon, es hat so – so was Beruhigendes. Es haucht einem direkt gute Gedanken ins Herz ...“[34]

Ein weiteres, derzeit leidenschaftlich diskutiertes Thema ist die Bestrebung nach *Globalisierung,* womit sich ebenfalls ein höchst aktuelles Problem auftut. Die in Bezug auf den nun folgenden Abschnitt aktuellste dialektische Analyse findet sich – nach meinem Wissen – in dem bereits mehrere Male zitierten Werk „*Wie viel Globalisierung verträgt der Mensch?*"

Obwohl ich mich, vor allem beeinflusst durch Goethe, länger und eingehend mit der Idee eines *Weltbürgertums* befasst habe, fühlte ich mich doch nicht dazu imstande, kompetente Aussagen zu dem Thema *Globalisierung* zu machen, weshalb ich mich darauf beschränke, dem Leser einen kurzen Einblick in die wesentlichsten Überlegungen in oben genanntem Buch zu vermitteln, das ich allen aufs Eindringlichste zu gründlichem Studium empfehlen kann, um besser darüber aufgeklärt zu sein, was uns in der Zukunft an Vorteilhaftem, Bedenklichem und Bedrohlichem erwartet. Zuvor aber ganz kurz einiges zum Stammbaum dieser Globalisierungsbestrebungen:

Zum ersten Mal in der abendländischen Geschichte erfährt man etwas über eine Gemeinschaft der Weltbürger in der altgriechischen Gedankenwelt der

---

[34] *a.a.O.: Seite 89;*

Stoa (eine philosophische Schule mit damals bemerkenswertem Einfluss).[35] Der Begriff *Kosmopolitismus* (*griech.: kosmos* = Welt; *polites* = Bürger) ist auf damalige Vorstellungen zurückzuführen. Das Christentum, als eine sich damals über nationale Grenzen hinweg ausbreitende Lehre von der Gleichheit aller vor Gott, hatte diese Idee aufgegriffen und weiter aktualisiert. Weniger religiös, denn vor allem säkularisiert[36], breitete sich dieses Gedankengut vor allem im *Jungen Deutschland* des 19. Jahrhunderts weiter aus. In späterer Zeit verfochten vor allem die Sozialisten die Vorstellung von einer friedlichen Gemeinschaft der Weltbürger, bis schließlich unter dem Einfluss Karl Marx' der *Kommunismus* (*lat.: communis* = gemeinsam) zur Weltrevolution aufrief. Man müsste hier eigentlich auch den *Kapitalismus* nennen, doch ist er offiziell nie als Welt-Idee propagiert worden. Die in neuester Zeit offiziell organisierte Bestrebung einer Weltordnung ist die UNO. Alle diese Ideologien machen es äußerst schwierig, ihnen gegenüber die von vielen geförderte, von anderen heftig bekämpfte *Globalisierung* abzugrenzen, wenn das überhaupt jemals möglich ist. So viel über den Ideenstammbaum weltverbessernder Vorstellungen.

Wohl wissend, dass zu viele Informationen auf einmal die Konzentration untergraben, damit ermüden und einem zuletzt die Lust am Weiterlesen verderben, erlaube ich mir dennoch, die verehrten Leser an die Selbststeigerung zu erinnern. Deshalb also: nicht aufgeben!!! Die umfangreiche Mühe mit allem Quellenstudieren und Faktensammeln hatte ein einziges Hauptanliegen zum Ziel: Es hat den Anschein, als würden Humanität, Verinnerlichung und vor allem Verständnis füreinander wie Rücksicht aufeinander allmählich zu gänzlich untergeordneten Werten degradiert. Das aber kann sich am unheilvollsten auf unsere **Familien** und **Schulen** auswirken. Deswegen sind alle dazu aufgerufen, interessiert und auf der Hut zu sein!

Was also ist in Verbindung mit dem Globalisieren im Gange und „Wie viel Globalisierung verträgt der Mensch?"[37]

Eine zu ernsthaftem Nachdenken anregende Feststellung leitet die ganze Analyse ein:

---

[35] *Siehe alphabetisches Verzeichnis der Fachausdrücke im Anhang;*
[36] *Vgl. hierzu „Secularists", englische Freidenker, Vorbilder der späteren Logenbewegung;*
[37] *Ich werde im nun folgenden Abschnitt nicht jedes Zitat mit dem Hinweis auf die betreffende Seitenzahl versehen;*

„In der griechischen Tragödie und im Mythos ist ein Problem gesehen und begriffen, das darin besteht, dass es in den Angelegenheit des Wissens und damit in der zweiten Natur, also der Kultur, zu viel des Guten geben kann, eine Selbstüberforderung durch Technik und Wissen."

Dass wir in einem Zeitalter der Globalisierung leben, kann nicht in Frage gestellt werden. Daran schließen sich furchterregende Zukunftsperspektiven an. Unter Hinweis darauf, dass „sich Kriege nicht mehr auf Regionen beschränken und auch nicht mehr nur von Staaten geführt werden", haben wir es mit einer „entstaatlichten Gewalt und einer damit zusammenhängenden, global organisierten Kriminalität zu tun". Seit der Terrorismus seine entsetzlichen Spuren in die Weltkarte gezeichnet hat, muss damit gerechnet werden, dass „Atomnutzung und andere hoch gefährliche, einstweilen noch zivil genutzte Techniken wie Bio- und Gentechnik terroristisch eingesetzt werden können. Diese Stichworte mögen genügen, um darauf hinzuweisen, dass die moderne Globalisierung mit der Globalisierung von Angst und Schrecken begonnen hat."

Im Hinblick auf die ökologische Globalisierung wird warnend darauf aufmerksam gemacht, dass sich der „ökomische und industrielle Raubbau auf der Erde, in der Luft und zu Wasser zu einer einzigen Drohkulisse verdichtet", womit Globalisierung in diesem Sinne „Plünderung unseres Planeten bedeutet".

Da Wissen und Technik jederzeit in Geld umgesetzt werden können, „triumphiert mit der Globalisierung ein Kapitalismus, der nach dem Zusammenbruch des Ostblocks zum allein dominierenden Wirtschaftsmodell geworden ist". Ungeachtet verschiedener Gegenbewegungen „ruiniert die Deregulierung der Finanzmärkte ganze Volkswirtschaften. Global operierende Konzerne entmachten die lokale und legitimierte Politik." Der ohnmächtige, machtlose Bürger bekommt die Folgen in Form von Abbau öffentlicher Sozialleistungen, Verringerung des Gesundheitswesens, Verteuerung der Kindertagesstätten, Altersversicherungen und Krankenkassenbeiträge, Schließungen von Schulen und einer beängstigenden Arbeitslosigkeit – in Deutschland die höchste seit Ende des Zweiten Weltkrieges – zu spüren! Hierbei denke ich vor allem an alle die alten Menschen, die nach opferreicher Nachkriegszeit den so viel gelobten Sozialstaat einst aufgebaut hatten, an zahlreiche Familien und an die vielen Schulen, von denen nach den ernüchternden Pisa-Resultaten höhere Leistungen gefordert werden, ohne ihnen jedoch die dafür absolut notwendigen Arbeitseinrichtungen und -bedingungen zur Verfügung zu stellen!

Wenn nun dauernd von Globalisierung geredet wird, sollte man sich vor allem dessen bewusst sein, dass es sich dabei keineswegs um die so gerne hervorgehobene humane Verständigung zwischen den Völkern handelt, sondern in erster Linie um eine weltumspannende Machtverteilung.

Rüdiger Safranski schlägt vor, an Stelle des Begriffes Globalisierung treffender von <u>Globalismus</u> zu sprechen, weil es sich bei den in der Gegenwart zu beobachtenden internationalen Vereinbarungen, Abmachungen und Verträgen keineswegs um eine Idee, sondern um eine Ideologie handelt, um deren einträchtige, will sagen gewinnträchtige Effektivität gerungen, ja, gekämpft wird, wobei Kapital und, wenn nötig, Macht den Ausschlag geben ...

Safranski unterscheidet zwischen drei Varianten des „normativen Globalismus":

Da wäre zunächst der *Neoliberalismus*. Diese moderne Auslegung des Begriffes Freiheit läuft darauf hinaus, um Arbeitsplätze in der Welt zu konkurrieren, wobei alles, was dem Kapitalfluss über die Grenzen hinweg hinderlich ist, aus dem Wege zu räumen. Derartige Hindernisse sind u.a. „ökologische, gewerkschaftliche, sozialstaatliche, steuerliche Regelungen". Konkurrenz zwingt dazu, schneller als der andere zu sein, was realiter bedeutet: „Staat und Kultur haben der Ökonomie zu dienen!" Welche Gefahr sich hinter diesem Bestreben verbirgt, hat „Joseph Stiglitz, Nobelpreisträger und ehemaliger Chefvolkswirt der Weltbank, selbst ein Wirtschafts-Liberaler", aufgezeigt, wenn er „mit der neoliberalen Ideologie abrechnet, die in den Chefetagen der globalen Wirtschaftsinstitutionen regiert". Das Unheilvolle dieser Strategie verbirgt sich darin, durch „Marktöffnung, Privatisierung und Reduzierung der staatlichen Sozialbudgets einer komplexen Wirklichkeit zu Leibe zu rükken" und dabei Volkswirtschaften zugrunde zu richten.

Die zweite Variante des „ideologischen Globalismus ist der *Anti-Nationalismus*. In diesem Zusammenhang weist man auf die grauenvollen Erfahrungen nach zwei Weltkriegen hin, woraus gefolgert wird: „Nie wieder Nationalismus!" Eine solche Völkerverständigung bedingt natürlich, dass man sich in andere Kulturen hineinversetzt. „Weltläufig ist nur, wer durch den Reichtum von Welterfahrung verwandelt wurde." Dabei ist interessant, dass die bis vor einigen Jahren als „Vorzeigeprojekt" immer wieder beschriebene und mit Selbstlob von vielen Staaten hervorgehobene *multikulturelle Gesellschaft* immer mehr als eine „nationale Belastung" diskutiert wird. Nun wird man einwenden, wie ich das auf verschiedenen Pressekonferenzen gehört habe, dass solche verurteilenden Bewertungen aus nationalistischen Kreisen kommen, die jedoch nur eine Minderheit ausmachen. *Humanismus, Menschlichkeit* oder *soziale Gemeinschaft* scheinen zu heuchlerischen Moraletiketten verkommen zu sein. Als in den 60er und 70er Jahren der wirtschaftliche Aufschwung boomte, waren die so genannten Gastarbeiter, Flüchtlinge und Asylanten ein willkommener (billiger) Schub zu gesteigerter Produktivität. Zudem lieferten die Ausländer mit ihrem Kinderreichtum einen nicht unwesentlichen Beitrag zur „Verjüngung" der Wohlstandsgesellschaft. Inzwischen scheinen sie eine irritierende Belastung des Sozialsystems geworden zu sein, die vor allem in den Großstädten zu Ghettos geführt haben. Das Schimpfwort „Nassauer" ist wieder oft zu hören, weil eben die von den zivilisierten Staaten einstmals zugesicherte Unterstützung die Sparkonten der Wohlstandsstaaten auszuplündern scheint. Die „nationalbewusste Abgrenzung vor Fremden muss doch verständlich sein", klingt es immer häufiger, und das auch schon in Lehrerkreisen, die natürlich unter dem Eindruck der zunehmenden Mobbingkonflikte, Jugendkriminalität und anderer Regelverachtungen sich hinter die Front von Gleichgesinnten zurückziehen. Nicht zuletzt bei den Bemühungen, das „vereinte Europa" aufzubauen, machen sich nationale Bestrebungen, Sonderrechte bewahren zu wollen, immer öfter sehr hemmend bemerkbar.

Als dritte Modulation ist nach Safranski die „weltumspannende Bewegung" der Bewahrung des „globalen Biotops Erde" zu sehen. Dabei wird vor der rücksichtslosen Ausnutzung und Zerstörung von Naturbeständen gewarnt, die durch moderne Technik immer rascher voranschreitet, die freilich durch die des Öfteren bereits erwähnte Verbrauchermentalität immer größere Gewinne verspricht. Chemische Düngemittel, die das Grundwasser verseuchen, Abholzung riesiger Waldbestände, die ganze Regionen auszudörren drohen, Ausnutzung oder gar Vertreibung eingeborener Kulturen, weil moderne große Fabrikationsanlagen errichtet werden müssen. „In seiner nüchternen Variante ist dieser Globalismus ein kühles Denken, das Technikfolgen abschätzt und Großrisiken in den Blick nimmt, mit nützlichen Folgen, denn die öffentliche Wahrnehmung von Risiken politisiert Entscheidungen über Forschung, Technologie und Kapitaleinsatz – von Bereichen also, die bisher den demokratischen Entscheidungen weitgehend entzogen blieben."

„Geld macht nicht glücklich, aber es beruhigt", will uns eine gängige Redewendung belehren und es scheint darauf hinzudeuten, dass unzählige Wohlstandsbürger wegen aller Hektik und dem belasten-den Stress unter allen Umständen nach Beruhigung verlangen, wobei ihnen Lottospielen, Aktienkäufe, Börsenspekulationen, Preisausschreiben oder Sendungen wie „Wer will Millionär werden?" zu der ersehnten Beruhigung verhelfen sollen.

Wer sich auch von diesem konkurrierenden Wettlauf fern halten will, sorgt für ein abgesichertes und wohl funktionierendes Beziehungs- und Verbindungsnetz! Beispiele ungezählter, in letzter Zeit in Presse und anderen Medien eingehend wiedergegebener *Korruptions*-Fälle brauchen hier nicht wiederholt zu werden. Wer sich eingehender für derartige elegante Bereicherungen interessiert, sollte ab und zu den Fernsehapparat abschalten und sich mit dem äußerst lehrreichen Buch „Die Korruptionsfalle – Wie unser Land im Filz versinkt"[38] auseinandersetzen. Mit welcher Berechtigung beschweren sich die „reichen (?)" Gebernationen darüber, wenn in vielen unterentwickelten Ländern Fördergelder in Händen der jeweiligen Regierungskreise verschwinden. Erleben wir nicht ähnliche Vorfälle bei der Verteilung von Subventionsgeldern in Europa? Bedauerlicherweise regt es kaum noch Zeitungsleser und Fernsehkonsumenten auf, wenn sie erfahren, dass erst kürzlich wieder in den höchsten Verwaltungskreisen in Brüssel dreizehn Korruptionsfälle aufgedeckt worden sind. Der Mensch gewöhnt sich an alles, wobei allerdings die zunehmende Abstumpfung bedenklich ist. Gerade diese resignierende Gleichgültigkeit erlaubt es den „Oberen", ihr durchdachtes Verbindungsnetz wirken zu lassen. Mit Stolz sprechen vor allem Amerikaner und Europäer von der historischen Errungenschaft einer „Demokratie", die sich immer mehr zu einer Tragikomödie, wenn nicht gar zu einer Groteske zu entwickeln scheint. Wer nämlich verschafft den „Beziehungstaktikern" den Zugang zu jenem globalen Netzwerk, in dem sich Extraeinnahmen, irritierende Steuerzahlungen und andere Gratifikationen gewinnbringend „investieren" lassen? Der Wähler ... – das ist die erschütternde Tragödie – überträgt dem „Volksvertreter" bei der Stimmabgabe, also bei der Wahl, seine Rechte der Mitbestimmung! Das griechische Wort *demos* bedeutet Volk und *kratein* = herrschen! Was aber können die Arbeitslosen, viele Rentner und andere an die Peripherie der Gesellschaft ge-drängte „Outsider" bei einer eventuellen

---

[38] *„Die Korruptionsfalle", Hans Leyendecker; siehe Literaturverzeichnis;*

Änderung ihrer Notlage mitbestimmen? Leider – oder vielleicht doch Gott sei Dank – ist es diesen „humanen" Randgestalten nie gelungen, sich so wirksam zu organisieren, dass sie ihren Einfluss hätten geltend machen können. Darin liegt ihre Schwäche und gleichzeitig die Stärke der Netzwerkmitglieder. Unaufrichtige Steuerzahler werden, wenn sie erwischt werden, bestraft. Hochrangige Politiker können in der Demokratie bei Gericht durchsetzen, dass öffentliche Akteneinsicht in parteipolitische Spendenaffären untersagt und angestrebte Gerichtsverfahren eingestellt werden. Andere Politiker wenden die ihnen vom Volk übertragene Machtverwaltung dazu an, Gesetze durchzumanövrieren, die sie durch Immunitätsgarantie vor straf-rechtlichen Verfolgungen bewahren. Wie ohnmächtig der Bürger in der heutigen „Demokratie" ist, stellt ein Zeitungsartikel nachdrücklich unter Beweis: „Berlusconi hat Image-Probleme."[39] Da ist in der Einleitung zu lesen: „Es war ein brutaler Tiefschlag, den Silvio Berlusconi am Sonntagabend einstecken musste. In der Fernsehschau ‚Domenica in' auf dem Staatssender RAI Uno wurde das Publikum gefragt, zu wem es ‚basta' sagen würde, also von wem oder was es die Nase voll habe – und der Ministerpräsident landete mit Vorsprung vor Osama bin Laden, Saddam Hussein, Umweltzerstörung, Preissteigerungen, überrissenen Fußballerlöhnen und Unterbrecherwerbung auf Platz eins." Solange das „die Macht absichernde Hinterland funktioniert, kann auch so eine Verurteilung kein Hindernis sein, die turnusmäßige „Führung Europas" anzutreten. Was mir vor einigen Jahren einmal ein im Gemeinschaftskundeunterricht sehr engagierter Schüler in verbittertem Tone vorschlug, scheint sich fast zu bewahrheiten: Der Wähler sollte sich für seine Stimmabgabe von dem von ihm gewählten Politiker erst einen Geldbetrag vertraglich zusichern lassen, der übrigens jedes Jahr fällig sein müsste. Gleichzeitig müsste er das Recht haben, den von ihm gewählten Volksvertreter wieder abwählen zu können, andernfalls man sich organisieren und einer nächsten Wahl fernbleiben könnte! Letztgenanntes Druckmittel hat jener Schüler wohl den Brandenburger Wählern bei der kürzlich durchgeführten Landtagswahl angeraten, was auch mit nicht zu übersehender Konsequenz realisiert worden ist. Ich runde den Abschnitt _Korruption_ mit der eindringlichen Aufforderung ab, sich wirklich die Zeit zu nehmen, um sich in Hans Leydeckers Sammlung ausführlich beschriebener Korruptionsfälle zu vertiefen, anstatt vor allen Problemen zu

---

[39] _Märkische Allgemeine, Mittwoch, den 8. Oktober 2003;_

flüchten, indem man sie bei einer Einkaufstour oder mit erheiternden Unterhaltungssendungen vor dem Fernseher zu verdrängen sucht. Ich habe bereits mehrere Male interessante Erfahrungen aus dem Gemeinschaftskundeunterricht angeführt. Es ist nämlich sehr aufschlussreich, Gedanken, Haltungen und Beurteilungen gegenwärtiger Gesellschaftsverhältnisse aus dem Munde von mitdenkenden Schülern zu hören, die an Discoabenden, „smarten Partys" oder Einkaufsbummel keinerlei Interesse zeigen. Solche Schüler gibt es also auch! Als wir im Unterricht einmal den Begriff „Demokratie" behandelten und wir in diesem Zusammenhang von den Leitmotiven *Egalité, Fraternité* und *Liberté* der Französischen Revolution sprachen, erzählte mir ein Schüler selbstbewusst, dass er sich in die Jugendbewegung einer Partei eingemeldet habe. Als ich ihn fragte, ob er sich vorher auch das Parteiprogramm gründlich durchgesehen hätte, um dafür eintreten zu können, antwortete er mir: „Ich will für nichts eintreten. Aber ich habe dem Gruppenleiter angeboten, bei der bevorstehenden Wahl gerne Plakate kleben zu wollen. Ich will nur hinter die Kulissen kommen und dann sehen, was dabei zu gewinnen ist. Die haben mir schon angeboten, mit zu dem Parteitag zu kommen, damit ich einen genaueren Einblick in unsere Partei bekäme – und das ist alles gratis. Na, ja, ja, ich bin gar nicht so blöde. Wenn ich mich richtig ins Zeug lege, bekommt meine Mutter vielleicht doch noch eine Bewilligung, dass mir die Gemeinde etwas dazubezahlt, damit ich in eine Internatsschule kommen kann. Die Volksschule ist doch nur eine Aussortierungsfabrik! Na ja, Geld muss man haben oder eben Vitamin B." Als ich ihn danach fragte, warum gerade Vitamin B, antwortete er mir verschmitzt: „Hm, Beziehungen!"

Wie gesagt, können solche Unterhaltungen, Diskussionen mit vernünftigen und strebsamen jungen Menschen durchaus lehrreich sein. Allerdings muss man dabei als Lehrer sehr auf der Hut sein, um sich nicht den Vorwurf der „Manipulation Jugendlicher" einzuhandeln. Man stelle sich einmal vor, eine Lehrerin oder ein Lehrer bestätigt die Auffassung des Schülers, die Volksschule sei eine Aussortierungsfabrik, bei der finanziell schlechter gestellte Familien keine Möglichkeit haben, z.B. den inzwischen sehr gefragten Nachhilfeunterricht bezahlen zu können. Mir war damals schon ein bisschen mulmig zu Mute, als mehrere meiner Schüler eine Redaktion gründeten und eine Zeitschrift mit dem Titel „Stimme des Volkes" herausgaben, in der sehr bald Missstände an der Schule und „eigenartiges" Auftreten und Unterrichten einiger Kollegen kritisiert wurden. Untergräbt man nun kollegiale Kooperation, bringt man die Schule in Verruf usw.? Hätte besagter Schüler mit dem berechnend geplanten Erwerb seines Parteimitgliedsbuches den Artikel „Manager; Transparenz für fette Katzen"[40] im SPIEGEL gelesen, dann hätte er vielleicht das Parteibuch zurückgegeben und die Vorbereitung einer Karriere im Management der freien Wirtschaft ins Auge gefasst. In zitiertem Artikel ging es darum, die „Geheimnistuerei um die Gehälter deutscher Topmanager nicht länger zu dulden". Da heißt es unter anderem: „Mit der großen Koalition der Empörung im Rücken forderte Bundesjustizministerin Brigitte Zypries daher die Cromme-Kommission ultimativ auf, Deutschlands Aktiengesellschaften die ‚vollständige Transparenz' bei den Vorstandsbezügen verbindlich vorzuschreiben." Mindestens vier der betroffenen Vorstandssprecher und -vorsitzenden, übrigens Mitglieder in der Cromme-Kommission, „sind erklärte Gegner des obligatorischen Gehalts-Outings", was denn auch mit der Begründung abgewiesen wird: „Die Veröffentlichung der Chefgehälter habe keine finanzanalytische Relevanz. Hinter der Forderung stecke nur der in Deutschland verbreitete große grüne Neidhammel." Wenn dann von einigen Jahreseinkommen über 6,95 Mio., 1,75 Mio., 1,7 Mio., 1,63 Mio., 1,35 Mio. und 1,24 Mio. Euro (die Bezieher sind namentlich genannt) die Rede ist, höre ich ganz deutlich die entrüsteten Fragen der Schüler: „Wo bleibt die *Egalité*?" Was soll der/die Unterrichtende darauf antworten?[41] Viele meiner Lehrerkollegen wundern sich gar nicht mehr, dass überraschend viele Junglehrer nach genauerem Vertrautsein mit heutigen Schulverhältnissen und dem Erahnen ihrer Chancen in der „freien Wirtschaft" der Schulwelt den Rücken kehren!

Um den roten Faden dieses Kapitels nicht zu verlieren, sei noch einmal zusammengefasst:

Materialismus, *Egozentrismus*, *Konkurrenz und Stress*, *Globalisierung* und *Korruption* sind bisher als markant hervortretende, aktuelle Probleme in der Gesellschaft abgehandelt.

Über die im Zuge der Europa überschattenden Rezessionen braucht eigentlich über das bedrohliche Problem *Arbeitslosigkeit* nichts mehr gesagt zu werden!!!

Dass diese Entwicklung einen solchen Umfang angenommen hat, ist nicht zuletzt dem zuvor erläuterten *Globalismus* zuzuschreiben. Große ausländische Konzerne entdecken in anderen Ländern billigere, steuermäßig günsti-

---

[40] *DER SPIEGEL, Nr. 21; 19. 5. 03; Seite 86/87;*
[41] *Siehe hierzu: „Vertrauliche Gespräche mit Schülern"; Gespräch Nr. 18;*

gere Gewinnchancen und schließen Fabriken, denen zwecks Beschaffung von Arbeitsplätzen von den jeweiligen Kommunen Steuerbegünstigungen gewährleistet worden waren. Der einzelne Arbeitnehmer und dessen Absturz in den etwas skeptisch bewerteten Kreis der Sozialhilfeempfänger spielt bei der effektiven Umstrukturierung der Produktivitätssteigerung keine Rolle!

Dass durch alle modernen, weltumfassenden Marktstrategien die *Kluft zwischen Armen und Reichen* immer stärker zunimmt, ist längst kein Geheimnis mehr. Wahrscheinlich mit gutem Recht gibt Bassam Tibi seinem Buch den Titel *„Die neue Weltunordnung"*, worin er auf drohende Probleme in der nahen Zukunft aufmerksam macht: „In meinem früheren Buch *Die Krise des modernen Islam* habe ich vorgeschlagen, die Weltpolitik als *internationale kulturelle Kommunikation* zu betrachten, und in nachfolgenden Arbeiten darauf hingewiesen, dass parallel zur Intensivierung der strukturellen Globalisierung eine zunehmende kulturelle Fragmentation unserer Welt zu beobachten ist. Diese Idee von der *Gleichzeitigkeit von kultureller Fragmentation und struktureller Globalisierung* hat weitere Widersprüche zur Folge: Konkurrierende Zivilisationen bewegen sich einerseits auf der Interaktionsebene aufeinander zu und driften andererseits immer weiter auseinander, weil ihre Auffassungen über die Weltordnung und ihre Weltanschauungen über das Leben, die Religion, das Recht und andere menschliche Belange im Allgemeinen unvereinbar sind. In einem Zeitalter wachsenden Zivilisationsbewusstseins wird die Idee eines Universalismus nach westlichem Vorbild daher zunehmend in Frage gestellt."[42] „Den Anspruch auf Schicksals- und Deutungsmacht erhebt jetzt der Öko-nomismus, für den das Gelten von Werten zum Geld und die Wahrheit der Welt zur Ware wird. Tatsächlich verbinden ja das Geld und der Warenaustausch alles mit allem und dringen in die verborgensten Winkel der Gesellschaft und der Individuen ein. Wenn das Geld für so verschiedene Dinge wie Bibel, Schnaps und Sexualverkehr einen gemeinsamen Wertausdruck schafft, dann kann man darin eine Verbindung zum Gottesbegriff des Nikolaus von Kues entdecken, für den Gott die *coincidentia oppositorum,* den Einheitspunkt aller Gegensätze, bedeutet."[43] Der größte Kontrast in den verschiedenen Kulturen offenbart sich in den Doppelmoralen, vor allem, wenn es um Menschlichkeit und Gerechtigkeit

---

[42] *„Die neue Weltunordnung", Bassam Tibi; Seite 119;*
[43] *„Wie viel Globalisierung verträgt der Mensch", Rüdiger Safranski; Seite 67;*

geht. Da sich diese – bedingt durch grundlegend verschiedene religiöse Anschauungen und Traditionen – wohl kaum angleichen lassen, sagen viele Soziologen wie Psychologen einen erbitterten, fanatischen Kulturkrieg voraus – und das mit größter Wahrscheinlichkeit, nachdem die verschiedenen Religionen immer mehr politisiert werden! An den „Kopftuchbeispielen" in dänischen und deutschen Volksschulen hat sich diese Voraussage bereits als alltägliche Realität bestätigt. Am Beispiel der erbarmungslosen Konfrontationen in Nordirland, im Kosovo, an den Grenzen zwischen Pakistan und Indien, in Palästina und zuletzt im Irakkrieg ging es dem Anschein nach immer darum, „unterdrückten" Menschen im benachbarten Kulturbereich Freiheit, Demokratie, bessere Lebensverhältnisse oder den rechten Glauben zu bringen. Erforscht man die wirklichen strategischen Vereinbarungen und finanziellen wie militärischen „Hilfeleistungen", dann muss man sich kopfschüttelnd fragen: Wer hat denn die Taliban damals in Afghanistan bewaffnet und ausge-bildet? Wer hat denn den Diktator Saddam Hussein damals im Krieg gegen den Iran aufgerüstet und ihm aufmunternd und anerkennend vor der Kamera die Hand geschüttelt? Wer war denn maßgeblich an den Osloer Friedensverhandlungen zwischen Israel und Palästinensern beteiligt und fördert indirekt zugleich die israelische Besatzungspolitik, indem man finanzielle Hilfen gewährt? Da werden weiterhin im Zeichen der Gerechtigkeit erbitterte Kriege geführt, während in anderen Regionen unüberschaubare Menschenmengen flüchten oder vor Hunger sterben. Notwendige Medikamente in die Armenregionen Afrikas zu liefern, das macht sich nicht bezahlt, nachdem die Patienten – die „Kunden" – kein Geld zum Bezahlen haben! Aber man braucht gar nicht erst in der Welt herumzureisen, um die Macht und Entscheidungsgewalt des Kapitals zu erleben. Unter dem Druck der Konkurrenz ist die Sportwelt durch Dopingskandale, Werbeplakate in den Stadien und Sponsorverträge jeglicher Fairplay-Moral beraubt worden. Pornografiehefte und -filme im Internet haben unsere Jugendlichen gelehrt, wie „gehemmt", „altmodisch" und „rückständig" ihre Großeltern und zum Teil auch noch ihre Eltern und manche Lehrer seien. Alle Variationen der Orgasmustechnik, Oralsex, die verschiedensten Verhütungsmittel – wenn die leidenschaftliche Erregung noch Zeit lässt, sie zu benutzen – und viele andere Kenntnisse moderner Aufgeklärtheit machen jeden vertrauten Rat wohlmeinender und besorgter Eltern überflüssig! Da wundert es einen auch nicht mehr, wenn sehr viele Eltern nicht mehr ahnen, mit welchen Problemen sich ihre Kinder herumschlagen.[44] Der aus einer entsprechenden Untersuchung errechnete Prozentsatz von 10,68% nichtsahnender Eltern muss doch sehr nachdenklich stimmen. Wenn unsere Kinder und Jugendlichen sich mehr und mehr ihre Idole und Vorbilder in den Medien suchen, hat die Familie auch im Hinblick auf die unentbehrliche *Identifikation* bezüglich Geschmack, Auftreten und anderer Wertvorgaben entscheidend an Boden verloren, was ebenso für sehr viele Lehrer gilt. In Kapitel 7 erfuhr man einiges über *aktuelle Probleme in der Familie,* wobei der nicht zu leugnende Verfall einer trauten Heimatmosphäre bereits zu ahnen war. Da sah es so aus, als hätte man mit diesen Untersuchungen den eigentlichen „Bakterienherd" als wichtigste Ursache für die sich mehrenden Entartungen jugendlichen Verhaltens in der Schule und überhaupt auch in der Öffentlichkeit ausfindig gemacht.[45] Graffitischmierereien an Schulwänden, an S-Bahn-Waggons in Kopenhagen und anderen Großstädten, zotige und vulgäre Wandbeschmutzungen in öffentlichen Toiletten und an Bushaltestellen, kurz: herausforderndes Imponiergehabe und Provokationen aller Arten, was sich bereits in der Kleidung, in Frisuren und Haarfarben wie vor allem durch die Macho-Sprache andeutet. Alle Symptome deuten auf ein provozierendes Abreagieren hin, was in vielen Fällen auf vergeblich erhofftes Verständnis, auf kaum oder überhaupt nicht erfahrene Anerkennung schließen lässt. Und nicht selten trägt natürlich das Elternhaus die Verantwortung für diese Versäumnisse! Ich hatte allerdings schon an früherer Stelle ausdrücklich darauf hingewiesen, dass es bei all den Untersuchungen nicht darum gegangen sei, Schuldige auszumachen. Daher ist auch bei der Anklage mancher unzulänglichen Familienverhältnisse Vorsicht geboten. Sind sie nicht Folgen derzeitiger „Konjunkturflauten" – um mich einer viel gebrauchten Formulierug der Finanzminister zu bedienen? Die Fehlschläge bei dem globalen Wettrennen schlagen sich als Verluste im nationalen Haushaltsetat nieder. Wenn dazu noch Fehlspekulationen an der Börse mit daraus resultierenden Insolvenzanmeldungen und Konkursverfahren der mächtigen Konzerne kommen, ist der „kleine Mann" hoffnungslos preisgegeben! Entlassen und ohne Aussicht auf Arbeit nach Hause geschickt, entladen sich dort

---

[44] *Vgl. hierzu: „Ungeteiltes Leid"; Übersicht auf Seite 183;*
[45] *Klagen erwachsener Reisender in Bussen und Zügen, in Bahnhofswartehallen u.a. über das Benehmen der Jugendlichen: „Der Zug ist kein Wirtshaus" war die Überschrift eines Leserbriefes; B.T. vom 26. Okt. 2003; Seite 16;*

aufgestaute Verbitterungsaggressionen ... Nicht selten sind dann in aller Ausweglosigkeit Alkohol oder Narkotika die „schmerzlindernden Medikamente", um überhaupt noch einen Sinn in diesem Dasein zu sehen. Der Ehepartner ist zum hilflosen Zuschauen verurteilt und wird sich in schlaflosen Nächten immer häufiger fragen, wie lange er/sie diese Spannung noch durchhalten soll – kann? Die Kinder entfliehen dieser abstoßenden, entfremdenden oder gar deprimierenden Welt, in der für sie keine Zeit mehr übrig ist. Sie suchen den Freundeskreis oder ziehen sich auf ihr Zimmer vor den Fernsehapparat oder den Computer zurück. Vom Elternsprechtag in der Schule bleiben beide Eltern weg. Um keinen Preis nach allen Niederlagen noch eine Erniedrigung hinnehmen müssen! Nicht nur die ausgehungerten Afrikaner sind auf der Flucht, auch im zivilisierten, „demokratischen Wohlstandsstaat" sind mit der zunehmenden Kluft zwischen Armen und Reichen immer mehr einsame, ausgestoßene Menschen auf der Flucht. In dem Kapitel über *aktuelle Probleme in der Familie* war unter anderem die Rede von der Bevormundung vieler Eltern durch die verschiedenen Behörden. Ist man erst einmal in die kontrollierte Abhängigkeit von Sozialhilfe gekommen, kann sich das in vielen Fällen wie eine Bevormundung, wie eine Entmündigung auswirken. Dass Verwaltungsbehörden in neuester Zeit mit dem Begriff *Liberalismus* nicht mehr auf sehr vertrautem Fuße stehen, beweisen bereits die Kontroll- und „Beratungsmethoden". Zugegeben, das Sozialsystem mit seinen verschiedensten Zuschuss- und Unterstützungsbewilligungen hat eine wachsende Zahl von verantwortungs-, ja gewissenlosen Ausnutzern hervorgebracht, die nicht gerne etwas leisten wollen, selbstbewusst aber fordern. Bedenklich werden jedoch alle Vorbeugungsmaßnahmen hinsichtlich Nassauerwesen, wenn mit resoluten, behördlichen Eingriffen Familienstrukturen zerstört werden.

Vor einigen Jahren leitete man in Dänemark die Stilllegung von psychiatrischen Anstalten (psychisch Behinderte, Entwicklungsretardierte, Mongoloide, Demente u.a.) mit der Absicht ein, diese Menschen in gewöhnliche Wohngemeinschaften zu integrieren. Es sei dahingestellt, ob dieses Projekt aus humanen Gründen oder zwecks Einsparung aktiviert wurde. Mittlerweile haben eine zunehmende Geburtenzahl unter diesen „Aussiedlern" wie Klagen von Nachbarn recht unerwünschte Folgen gezeigt. Was ist zu tun? Ein klinischer Psychologe provozierte eine öffentliche Debatte, als mit großer Überschrift in der Presse die *Zwangssterilisation* gefordert wurde. „Er findet es absolut unvertretbar, dass es psychisch Kranken, Psychopaten und geistig

Behinderten erlaubt sein soll, ein armes Kind nach dem anderen in die Welt zu setzen, woraufhin die Sozialbehörden zur Zwangsentfernung der Kinder schreiten müssen. Verschiedene Eltern, denen ein, zwei, drei oder mehr Kinder zwangsentfernt wurden, bekommen, fast per Automatik, noch ein Kind, um die Leere auszufüllen ... ,Ich kenne eine Familie, wo die Eltern mehr als sieben Kinder haben, die alle außerhalb des Hauses untergebracht sind. Wir machen uns Hoffnung, vielleicht die jüngsten zwei retten zu können. Mehrere der älteren Kinder haben nun schon selber Kinder – an die fünf jeder. Alle diese Kinder sind ebenfalls zwangsentfernt worden.'"[46] Besagter Psychologe hat folgende vier Menschengruppen aufgezeigt, bei denen die Sterilisation empfehlenswert wäre: a) Behinderte und psychisch Entwicklungsretardierte wie z.B. Mongoloide; b) Schizofrene, wobei er unterstreicht, dass er in dieser Verbindung nicht an Deprimierte denkt; c) Stoffmissbraucher, von denen einige immer wieder schwan-ger werden, weil sie auch als Prostituierte arbeiten; d) Menschen, die so viel Unordnung in ihrem Privatleben haben, dass sie sich auf keinen Fall verantwortungsbewusst um Kinder kümmern können. Natürlich hat zitierter Artikel rege Diskussionen ausgelöst, wobei die Meinungen sehr geteilt ausfielen. Vielleicht sollte man auf Sonja Zietlows Vorschlag eingehen: „Kinderführerschein für werdende Eltern!"[47] Die Moderatorin glaubt aber, dass Eltern mehr Informationen bekommen müssen ... Aber es ist doch auch wichtig, dass die Eltern etwas über Erziehung und Verhaltensweisen wissen, sonst sind sie ganz leicht überfordert.

Wie dem auch sei, Tatsache ist auf jeden Fall, dass immer mehr Familien durch die wirtschaftliche Lage in derartige Bedrängnis gekommen sind, dass Scheidungen, Zwangsversteigerungen der Häuser, einfach Flucht des einen Ehepartners, ohne eine Nachricht zu hinterlassen, wo er/sie hingegangen ist, Mord in der eigenen Familie[48] die erschütternden Nachwirkungen sind ...

In den vorangegangenen Kapiteln habe ich mich bemüht, *Liberalismus, Materialismus, Globalismus u.a.* als ausschlaggebende Ursachen zu

---

[46] *B.T.: vom 2. Sept. 2001; Seite 8;*

[47] *BILD am SONNTAG, 31. August 2003; Seite 22;*

[48] *Es hat in letzter Zeit in Deutschland wie in Dänemark mehrere Fälle gegeben, in denen der Vater aus Verzweiflung erst die Ehefrau und dann zwei oder drei Kinder umgebracht hat. Eine Zeit lang hatte ich derartige Pressemitteilungen gesammelt, um mir ein Bild machen zu können, ob es in erster Linie Eifersuchtsdramen oder aus Not Verzweiflungstaten waren. Beide Ursachen halten sich die Waage;*

Egozentrismus, Narzissmus, Konkurrenz, Pansexualität,Korruption, Gewaltkriminalität, aber auch zu *Angst, Resignation, Depressionen, Verdrängungen, Scheidungen* und im tragischsten Fall zu *Suiziden* darzustellen. Man könnte als Gegensatz zu Maslows Bedürfnis-Pyramide[49] eine umgekehrte Pyramide erstellen, worin an der Basis *Selbstrealisierung* (alle befriedigten Bedürfnisse) und dann nach oben sich erweiternd die nach und nach eintretenden Verluste (nicht befriedigte Triebe, Frustrationen mit allen daraus folgenden psychischen Leiden und Charakterveränderungen) verzeichnet wären, bis hinauf zur obersten Ebene, an der dann *Suizid* stände. Diese Pyramide würde natürlich auf der Spitze stehen, da es im Verhältnis zur Weltpopulation nur wenige Vermögende (hoffentlich Glückliche) gibt. Um ehrlich zu sein, muss ich gestehen, dass ich die Idee mit der umgekehrten Pyramide von einem dänischen Psychoanalytiker habe. Mit diesem Sarkasmus habe ich mich bei allen meinen Interviews mit Schülern, Eltern, Kollegen und mit für Familienangelegenheiten und Bildungs- und Sozialwesen zuständigen Ämtern und Behörden infiziert (auch eine Art der Verdrängung!).

Ich hatte vorher *Scheidungen* genannt, deren Statistik ebenfalls beunruhigend zunimmt. Beunruhigend deshalb, weil die eigentlich Leidtragenden die Kinder sind. In der Schule beklagt man sich über *Schulschwänzen, unhöflichen Sprachgebrauch, mangelnde Konzentration, Eingeschlossenheit, Müdigkeit, Gleichgültigkeit unter den Schülern, Aggressionen, Stoffmissbrauch, Mobbing* oder *Misshandlung von öffentlichen Einrichtungen* (Toiletten, Gebäudewände, Fenster, Schulbücher u.a.).[50] Aber fragen wir uns doch bei allen berechtigten Klagen über Rabaukentum und Unaufmerksamkeit der jungen Menschen: Woher haben sie das? Und wenn ich diese Frage immer wieder stelle, muss ich an A. S. Neills Bemerkung denken: „Wissen Sie, wir haben hier das Produkt der modernen Gesellschaft. An Ernährung, Körperertüchtigung, Kleidung, Sprache ... an alles hat man bei der Erziehung gedacht, aber nicht an die Seele!" Also, woher haben die jungen Menschen alle die Neigungen, die uns Erwachsenen so unausstehlich erscheinen? Von uns Erwachsenen! Da war Aufmerksamkeit für alles, nur nicht für die Seele! Wärme, Geborgenheit, Zuwendung, Trost, Vertrauen. Und während ich das aus voller Überzeugung und zugleich mit tiefem Bedauern aufzähle, erinnere

---

[49] *Siehe Seite 23/24;*
[50] *Siehe Auswertungen der Fragebögen;*

ich mich an die Bemerkung eines Staatssekretärs im Bildungs- und Kulturministerium: „Ja, ja, das kann schon sein; aber das ist die Aufgabe der Eltern. Die Schule muss für gute Qualifikationen sorgen. Das ist wichtig in einer modernen Leistungsgesellschaft!"

Gut, es scheint so, als haben sich unzählige junge Menschen damit abgefunden, dass zu Hause niemand für sie Zeit hat. Aber Kontakt brauchen sie und den finden sie, wenn nicht im Freundeskreis, dann im Fernsehen oder im Internet.

Die *Medien* prägen heute zu einem wesentlichen Teil Charakter, Wesen, Wunschträume und Auftreten der Kinder und Jugendlichen. Das beginnt mit der Suche nach Vorbildern, nach *Idolen*, womit eine mehr als bedenkliche *Identifikation* ihren Lauf nimmt. Kriminalfilme, Westernfilme, Liveshow-Übertragungen, Fußballhelden oder ein wild um sich schlagender, blutender Boxer, der leidenschaftliche Liebhaber in einem Liebesfilm – sie alle bauen eine Welt um die sehnsuchtsvolle Phantasie der jungen „Himmelstürmer" auf, an der die natürlich teilhaben wollen. Wer keinen Fernsehapparat oder Computer hat, holt sich eine Zeitung oder ein Magazin. Wenn viele Zeitschriften und Sonderhefte wie schon auf der Vorderseite jeder Ausgabe mit einer Großaufnahme einer verführerisch sich windenden weiblichen Nacktgestalt die Aufmerksamkeit der jungen Leser wecken, darf man sich nicht mehr wundern, wenn sich immer mehr junge Mädchen ihre Brüste operieren lassen. Man muss doch „in" sein. Bei allen optisch-verführerischen Aufpeitschungen tut dann eine entsprechende Wortwahl das ihrige dazu, um die unwiderstehliche Lust zum Nachahmen anzustacheln. Dabei kann man nicht mehr erwarten, dass alles, was diese jungen Nachahmer zur Schau tragen, überhaupt nichts mit ihrer eigenen Persönlichkeit zu tun hat. Mit ihnen wird ein rücksichtsloses Geschäft gemacht!!! Und da ein existenzialistischer Liberalismus auch alle Hemmungsbarrieren abgebaut hat, ist das Intimleben vieler Menschen heute zum Unterhaltungsthema für alle geworden. Wenn Fernsehmoderatoren, Fußballstars oder Filmschauspieler heute ihre abwechslungsreichen Amouren veröffentlichen, kann man von jungen Verliebten keine Treue mehr erwarten.

Man bedient sich, genießt, „wirft weg" und stürzt sich dann auf Neues ...

Schwangerschaften im Schulalter sind ebenfalls keine Überraschungen mehr und bei einem Vertrauensgespräch mit einer meiner Schülerinnen – übrigens eine sehr aufgeweckte und gute Schülerin – erklärte sie mir, als ich sie fragte, was nun werde solle, kurz und bündig: „Den Schrobb ((???)) lass ich wegmachen. Was soll ich denn jetzt mit so einem?" Als ich sie noch fragte, was denn ihre Mutter dazu sagen wird, kam es wieder umgehend und selbstsicher: „Hm, die? Die hat ja fast jedes Wochenende einen anderen im Bett!" Ja, das war's dann. Einfach, pragmatisch und ohne Zweifel realistisch.

Aufschlussreiche Anweisungen kann man sich ja in den Sexangeboten einiger Fernsehprogramme nach 23 Uhr holen. Aber man muss Glück haben, da ranzukommen, denn meistens ist Vater auch daran interessiert oder Mutter chattet im Netz. Dänische Untersuchungen bezüglich Internet-Konsum erbrachten interessante Resultate: Immer mehr Ehen werden wegen überaus intensivem Engagement der Männer in Porno-Programmen der Internet-Angebote geschieden. Dass die Scheidungsrate auch in Deutschland von Jahr zu Jahr steigt, belegte kürzlich ein Artikel der Berliner Morgenpost[51]: „Trennung liegt im Trend", hieß es da und dann folgten eingehendere Auswertungen:

„Bundesweit wurden im vergangenen Jahr 204.214 Scheidungen registriert. Ein neuer Höchststand. Erstmals kletterte die Scheidungszahl über die 200.000-Marke. Die neuen Länder kamen dabei auf 28.988 gerichtliche Trennungen (–0,3%), im restlichen Bundesgebiet einschließlich Berlin wurden 175.226 Scheidungen gezählt (+4%). ‚Es ist damit zu rechnen, dass künftig in Deutschland mehr als jede dritte Ehe geschieden wird', verlautete vom Statistischen Bundesamt in Wiesbaden. ... Es waren zu zwei Dritteln Frauen, die in Berlin die Scheidung einreichten (5.807 Anträge). Nur 3.232 Männer verlangten die Trennung ... Bundesweit hatte jedes zweite Ex-Ehepaar im vergangenen Jahr Kinder unter 18 Jahren. In Berlin mussten 4.347 Mädchen und Jungen im vergangenen Jahr den Bruch der Beziehung ihrer Eltern verkraften."

Schon vor einem Jahr brachte DER SPIEGEL[52] unter der Überschrift „Ein Krieg, den alle verlieren" auf acht Seiten eine aufschlussreiche Darstellung der deutschen Scheidungstragödie mit Bildern, statistischen Übersichten, gerichtlichen Streitfällen und Stellungnahmen verschiedener Psychologen. Wie schon in Verbindung mit *Hospitalismus* führen auch in Scheidungsfällen „zeitweilige oder systematische Ausgrenzungen häufig zu Entfremdungen, die Kinder in Loyalitätsverwirrung stürzt, ihre Liebe missbraucht und ihren Wil-

---

[51] *Berliner Morgenpost vom 7. Nov. 2003; Seite 22;*
[52] *DER SPIEGEL, Nr. 9; 25. 2. 02; Seite 124 ff.;*

len bricht ... *Parental Alienation Syndrom* (PAS) – zu Deutsch: Syndrom[53] der Elternentfremdung – nennen die Psychologen diese massive Beeinflussung, die Gardner seit den achtziger Jahren erforscht. Er und amerikanische Kollegen verglei-chen den Vorgang mit Gehirnwäsche oder jener Art von Programmierung, wie Sekten sie anwenden." In das gleiche Horn mit ebenso wenig erfreulichen Nachrichten stößt die dänische Presse: „Immer mehr Paare werden geschieden und jedes dritte Kind ist heute ein Scheidungskind. Wenn Eltern auseinandergehen, beeinträchtigt das die Kinder."[54]

Im Hinblick auf das Thema „Intimes Gefühlsleben und Öffentlichkeit" sollten nicht zuletzt auch jene „Ratgebungs-Sendungen" (vor allem bei RTL) erwähnt werden, wo vor applaudierendem Publikum die Enttäuschten, die Leidenden im Rampenlicht sitzen und über ihre intimsten Bekümmerungen ausgefragt werden und darüber auch berichten. Was sich die Betroffenen von solchen Beratungen, Tröstungen (oft mit viel Humor, Ironie u.ä.) erwarten, ist schwer zu beantworten. Vielleicht der Drang danach, auch einmal in einem TV-Programm aufzutreten. Die hohen Einschaltraten bei diesen Sendungen sind keine Überraschung, aber sie sagen, wie auch die Auflagenzahl der „variationsreichen" Erotikprogramme bekannter „Persönlichkeiten", alles über die weit verbreitete Gesellschaftsmoral. Erst der interessierte Verbraucher, Käufer bewirkt diese „moralischen Gefilde"!

Außer Themenwahl, Illustrationsmittel, technischer Show-Effekte und der die Sensationslust steigernden Ankündigungen und Gestaltungen solcher Sendungen sind in vielen Radiosendungen die musikalischen Einlagen alles andere als förderlich für das Wertebewusstsein bezüglich heimischer Traditionen und Kultur. In den meisten Radioprogrammen werden Pausen mit angloamerikanischen „Songs", „Hits" ausgefüllt. Und geht man in der Vorweihnachtszeit durch die Kaufhäuser, erklingen auch dort alte Weihnachtslieder in fremder Sprache. Ich war mehrere Jahre hindurch Spielmann für eine dänische Volkstanzgruppe. Im Laufe der Zeit war es immer schwieriger geworden, junge Tanzfreudige für diese Art der Freizeitgestaltung zu gewinnen, womit diese Kulturgemeinschaften einzuschrumpfen begannen und teilweise auch schon aufgehört haben zu bestehen. Wer mit der Zeit gehen will, kann nicht länger bei solch „veraltetem Rumgehüpfe"[55] verweilen. Nein,

---

[53] *Siehe alphabetisches Verzeichnis der Fachausdrücke im Anhang;*
[54] *B.T., den 11. März 2002; Seite 19;*
[55] *Bemerkung mehrerer Jugendlicher, die ich für den Volkstanz zu gewinnen suchte;*

Aerobic-Tanz, individuelles, freies Ausleben nach Rock-Rhythmen ist „in". Sind derartige Veränderungen Anzeichen eines nahenden Kulturkrieges oder bewahrheitet sich in all diesen „Erneuerungen" die schauerliche Ahnung, dass ökonomische Strategien den Staat wie auch die Kultur und damit die Charakterhaltung und dementsprechende Lebensweise des Individuums beherrschen und steuern. Globalisierung, „die über die Medien nach innen schlägt, begünstigt latente Hysterie und Panikzustände".[56] Ein vielsagender Widerspruch bei der Unterwanderung und Auflösung regionaler Kulturen äußert sich in dem Brauch verschiedener kleiner Staaten, bei besonderen Anlässen wie Hochzeitsfeiern, Weihnachten, Sportwettkämpfen oder Jubiläen Fahnen zu hissen, um das National-bewusstsein lebendig zu erhalten! Nach den Festen findet man dann die zusammengeknüllten Papierfahnen in Abfallkörben. So schnell können Identitätssymbole entwertet werden. Anstatt dieses eigentümlichen Nationaldekors sollte man lieber bewusster für die Bewahrung der eigenen Muttersprache eintreten.

Einigen wertorientierten Menschen ist die durch die Medien drohende Gefahr der Persönlichkeitsmanipulation bereits bewusst geworden. Daher haben sich Experten mit eingehenden Untersuchungen der Vor- und Nachteile der Medienmacht beschäftigt, irritierenderweise mit sehr gegensätzlichen Anschauungen:

Klinikdirektor und Psychiater Werner Platz „fordert Hinweise auf Suchtgefahren".[57] Der Psychologe André Hahn „erforschte durch Befragungen von 10.000 Surfern die Symptome der Internet-Sucht".[58] Bei der Frage nach den Inhalten, die Internet-Süchtige nutzen, ergaben sich folgende Ergebnisse:

Chats und Kommunikationssysteme:	**35,2 %**
Musik:	**14,7 %**
Spiele ohne Geldeinsatz:	**11,1 %**
Erotik und Sex:	**9,9 %**

Bei Jugendlichen haben Spiele, bei denen es um rasante Autowettrennen geht, Utopia-Filme mit „heroischen" Gewaltszenen, Pornografie und Filme, in denen besondere Waffen von Bedeutung sind, eine starke Anziehungskraft. Interessant ist dabei, dass bei den jugendlichen Amokläufern bei deren Fest-

---

[56] _„Wie viel Globalisierung verträgt der Mensch", Rüdiger Safranski; Seite 80;_
[57] _FOCUS, Nr. 27; 30. Juni 2003; Seite 86;_

nahme CDs mit Gewaltmotiven gefunden worden sind, was mehrere Experten zu dem Schluss kommen ließ, dass derartige „impressive", gebotene Regeln und Gesetze überschreitende Stimulanzen unterdrückte Energien freisetzen – und das vor allem bei Menschen, die über längere Zeit hinweg verhöhnt, abgewiesen und isoliert worden sind.[59] „Schau hin!" heißt der Clip von ARD und ZDF, in dem der Werbestar Nena Eltern warnend darauf hinweisen will, dass „zu viele Kinder vor der Glotze festhängen – ohne dass ihre Eltern ahnen, was sie sich ansehen".[60]

„Also gut", werden sich viele besorgte Eltern sagen, „dann müssen wir in Zukunft schon genauer darauf achten." Oder ist es vielleicht doch nicht nötig und alle Schreckensbotschaften in den Medien waren wieder einmal nur Sensationsjagd ...?

„Ohne Glotze geht's nicht!", proklamiert da FOCUS[61] und man wird nun belehrt: „Die Wissenschaft bricht mit einem Tabu: Kinder müssen fernsehen, um kompetent groß zu werden. Das TV-Pro-gramm als sozialer Faktor ... Der Dämon Fernsehen macht unsere Kinder aggressiv und asozial, zappelig und sprachlos. Also weg damit? ‚Nein!', widerspricht der Siegener Medienwissenschaftler Hans Dieter Erlinger: ‚Wenn Kinder heute zu kompetenten Erwachsenen heranwachsen wollen, müssen sie fernsehen.' Noch härter formuliert sein Kollege Dirk Ulf Stötzel: ‚Ich halte es für ge-fährlich, Kinder TV-abstinent zu erziehen. Fernsehen gehört zur gesellschaftlichen Wirklichkeit.' In Wissenschaftlerkreisen hat die Flimmerkiste den Ruch des Bösen verloren; Fachleute plädieren dafür, die Kinder vor die Kiste zu setzen – aber richtig und dosiert (siehe Leitfaden Seite 238 in zitierter FOCUS-Ausgabe). Nur die Praxis in Schule und Familie hinkt hinterher."

„‚Produzenten müssen zahlen.' Der Medienpädagoge und Gutachter Werner Glogauer über die Wirkung von Horrorfilmen und brutalen Computerspielen auf Jugendliche und die Verantwortung der Hersteller."[62] Und weiter heißt es in dem Artikel: „Der Täter von Erfurt war ein Fan brutaler Computerspiele und härtester Heavymetal-Bands: Wieder ein Fall, in dem der jahrelange Konsum ge-waltvoller Medien zur Katastrophe geführt hat? Die Medien-

---

[58] *a.a.O.;*

[59] *So die Erklärungen nach den Schultragödien in Sachsen, Thüringen und Bayern;*

[60] *BILD am SONNTAG, 31. August 2003; Seite 21;*

[61] *FOCUS, Nr. 12; 18. März 2002; Seite 227 ff.;*

[62] *stern, Nr. 19; 30. 4. 2002; Seite 30;*

nutzung des Täters muss unbedingt begutachtet werden. Denn die Frage ist: Wie konnte es zu dieser Tat kommen?

Natürlich sind nicht alle Jugendlichen in gleichem Maße anfällig für die Gewalt, wie sie in Spielen und Videos gezeigt wird. In der Regel sind es solche, die sich benachteiligt fühlen. Das können physische oder sozialpsychische Benachteiligungen sein, die von den Betroffenen nicht verarbeitet werden können. Dazu ein zerrütteter Familienhintergrund – wie in Bad Reichenhall oder im Fall Vanessa, wo ein 19-Jähriger nach dem Vorbild des Horrorfilms ‚Scream' ein Mädchen umgebracht hat ... Was hilft? Eine Indizierung von Videos und Spielen bringt nichts, denn sie greift viel zu spät. Die Produkte sind dann längst auf dem Markt. Hilfreich wäre bereits, wenn die Länder das Ausstrahlen indizierter Filme zwischen 22.30 und 6 Uhr auf den privaten TV-Kanälen unterbinden würden. Vor kurzem hat Pro Sieben ‚Sceam' ausgestrahlt – trotz des Protestes des Bürgermeisters von Gersthofen, wo Vanessa brutal ermordet wurde. Wir brauchen zudem eine Produkthaftung. Wenn ein Gutachter einen eindeutigen Zusammenhang zwischen einer Tat und einem Medium herstellen kann, müssen die Produzenten zur Rechenschaft gezogen werden: Sie müssen Schadenersatz und Schmerzensgeld zahlen." Was ist nun nach all den verschiedenen Feststellungen von den Wissenschaftlern zu halten?[63] Wenn schon der Normalverbraucher im Bewusstsein seiner eigenen Inkompetenz bei vielen Entschlüssen den Ratschlägen anempfohlener Experten vertrauen will, dabei allerdings in ein Labyrinth von Anweisungen gerät, wie soll er sich dann verhalten? Bei zahllosen, neu auf den Markt gekommenen Produkten (Nahrungs-, Kosmetik- oder Bauartikel)[64] hatten jedes Mal Expertenkommentare den Kauf der jeweiligen Ware angepriesen. In zuvor erwähntem FOCUS-Artikel kommen verschiedene Prominente zu Wort, die sich ausnahmslos vorteilhaft zu dem Fernsehkonsum äußern. Als ich, selber spürbar verwirrt über alle diese sich widersprechenden Expertenaussagen, einen aus früherer Zusammenarbeit bekannten Psychoanalytiker in Kopenhagen zu dem Beratungswirrwar befragte, bekam ich eine bemerkenswerte Antwort: „Weißt du, warum den Kindern die Beschäfti-

---

[63] *Vgl. Anmerkung 59;*

[64] *Es sei hier erinnert an z. B. Asbest, Margarine oder Hautcreme gegen Sonnenbrand; alles Stoffe, bei denen sich ungeachtet der in Reklameanzeigen beigefügten Expertenempfehlungen später die schädlichen, ja, gefährlichen Wirkungen herausgestellt hatten!*

gung mit Sprengstoffen verbieten, wenn sie vorsichtig damit umgehen? Passiert doch einmal etwas, ist das versäumte Aufsichtspflicht." Wem der Experten soll der Unsichere glauben? Geht es beiden der konträren Berater lediglich um ihren eigenen Vorteil, d.h., welcher Konzern hat sie für verlockende Honorare dazu verpflichtet, ihre Expertise für die durch sie zu empfehlende „Ware" zur Verfügung zu stellen? Man wird bei diesen Fragen an eine Definition des Habens bei Erich Fromm erinnert[65]: „Die Existenzweise des Habens leitet sich vom Privateigentum ab. In dieser Existenzweise zählt einzig und allein die Aneignung und das uneingeschränkte Recht, das Erworbene zu behalten. Die Habenorientierung schließt andere aus und verlangt mir keine weiteren Anstrengungen ab, um meinen Besitz zu behalten bzw. produktiven Gebrauch davon zu machen. Es ist die Haltung, die im Buddhismus als Gier, in der jüdischen und der christlichen Religion als Habsucht bezeichnet wird. Sie verwandelt alle und alles in tote, meiner Macht unterworfene Objekte."

Um noch einmal auf das Für und Wider bei der Bewertung des „Dämons" oder „hilfreichen, inspirierenden Lehrers" Fernsehen zurückzukommen, sei auch auf die Auswertung der Fragebögen hingewiesen, die bei der Arbeit an vorliegendem Buch nicht unbedeutend waren. Erfreulich bei diesen umständlichen Rundfragen waren die halbwegs dialektischen Aussagen. Lehrer wie Schüler waren einstimmig der Überzeugung, dass sowohl Computer wie auch das Fernsehen eine geschätzte Erleichterung bei der Beschaffung von Informationen, Quellen und anderen für den Unterricht dienlichen Materialien sind; dabei sind Zeitersparnis, ausführlichere Wissensvermittlung und selbstständiges Arbeiten die befürwortenden Faktoren. Als sehr bedenklich allerdings führten sehr viele Lehrer ins Feld, dass das Einsetzen dieser technischen Hilfsmittel oft viel an Aufmerksamkeit hinsichtlich Anleitung und Überwachung themaorientierter Anwendung erfordert. Zudem gaben sie zu bedenken, dass die Arbeit, vor allem mit dem Computer, den mitmenschlichen Kontakt einschränkt und als Ideenkatalog funktioniert, wobei die individuelle Phantasie und Kreativität zu Imitationsprozessen verkommen kann. Auch in dem FOCUS-Artikel[66] werden Beispiele nachteiliger Beeinflussung der Verbraucher, vor allem der Kinder, angeführt. In diesem Zusammenhang werden vor allem die Reklameeinblendungen in Filmen kritisiert, ganz abge-

---

[65] *„Haben oder Sein; die seelischen Grundlagen einer neuen Gesellschaft", Erich Fromm; Seite 79;*
[66] *Siehe Anmerkung 61;*

sehen davon, dass auch Unmut darüber zum Ausdruck kommt, dass in den Werbespots mehr und mehr auch Kinder schon indirekt oder direkt als Kunden umworben werden, womit wir wiederum bei der Versuchung, Verführung durch *materielle* Dinge gelandet wären.

Man könnte die Aufzählung von verwerflichen, *unmoralischen*[67] Zuständen und Handlungsweisen in der „zivilisierten Wohlfahrts-Gesellschaft" endlos fortsetzen, ohne dass sich deswegen in naher Zukunft etwas ändern würde! Wollte man aus der Philosophie des alten Aristoteles eine Zukunftsorientierung holen, dann vielleicht diese, dass jede Staatsform, beginnend bei der Diktatur (oder Tyrannis) über Oligarchie (Herrschaft weniger) und Aristokratie (Adelsherrschaft) hin zur Demokratie (Volksherrschaft) und schließlich über Ochlokratie (Pöbelherrschaft) in der Anarchie (mit aufgehobener Staatsgewalt) endend, jeweils einen Höhepunkt erreicht und dann in zunehmendem Verfall der Moral ihrem Untergang entgegengeht. Nach den hier aufgezeigten *aktuellen Problemen in der Gesellschaft* drängt sich die ängstliche Frage auf: Geht es ungeachtet aller hoffnungsvollen Prophezeiungen, was den wirtschaftlichen Aufschwung betrifft, einem Untergang entgegen? Nach zahllosen uneingelösten Versprechungen der Politiker scheint der Wähler den Glauben an bessere Zeiten verloren zu haben, was sich in zunehmendem Maße in Form politischen Desinteresses ausdrückt! Es hat den Anschein, als habe Sascha Gluth[68] mit ihrem Artikel *Pestilenz der Prominenz*[69] einem weiten Kreis desillusionierter Bürger aus der Seele gesprochen: „Eine Seuche ist ausgebrochen! Führende Mediziner rätseln noch, aber es scheint, dass für die Masse der Bevölkerung Entwarnung gegeben werden kann, da nur Prominente, Halbpromis und Nachtschattengewächse aus der Luderliga gefährdet sind, sich zu infizieren. Es handelt sich bei dieser Krankheit um eine besonders schwere Form der Logorrhöe, auch gemeines Faselfieber oder Laberflash genannt. Der Betroffene fällt zuerst durch einen ungehemmten öffentlichen Redefluss auf, mit welchem er sich zu jedem beliebigen gesellschaftlichen Thema äußert. Im zweiten Stadium kommt es vermehrt zu Kamerasucht, zwanghafter Jagd nach aufnahmebereiten Mikrophonen und schließlich zur Interviewnötigung unschuldiger Journalisten. Erhält der Erkrankte zu dieser

---

[67] *... wenn die westliche konkurrenzorientierte Konsumgesellschaft überhaupt den Begriff Moral noch kennt?*
[68] *Sascha Gluth spielt den „Störtebeker" auf Rügen;*
[69] *BILD, August 2003; Seite 3;*

Zeit keine Hilfe – ratsam wären Ruhigstellung mittels Psychopharmaka oder Einweisung in eine geschlossene Anstalt –, kommt es zum Äußersten, der Gutenbergschen Entgleisung. Benannt nach dem Erfinder des Buchdruckes, sind hier allerdings Abarten der Autobiographie gemeint, die lediglich eine Anhäufung privater Banalitäten und geistiger Katastrophen darstellen und mit vollmundigen Slogans wie *Ich sage alles* oder *Jetzt rede ich* angekündigt werden. (Gern wird dem Verkaufsstart mit alltäglichen Starexzessen wie Nacktfotos, Pöbeleien oder Alkoholfahrten auf die Sprünge geholfen.) Gerade wegen ihrer nichts sagenden Durchschnittlichkeit erreichen diese Kompendien hohe Verkaufszahlen, sodass erhebliche Infektionsgefahr besteht. Wehret den Anfängen! Ach übrigens, Dieter, ich würde gerne meine gesammelten Kolumnen veröffentlichen. Kennst du nicht einen interessierten Verlag?" (Die unterstrichenen Textstellen entsprechen dem Original.) Vielleicht könnten einige Politiker Sascha Gluth weit bessere Kontakte zu einem Verlag vermitteln.

Wenn der Zeitgeist der Gegenwart schon von grotesken Widersprüchen geprägt ist, kann ich mir wohl den Sprung von der treffenden Ironie zu seriösem Sichbesinnen erlauben:

„In-sich-selbst-Versenkung und Selbstentfremdung.[70]

Es handelt sich um Folgendes: Die Menschen sprechen heutzutage zu jeder Stunde vom Gesetz und vom Recht, vom Staat, vom Nationalen und vom Internationalen, von der öffentlichen Meinung und von der öffentlichen Macht, von der guten Politik und von der schlechten, von Friedensbestrebungen und von Kriegspropaganda, vom Vaterland und von der Menschheit, von sozialer Gerechtigkeit und Ungerechtigkeit, vom Kollektivismus und vom Kapitalismus, von Sozialisierung und vom Liberalismus, vom autoritären Staat, vom Individuum und von der Kollektivität usw. ... Eines der größten Übel der Zeit ist die weitgehende Inkongruenz zwischen der Bedeutung, die allen diesen Fragen_in der gegenwärtigen Zeit zukommt, und der Grobheit und Verworrenheit der Begriffe über das, was diese Wörter vorstellen.

Beachten Sie, dass alle diese Ideen – Gesetz, Recht, Staat, Internationalität, Kollektivität, Autorität, Freiheit, soziale Gerechtigkeit usw. –, auch wenn sie es nicht schon in ihrer Bezeichnung zum Ausdruck bringen, immer als ihren wesentlichen Bestandteil die Idee des Sozialen, der Gesellschaft in sich

---

[70] *„Der Mensch und die Leute", José Ortega y Gasset; Seite 12 ff.;*

schließen. Wenn diese nicht klar zutage tritt, bezeichnen alle diese Ausdrücke nicht das, was sie vorgeben, sondern sind bloße Gebärden."

Bevor ich das Kapitel abschließe, möchte ich noch darauf hinweisen, dass ich ganz bewusst die Methode komprimierter Sammlung von Beispielen *aktueller Gesellschaftsprobleme*/Skandale gewählt hatte, da sich mir in den letzten Jahren der Eindruck verstärkt hat, dass bei der üblichen Überfütterung des Normalverbrauchers mit immer neuen Unglücks-, Korruptions-, wirtschafts-, gesundheits-, sozial-, bildungs-, kriminalpolitischen und nicht zuletzt „attraktionsgeprägten" Kriegsberichten verständliche Ermüdungserscheinungen, will sagen, Gleichgültigkeitshaltungen erkennbar werden, wobei zutiefst zu bedauern ist, dass dem „demokratischen" Mitbürger engere Zusammenhänge all dieser Ereignisse und Veränderungsbeschlüsse kaum oder überhaupt nicht mehr sichtbar werden.

Es darf auf keinen Fall übersehen werden, dass unzählige Probleme und Leiden in Familien und Schulen, die übrigens nach Meinungen mehrerer Schulleiter in den kommenden Jahren noch zunehmen werden, die „bagatellisierten" Auswirkungen der zuvor kurz beleuchteten globalen Kapital- und Machtprozesse sind!

Hiermit sei genug gesagt über *aktuelle Probleme in der Gesellschaft* und wir nähern uns der entscheidenden Frage:

12. Was ist zu tun?

„Glaubst du, man kann die Herrschaft über das Universum gewinnen, indem man es verbessert? Ich glaube nicht, dass sich das machen lässt: Das Universum ist heilig. Man kann es nicht verbessern. Wenn man versucht, es zu ändern, wird man es zerstören. Wenn man versucht, es in den Griff zu bekommen, wird man es verlieren.

Denn bald geht es vorwärts, bald zurück; bald weht es warm, bald kalt; bald wird man gestärkt, bald geschwächt, bald geht es aufwärts, bald abwärts. Daher vermeidet der Weise Ausschweifungen, Verschwendung und Überheblichkeit.“[1]

Auf meiner Reise entlang der Seidenstraße war ich in Samarkand Zeuge eines interessanten Gespräches geworden. In einem schattigen Park unter Bäumen hatte ich, beide Hände um meine hübsche Piala[2] gelegt, an einem kleinen runden Tisch gesessen. Am Tisch nebenan hatte sich zwischen einem älteren Usbeken[3], der erstaunlich gut Englisch sprach, und einer englischen Touristin ein immer lebhafter werdender Disput entfaltet. Zwei grundverschiedene Welten schienen da aneinandergeraten zu sein. Das offenbar weltabwesende Lächeln des Bärtigen und die verbissene Miene seiner Tischnachbarin hatten vermuten lassen, dass die beiden hartnäckig verfochtener, gegensätzlicher Ansichten waren. Es hatte sich um die unmenschlichen Lebensverhältnisse in zurückliegender Kolonialzeit gehandelt. Der ältere Herr hatte ohne jeglichen Ton des Vorwurfs daran festgehalten, dass eine Gesellschaft zum Untergang verurteilt sei, wenn nicht alle ihre Mitglieder ein übergeordnetes, moralisches Gesetz der Gerechtigkeit und Nächstenliebe, des gegenseitigen Respekts und deshalb einer verpflichtenden Gastfreundschaft und Hilfsbereitschaft anerkannten und auch danach lebten. Das habe sich in der Geschichte seines Landes bestätigt. Als die Engländerin dem durchaus nicht zustimmen konnte, war sie mit der ruhigen Frage konfrontiert worden, wen sie für den achtbareren Staatsmann halte, Churchill oder Mahatma Gandhi. Sichtlich er-

---

[1] „Tao Te King“, Laotse; Sinnspruch Nr. 29, Seite 37;

[2] Eine Schale, aus der in Usbekistan schwarzer oder grüner Tee getrunken wird;

[3] Der ältere bärtige Mann trug eine Tjubetejka, die typische Kopfbekleidung der Männer in Usbekistan;

bost hatte sie daraufhin aus ihrer Handtasche eilig ein paar Sum[4] neben ihre Piala gelegt, hatte sich erhoben und war gegangen. Damals hatte ich mich zum ersten Mal in meinem Leben dessen geschämt, Europäer zu sein ...

Auch meine damals etwas überhebliche akademische Einbildung wurde im unvergesslichen Samarkand durch jenen Alten in bescheideneres Selbstbewusstsein gedämpft. Er hatte mich nämlich nach Verschwinden der Engländerin mit einer Handbewegung aufgefordert, an seinen Tisch zu kommen, da er wohl, aufmerksam seine nähere Umwelt im Auge behaltend, bemerkt haben musste, dass da am anderen Tisch ein interessierter Zuhörer saß. Um es kurz zu machen: Er erkundigte sich erst höflich, wo ich herkäme, und fragte mich dann, worin der Unterschied zwischen einer Demokratie und einer Oligarchie[5] bestände. Ich hatte mich unwissend gegeben und erfuhr also von ihm: „Schon Ihr weiser Aristoteles hat erklärt, dass die große Bevölkerungszahl die Demokratie bewahrt, da die Zahlenmenge im Gegensatz zum Gerechtigkeitsprinzip steht, das auf Werten beruht. Die Oligarchie dagegen wird durch gute Organisation aufrechterhalten."[6] Als er mir beim Abschied seine Tjubetejka als Erinnerung an unseren Gedankenaustausch verehrte, kam eine letzte Bemerkung: „Could you hear, madam, from England must have been a member of an oligarchy!" Zuletzt bekam ich noch einen Hinweis, wo ich den Unterschied zwischen Demokratie und Oligarchie bei Aristoteles nachlesen könne, was ich denn auch sofort nach meiner Rückkehr getan hatte.

Ja, nach den hoffentlich ernsthaftes Nachdenken weckenden Aufklärungen aus unserem „europäischen Kulturerbe" fragen sich immer mehr Erwachende: Haben wir wirklich noch eine Demokratie oder hat man uns via Wohlstand als Verführung in eine Oligarchie zurückgezwängt, womit eigentlich auch alle Wahlarrangements nur noch Pro-forma-Veranstaltungen sind, um dem auf dem Papier im Grundgesetz dem Bürger zugesicherten Mitspracherecht in der Öffentlichkeit zu entsprechen?

Aber konzentrieren wir uns auf konkrete Fragen eventuell möglicher Veränderungen bezüglich unerlässlicher Verbesserungen der Existenz- und Arbeitsverhältnisse für bürgerliche Familien und Schulen.

---

[4] *Usbekische Währung;*
[5] *Siehe alphabetisches Verzeichnis der Fachausdrücke im Anhang;*
[6] *Zitiert nach: „Staatslehre des Aristoteles", 1321 a; nach „Aristoteles statslære";*
Seite 297;

Dabei kommt man natürlich nicht um aufrichtige Analysen der finanziellen Verhältnisse herum!

Die meisten der nun folgenden Vorschläge – Forderungen – sind ein Resümee der bei den meisten meiner gehaltenen Vorträge ausgelegten Wunschzettel.

Da wäre zunächst einmal die Änderung der kommunalen Sozialhilfen und -methoden. Kein Zweifel darüber, dass wir heute in einer mobilen Gesellschaft leben, d.h., wir fühlen uns nicht länger primär an den Heimatboden gebunden, sondern an die profitabelsten Verdienstmöglichkeiten. Diese moderne Mobilität hat allerdings einen bedenklichen Haken. Viele Familien ziehen mehr oder weniger freiwillig in andere Kommunen um[7], weil ein günstigerer Steuersatz eine löbliche Verbesserung des Familienbudgets verspricht. Das lässt sich freilich nur so lange machen, so lange diese „günstige" Kommune nicht von zu vielen „Umsiedlern" überschwemmt wird. Dann nämlich drohen auch in der neuen „Heimat" Steuererhöhungen, da sonst die bedeutend gestiegenen Sozialausgaben bei gleichbleibenden Einnahmen kaum noch zu finanzieren sind. Das andere bedenkliche Problem hinsichtlich Lebensverhältnisse und Sozialleistungen besteht in den oft gewaltigen Preisunterschieden und Leistungsangeboten.[8] Auf den meisten eingangs erwähnten Wunschzetteln stand an oberster Stelle: *Befreiung von der behördlichen Überwachung und Bevormundung!*, da sie in Wirklichkeit zu einer Herabstufung in der Gesellschaftshierarchie führe. Der „einfache" Bürger (wenn mir dieser Ausdruck erlaubt sei) schreibt in den verschiedensten, in der heutigen Bürokratie notwendigen Fragebögen unter Arbeit/Anstellung: *arbeitslos* oder *Sozialhilfeempfänger*. Um sich diese finanzielle Unterstützung zu sichern, muss er sich in regelmäßigen Zeitabständen zu Kontrollen („sozialer Fahrschein" nennen viele die Kontrollkarte, auf der man nach Vorsprache seinen Stempel bekommt, und dann wieder gehen kann) verfügbar halten. Eventuell durch eigene Initiative erreichte Nebenverdienste werden von der Sozialhilfe abgezogen, was bei sehr vielen Menschen Resignation zur Folge hat, sodass sie es vorziehen, nichts mehr zu unternehmen. Die verbreitete allgemeine Abwertung dieser Menschen durch die Bezeichnung „Nassauer" stumpft die Betroffenen immer mehr ab und man sucht seine angespannte, auf dem Existenzmi-

---

[7] *Hier bezieht sich der Autor vor allem auf dänische Verhältnisse;*

[8] *Vgl. Anmerkung 5 der bereits im Vorwort hervorgehobenen Missstände; Seite 9;*

nimum rangierende Wirtschaftslage durch Schwarzarbeit zu verbessern. „Anständigerweise halten sich viele Schwarzarbeiter immer noch an handwerkliche ‚Hilfsdienste'." Der moderne Liberalismus, nachdem das Intimleben Sache des Einzelnen ist, bietet natürlich eine weit verheißungsvollere Verdienstmöglichkeit: Prostitution! Immer mehr Studentinnen bedienen sich dieser Einnahmequelle, natürlich nicht registriert mit all den damit folgenden Steuerabgaben, Kontrollen und Heimlichkeitstuereien gegenüber Familie und Freundes- wie Bekanntenkreis. Die Angst vor der gesellschaftlichen Isolierung rettet doch noch einen Anschein von moralischem Bedenken, wenn auch nicht aus wertbewusster Selbstkritik. Mehrere Gespräche mit Soziologen resultierten alle in der gleichen Schlussfolgerung, dass mit dem zur Zeit praktizierten „Oligarchie-System" die Statistik der Kriminalität bedeutend wachsen wird. Nun gibt es für Frauen, die viel lieber im häuslichen, will sagen, familiären Bereich arbeiten wollen, bereits seit einiger Zeit die Verdienstmöglichkeit entweder als Pflegeverantwortliche für ein älteres Familienmitglied, das in vielen Fällen dann in der Familie wohnt (eine Einsparung von Plätzen in öffentlichen Pflegeheimen), oder als Kinderpflegerin.[9] Der Vorteil bei derartigen Möglichkeiten, der immer mehr um sich greifenden Institutionalisierung, ungeachtet der damit unweigerlich folgenden *Hospitalismus-Symptome,* vorzubeugen, wird bedauerlicherweise durch den bereits so oft „angeklagten" *Materialismus* weitgehend wieder zunichte gemacht, wenn man sich ganz vernünftig sagt: Wenn ich schon das ganze Haus zu einer Kindertagesstätte umgestaltet habe, lohnt sich alle Mühe doch nur, wenn man mehrere Kinder in Pflege nimmt, was in der Tat sehr häufig der Fall ist. Dabei ist zu bemerken, dass solche Pflegefamilien meistens auch noch eigene Kinder haben. Inwieweit dann noch individuelle Hingabe, Fürsorge und Stimulierung praktizierbar sind, kann man bezweifeln![10] Während meiner dreijährigen Nebentätigkeit als Familienkonsulent war ich doch ein wenig überrascht, dass man bei der Auswahl der Pflegeeltern sehr wohl auf räumliche und hygienische Einrichtung Wert gelegt, selten oder meistens nie nach pädagogischen oder psychologischen Voraussetzungen gefragt hatte. Es genügte bereits, eigene Kinder in „angesehener" Familie zu haben, um für andere Kinder Verantwortung übernehmen zu dürfen. Dass bei dieser Art der Anerkennung als Pflege-

---

[9] *In Dänemark nennt man diese Kinderpflege „Dagpleje" = Tagespflege;*
[10] *Siehe hierzu: Kapitel 5, 6 und 7;*

familie nicht selten *Nepotismus*[11] eine ausschlaggebende Rolle gespielt hatte und auch heute spielt, muss hierbei angemerkt werden. Eltern, denen Kinder wegen sträflicher Vernachlässigung zwangsweise oder aus Gründen unerträglicher Notlagen hilfsbereit abgenommen werden, erhalten die Garantie behördlicher Aufsicht der Pflegefamilien. Ich hatte einige Jahre hindurch engeren Kontakt zu solchen Pflegefamilien, bei denen nie Kontrollen seitens der zuständigen Sozialbehörden durchgeführt worden sind. „Warum haben Sie, Herr Bauer, denn da nicht eingegriffen?", höre ich berechtigte Kritiker fragen. Ganz einfach, weil die Existenzangst, noch dazu als Ausländer, einen solchen Schritt aus Kenntnis des *nepotistischen* Netzwerkes heraus schlichtweg verbot! Mein schlechtes Gewissen habe ich in Tagebuchaufzeichnungen zu beruhigen versucht. Dass in solchen „privatisierten Kinderfabriken" verständlicherweise ernsthafte Probleme auftraten – u.a. Rivalitätsspannungen zwischen den eigenen und den Pflegekindern, wegen nervlicher Anspannung zwischen den Ehepartnern u.ä. –, braucht nicht ausführlicher beschrieben zu werden. Wie kann solchen uneffektiven „Notlösungen" zu Leibe gerückt werden?

Anlässlich einer interessanten Konferenz in Florenz kamen höchst überraschende Vorschläge zur Diskussion: Anstatt arbeitslose Frauen wöchentlich zum Arbeitsamt zu jagen, um Papiere abstempeln zu lassen und ihnen danach die zustehende Arbeitslosenunterstützung auszuzahlen[12], könnte man doch harmonisch funktionierende Familien, die zudem entsprechend qualifizierende Ausbildungen vorweisen können, als „selbstständige" Firmen anerkennen. Hierbei war nicht an Pflegekinder, sondern lediglich an die eigenen Familienkinder gedacht. Solchen „Privatfirmen" sollten jedoch erst dann Erwerbsgenehmigungen ausgestellt werden, wenn sie qualifikationsmäßige (pädagogische, psychologische Ausbildung mit Hinblick auf individuelle Motivierung und Stimulierung, Haushaltsschule, gesunde Ernährung, erste Hilfe u.ä.) wie die für eine Firmeneröffnung notwendigen Voraussetzungen (Betriebswirtschaftskunde, notwendige Räumlichkeiten, sicherheitsmäßige Vorkehrungen und Versicherungen, doppelte Buchhaltung, zu objektiver Kontrolle ein der Familie nicht angehörendes Mitglied in einer „Vorstandschaft" u.a.) er-

---

[11] *Siehe alphabetisches Verzeichnis der Fachausdrücke im Anhang;*
[12] *Die übrigens in den meisten „sozialen Wohlfahrtsstaaten" nun auch gekürzt werden sollen!*

bringen und dokumentieren können. Es verstehe sich von selbst, das diese Privatfirmen wie alle anderen Firmen von der Möglichkeit der Abschreibung Gebrauch machen dürften und nach erreichtem Rentenalter Anspruch auf Pension hätten, wozu man natürlich nach eigenem Fürgutbefinden Zusatzversicherungen abschließen könne. Mich erinnerte das irgendwie an den deutschen Versuch der *Ich-AGs*. Hinzu kam noch der Vorschlag, dass sich diese „Familienfirmen" in einer Art Arbeitgeberorganisation zusammenschließen müssten, um als gleichberechtigte Konkurrenten auf dem freien Markt bestehen zu können. Leider hatten sich zu dieser höchst interessanten Konferenz nur ganz wenige Teilnehmer gemeldet; mir war es fast wie ein Studienkreis einiger Gleichgesinnter vorgekommen, in dem ich auch rein durch Zufall gelandet war. Da ich ein wenig erfahrener Ökonom bin, war ich vor allem an den pädagogischen und psychologischen Vorteilsfaktoren interessiert, die da sein könnten:

1a) Die Familie könnte etwas aus der zur Zeit grassierenden Hintanstellung auf dem freien Markt befreit werden und die Familienminister wären zu wirklich demokratischer Kooperation mit den zuständigen Interessensverbänden verpflichtet (ohne leere Versprechungen!). „Anstatt als Gegengewicht zum Markt zu funktionieren, wurde die Familie von diesem invadiert und unterminiert. Die sentimentale Anbetung der Mutterschaft konnte, selbst auf dem Höhepunkt seines Einflusses gegen Ende des 19. Jahrhunderts, die Tatsache nicht verheimlichen, dass unbezahlte Arbeit die sie Ausübenden sozial stigmatisiert, sobald Geld der universelle Wertmesser wird. Im Laufe der Zeit waren die Frauen auf die Arbeitsplätze hinausgezwungen worden, nicht weil ihre Familien mehr Geld benötigten, sondern weil bezahlte Arbeit als einzige Möglichkeit zur Erlangung von Gleichstellung mit den Männern hervortrat."[13]

b) Die Öffentlichkeit würde wieder konsequenter und erkennbarer auf die Bedeutung des Familienmilieus aufmerksam gemacht, in dem sowohl Kinder wie auch pflegebedürftige ältere Familienmitglieder jene menschliche Wärme, Vertrauenskontakt und Fürsorge erfahren könnten, die kein öffentliches Institut bieten kann (vorausgesetzt, die oben angeführten Zulassungsbedingungen für ein solches „Familienunternehmen" sind vollauf erfüllt!).

c) Sollten derartige „Familienunternehmen" in der Tat, wie erhofft, funktionieren, könnten sie einen (hoffentlich!) bedeutsamen Einfluss auf eine un-

---

[13] *„Eliternes Oprør" (Aufruhr der Eliten), Christopher Lasch; Seite 86/87;*

bedingt wünschenswerte, ethisch bewusstere Intimmoral nehmen, bei dem Begriffe wie *Liebe* und *Treue, Glaubwürdigkeit* und *Verlässlichkeit* wieder an Bedeutung gewinnen würden! (Bei solch einer vorherrschenden Gesellschaftsmoral hätten Herrn Bohlens u.a. derartige Bücher keine Chance mehr auf dem Markt!)[14]

d) Wohlweislich durchdacht, hatte man auch bei tatsächlicher Errichtung solcher Familienunternehmen an den unvermeidlichen Verlust von öffentlichen Arbeitsplätzen gedacht, der jedoch durch Errichtung vieler neuer Arbeitsplätze ersetzt werden würde!

e) Ein weniger von *„typisch maskulinem"* Konkurrenzdenken, sondern mehr von dem Bewusstsein um entwicklungsfördernde, menschliche Werte bewusster Feminismus war dahin gehend zu vernehmen, dass in Zukunft endlich der bisher unbezahlte, aufopfernde Einsatz der Frauen in der Familie nicht länger als Privatsache abgetan werden könne, sondern gebührend geschätzt werden müsse! Bisher habe man immer nur Anerkennung und Achtung für Leistungen mit bemerkenswerten Einkommen ernten können. Mehrere Frauen hatten sich, fast deprimiert, dahin gehend geäußert, dass sie bei gesellschaftlichen Anlässen oft Furcht vor der üblichen Frage gehabt hätten: Entschuldigung, darf ich fragen, was Sie machen? Ja, die Antwort „Hausfrau" habe immer nur ein höflich-verlegenes Kopfnicken ausgelöst ...

Sollte sich die Idee mit dem Familienunternehmen durchsetzen, könnten viele Frauen in der heutigen stellungs- und titelorientierten Ranghierarchie bei der Frage nach ihrer Stellung mit der Antwort aufwarten: „Firmendirektor"!

f) Wie auf dem freien Markt die Zusammenarbeit verschiedener Firmen könnte man sich auch ähnliche Kooperationsmodelle zwischen den Familienunternehmen vorstellen. Um jeglicher unlauteren Konkurrenz vorzubeugen, erhalten die „Direktorinnen/Direktoren" solcher Firmen tarifmäßig festgelegte Gehälter, ähnlich wie bei Schulleitern, die entsprechend Anciennität und preisreguliert erhöht werden.

g) Eine weitere Manifestierung solcher Firmenunternehmen könnte nach entsprechender Firmenerfahrung und späterer „Auflösung" der Firma (Kinder verlassen das Elternhaus, ältere Familienmitglieder sterben) die Möglichkeit der Firmenberatung sein.

h) Es wird zur Zeit mit Beunruhigung viel über die Überalterung der mo-

---

[14] *Zusatzbemerkung des Autors;*

dernen Wohlfahrtsgesellschaft diskutiert. Könnte es womöglich sein, dass das hier erläuterte Modell des Familienunternehmens auch zu einer wieder ansteigenden Geburtenrate führen könnte?

i) Außer einer zu erhoffenden Aufwertung und ökonomisch besseren Absicherung aller direkt haushaltsorientierten Einsätze eröffnet sich zudem noch die Möglichkeit des Familienunternehmens nach chinesischer Methode, in der Familienmitglieder nach entsprechender Ausbildung in das Geschäft einsteigen können. Damit würde das Familienunternehmen bei offizieller Anerkennung (Gewerbezulassung) auch noch Ausbildungsplätze zur Verfügung stellen – und das nicht nur für die eigenen Kinder.

j) Ein ganz wesentlicher Aspekt bei all den hier zu bewertenden Modellvorschlägen ist die Tatsache, dass viele Kinder und Jugendliche mit deutlicheren Zukunftsplänen von show- und attraktionsorientierten Belustigungsstätten (Discos, Nachtbars u.a.) bis zu einem reiferen Alter ohne autoritäre Verbote ferngehalten werden könnten.[15]

k) Da meine Untersuchungen und Betrachtungen sich mit Familie und Schule beschäftigen, ergibt sich die nahe liegende Frage, welchen Einfluss alle in den vorhergehenden Punkten vorgelegten Erwägungen auf den Schulalltag haben könnten? Ich gehe, wohlgemerkt, davon aus, dass die arbeitslosen Frauen/Eltern alle zum Erlangen des für ein solches Familienunternehmen notwendigen „Gewerbescheins" unbedingten Voraussetzungen erfüllt haben (wenn empfehlenswert, auch nach vorausgegangenem Persönlichkeitstest, wie mehrere Experten das bereits für eine künftige Anstellung von Lehrern gefordert haben): Es könnte sich zeigen, dass wir bedeutend weniger Gewaltszenarien, weniger Minderwertigkeitsgefühle bei Schülern wegen einer „bedeutungslosen" Beschäftigung der Eltern oder Arbeitslosigkeit hätten, dass *promiskuöse*[16] Neigungen sowohl bei Erwachsenen wie auch bei Jugendlichen wieder einem bewussteren, rücksichtsvolleren und *altruistischeren*[17] Schamgefühl unterworfen würden. „... Diese Feststellungen schließen nicht aus, dass die Ehe der beste Weg für zwei Menschen sein kann, die einander lieben. Die Problematik liegt nicht in der Ehe als solcher, sondern in der besitz-

---

[15] *Ich hatte mich erst dann gewagt, derartige Behauptungen zu formulieren, nachdem ich, außer den Fragebögen, auch in dieser Hinsicht mehrere Interviews und Gespräche mit Familien mit selbstständigen Unternehmen geführt hatte;*
[16] *Siehe alphabetisches Verzeichnis der Fachausdrücke im Anhang;*
[17] *Siehe alphabetisches Verzeichnis der Fachausdrücke im Anhang;*

orientierten Charakterstruktur beider Partner und, letzten Endes, der Gesell-schaft, in der sie leben. Die Befürworter moderner Formen des Zusammenle-bens wie Gruppenehe, Partnertausch, Gruppensex etc. versuchen, soweit ich das sehen kann, nur, ihre Schwierigkeiten in der Liebe zu umgehen, indem sie die Langeweile mit ständig neuen Stimuli bekämpfen und die Zahl der Partner erhöhen, statt einen wirklich zu lieben.“[18] *Lehrjahre sind* (eben) *keine Herrenjahre!* Eine solche Eheharmonie würde ohne Zweifel für viele unserer Kinder ein bewundernswertes Vorbild in ihrem *Identifikations*prozess sein und damit auch zu einer wertbewussteren gegenseitigen Schätzung der ande-ren Familienmitglieder führen. Hoffentlich auch ein Abbau der tragischen Generationenkluft!

l) Mit einem gemäßigteren Auftreten der Schüler unter Alterskameraden könnte eine doch bei mehreren Lehrerkollegen bestehende Vorsicht und Furcht vor eventuellen Übergriffen seitens der ihnen „anvertrauten" jungen Men-schen vermindert werden, womit auch ein aus einsichtiger Anerkennung der erfahreneren Erwachsenen resultierender Respekt zu erwarten wäre.

Verlassen wir nun die unter 1a) bis 1l) zur Diskussion gestellten sozial-evolutionären Umdenkungs- und -strukturierungsforderungen und wenden uns der wichtigen *Privatspäre* zu: Unter 2a) wäre da vor allem die Befriedigung der aus der Maslowschen Bedürfnis-Pyramide aus den untersten drei Entwick-lungsstufen (siehe Seite 12) zu ersehenden Triebe unentbehrlich! Eingehendere Erläuterungen dazu kann man in Kapitel 5 und 6 studieren. Mehrere Psycholo-gen, mit denen ich über dieses „Familienunternehmen" hinsichtlich Motivierungs- und Stimulierungsmöglichkeiten gesprochen habe, bejahten in diesem Milieu bessere Entfaltungs- und Gestaltungsrahmen, vorausgesetzt allerdings, dass die-se Familien sich wirklich zielbewusst um harmonische Verhältnisse bemühten. Derartige „Arbeitsbedingungen" ermöglichten eine weit bessere individuelle Begegnung mit den Kindern, da sie vor allem vieler Stressbelastungen durch einen Arbeitsplatz außerhalb des Hauses enthoben wären und den Arbeitsplan unabhängiger einteilen könnten. Einer eventuellen Isolierung von der Außenwelt könnte durch Kooperationsprojekte der Familienunternehmen vorgebeugt wer-den (gemeinsam geplante Projekte, Weiterbildungskurse wie in allen anderen „Betrieben" usw.).

b) Bezüglich Stimulierung und Motivierung der Kinder zu *kreativer* Entfal-

---

[18] *„Haben oder Sein", Erich Fromm; Seite 54;*

tung sollte vor allem erst einmal dem *haben*-orientierten Einkauf unzähliger Spielwarenangebote Einhalt geboten werden, die außer unterhaltender Anwendung keinerlei Phantasieanregung auslösen. In diesem Zusammenhang sei noch einmal auf die von Howard Gardner hervorgehobene *spatiale Intelligenz*[19] hingewiesen. Ich sehe hier einmal ab von interessanten wissenschaftlichen Beiträgen über *Kreativität* und deren Bedeutung für die Gesellschaft und konzentriere mich ausnahmslos auf die entwicklungspsychologische Bedeutung hinsichtlich Förderung und Prägung der kleinen/jungen Persönlichkeit. Was versteht also die Psychologie unter *Kreativität?* „Definitorisch noch nicht genügend scharf umgrenzter Begriff für ein Gefüge intellektueller und nichtintellektueller (motivationaler, einstellungs- und temperamentmäßiger) Persönlichkeitszüge, die als Grundlage für produktive, originale, schöpferische Leistungen angesehen werden (im Sinne von Prozessen des Umordnens, Planens, Entwerfens, Erfindens, Entdeckens). Kriterien solcher Leistungen findet man z.B. in der Originalität und Neuartigkeit der Problemlösung, dem Einfallsreichtum und der Flexibilität des Produzierens, der Offenheit und Flüssigkeit des Produktionsprozesses. Vom stärker individualistischen Begriff des Schöpferischen (etwa der Reformpädagogik) unterscheidet sich der Begriff der *Kreativität* durch den soziokulturellen Bezugsrahmen (Kriterium: „nützlich für die Gesellschaft), sozialpsychologisch verweist er in seiner Bedeutung als Fähigkeit und Bereitschaft zur Innovation auf die Interdependenz[20] von *Kreativität* und Gesellschaft".[21]

Begrenzen wir also den Begriff *Kreativität* im Hinblick auf den kindlichen Entwicklungsprozess auf das *Schöpferische*. Dabei ist die Wechselwirkung, die gegenseitige Beeinflussung von Erfahrung und Phantasie von zentraler Bedeutung. Da die Erfahrung auf Sinneswahrnehmungen aufbaut, wäre es eine gute Idee, diese mit Hilfe dazu geeigneter Materialien zu stimulieren. Lehrreiche Anleitungen hierzu kann man den Prinzipien zu einer „kindgerechten Erziehung" Maria Montessoris entnehmen. Ich habe mich, leider viel zu kurz, in zwei dieser Montessori-Schulen in Deutschland und in einer in Dänemark umgesehen und hatte in den wenigen Stunden vor allem von den Schülern bis dahin nicht erlebte Impulse bekommen.[22] Jede *schöpferische* Betätigung ist immer eine sehr in-

---

[19] *Vgl. Anmerkung 52, Seite 61;*

[20] *Siehe alphabetisches Verzeichnis der Fachausdrücke im Anhang;*

[21] *„Psychologisches Wörterbuch", Friedrich Dorsch; Seite 321;*

[22] *In dieser Verbindung sei auch auf Rudolph Steiners anthroposophische Lehren und daraus resultierende Anregungen in der Pädagogik hingewiesen;*

dividuelle Entfaltung von Ideen und Fähigkeiten, weshalb zu viele Vorschriften und Erklärungen seitens der Erzieher/Eltern weniger die kindliche, schöpferische Initiative anregen als mehr die gehorsame Einhaltung gegebener Richtlinien üben, was in Imitieren und Reproduzieren ausmündet, aber nicht mehr mit individueller Entfaltung zu tun hat. Es ist also das Untersuchen und Experimentieren von Bedeutung und das erfordert, abhängig vom jeweiligen Temperament und gemachten Erfahrungen, Zeit und Geduld. Der Erwachsene kann in solchen Situationen schöpferischer Arbeit ein geeigneter „Arbeitskamerad" sein, was obendrein die kindliche Bereitschaft zu Kooperation fördern kann. Alle hier genannten entwicklungspsychologischen Gesichtspunkte können auch nur annäherungsweise in den heute üblichen Klassengrößen effektiv in die Tat umgesetzt werden – und dabei noch vorausgesetzt, die Kollegen haben eine Ausbildung hinter sich, die mehr als nur Unterweisung in den verschiedenen Materialien und Techniken umfasste –, wohl aber im kleineren, persönlicheren Kreis, was in einem hier vorgeschlagenen „Familienunternehmen" im Hinblick auf die Arbeitsatmosphäre weit eher möglich sein könnte. Um noch einmal auf das Stichwort Spielzeug als Stimulator zu schöpferischer Betätigung zu sprechen zu kommen, so sollte man den Eltern davon abraten, Artikel anzuschaffen, bei denen es lediglich darum geht, die Gebrauchsanweisungen zu kennen. Da sind z.B. Holzstücke, Pappkartons, Sperrholz und eine Laubsäge, Papier und Farben (Kreide, Farbstifte, Wasser- oder Ölfarben und Pinsel), verschiedene Drahtsorten u.a. weit geeignetere Materialien zu selbstständiger schöpferischer Gestaltung. Eine zentrale Frage bei allen Erwägungen hinsichtlich Motivation zu schöpferischer Entfaltung wird immer die nach der übergeordneten Zielsetzung sein, wobei *„Konformitätsdruck eine schädliche Auswirkung auf kreatives Denken"*[23] haben kann: „Die Motivationen, die einen kreativen Akt vorantreiben, sind vielfach und komplex und sie sind weitgehend abhängig von der Beschaffenheit der Situation und der Eigenart der Person. Eine Person kann motiviert werden, kreativ zu sein durch Bedürfnisse nach materiellem Gewinn wie z.B. Geld oder Vorankommen im Beruf. Oder jemand kann motiviert sein durch Statusbedürfnis oder durch ein Bedürfnis nach sozialer Gemeinschaft mit anderen. Jemand kann durch Bedürfnisse nach Selbstwerterhöhung oder durch Bedürfnisse, sich selbst zu verteidigen, motiviert sein. Alle diese Arten von Bedürfnissen

---

[23] *„Kreativitätsforschung", Gisela Ulmann; Seite 155;*

haben lediglich eine äußere und willkürliche Beziehung zur inneren Natur der spezifischen kreativen Aufgabe. Die Leistung der kreativen Lösung ist ein Mittel zu einem weiteren Ziel, statt Selbstzweck zu sein. Solche Fälle können wir als *äußerliche, ich*bezogene Motivationen zu kreativem Denken bezeichnen. Im scharfen Gegensatz dazu stehen die Motivationen, die es mit den Werten zu tun haben, die im kreativen Prozess selbst enthalten sind. Die Person ist gewissermaßen ‚gefangen' und getrieben durch die dem Problem inhärente Herausforderung. So mag jemand ein neues Gerät erfinden, ein Bild malen oder eine wissenschaftliche Theorie entwerfen, einzig und allein um der damit verbundenen Freude willen – Freude am kreativen Prozess, am Erlangen einer Lösung. Dieses ist dann die Art von Motivation, bei der der kreative Akt selbst ein Ziel darstellt und nicht nur ein Mittel. Wir können diese Motivation als *eigentliche,* a u f g a b e n b e z o g e n e Motivation zu kreativem Denken bezeichnen."[24]

Derartige Überlegungen anzustellen, bevor man Kinder zu schöpferischer Beschäftigung bewegen will, kann man natürlich nicht in einer alltäglichen Familie voraussetzen. Aber nur die Versorgung der jungen „Talente" mit Papier, Farbstiften, Tusche oder was den Eltern sonst als dienlich einfallen könnte, um die Kleinen beschäftigt zu wissen, wird kreatives Denken nur in sehr begrenztem Maße förderlich entfalten helfen.

Um nicht einer einseitigen Befürwortung dieses hier eingehender beleuchteten Modells „Familienunternehmen" zu erliegen, soll noch auf die nicht immer vorteilhafte Beeinflussung der Kinder durch ambitiöse Eltern eingegangen werden, vor allem, wenn Kinder als „repräsentative Visitenkarten" der Familie vor der Umwelt „benutzt" werden. In dem Zusammenhang sind in zahlreichen Fällen vor allem alleinerziehende *narzisstische* Mütter zu nennen. Darüber ist an früherer Stelle bereits einiges gesagt worden. Unter dem Einfluss der die ganze Gesellschaft beherrschenden Konkurrenzmentalität ist es nur verständlich, wenn die meisten Eltern auf anständiges Benehmen, Fleiß und Ordnung großen Wert legen.

Maria Wasna hat in ihrem Buch interessante Untersuchungen hinsichtlich *Leistungsmotivation* vorgelegt, in denen aufschlussreiche Erkenntnisse über Zielsetzung, Methoden (Belohnung und Bestrafung) und Resultate ausführlich dargestellt werden[25], die ohne Zweifel in vielerlei Hinsicht (z.B. Soziali-

---

[24] *a.a.O.;*
[25] *„Leistungsmotivation", Maria Wasna; Seite 29 ff.;*

sierung) wichtig sind. Allerdings bleibt die Frage unbeantwortet, inwieweit diese Art der Leistungsförderung nicht zugleich auch einen nicht zu übersehenden *Konformitätsdruck* praktiziert – und das mit bestem Wohlwollen. In dieser Richtung werden sich künftige Lernziele und -pläne noch konzentrierter auswirken, wenn neueste Erkenntnisse in die Schulwelt eingebracht werden! „Fitte Vierjährige in die Schule".[26]

„Unsere Bildungsstrukturen müssen über den Haufen geworfen werden – zu diesem Ergebnis kommt die Studie des Baseler Prognos-Instituts im Auftrag der Vereinigung der bayerischen Wirtschaft. An ‚Bildung neu denken! Am Zukunftsprojekt' (Leske + Budrich-Verlag) arbeiteten mehr als 70 Experten aus Wissenschaft und Erziehungspraxis mit. Dieter Lenzen, Präsident der Freien Universität Berlin und Erziehungswissenschaftler, stellt die Ergebnisse vor." Frage des Journalisten: „In Ihrem Szenario steht: Einschulung mit vier Jahren. Ist das Ihr Ernst?" Antwort: „Ja, künftig werden Kinder früher zur Schule gehen, mit spätestens 17 Abitur machen und mit 21 ihr Studium abschließen. Ihre Mütter werden nach der Geburt viel früher an ihre Arbeitsplätze zurückkehren. Wir werden es uns im Jahr 2020 angesichts einer dramatisch schrumpfenden Arbeitsbevölkerung gar nicht mehr leisten können, arbeitsfähige Menschen außen vor zu lassen ..." Im Weiteren sollen folgende Neuerungen (hier kurz zusammengefasst) zur Durchführung kommen: „Klassischer Kindergarten und Vorschule sind Auslaufmodelle – Spielen ist kein Lernen. Lernen muss angeleitet sein, damit es einen Effekt hat – wir brauchen einen massiven Druck auf die Gesellschaft. Die hat noch nicht begriffen, dass nicht das Gesundheitssystem oder die Rente unser größtes Zukunftsproblem ist, sondern unsere Bildung. Sie ist unsere einzige Ressource und der wichtigste Schlüssel, um unsere Probleme zu lösen – das dreigliedrige Schulsystem[27] ist gescheitert. Wir werden nur noch die Sekundarschule und das Gymnasium haben – der Lehrer der Zukunft ist Lehrprofi auf höchstem Niveau, ohne Beamtenstatus. Das erfordert diagnostische Fähigkeiten, die anspruchsvoller sind als die eines Arztes ... er ist ganztags in der Schule und Ansprechpartner auch für die Eltern – 2020 gibt es keine Zeugnisse mehr. Es gibt Leistungspunkte und inhaltliche Bewertungen. Die sagen mehr aus als Zeugnisse ..." Immer mehr Psychologen fragen sich skeptisch, mit welchen

---

[26] *stern Nr. 47 vom 13. 11. 2003; Seite74;*

[27] *Bezieht sich auf das deutsche Schulsystem;*

psychischen Leidenssymptomen wir in wenigen Jahren konfrontiert werden, wenn ein forcierter Leistungsdruck bald auch auf die jüngsten Familienmitglieder ausgeübt werden soll. Alle sprechen immer häufiger von der drohenden Gefahr einer Überalterung unserer Gesellschaft. Um dieser aktuellen Familienbedrohung rechtzeitig vorzubeugen, fordert z.b. der dänische Regierungschef A. Fogh Rasmussen die Dänen auf, mehr Kinder in die Welt zu setzen: „Wir müssen erkennen, dass sich die Geburtenzahl an der Untergrenze dessen bewegt, was wir uns wünschen könnten."[28] In derselben B.T.-Ausgabe wurde das Untersuchungsergebnis der Rockwoolfond-Forschungseinheit erwähnt, wonach „junge Familien heute ein weit gestressteres Dasein führen als früher – sowohl auf Arbeit wie auch im Privatleben. Und das Stressniveau ist bedeutend höher als bei Männern und Frauen ohne Kinder." Die Ökonomieprofessorin Nina Smith dazu: „Das sind in hohem Grade die Kinderfamilien, die die schwere Last tragen."[29] In zitiertem Artikel erklärt sie abschließend: „Es wäre gut mit einem flexibleren Arbeitsmarkt, wo der Einzelne sich darauf einrichten kann, sowohl eine Arbeit wie auch Familie zu haben. Dies gilt für Kinderfamilien, aber auch für andere Gruppen – z.B. für ältere Mitarbeiter. Der ‚0-1'-Arbeitsmarkt, auf dem man entweder drin oder draußen ist, ist nicht zweckmäßig, wenn wir wollen, dass die Leute mehr arbeiten."

Na ja, sollte man meinen, endlich rührt sich etwas im Hinblick auf die Verbesserung der Lebenslage unserer Kinderfamilien. Die Opposition der dänischen Regierung fordert nun endlich auch, dass „die Qualität der Kindertagesstätten verbessert werden sollte, und jede(r) Pädagoge(in) oder Gehilfe sollte sich um weniger Kinder kümmern müssen".[30] Solche Forderungen passen sich – geschickt die Stimmung der Bevölkerung ausnutzend – neuesten Untersuchungsergebnissen an, die vor allem als Folgewirkung der *Pisa-Studie*-Ergebnisse nun konsequent Eingriffe – leider nicht zu kindgerechterer Veränderung bestehender Verhältnisse! – in bestehenden Erziehungs- und Ausbildungsgegebenheiten verlangen.[31] Ehe jedoch tatsächlich etwas in die Tat umgesetzt wird, scheinen sich die Forderungen der dänischen Opposition in einem Kompetenzgerangel zwischen Kommunen und übergeordneten staat-

---

[28] *B.T., 26. November 2003; Seite 6 und 7;*
[29] *a.a.O.;*
[30] *Politiken, 17. November 2003; Sektion 1, Seite 3;*
[31] *Vgl. hierzu: Erklärung des Präsidenten der Freien Universität Berlin, Seite 155;*

lichen Behörden zu verlieren. Knapp eine Woche später erfährt man dann aus der dänischen Presse, dass die Gemeinden „über 100 Kindertagesstätten schließen".[32] Diese Entschlüsse werden mit der fallenden Kinderanzahl begründet. Zu dieser Zukunftsentwicklung äußert sich der Sekretariatsleiter der Landesorganisation der Kindertagesstätten: „Es tut mir Leid zu hören, dass die Gemeinden so zurückmelden, aber das verstärkt leider unseren Eindruck der Entwicklung in letzter Zeit."[33]

Derartig sich widersprechende Signale (der dänische Staatsminister fordert zu größerer Geburtenzahl auf – die Ökonomieprofessorin hält daran fest, dass die Kinderfamilien zu sehr belastet sind – der Präsident der Freien Universität Berlin tritt dafür ein, Kinder schon mit vier Jahren einzuschulen und Kindergärten wie Vorschule abzuschaffen – die Opposition im dänischen Bundestag tritt für kleinere Kindergruppen ein – Erzieherorganisation Dänemarks kämpft

für die Erhaltung der Kindergärten – die Gemeinden schließen Schulen und Kindergärten)[34] untergraben zum einen immer mehr die Glaubwürdigkeit der Politiker und rauben jungen Ehepaaren das Vertrauen in eine gesichertere Zukunft als Familiengründer. Es hat eindeutig den Anschein – ungeachtet aller hochoffiziellen Versprechungen und Beteuerungen des Festhaltens an humanen Menschenrechten –, dass eben nicht die menschliche Psyche, sondern das globalisierte Kapital bei allen Entschlüssen den Ausschlag gibt.

Bei solch deprimierenden Erkenntnissen sei mir wieder einmal zur Verdrängung die Ironie erlaubt, wenn ich mir einen Hinweis nicht verkneifen kann. Bei aller Angst vor der Zukunft gibt es immerhin einen Gewinner: die Sexbranche, wenn sie noch raffiniertere, risikofreie Hilfstechniken anbietet! Und damit noch nicht genug: Mehr und mehr – sogar schon Jugendliche – versuchen ihre Triebe in gleichgeschlechtlichen Beziehungen zu befriedigen, die übrigens auch von den zuständigen Behörden inzwischen als Ehepartnerschaften anerkannt werden!

Ob solche Lösungen in freier Selbstentscheidung tatsächlich ein befreien-

---

[32] *Berlingske Tidende, 26. November 2003; Sektion Inland, Seite 8 ((??));*
[33] *a.a.O.;*
[34] *Nach meinen Erkenntnissen sind die deutschen Kinderfamilien in ähnlich verwirrender Lage;*

der Ausweg aus der Angst vor familiären Bindungen sein können, bleibe dahingestellt! Wie aber endet eines Tages so ein Leben in zu nichts verpflichtender Freiheit?

„Das Sterben wird ein Problem der Entsorgung. Und diese beginnt mit der Verbringung des Sterbenskranken in das Krankenhaus als ‚Zwischenlager‘. Dort soll er ‚Ruhe‘ haben – die in Wahrheit eher diejenigen suchen, die ihn dorthin schaffen. Dort ist für den Sterbenden Hygiene garantiert – unter sauberen Kitteln, weißen Kacheln und peinlicher Desinfektion. Das Sterben wird von den Emotionen befreit, so wie überall Entemotionalisierung, Versachlichung, nüchterne Vernünftigkeit erstrebt werden. Dafür wird der Kranke bis zuletzt perfekt mit Chemie und Technik versorgt und überwacht. Neuerdings wird sein Ende nicht mehr improvisatorisch vom Gesicht und den Pupillen, sondern wissenschaftlich exakt von Geräten abgelesen.

Mit der Medizinalisierung des Todes im 19. Jahrhundert ist seine ganzheitliche psychosomatische Auffassung untergegangen. Die Sterbephase, zuvor die große christliche Prüfung der Seele, Ringen zwischen Verzweiflung und Heilshoffnung, schmerzliches und erhebendes Abschiednehmen, wird zu einem einsamen Endkampf zwischen den Waffen der Medizin und tödlichen Viren, malignen Krebszellen oder verstopften Blutpfropfen. Das Sterben ist längst nicht mehr ein bewegendes, erhebendes Ereignis innerhalb der Gemeinschaft. Heimlich hält der Sargwagen am Hintereingang. Auch im Krankenhaus soll der Tod ein Zufall sein, nichts Normales, mit dem alle rechnen müssen. ‚Man stirbt versteckt, behelligt die Lebenden nicht.‘ (P. Härtling)“[35]

Mir war, als erinnerten mich verzweifelte Kinder und Jugendliche an eben zitierte Passage, als ich in der lokalen Presse auf der Vorderseite las: „Eine Welle von Selbstmordversuchen unter Kindern und Jugendlichen.“ Und weiter: „Eine Welle von Selbstmordversuchen von Kindern in der heimischen Region hat alle Alarmglocken in der Kinderabteilung des Krankenhauses in Nyköbing F. eingeschaltet ... ‚Ich hoffe, dass da mehr die Rede ist von Hilferufen als von entschlossenen Versuchen, sich das Leben zu nehmen‘, sagt die Kinderoberärztin.“[36] Hatten diese jungen Menschen gar eine erdrückende Angst vor der Einsamkeit der Sterbestunde? Hoffen wir, dass die Oberärztin in ihrer Annahme bestätigt wird und dass die Kinder und Jugendlichen aus

---

[35] *„Umgang mit Angst“, Prof. Dr. med. et phil. Horst-Eberhard Richter; Seite 41;*
[36] *Lolland-Falsters Folketidende, Nr. 272, 22. November 2003; Titelseite;*

ihrer Verlassenheit erlöst werden. Aber nicht mit materiellen Geschenken, sondern durch selbstlose Hingabe und verständnisvollen, geduldigen Beistand! Runden wir – ungeachtet aller am Horizont der Zukunft aufflammender Entmenschlichung – diesen Abschnitt über Andeutungen möglicher Verbesserungen der Familiensituation mit dem Hinweis darauf ab, dass viele der für das „Familienunternehmen" wünschenswerten Kenntnisse künftig als qualifizierende Kurse an Abendschulen und anderen qualifizierenden Hochschulen vermittelt werden könnten.

Wenden wir uns nun kritisch jener Welt zu, in der unsere Kinder die für ihr ganzes Leben ausschlaggebenden Wissensinhalte, praktischen Fertigkeiten und ihre Persönlichkeit prägenden Lebenswerte vermittelt bekommen sollen. Dass sich das in der alltäglichen Praxis – den in allen Schulgesetzen vorgegebenen Leitsätzen entsprechend – keinesfalls durchführen lässt, sollte schon nach den Kapiteln 7 und 8 auch den Lesern, die wenig mit Schulangelegenheiten zu tun haben, völlig einleuchtend sein.

Ich muss hier nochmals darauf hinweisen, dass unsere zur Diskussion gestellten Problemaktualisierungen von Anfang an niemals zum Ziel hatten, Schuldige auszumachen. Dafür sind alle in den fundamentalen Gestaltungsprozess gesellschaftlicher Verhältnisse eingebundenen Mitwirkenden – gleichgültig auf welcher hierarchischen Ebene – unentbehrlich! Zu wünschen wäre allerdings eine erste baldige Verringerung des autokratischen Bürokratismus, der manche förderliche Zusammenarbeit zwischen den Rangstufen unnötig in die Länge zieht, in Zweifel stellt oder ganz unmöglich macht. Es war bei all unseren Interviews und anderen Untersuchungen sehr schwierig – was uns keineswegs überrascht hat –, mit überzeugenden Quellennachweisen zu dokumentieren, dass auch im Schulsystem leitende und damit bestimmende Befugnispositionen oft mittels verschiedenster Arten von Beziehungsnetzen besetzt werden. In mehreren Regionen – so die uns hinter vorgehaltener Hand zugeflüsterten Informationen – spiele die Zugehörigkeit zu einer politischen Partei eine entscheidende Rolle. Ich habe einige Schulleiter nach ihrer Parteizugehörigkeit gefragt, jedoch nur in zwei Fällen eine Antwort erhalten, wobei einer von ihnen einer meiner ehemaligen Studenten an einem Erzieherseminar war. Zudem waren wir beide Mitglieder derselben Partei. Mit der Frage, nach welchen Kriterien Schulräte und Schulleiter eingestellt werden, wird man kaum weiterkommen, allerdings wird es nicht überraschen, dass viele – oft zu schnell beschlossene und dann auch verordnete – Schulreformen in den meisten Fällen den deutlichen Stempel der jeweils die Regierungsprogramme bestimmenden Partei trugen. Und in mehreren Fällen wurden derartige Reformen nach einem Regierungswechsel nach kurzer Zeit verändert oder ganz aufgehoben. In Dänemark hatten wir Lehrer oft eine gründlichere Evaluierung nach Abschluss der Probephase neu eingeführter Änderungen vermisst. Immer wieder hatten Lehrerinnen und Lehrer in Dänemark wie in Deutschland schon vor einigen Jahren besorgt auf verschiedene, die Psyche sowohl der Schüler wie auch der Lehrer belastende Zustände hingewiesen, ohne jedoch damit geforderte Erleichterungen durchgesetzt haben zu können.[37] Ganz im Gegenteil: Bei strittigen Fragen in schulischen Angelegenheiten hatten Gemeindeverwaltungen manchmal ohne Rücksicht auf schulinterne Belange eingegriffen. In einer süddänischen Schule war es zu Spannungen zwischen dem neu eingesetzten Schulleiter und den Lehrern gekommen. Die zuständigen Instanzen der Gemeindeverwaltung hatten auf Klagen des Schulleiters hin den seit über 30 Jahren – ohne jemals Probleme gehabt zu haben – an eben dieser Schule wirkenden Vertrauensrepräsentant der Lehrervereinigung von seinem Dienst suspendiert – und das zwei Tage, nachdem sich die beiden Leiter der Schule unabhängig voneinander krankgemeldet hatten.[38] Ein Gemeinderatsmitglied (Juristin), das der Entscheidung des Bürgermeisters nicht zustimmen konnte, äußerte sich wie folgt: „Die Verfahrensweise ist absolut unerhört. Man hat den einen Teil (der uneinigen Kontrahenten) gebeten, sich über den anderen zu äußern, und dieses Material benutzt man, um den Vertrauensrepräsentanten zu entlassen. Ich bin erschüttert ...“ Dazu der Vorsitzende der Lehrervereinigung (DLF): „Es sieht so aus, als habe die Kommune beschlossen, einen beschwerlichen Mitarbeiter loszuwerden, und anschließend Ankläger gesucht, die eine Entlassung rechtfertigen.“ Es könnte noch eine Reihe ähnlicher Beispiele – auch aus Deutschland – aufgezählt werden. Es soll bei diesem einen Fall als repräsentatives Beispiel für derartige Behördeneingriffe in den schulischen Alltag bleiben, die einem verträglichen Arbeitsmilieu durchaus abträglich sind. Unter der Überschrift

---

[37] *Vgl. hierzu: Kritische Bemerkungen einiger Schüler in „Vertrauliche Gespräche mit Schülern“;*

[38] *Folkeskolen Nr. 10, März 2002; Seite 14;*

[39] *BLLV (Bayerische Lehrerinnen- und Lehrer-Vereinigung), Nr. 1, 15. Januar 2003; Seite ((????))*

„Schulleitungen und Schulaufsicht vor neuen Aufgaben"[39] definierte der Leiter der FG Schulverwaltung „das neue Aufgabenfeld der Schulverwaltung als ‚Wandel der Schulaufsicht von einer Kontroll- und Verwaltungsbehörde hin zu einem umfas- senden Dienstleistungsunternehmen', das die Schulleiter unterstütze und die Qualitätsstandards gewährleiste". Zu fragen bliebe nach solcher verheißungsvollen Ankündigung, ob sich so ein „Dienstleistungsunternehmen" künftig auch rivalisierender Machtansprüche einflussreicher, für ein schülergerechtes Wirken Verantwortlicher annimmt, um dadurch zu einem besseren psychischen Milieu an den Lehranstalten beizutragen. Kurz gesagt:

Eine weitgehende Entpolitisierung und dazu eine deutliche Entbürokratisierung wären eine unbedingte Notwendigkeit! Immerhin wurden die Schul- und Ausbildungsmethoden wie auch entsprechende Lernresultate in der bereits des Öfteren erwähnten *Pisa-Studie* eingehender unter die Lupe genommen, aus denen meines Erachtens nicht so sehr das Schulpersonal, sondern in erster Linie die Politiker zu lernen hätten!

2. Ein anderer Notstand an sehr vielen Schulen sind die allzu großen *Schülerzahlen pro Klassen*.

Natürlich erfordern kleinere Schülergruppen größere finanzielle Investierungen, weil sie ohne ausreichende, mit den notwendigen Einrichtungen versorgte Unterrichtsräume und die entsprechende Anzahl Lehrer kaum realisierbar sind. Mit dieser Forderung wird durchaus nichts Neues vorgelegt. So treten auch der Bayerische Elternverband (BEV) und der Bayerische Lehrerinnen- und Lehrerverband (BLLV) „für bestmögliche Lern- und Arbeitsbedingungen ein. Kernforderung ist die Senkung der Klassenhöchststärke auf 25 Schülerinnen und Schüler."[40] Will man jedoch nach wie vor Unterrichtsanweisungen wie z.B. differenzierten Unterricht in die Tat umsetzen wollen, empfiehlt sich eine Höchststärke von 18–20 Schülerinnen und Schüler (auch ein früherer Vorschlag skandinavischer Klassenanalysen). „Eltern, Schüler und Lehrer protestieren gegen Bildungspolitik im Ländle", berichtete das Main-Echo über eine Protestveranstaltung in Stuttgart: „Rund 500 schwarz gekleidete Schüler sowie Eltern und Lehrer haben in einem ‚Trauerzug' am Mittwoch in Stuttgart gegen die Bildungspolitik der Landesregierung protestiert. In einem Sarg übergaben die Organisatoren vom Melanchthon-Gym-

---

[40] *BLLV, Nr.1, 17. Januar 2002; Seite 3;*

nasium Bretten (Kreis Karlsruhe) ihre Forderungen. Unter anderem verlangten sie kleinere Klassen."[41]

3. Ein weiteres viel diskutiertes Umstrukturierungsprogramm ist die so genannte *Ganztagsschule*. Unter Voraussetzung der an früherer Stelle beschriebenen aktuellen Probleme in zahlreichen Familien wird man solch einer Notlösung wohl zustimmen müssen, wenngleich man mit dieser neuen Einrichtung Gefahr läuft, die Schüler dem heimischen Familienkreis noch mehr zu entfremden. Der Argumentation des BLLV-Präsidenten, „die Ganztagsschule sei für Schülerinnen und Schüler mit besonderen Lernbedürfnissen in bestimmten Lebenssituationen eine große Hilfe und Bereicherung", kann man insoweit zustimmen, als sie sich auf diesbezüglich besonders bedürftige junge Menschen bezieht. Nach wie vor sollte man allerdings daran festhalten, dass unsere jüngeren Mitbürger hinsichtlich ihrer gefühlsmäßigen Prägung dem trauten Familienkreis bewahrt bleiben. Bedenklich kann es werden, wenn dieser Schultypus eines Tages die normale Unterrichtsstätte und damit die Bedeutung der familiären Erziehung weiter entwertet wird. Warum nicht auch dem „italienischen Familienunternehmen"[42] eine Chance geben? Man sollte zudem auch denjenigen aufmerksames Gehör schenken, die absolut nichts mit dem Modell der Ganztagsschule im Sinne haben, weil sie sich – aus harmonischen Familien stammend – aus engagierter Überzeugung dafür einsetzen, die erfolgreiche heimische Stimulierungswelt vor zu vielen Eingriffen der Umwelt abzuschirmen, oder werden Kinder, die am liebsten zu Hause sein wollen, eines Tages als Außenseiter abgestempelt?

4. Höhere Anforderungen, bessere Leistungen, früherer systematisierter Lernbeginn – das sind die vorrangigen Ansprüche, die in der modernen Konkurrenz-Gesellschaft an die Schule gestellt werden. Mit anderen Worten: mehr *Leistungsdruck!* Auch in dieser Verbindung verwirren widersprechende Untersuchungsergebnisse und fortschrittsorientierte, anspornende Empfehlungen. „Große Ziele für kleine Personen" überschreibt FOCUS[43] einen Bericht über Bayern, das „als erstes Bundesland ein verbindliches Bildungskonzept für Kindergärten und Krippen entwickelt". In diesem Artikel verspricht die bayerische Sozialministerin für Arbeit, Sozialordnung, Familie

---

[41] *Main-Echo, Sektion „Aus Bayern, Hessen, Baden-Württemberg", 19./20. Juni 2003;*

[42] *Siehe Seite 283 ff.;*

[43] *FOCUS, Nr. 22, 27. Mai 2002; Seite 46;*

und Frauen: „Wir werden Kinder entsprechend ihrer Entwicklung kontinuierlich fördern." Eine Untersuchung des dänischen Unterrichtsministeriums besagt, dass immer mehr dänische Kinder erst mit dem achten Lebensjahr eingeschult werden.[44] Man fragt sich: Was ist nun mit diesen Kindern los? Die Zahlen sagen nichts darüber, warum die Kinder in der 1. Klasse älter sind. An Dänemarks Pädagogischer Universität vermutet man, dass es auf eine engere Zusammenarbeit zwischen Kindergärtnerinnen und den Leitern der Vorschulklassen beruht. „Gleichzeitig sind die Eltern mehr darauf aufmerksam geworden, dass ihre Kinder einen guten Schulanfang haben. Es ist gar nicht so selten, dass mich ganz gewöhnliche Eltern anrufen und um Rat fragen. Das war vor fünf Jahren nicht der Fall", sagt Lektor Stig Bronström an der Pädagogischen Universität. Dazu die Leiterin der pädagogisch-psychologischen Beratung (PPR) in Esbjerg: „Ich bemerke eine deutliche Tendenz dahin gehend, dass die Eltern unseren Rat befolgen, während sie vor 10–15 Jahren ganz darauf versessen waren, ihre Kinder in die Schule zu bekommen. ... Ich habe viele Kinder gesehen, die zu früh in die Schule gekommen sind. Aber ich habe niemals ein Kind gesehen, das zu spät begann."[45]

5. Nachdem es immer mehr danach aussieht, dass bei der vorprogrammierten Schule der Zukunft ein Schwerpunkt auf der Leistungssteigerung liegt, wird es für Lehrerinnen und Lehrer künftig noch schwieriger werden, die pädagogische Aufgabe, _schwache Schüler zu fördern und begabte zu fordern_, in die Praxis umzusetzen. Vielleicht behalten die Schüler Recht, die mir in Gesprächen sagten, nach ihrer Meinung sei die Schule eine „Aussortierungs-Anstalt". Möglicherweise kehrt man auch zu der früheren dänischen Klassenaufteilung zurück, wonach es in den oberen Klassen der Volksschule jeweils zwei Parallelklassen gab, eine A- und eine B-Abteilung. In der A-Klasse waren die Schüler ohne Lern- oder andere Schwierigkeiten. Nun hat man in Deutschland trotz aller Vernachlässigungen und Versäumnisse (nach der _Pisa-Studie_) doch ein anerkanntes, erfreuliches Resultat zu verzeichnen: Deutschland stehe, was die Förderung besonders begabter Schüler angeht, in Europa an der Spitze.[46] Bei der Diskussion diesbezüglich kompetenter Personen wurde mit Nachdruck hervorgehoben, dass es bei solchen Sonderprojekten wesentlich sei, zu verhindern, dass diese sich durch besondere Leistungen auszeichnenden Schüler nicht den sozialen Um-

---

[44] _Folkeskolen, Nr.7, 14. Februar 2002; Seite 33;_

[45] _a.a.O.;_

[46] _Deutschlandfunk, Thema „Pisa-Studie", 28. November 2002;_

gang, will sagen, den Kontakt mit Klassenkameraden verlieren. Kaum jemand wird solchen Erfolgen die verdiente Anerkennung versagen können, doch war bei diesem Projekt die Rede von den begabten Schülern. Wie aber die trägeren, weniger begabten oder überhaupt weniger schulinteressierten Mitschüler sich bei diesen Aktivitäten gefühlt haben oder eben die leistungsmäßig hervortretenden betrachtet haben, darüber ist nichts Detailliertes gesagt worden. Ich erinnere mich noch sehr genau an einen groß aufgemachten Artikel in der deutschen Presse: „Intelligenz eine Pestilenz". Darin kam das zum Ausdruck, was den Erfahrungen vieler Kollegen wie auch meinen eigenen entsprach, dass nämlich Leistungsunterschiede unweigerlich Rangunterschiede nach sich ziehen. Natürlich habe ich auch bei meinen eigenen Schülern Beispiele erlebt, wo nahezu problemlose Schüler gerne Klassenkameraden bei ihren Aufgaben geholfen haben. Ich stehe nicht allein mit dem Vorbehalt, dass man aus solchen positiven Beispielen keineswegs eine allgemein gültige Gesetzmäßigkeit ableiten kann. Vor allem heute, wo die meisten Medien das Thema Leistung und Erfolg unentwegt in suggerierender Weise abhandeln, steigt bei mindrer begabten Schülern ganz deutlich der Neid oder ein blockierendes Minderwertigkeitsgefühl, was sehr oft Cliquenbildungen zur Folge hat. Dabei werden nicht nur schwache Schüler ausgegrenzt oder völlig übergangen – nicht selten auch gemobbt –, sondern ebenso die tüchtigen, vor allem, wenn sie in der Minderheit sind! Derartige Phänomene haben unter anderem bereits zur Einrichtung von Eliteschulen geführt, die freilich nur einer begüterten Klientel zugänglich sind. In allen Grund- und Schulgesetzen ist als eines der unantastbaren Menschenrechte der Anspruch auf Unterricht zugesichert, wobei nur fraglich ist, welche Art Unterricht! Um das hier angesprochene Problem besser in den Griff bekommen zu können, müsste der heutige Lehrerstab psychologisch entschieden gründlicher ausgebildet sein. Da in diesem abschließenden Kapitel danach gefragt wird, *was zu tun ist,* kann man rein pädagogisch wie psychologisch nur antworten: Bewahrt unter allen Umständen die kleineren Schulen – vor allem auf dem Lande – und setzt den Klassenquotienten herab! Wir sind zu dieser Einstellung gekommen, weil es vor allem darum zu tun ist, die in immer mehr Schülern wachsende „Angst, zu versagen"[47], wenn nicht aus der Welt zu schaffen, so zumindest effektiv einzudämmen! Das ist ohne Zweifel eine Frage des Geldes. Hinsichtlich aller aktuellen Fragen bei dem Bemühen, die Verhältnisse an zahlreichen Schulen verbessern zu wollen, zu müssen, kann

---

[47] *Vgl. hierzu Anmerkung 56, Seite 173;*

man Professor Friedhelm Hengsbach kaum widersprechen, wenn er meint: „Gerechtigkeit ist kein biologisches Problem. Es ist die uralte Frage der gerechten Verteilung zwischen Arm und Reich."[48] Manchmal drängt sich mir die Frage auf, ob wir auf dem Wege zurück zu einer Klassengesellschaft sind oder ob wir sie bereits wieder haben?

6. Nach Veröffentlichung der richtungweisenden *Pisa-Studie* wurde die offenbar weitgehend übereinstimmende Kritik der unzulänglichen *Lehrerqualifikation* laut. Sowohl in Deutschland wie auch in Dänemark ist die Forderung nach Einführung eines Persönlichkeitstests bei der Einstellung einer Lehrkraft heftig diskutiert worden. Wie in den meisten Fällen schon erwähnter Neuerungsvorschläge hat auch dieser überzeugte Anhänger und empörte Ablehner gefunden. So sind sich in Dänemark auf höchster Ebene die liberale und die konservative Partei völlig uneinig, was die Lehrerausbildung angeht.[49] Unter der Überschrift „Lehrerbildung in der Diskussion"[50] kommen Experten zu Wort. VBE-Bundesvorsitzender L. Eckinger forderte „eine Lehrerbildung, die ‚berufsorientiert, theoretisch fundiert und praxisrelevant' sein müsse. Die Lehrerbildung müsse pädagogisch orientiert sein und ‚endlich Kinder und Jugendliche entdecken'." Es wäre interessant zu hören, wie andere Kollegen diese Formulierung des Experten aufgefasst haben. Wir, die wir lange an vorliegendem Buch gearbeitet haben, empfanden sie als äußerst erniedrigend! Als ob alle Kollegen, die sich tagtäglich mit unzähligen Problemen herumschlagen müssen, die mit der eigentlich wesentlichen Motivierung und Stimulierung nichts zu tun haben, nie „Kinder und Jugendliche entdeckt haben". Unter den anwesenden Experten herrschte immerhin Einigkeit über „die mangelnde Verknüpfung zwischen universitärer Lehrerbildung und der Schulpraxis". Dieser Feststellung kann, so glaube ich, eine überwiegende Mehrzahl der Kollegen zustimmen, was man aber doch keinesfalls der Lehrerschaft anlasten kann! An einer Forderung sollte man jedoch nach unserer Auffassung festhalten: Den Fächern Psychologie und Ethik müsste in der Lehrerausbildung eine weit größere Aktualität zuerkannt werden, als es heute der Fall ist, damit wir Lehrer „die Kinder und Jugendlichen noch besser entdecken" können, wenn uns dazu nur endlich die unerlässlichen Vorausset-

---

[48] *stern, Nr. 48, 20. November 2003; Seite 77 ff.;*

[49] *Folkeskole, Nr. 9, vom 28. Februar 2002; Seite 13;*

[50] *BLLV, Nr. 1, vom 15. Januar 2003; Seite 11;*

zungen gegeben würden. Unsere Argumentation soll jedoch nicht den Eindruck erwecken, als würde hier eine einseitige Verteidigungsschrift abgefasst und wir seien der Auffassung, dass an der Lehrerschaft generell nichts auszusetzen sei. Da wären zum Beispiel die „*smarten*" Kollegen (siehe Seite 77), die einer sowohl Schüler wie Lehrer inspirierenden Schulatmosphäre kaum wertvolle Beiträge liefern können! Ebenso sollten auch arrogante und narzisstisch-autoritäre Personen keinen Zugang zu unseren Schulen haben, da es solchen Charakteren wohl nie gelingen wird, „endlich Kinder und Jugendliche zu entdecken"!

7. Richten wir unsere Aufmerksamkeit jetzt auf eine Populationsveränderung, die so genannte *multikulturelle Gesellschaft*, deren positive wie auch nachteilige Auswirkungen vor allem die Schule zu spüren bekommt. Bei allen Schwierigkeiten, die mit der erzieherischen Aufgabe der Integrierung ausländischer Kinder und Schüler verknüpft sind, scheinen die Aysl gewährenden Gastgeber eine grundlegende Tatsache zu vernachlässigen oder ganz zu übergehen: Alle seit der frühesten Kindheit „eingesogenen" Erlebnisse und Erfahrungen waren im Leben die ersten Bestätigungen, zu einer Gemeinschaft zu gehören, akzeptiert und verstanden zu sein. Es sollen hier Ausführungen über *Identifikation* und Persönlichkeitsbewusstsein nicht wiederholt werden.[51] Eines muss aber nochmals betont werden: Diese ersten fünf bis sechs Lebensjahre haben infolge psychoanalytischer Erkenntnisse vor allem das grundlegende Gefühl von Geborgenheit und damit von Selbstsicherheit vermittelt, dessen wir uns doch bei unseren eigenen Kindern durchaus bewusst sind. Nun kommen diese geflüchteten jungen Menschen in eine neue „Heimat", in der sie selbstverständlich sehr dankbar für alle erfahrene Hilfe sind – sein müssen (diese Nassauer, die allmählich unser Sozialsystem untergraben).[52] Woran oft nicht gedacht wird, ist der Preis, den diese Kinder für alle Hilfe zu bezahlen haben: die Hintanstellung oder gänzliche Verdrängung, Unterdrückung einst lieb gewonnener Lebensgewohnheiten, Traditionen, moralischer Empfindungen, womit, abhängig von der individuellen Persönlichkeit, das jeweilige Selbstbewusstsein auf eine ernsthafte Probe gestellt wird. Dass wir Europäer eine Anpassung an die in unseren Ländern geltenden Gesetze erwarten, versteht sich ohne lange Diskussionen. Bedenklicher

---

[51] *Siehe hierzu die ersten sechs Kapitel;*
[52] *Eine immer häufiger anzutreffende Einstellung in der Bevölkerung – in Deutschland wie in Dänemark!*

wird es allerdings schon, wenn wir ebenso auch eine Anpassung an unsere Gepflogenheiten erwarten, was einem teilweisen Sich-selbst-Aufgeben gleichkommen kann. Um solcher schwer zu bewältigenden Umdisponierung zu entgehen, existieren heute viele dieser Flüchtlingskinder/Asylanten/Zuwanderer in einer Art „kontrollierter Schizophrenie" (wenn es so etwas überhaupt gibt?) oder anders gesagt, sie führen ein Doppelleben. In der Schule bemühen sie sich, nach außen hin langsam Deutsche/Dänen zu werden, in der Familie aber sind sie dann wieder im wahrsten Sinne des Wortes zu Hause. Während meiner längeren Aufenthalte in verschiedenen Ländern mit ganz anderen Kulturen hatte ich natürlich zu Beginn mit Neugier und Begeisterung alles Ungewohnte, Faszinierende in mich aufgenommen, bis ich eines Tages entdecken musste, dass mir bei aller Abwechslung und herzlichster Gastfreundschaft doch etwas zu fehlen schien. Das hat dann jedes Mal die zunehmende Vorfreude auf die Heimreise verstärkt. Heimweh kann eine vehemente Triebkraft sein! Kosmopolit sein zu wollen ist meiner Ansicht nach so lange möglich, so lange ich bei Verlangen in den vertrauten Garten meiner „Kindheitswurzeln" zurückkehren kann! Dieses Erlebnis habe ich nie vergessen, weshalb ich auch später immer wieder Iraner, Kurden oder Palästinenser in mein großes Haus eingeladen hatte, wo meine Gäste ihre heimatlichen Gepflogenheiten entfalten sollten – sie sollten also meine Gastgeber sein mit Speisen, Getränken, Bekleidungen, Musik u.ä., was in ihrer Heimat üblich sei. In meinem dicken Gästebuch sind sie noch heute in meinem Hause anwesend, unvergesslich! Ich habe diese Arrangements nie als Integration aufgefasst, sondern vielmehr als gegenseitige Anerkennung und kulturelle Bereicherung. Viele meiner dänischen Bekannten hatten mich anfangs als nicht ganz normal bezeichnet, im Laufe der Zeit als sonderbar und schließlich als vielseitig, weil sie plötzlich auch miterleben wollten. Ich bin mir dessen durchaus bewusst, dass ich mich hier an ein äußerst kompliziertes Thema gewagt habe, aber es ist unser bescheidener Versuch, mit diesem Buch, wenn schon nicht global – da bestimmen andere Mächte! –, so doch in überschaubarem Rahmen Verhaltensweisen aufzuzeigen, die – davon sind wir überzeugt – dazu beitragen können, in einer multikulturellen Gesellschaft einige Vorurteile abzubauen. Vorurteile sind stets ein Beweis mangelnden Wissens und signalisieren zudem eine alles andere als friedfertige Überheblichkeit und Recht-

---

[52] *Vgl. hierzu Anmerkung 42, Seite 139;*

haberei. Solches Gebaren sind die geeignetsten Voraussetzungen für den von Bassam Tibi vorausgesagten Kulturkrieg.[52] Sehr fraglich ist bei dem Vorhaben der Integrierung unserer ausländischen Mitbürger die Ghettobildung! Immer mehr Berliner Kreuzberg-Modelle sind in Europa im Entstehen. Wenn ich einmal von meiner heimischen Region im südöstlichen Dänemark ausgehe, kann man mitverfolgen, wie mehr und mehr Dänen aus den sozialen Wohnbauten ausziehen, weil immer mehr Ausländer dort eine Wohnung zugeteilt bekamen. Man geht sich also aus dem Wege, wobei seitens der Einheimischen nicht zu verbergende Standesdünkel oft eine wesentliche Rolle spielen, die sich nicht selten in herabwürdigenden Äußerungen über die Fremden verraten. Ich erwähne das, weil die eigene Erfahrung dazu Beweise lieferte: Ich hatte des Öfteren eine Kollegin besucht, die in so einem Wohnblock in der obersten Etage wohnte. Manchmal, wenn wir abends gemütlich in ihrer Stube gesessen und uns unterhalten hatten, war sie plötzlich völlig unbeherrscht aufgesprungen und hatte sich in für eine „gebildete" Lehrerin wenig wählerischen Wutausbrüchen über die ziemlich laute Musik erregt, die anlässlich eines Festes in der unter ihr wohnenden iranischen Familie unüberhörbar war. Abgesehen von ihrer proletarischen Unbeherrschtheit war ihre Kritik an sich berechtigt gewesen. Sprachlos war ich allerdings, als ich einige Zeit später wieder einmal bei ihr eingeladen war. Da hatte sie aus lauter Begeisterung Tschaikowskys dramatische Ouvertüre 1812[53] ungeheuer laut aufgedreht, weil sie diese mitreißende Leidenschaft in der Musik in vollen Zügen hatte ausleben wollen. Als ich sie darauf aufmerksam gemacht hatte, dass wir zu so später Stunde doch auf die Nachbarn Rücksicht nehmen müssten, hatte ich zur Antwort bekommen: „Das ist mir scheißegal, was die anderen denken!" Ja, ja, es scheint wie beim Fußball zu sein: Der Platzvorteil auf heimischer Bahn hat schon seine Vorteile ... Der viel gehörte Vorwurf an die Ausländer, sie seien darauf aus, sich von der einheimischen Bevölkerung abzugrenzen, eigene Wohnbezirke gründen zu wollen, kann so nicht im Raum stehen bleiben. Zu dieser Entwicklung haben die „Gastgeber" selber in nicht geringem Maße beigetragen. In Kopenhagen ist z.B. von offizieller Seite einmal der Vorschlag gemacht worden, alle Bewohner des Flüchtlingslagers Saltholm

---

[53] *In dieser Ouverture wird die Schlacht Napoleons gegen die Russen klanglich wiedergegeben, natürlich auf dem Höhepunkt äußerst dramatisch und unter Einsatz des ganzen Orchesters sehr vehement (Schlachtgetümmel);*

(in der Nähe Kopenhagens) auf eine kleine, Kopenhagen im Öresund vorgelagerte menschenleere Insel umzusiedeln. Abgesehen von der oft tragischen, psychologischen Seite des Vorhabens *Integrierung,* können freilich national-ökonomische wie rechtliche Aspekte nicht außer Acht gelassen werden. Darüber sollten alle, die erzieherisch wie ausbildungsmäßig mit Kindern zu tun haben, die in „das neue Land" integriert werden sollen, sehr gut informiert sein, um die häufig „unverständlichen" Verhaltensweisen (oft Abwehrmechanismen) dieser jungen hin- und hergerissenen Menschen einsichtsvoller begreifen zu können. Wie sieht „Die Rückseite der Republik"[54] aus? – Besagter Artikel vermittelt einen wissenswerten Einblick in die versäumte und daher heute sehr verwirrende Gesetzgebung und in viele daraus resultierende bedenkliche Entwicklungstendenzen in der Bundesrepublik Deutschland. Leider sah ich mich gezwungen, die ausführlichen Darstellungen auf ein vertretbares Mindestmaß zu reduzieren, um wenigstens das Wichtigste zu vermitteln. Beginnen wir mit einem direkt lachhaft-absurden Behördenwirrwarr. Ein Iraner kam als Student nach Deutschland und „flüchtete sich 18 Jahre später notgedrungen in einen Asylantrag, weil es für einen, der hier etwas leisten will und kann, keinen Platz gibt im chaotischen deutschen Ausländergesetz". Der Mann lebt seit 22 Jahren in Deutschland, hat eine Firma mit Umweltberatung aufgebaut und 61 Arbeitsplätze geschaffen, zahlt monatlich 10.000 Euro Lohnsteuer ans Finanzamt, „spricht besser Deutsch als mancher Deutsche". Die Kunden seiner Firma stellen ihm die besten Zeugnisse aus. Nur „die Ausländerbehörde will den Iraner ausweisen – am kommenden Montag wird er wahrscheinlich seinen letzten Prozess verlieren". Auf der anderen Seite dagegen „gewährt das Ausländerrecht reichlich Platz für Menschen, die sich abschotten vom Rest der Republik oder gar immer wieder die Gesetze ihres Gastlandes brechen". Zu letztgenannten Fällen werden Beispiele von Einwanderern beschrieben, die entweder mit gefälschten Papieren, mit Hilfe von Schleusern, auf abenteuerlichen, heimlichen Grenzübergängen, als blinde Passagiere oder auf andere gesetzwidrige Weise ins Land gekommen sind. Durch ihren unerlaubten Aufenthalt sind sie gezwungen, bei Landsleuten unterzutauchen und ein isoliertes Dasein zu fristen. Nebenbei bemerkt machen deutsche Vermieter oder Firmen (Schwarzarbeit)

---

[54] *Überschrift eines umfassenden Artikels über 11 Seiten im SPIEGEL, Nr. 10 vom 10. April 2002; Seite 36 ff.;*

mit diesen Menschen ausgezeichnete Geschäfte. Wo verdeckte Verdienstmöglichkeiten nicht möglich sind, bleibt als letzte Chance zum Überleben das Abgleiten in die kriminelle Unterwelt. Den Gipfel des Absurden stellt „das Reich des Kalifen von Köln, Metin Kaplan, dar. Es sei ‚kein Phantom, keine Phantasie‘, sondern ein richtiger Staat gewesen, sagt einer seiner Bürger. ‚Wie die USA‘, beispielsweise. Nur dass der Staat im Exil war, im Exil jetzt verboten ist und der Kalif im Gefängnis sitzt – wegen Aufrufs zum Mord an einem Nebenbuhler. Der Kalifstaat druckte seine eigene Zeitung, die Pflichtlektüre für die Staatsangehörigen war, und betrieb einen eigenen TV-Sender, der schon mal die Steinigung von Ehebrecherinnen empfahl." Die Ordnung dieses Staates war nach dem muslimischen Gesetz der *Scharia* aufgebaut.[55] Um diesen „Tyrannen" vor der damals in der Türkei zu erwartenden Todesstrafe zu bewahren, wurde er von den deutschen Behörden nicht des Landes verwiesen! Bevor man jedoch zu einer kritischen, vielleicht auch zu einer verurteilenden Stellungnahme schreitet, sollte der Leser noch eines zu objektiverer Bewertung des Konfliktstoffes *Integrierung* im Bewusstsein haben: „Nicht nur das schlechte Gefühl, auch das schlechte Gewissen deutscher (auch anderer europäischer) Politiker ist berechtigt. Denn so regelmäßig die Warnung vor den Koranschulen, so notorisch das Versagen, wenn es darum geht, an den normalen Schulen für einen islamischen Religionsunterricht unter staatlicher Aufsicht zu sorgen."[56] Mit einer nun eventuell besser fundierten Einstellung zum Hintergrund der zu integrierenden islamischen Schüler kann man nur dazu raten, im täglichen Schulalltag diesen Kindern so viel wie möglich an menschlicher Wärme entgegenzubringen und dabei zunächst einmal vor allem nationalistische Vorurteile wie auch innerpolitische Widersprüche nicht an den wehrlosen Kleinen und Jugendlichen auszulassen. Das sollte auch im Sinne der im Schulgesetz verankerten christlichen Zielsetzung verpflichtend sein. Gleiches sollte natürlich auch für andersgläubige, ausländische Kinder gelten.

8. Wagen wir uns an eine weitere, sehr schwierige Aufgabe der Schule: *Persönlichkeitsprägung!* Dabei kann es oft so aussehen, als kämpften noch so schätzenswerte Initiativen an einer hoffnungslosen Front gegen einen über-

---

[55] *„An einem Mittwochmorgen im Dezember 2001 um 6.15 Uhr ließ der deutsche Innenminister das Kalifenreich stürmen."*
[56] *a.a.O., Seite 50;*

mächtigen Gegner, der viele unter den Kollegen resignierend zur Kapitulation gedemütigt hat. Wie an früherer Stelle bereits ausführlicher beschrieben, sind sehr viele der heutigen Jugendlichen jener raffinierten Manipulation durch die Medien in einem Maße ausgesetzt, dass ihnen der Besitz von Bewunderung verschaffenden Statussymbolen (wenig erfreuliche Folgen gruppendynamischer Prozesse) unbeschreiblich viel bedeutet. Wir haben bisher den im modernen Zeitgeist peinlichst vermiedenen Begriff *Moral* bewusst nicht verwendet. Im Nachwort wird darauf noch ausführlicher eingegangen. Hier sei erst einmal folgendes Postulat vorgebracht: Wenn man der heutigen Schule etwas vorwerfen will, dann ein allzu zögerndes, in vielen Situationen oberflächliches, wenn nicht gar gleichgültiges Verhalten hinsichtlich ethischen Bewusstseins und dementsprechendem Verhalten gegenüber Mitmenschen. Im Rausch des Befreiungsjubels, den egozentrischer Individualismus und Liberalismus im hemmungslosen Genuss des Augenblicks ausgelöst hatten, waren Rücksichtnahme auf andere, Gemeinschaftssinn, Hilfsbereitschaft und vor allem Scham und Schuldgefühle dahingesiecht. Die mehr zurückhaltenden, vor allem älteren Jahrgänge hatten diesem verschwenderischen, attraktionsbesessenen Lebensstil nur kopfschüttelnd zusehen können. Lebenswerte, an denen sie bis zu diesem Umbruch festgehalten hatten, waren von der jüngeren Generation lächerlich gemacht, verhöhnt worden! Und hatten sich Erwachsene derartige taktlose Unverschämtheiten verbeten, indem sie sich ordentliches Benehmen und Anstand ausbedungen hatten, waren sie mit immer schlagfertigerer *Apologie*[57] der jungen Generation konfrontiert worden. Das waren die ersten Vorankündigungen einer provokativen Selbstrealisierung, die in vorgegebenem Selbstbewusstsein (was viel mehr Opposition als Bewusstsein war!) alle überlieferten Werte in Frage gestellt hatte. Sehr schnell hatten Gewinnspekulationen des freien Marktes diesen neuen „Kundenkreis" ausgemacht und mit entsprechend verführerischen Reklamen hofiert. *Modern* war dieser Trend genannt worden! In der Schule hatte sich dieser neue Zeitgeist in Form von Renitenz, Unaufmerksamkeit, Unachtsamkeit und Aufsässigkeit geäußert. Da man die Privatspäre nach wie vor als respektiertes Tabu erachtete, musste man als Lehrer auf der Hut sein, wenn man anlässlich der Elternsprechtage unakzeptable Ausschreitungen einer Schülerin/eines Schülers zur Sprache bringen wollte, um sich nicht unnötig in

---

[57] *Siehe alphabetisches Verzeichnis der Fachausdrücke im Anhang;*

Misskredit zu bringen. Die neuen Strafverordnungen, wonach alle Formen ehemaliger strenger Strafen (u.a. körperliche) untersagt worden waren, hatten wesentlich dazu beigetragen, dass man in zunehmendem Maße die Zügel hatte schleifen lassen! Außer den sich in letzter Zeit mehrenden Neigungen zu Gewalttätigkeiten, zu Gleichgültigkeit und Schulschwänzen ist vor allem die Anzahl der Schüler erschreckend, die heute die Schule ohne Abschluss verlassen, dann aber Arbeitsangebote ablehnen, wenn der Lohn unter dem Betrag der Sozialhilfe liegt. „Die Schuld liegt nicht nur bei der Schule", verteidigte Davis Jens Adler das bestehende dänische Schulsystem, doch „wenn der Alltag der dänischen Schule so sehr von disziplinären Problemen belastet ist, kann das nur darauf zurückzuführen sein, dass die dänischen Lehrer in höherem Grade als ihre ausländischen Kollegen in den Vorstellungen der 1968er-Revolution hängen geblieben sind", die darin gipfelten, dass „der Unterricht eine Art Übergriff auf die Schüler sei und dass jede Art der Bremsung des kindlichen Impulsverhaltens eine Knechtung elementarer Menschenrechte darstelle. Was dabei herauskam, war das absolute Gegenteil[58] dessen, was den Philosophen von 1968 vorgeschwebt hatte ... Die Lehrer brauchen Mut, um sich von dem zu befreien, was vor 30 Jahren gutes Latein war ... Es ist eine Frage der Haltung – und erst in zweiter Linie eine Frage der Methode", daran aber hatte man bisher am meisten herumgebastelt. Alle nun von höchster Ebene verlautenden Ankündigungen von Restriktionen[59] und Effektivisierung des gesamten Bildungswesens werden ohne eine grundlegende Änderung der Moral in der Gesellschaft kaum die erhofften, die notwendigen Verbesserungen herbeiführen. Die ersten Anzeichen in dieser Richtung werden von der Gesamtschule Sehnde[60] gemeldet: „Unerwünscht: Rökke, die den Po kaum bedecken." Und unter dieser Überschrift[61]: „Gesamtschule Sehnde erlässt Kleiderordnung – Beschwerden über zu sexy angezogene Mädchen häufen sich" wurde folgender Bericht gebracht: „Nachdem sich die Klagen von Lehrern über zu sexy angezogene Mädchen häufen, entschließt sich Helga Ackermann zu einer ungewöhnlichen Maßnahme. Sie

---

[58] *Siehe hierzu: Psychosomatische Probleme der heutigen Schüler, Seite 53 – Mobbing, Seite 158 – Ungeteiltes Leid, Seite 104;*
[59] *Die dänische Unterrichtsministerin fordert mehr Disziplin in der Schule;*
[60] *Die „Kooperative Gesamtschule Sehnde" liegt in der Region Hannover;*
[61] *Main-Echo, vom 17. Juni 2003;*

schreibt einen Brief an die Schüler und Eltern und fordert eine ‚angemessene Kleidung. Bauchfreie, rückenfreie, tief dekolletierte Shirts oder auch sehr kurze Röcke (...), die den Po kaum bedecken, sind als Schul- und Arbeitskleidung nicht angebracht (...). Für Bauchnabel-Piercings bietet unsere Schule keine Show-Bühne‘, heißt es in dem Schreiben. ‚Shirts sollten mindestens bis zum Hosenbund reichen.‘ Gerade die jüngeren Schülerinnen nähmen sich Popstars wie Britney Spears und Sarah Connor zum Vorbild, die beide nicht nur wegen ihrer Stimmgewalt Schlagzeilen machten, meint Ackermann. ‚Es geht um ein Reaktivieren von Normen‘, sagt sie. ‚Das heißt ja nicht gleich, ins Mittelalter zurückzufallen, und es ist auch keine Frage von Prüderie.‘ ... Wer sich nicht an die neue Kleiderordnung hält, werde laut Ackermann zum Umziehen nach Hause geschickt ... Eventuell soll die Forderung nach angemessener Kleidung auch in die Schulordnung aufgenommen werden. Dann würde den zu knapp geschürzten Jugendlichen nicht nur ein züchtiger Pullover drohen – sondern ein Schulverweis.“ Ähnliche Verordnungen sind auch von einigen dänischen (allerdings) Privatschulen bekannt. Man kann sich nur wundern, dass derartige Regulierungserlasse nicht von den Bildungs- und Unterrichtsministerien kommen! Es ist nur zu hoffen, dass das Beispiel aus Sehnde und von einigen anderen Schulen bald so viel öffentliche Anerkennung erfährt, dass andere Schulleiter sich darauf besinnen, ihrem Arbeitsplatz wieder eine nach ethischen Prinzipien vertretbare Moral zu sichern! Zudem würden die „anständigeren“ Schüler eine solche Vorschrift als Anerkennung ihres Auftretens empfinden können. Was die Lehrer angeht, sollte man es künftig unterlassen, attraktive Frisuren, ins Auge fallende Kleidung u.ä. zu bewundern[62], und statt dessen pünktliches Erscheinen zum Unterricht, pflichtbewusste Vorbereitung (Hausaufgaben!), konzentriertes Mitarbeiten im Unterricht, Ordnung in den Schulsachen u.a. anerkennend hervorheben. Auf längere Sicht wird das bewusstere und konsequentere Eintreten der Lehrer für eine *ehrbare Moral* sowohl einer verdienten, angeseheneren Achtung des ganzen Standes dienen, als auch besagte Britney Spears als Idol und Vorbild verdrängen können. Wie sehr eine eindrucksvolle Lehrerpersönlichkeit bei Schülern zu Beherrschung und Nachahmung anregen kann, habe ich bei meinem eigenen Sohn erlebt, der, wie auch andere Klassenkameraden, von der

---

[62] *Ich habe solche Situationen nicht nur einmal erlebt – und das vor allem von jüngeren Kolleginnen; vermutlich, um bei den Schülern an Popularität zu gewinnen.*

fachlichen Kompetenz, von dem bei allem Sinn für Humor Disziplin fordernden Auftreten und von der menschlichen Behandlung der Schüler beeindruckt,
auf seine bewunderte Klassenlehrerin nichts kommen ließ. Das geforderte
Moralbewusstsein soll also außer einem schambewussteren Verhalten, was
Show und Sexualität betrifft, vor allem auch eine zielbewusste Arbeitsmoral
„fordern und fördern".

9. Auf verschiedenen Lehrerkongressen haben wir immer wieder Seufzen
über „umständliche" und zu umfangreiche *Lehrpläne* erlebt. Es würde zu weit
führen, hier alle auf solchen Tagungen vorgeschlagenen Vereinfachungen
durchzugehen, doch seien drei hauptsächlich genannte Themen erwähnt, zu
denen bemerkt wurde, dass sie bei „geflissentlichen" Einflechtungen in andere Fächer oder bei Behandlung in den propagierten Projektwochen zu wenig in ein tieferes Bewusstsein eindringen: Dabei handelt es sich um *Macht,
Rassismus* und *schädlichen Medieneinfluss!* Wir sind nicht die Einzigen, die
diese Themen in dem Unterrichtsfach *Psychologie* – man könnte sie unter der
Bezeichnung *Menschenkunde* in den Unterrichtsplan einführen – gerne auf-
greifen wollen. Die in den Kapiteln 3, 4 und 5 kurz abgehandelten Themen
könnten anhand von entsprechenden Beispielen und geeignetem Anschauungsmaterial sehr gut und gründlicher die zuvor hervorgehobenen Themen
behandeln. Vor allem müssten verschiedene Unterrichtsfächer weit mehr an
der Wirklichkeit orientierte Themen in eine gründlichere Bearbeitung einbeziehen, was zwar an einigen Schulen bereits geschieht, aber anscheinend die
Schüler doch noch nicht eindringlich genug hat ansprechen können. Es ist
hierbei z. B. an die Verarbeitung von immer neu auftauchenden Chemikalien
in der Textil- oder Nahrungsmittelindustrie gedacht, die eine zunehmende
Belastung und Bedrohung des menschlichen Organismus ausmachen. „30.000
Chemikalien tauchen überall auf, weshalb eine De-Industrialisierung gefordert wird. Ein neuer Richtlinienvorschlag soll diese Chemikalien jetzt testen",
wozu es höchste Zeit ist, „nachdem es sogar über Substanzen, die vor 1981
auf dem Markt vertrieben worden sind, nur wenige oder keine Informationen
gibt."[63] Der Schulunterricht könnte und sollte weit intensiver und konsequenter die Lebensweise der Jugendlichen beeinflussen, wenn schon sehr viele
Eltern dieser Aufgabe nicht mehr gewachsen zu sein scheinen, um einer unnötigen Schädigung vorzubeugen.

---

[63] *Deutschlandfunk, 29. Oktober 2003;*

10. Ein besonders schwieriges Thema scheint sich in der beunruhigenden, bei vielen Schülern fehlenden Geborgenheit anzudeuten. Vielerorts ist bereits ein umsichtigerer *psychologischer Betreuungsdienst* an der Schule vorgeschlagen, gefordert worden. Eine steigende Selbstmordrate unter den Jugendlichen wie auch Prüfungsängste und vor allem eine sich ausbreitende Angst davor, versagen zu können, scheinen den lauter werdenden Ruf nach psychologischem Beistand verständlich zu machen. Dass man heute immer häufiger hinsichtlich einer bei manchem Lehrer mangelnden psychologischen Erfahrung Kritik an der Lehrerausbildung übt, darf unserer Ansicht nach nicht damit enden, dass der Lehrer eines Tages mehr Psychotherapeut als Unterweisender sein soll. Es war vorher bereits die Rede von dem „italienischen Familienunternehmen" gewesen. Dieses Zukunftsmodell könnte vielleicht ein hoffnungsvoller, helfender Ausweg sein. Dass dieses Projekt vielleicht gar nicht mehr so sehr eine Zukunftsvision zu sein scheint, bestätigt eine interessante Tendenz aus den USA! „Rückzug der Schulkinder" meldet der Spiegel[64] über die Reaktion amerikanischer Familien auf die bestehenden Schulverhältnisse: „In den USA entscheiden sich immer mehr Familien, ihre Kinder zu Hause zu unterrichten. Die Anzahl der ganz legal im Wohnzimmer büffelnden Kids hat sich von 360.000 vor zehn Jahren auf 850.000 heute mehr als verdoppelt – 1800 davon allein in New York, dem Zentrum der ‚Home-Schooling'-Bewegung. War die Entscheidung vor zehn Jahren noch hauptsächlich religiös motiviert, so kritisieren viele Eltern heutzutage an den öffentlichen Schulen die sturen Lehrpläne und an den privaten Schulen die hohen Kosten. Laut Mitchell Stevens, Lernpsychologe an der New York University und Autor eines Buchs über die ‚Home-Schooling'-Bewegung, wird der Trend auch von der sozialen Entwicklung im Land gestärkt: Mehr Frauen verzichten bewusst für ihre Kinder auf die Karriere und wollen mit dem Nachwuchs so viel Zeit verbringen wie möglich. Die Zunahme häuselnder Mütter und Schulkinder sei ein Zeichen dafür, dass ‚für die Frauen von heute der Konflikt zwischen Beruf und Mutterschaft gesellschaftlich niemals gelöst wurde'. Da die Mehrheit der zu Hause unterrichteten Kinder aus weißen Familien mit nur einem Einkommen und drei oder mehr Kindern stammt, sieht Stevens in der immer besser organisierten Bewegung eine ‚Rebellion der Mittelklasse'." Die soziale und vor allem emotionale Geborgenheit kann

---

[64] *Spiegel, Nr. 47 vom 17. November 2003; Seite 80;*

in der vertrauten Atmosphäre weit effektiver gewährleistet werden. Es muss mehr als fraglich angesehen werden, ob der Kultusminister aus Mecklenburg-Vorpommern mit seiner Einschätzung Recht behält, wenn er anlässlich des Lehrertages 2003 in Schwerin ausführt: „Mit mehr Schulsozialarbeit bestünde eine wirkliche Chance, Kinder und Jugendliche vor einem Abdriften zu bewahren oder in das Schulleben neu zu integrieren."[65] Damit diese Hoffnung in Erfüllung gehen kann, müsste vor allem erst einmal der Massenbetrieb in den Schulen abgebaut werden, was aller Wahrscheinlichkeit nach auch die so vielgepriesene Ganztagsschule nicht zu leisten vermag. Alle diese, Jahre hindurch von den „zivilisierten und human-sozialen Staaten versäumten Leistungen im Dienste unserer Kinder werden die meisten Schulen alleine unter keinen Umständen bewältigen können! Es ist höchste Zeit, sich auf höchster Ebene auf den moralischen Zusammenbruch in einer kommerzialisierten Verbraucher-Gesellschaft zu konzentrieren, „in der unsere Kinder ohne eine ordentliche Wertgrundlage aufwachsen. Kritiker des moralischen Relativismus und des ‚sekularen Humanismus' vereinfachen vielleicht die Frage, jedoch sollte deren Bekümmerung nicht einfach abgewiesen werden. Viele junge Menschen schwimmen rein moralisch. Sie lehnen ethische Forderungen der ‚Gesellschaft' als einen Eingriff in ihre persönliche Freiheit ab. Sie glauben, dass ihre persönlichen Rechte auch die Berechtigung einschließen, ‚ihre eigenen Werte zu schaffen', aber sie können nicht einmal erklären, was das besagen will – abgesehen von dem Recht, tun und lassen zu können, was ihnen passt. Sie können offenbar überhaupt nicht verstehen, dass ‚Werte' eine prinzipiell moralische Verpflichtung beinhalten. Sie bestehen darauf, dass sie der ‚Gesellschaft' nichts schuldig sind – eine Abstraktion, die ausschließlich ihren Zugang zum Denken über soziale und moralische Themen dominiert. Und entsprechen sie doch den gesellschaftlichen Erwartungen, dann nur, weil Konformität den geringsten Widerstand bedeutet."[65] Mit diesem Verhalten aber wird die für die Gegenwart kennzeichnende egozentrische Doppelmoral schon in den frühen Entwicklungsjahren der „nächsten Generation" begründet. Um auf die psychologisch belastende Situation und die daraus resultierende Angst vieler Schüler zurückzukommen, sei noch einmal auf die Veröffentlichung der Resultate der *Pisa-Studie* hingewiesen: Diese haben beinahe

---

[65] *BLLV 7/8, 18. Juli 2003; Seite 10;*

[65] *„Aufruhr der Eliten", Christopher Lasch; Seite 157 ff.;*

so etwas wie einen Wettlauf von lauter revolutionierenden Neuerungsvorschlägen ausgelöst, die sich bei genauerem Durchdenken der dazu erforderlichen Voraussetzungen als verwirrende Widersprüche entpuppen. Da empfiehlt der eine Experte mehr eigenständiges Lernen der Schüler in der Gruppe und gleichzeitig erfährt man von der Schulleiterin einer Hamburger Grundschule: „Der Druck ist unglaublich groß. Jeder Schüler will vor dem anderen erfolgreich dastehen."[66]

11. Nun ist des Öfteren bereits die Rede von der oppositionellen, materialistischen Einstellung vieler Jugendlicher die Rede gewesen, wobei immer wieder auf die vorherrschende Moral in der Gesellschaft hingewiesen worden ist. Bei der Frage, wie diese ihre jungen Mitglieder so nachhaltig beeinflussen kann, kommt man nicht umhin, den meisten *Medien* (Journale, Videos, Internet, Fernsehen, Sensationspresse, Reklamebroschüren und -filme) einen nicht zu unterschätzenden Anteil von verantwortungsloser Schuld zuzuschreiben. „Werbung hat die Leerstelle besetzt, die der Verlust von Traditionen und Werten hinterlassen hat. Werbung liefert jene Ratschläge und Verhaltensanleitungen, die frühere Generationen noch aus ihrem kulturellen Zusammenhang erhalten haben, und sie offeriert gleichzeitig eine Heilung für das ‚leere Selbst': Wenn du nur die richtigen Produkte kaufst, wenn du dich so kleidest und verhältst wie die Werbefiguren, dann kannst auch du ein glückliches Leben führen, lautet die Botschaft ... Das ‚leere Selbst' erfährt in Werbespots, mit welchen Mitteln das Leben lebenswerter werden kann, wie es seine Bedürfnisse am besten, am leichtesten befriedigen kann ... Unterschwellig bekommen wir durch Werbung jenen ‚Wert' vermittelt, der für die Stabilität unseres Wirtschaftssystems sorgt ..."[67] Man kann es auch provozierender ausdrücken: Realiter geht es durchaus nicht um Bewahrung oder Neuetablierung eines ethischen Wertebewusstseins zum Nutzen des einzelnen Menschen, sondern ausnahmslos um konkurrenzorientierten Wettlauf der Großunternehmen, also des Kapitals, dem alles „Gefasel" von Menschlichkeit nicht mehr als unrentable Gedankenverirrung ist! Sehr aufschlussreich hinsichtlich Daseinsgestaltung und Lebensinhalte sind auch die beliebten Chats im Internet. Natürlich kann man damit die Langeweile oder Isolation überwinden. Man kann sich sogar einbilden, Kontakt zu haben, wenngleich dieser

---

[66] *stern, Nr. 4, vom 17. Januar 2002; Seite 55;*
[67] *„Die Egoismus-Falle", Ursula Nuber; Seite 86/87;*

auf Distanz besteht. Die Jugendlichen, das wiesen Untersuchungen aus, chatten weniger im Internet, sie ziehen die SMS-Botschaften vor. Auch wenn es wohl unumgänglich ist, im Zuge des Fortschritts sich auch hinsichtlich Computer und anderer Kommunikationstechniken informiert zu halten und mit den neuesten Entwicklungen Schritt zu halten, tragen doch die meisten Medien zu einer Veroberflächlichung der Muttersprache bei. Daher sollte die Schule viel mehr Wert und Gewicht auf das Lesen legen! Am meisten jedoch sind Fernsehen und Computer in der letzten Zeit wegen des Themas Gewalt im Kreuzfeuer gewesen. Überrascht hat in dieser Hinsicht vielleicht, dass es einige Experten gab, die die Auffassung vertraten, dass im Film oder Fernsehen erlebte Gewaltszenen nicht zu Nachahmungen führen würden. Die entsetzlichen Beispiele aus Erfurt, Augsburg oder den USA bezeugten jedoch das Gegenteil (nach eingehender, sachkundiger Analyse bestätigt), dass derartige wiederholte Gewalterlebnisse, sei es in Spielfilmen oder Computerspielen, sehr wohl zur Nachahmung anregen, da nicht nur Waffen und die Handlung, sondern auch die gleiche Verkleidung benutzt wurden. Es müsste eine viel strengere Medienkontrolle und Publikationszensur geltend gemacht werden und – wie von einem Mediensachverständigen bereits gefordert – der Sender oder Filmhersteller im Wiederholungsfall solcher hemmungsloser Gewalttaten zu Schadenersatzleistung verurteilt werden! Es mag etwas kühn anmuten, die im letzten Kapitel vertretenen Kritiken und Vorschläge anzubringen, wenn es nicht leicht sein wird, Professor Hengsbachs verbitterte Voraussage zu entkräften, der seiner Überzeugung unmissverständlich Ausdruck verliehen hat mit dem Satz: „Wir sind auf dem Weg in eine Wolfsgesellschaft."[68] In zitiertem Interview vertritt er die Ansicht, dass „Massenarbeitslosigkeit ungerecht sei, eine strukturelle Sünde. Vor fünf Jahren haben die Kirchen das noch so gesagt. Heute, so fürchte ich, verzichtet die Kirchenführung auf die Erkenntnisse von Caritas und Diakonie. Die Kirchenfürsten bewegen sich wie die Spitzenpolitiker und Manager in Milieus, denen Not und Arbeitslosigkeit fremd sind, die keine Ahnung haben, wie den Armen zumute ist, wie hart Millionen Bundesbürger um ein Leben in Würde kämpfen ... Meine Vorgesetzten, auch die in Rom, müssen sich Beschwerden anhören, ich sei nicht mehr tragbar. Vielleicht kneife ich deswegen bei manchen Konflikten. Aber ich kann ja nicht ständig kämpfen, ich brauche einfach ein paar Nischen der persönli-

---

[68] *stern, Nr. 48 vom 20. November 2003; Seite 77 ff.;*

chen Zufriedenheit." Nicht anders wird es unzähligen Eltern und Lehrern heute gehen! Wie viel Energie soll man noch investieren, was soll man noch sagen, wenn der Bürger nicht mehr als der einfache Mann von der Straße ist? Pro forma wird nach wie vor von einer Demokratie geredet, in Wirklichkeit bestimmen nur ganz wenige über die Demokratie! Eine „neue Politik" wird gebraucht, die „es erreichen könnte, dass Mitsprache und Mitbestimmung in öffentlichen Angelegenheiten zu einer interessanten, ja lustvollen Beschäftigung werden ... Dies würde vielleicht gelingen, wenn die durch Bevölkerungszunahme und Zentralisierung der Entscheidungen entstandene Distanz zwischen Bürgern und politischen Institutionen überbrückt wird;

– sich die Kompliziertheit und die Unübersichtlichkeit der Politik durch offenen Informationsfluss verringert;

– die eigenen Vorstellungen sowie Einwände der ‚Betroffenen' rechtzeitig gehört und deutlich wirksam werden könnten."[69]

Während der recht beschwerlichen Arbeit an vorliegendem Buch habe ich mich in mancher späten Nachtstunde des Öfteren gefragt, was wohl Immanuel Kant (1724–1804) zum heutigen Zeitgeist und den bestehenden Gesellschaftsverhältnissen sagen würde?

Seine Ausführungen zu dem Thema *Moral* mögen den Abschluss des Buches bilden:

„Jedes Individuum (argumentiert Kant) hat ein Gewissen, ein Pflichtgefühl, das Bewusstsein von einem gebieterischen Moralbesitz. ‚Zwei Dinge erfüllen das Gemüt mit immer neuer und zunehmender Bewunderung und Ehrfurcht ...: der bestirnte Himmel über mir und das moralische Gesetz in mir.' Dieses moralische Bewusstsein gerät oft in Konflikt mit unseren sinnlichen Begierden, doch wir erkennen, dass es ein höheres Element in uns ist als das Streben nach Lust. Es ist nicht das Produkt der Erfahrung, es ist ein Teil unserer angeborenen psychologischen Struktur wie die Kategorien; es ist ein inneres Tribunal, gegenwärtig in jeder Person, in jeder Rasse. Und es ist absolut; es befiehlt uns bedingungslos, ohne Ausnahme oder Entschuldigung, das Rechte um seiner selbst willen zu tun als ein Zweck an sich, nicht als ein Mittel zu Glück oder Belohnung oder zu einem anderen Gut. Sein Imperativ ist kategorisch.

Dieser kategorische Imperativ nimmt zwei Formen an: ‚Handle so, dass

---

[69] *„Der Jahrtausendmensch", Robert Jungk; Seite 187;*

die Maxime deines Willlens jederzeit zugleich als Prinzip einer allgemeinen Gesetzgebung gelten könnte. Handle so, dass, wenn alle anderen wie du handeln würden, alles in Ordnung sein würde.' Dies (eine Variation der Goldenen Regel) ist das ‚Grundgesetz der reinen, praktischen Vernunft' sowie ‚die Formel eines schlechterdings guten Willens'. In einer zweiten Formulierung, ‚Handle so, dass du die Menschheit, sowohl in deiner Person oder in der eines jeden andern, jederzeit zugleich als Zweck, niemals bloß als Mittel brauchest', verkündete Kant ein Prinzip, das revolutionärer war als irgendein Gedanke in der amerikanischen oder französischen Erklärung der Menschenrechte."[70]

---

[70] „Kulturgeschichte der Menschheit", W & A Durant; Seite 100;

13. Anhang

Alphabetisches Verzeichnis der Fachausdrücke:
Die fachlichen Erläuterungen der mit Fußnoten angeführten Begriffe sind folgenden Handbüchern entnommen:

Psychologisches Wörterbuch 9. vollständig neubearbeitete Auflage, Friedrich Dorsch Verlag Hans Huber, Bern Stuttgart Wien, ISBN 3-456-80320-6, 1976 (bei den nachfolgenden Erläuterungen mit **D** vermerkt)
Wörterbuch der Psychologie 12. ergänzte Ausgabe, Wilhelm Hehlmann Alfred Kröner Verlag Stuttgart ISBN 3-520-26912-0, 1974 (bei den nachfolgenden Erläuterungen mit **H** vermerkt)
Politikens filosofileksikon Politikens Forlag A/S, Kopenhagen ISBN 87-567-3564-4 (eingebundene Ausgabe), 1983 (bei den nachfolgenden Erläuterungen mit **P** vermerkt)
Philosophisches Wörterbuch Georgi Schischkoff Alfred Kröner Verlag Stuttgart ISBN 3-520-01319-3, 1974 (bei den nachfolgenden Erläuterungen mit **Sch** vermerkt)
Wörterbuch zur Geschichte 2. überarbeitete Auflage, herausgegeben von Erich Bayer Alfred Kröner Verlag in Stuttgart; 1965
(bei den nachfolgenden Erläuterungen mit **K** vermerkt)

Die Zahl vor dem Fachausdruck bedeutet Zahl der Fußnote, die Zahl dahinter die Seitenzahl;

8 **Abwehrmechanismen des Ich** 15: ein von Sigmund Freud 1894 zuerst nur mit der Bezeichnung „Abwehr" eingeführter Begriff für das Sich-Sträuben gegen peinliche oder unerträgliche Triebregungen, Affekte und Vorstellungen, der im Weiteren von Freud ausgeweitet wurde zu einer allgemeinen Bezeichnung für alle beschränkt-bewussten Techniken, „deren sich das Ich in seinen eventuellen, zur Neurose führenden Konflikten bedient". (**D**)

9 **Affekt** 28 (lat.: *affectus* = Stimmung, krankhafter Gemütszustand, Leidenschaft, Begierde): Der Begriff wird sehr unterschiedlich definiert. Meist ver-

steht man darunter ein intensives, reklativ kurz dauerndes Gefühl. In der weitesten Bedeutung wird jede emotionale Regung als affektiver Prozess bezeichnet. Die äußeren Begleiterscheinungen bestehen oft in starken Ausdrucksbewegungen. Affekte sind mit Organempfindungen verknüpft. Man definiert deshalb den Affekt auch als als periphernervöse Bewegungen bei zentralnervöser Erregung. Die Theorien von LANGE und JAMES sehen in diesen Ausdruckssymptomen das Wesen der Affekte. LERSCH sieht in den Affekten Erregungsformen des Lebensgefühls, die in umgekehrtem Verhältnis zur Festigkeit des noetisch[1]-willensmäßigen Oberbaus der Persönlichkeit stehen. Zugleich ruht in den Affekten meist instinktiv Zielstrebigkeit. Beispiele: Jubel, Zorn, Wut, Hass, Ekstase, Hoffnung, Sorge, Begeisterung, Freude, Leid, Angst, Ärger, Scham, Kummer, Trauer. – Dauernde Neigungen zu Affektausbrüchen nähern sich den *Leidenschaften,* die von den Affekten dann zu unterscheiden sind, wenn die dauernde Richtung eines intensiven Begehrens auf einen Gegenstand Merkmal ist. Leidenschaft gehört zum „Wollen" mit Gefühlen von großer Motivationskraft als Grundlage. (**D**)

Aggression (lat.: *aggressio* = Angriffslust): feindseliges Verhalten; in der Psychoanalyse aus einem *Aggressions*-Trieb hergeleitet, als Folge sexueller Primitivreaktionen oder verdrängter Antriebe, insbesondere auch als Folge von Versagungen. Für Adler ist die *Aggressivität* ein Ausdruck des Missverhältnisses zwischen Machtstreben und tatsächlicher sozialer Rolle ... Auch beim Menschen (wie bei Tieren) ist die Aggression genetisch verankert und eine Bedingung für Ehrgeiz, Rangstreben, ja Freundschaft und Liebe. Erzieherische Einflüsse können zur Umorientierung der *Aggression* beitragen. (**H**)

17 altruistisch 285 (lat.: *alter* = „der Andere"), seit Comte Bezeichnung für selbstloses Denken und Handeln: *„Vivre pour autrui"* (für den anderen leben) sollte das Motto für die Moral aller Zukunft sein. Materialistische Deutungen des *Altruismus* sehen im Hintergrund die unbewusst berechnende Erwartung einer Belohnung, auch *Egoismus.* (**Sch**)

17 Ambivalenz 45: Doppelgerichtetheit. Affektive Ambivalenz (BLEULER), gleichzeitiges Bestehen entgegengesetzter Gefühle (Abneigung – Zuneigung)

---

[1] *Siehe im alphabetischen Verzeichnis unter „noetisch";*

und Willensrichtungen in Bezug auf denselben Gegenstand, z.B. Trieb zum sexuellen Erlebnis und gleichzeitig Scham oder Ekel. Auch Merkmal bei *Schizophrenie*[2]. (**D**)

6 **anaklitische Depression** 40: Bezeichnung von René Spitz für die Zustandswandlung bei einem Kind, das über die ersten sechs Lebensmonate eine normale Beziehung zur Mutter hatte und dann von dieser getrennt wird ohne genügend emotionale Beziehungen (z.B. Klinikaufenthalt sichc Hospitalismus). Das Kind nimmt von seiner Umwelt kaum noch Notiz, ist bewegungsarm, teilnahms- und in der Mimik ausdruckslos. Dabei zeigt es Züge der Erwachsenendepression. (**D**)

32 **Anorexie** 151 (griech.: *orexis* = Verlangen): Fehlen des Nahrungstriebes. (**D**)

12 **apathisch** 136: **Apathie** (griech.): Teilnahmslosigkeit, z.B. bei Erschöpfungskrankheiten, auch in depressiven Zuständen; *apathische Anastole, apathische Hemmung*, ein Funktionsausfall durch Ausbleiben von affektiven Erregungen. (**H**)

Aphrasie: völlig sprach- und stimmloses Verhalten bei schizophrenen Psychosen: Hier nur Begleitsymptom der insgesamt unterbrochenen Kommunikation und des insgesamt gestörten Kontaktverhaltens. (**D**)

57 **Apologie** 306 (griech.: *apologja* = Verteidigung): Platon und Xenophon verfassten unter diesem Titel Schriften über die Verteidigungsrede des Sokrates. (**Sch**)

6 **Apotheose** 10 (griech.): Vergottung eines großen Mannes, feierliche Erhebung in den Götterstand, bereits bei den alten Ägyptern bekannt, später besonders häufig bei den Griechen und Römern. Als Herrscherkult gründet die Apotheose auf der Gottessohnschaft und dem Gotteskönigtum. Manche christlichen Könige nannten sich *Dominus et Deus* (lat. = Herr und Gott). (**Sch**)

---

[2] *Siehe im alphabetischen Verzeichnis unter „Schizophrenie";*

12 autistisch 31: von **Autismus** (griech:. *Autos* = selbst): gleich autistisches *dereistisches*[3] Denken. Im allgemeinen Sprachgebrauch „in Gedanken und Tagträumen versponnen sein". E. BLEULER hat den Begriff in die Psychiatrie eingeführt für das besonders bei der Schizophrenie auftretende phantastische, traumhafte, affektiv-impulsive, undisziplinierte, auch unlogische Denken bei vorwiegend in sich gekehrtem, umweltabgewandtem Verhalten. **(D)**

7 Autoerotik 16: auch *Autoerotismus*, die beim Kinde oder bei auf Kindstufe *narzisstisch*[4] fixierten Erwachsenen vorliegende Tendenz, Lust am eigenen Körper, also ohne Partnerbezug zu gewinnen. **(D)**

33 Bulimie 151 (griech.: *bus* = Ochse; *limos* = Hunger): unbeherrschtes Essen, krankhafter Hafter, oft als Ersatzhandlung für eine verwehrte Triebbefriedigung wie z.B. Trostessen.

6 Depression 40 (lat.: *depressus* = herabgedrückt): Gedrücktheit, traurige Verstimmung, schwermütige Stimmungslage, Niedergeschlagenheit mit Hemmung des Gedankenablaufs, Willensschwäche, Entschlussunfähigkeit. Beim Vorliegen entsprechender äußerer Ursachen normale Erscheinung. Ohne adäquaten Grund bei Geisteskranken, besonders beim *manisch-depressiven* Irresein. Zu unterscheiden ist zwischen agitierter und gehemmter Depression. **(D)**

11 Frustration/frustriert 42 (lat.: *frustration* = Vereitelung, Nichterfüllung): das Erlebnis wirklicher oder vermeintlicher Benachteiligung, der Zurücksetzung, des Zukurzkommens bei enttäuschter Erwartung oder erlittener Ungerechtigkeit. Darüber hinaus (*psychoanalytisch*) der Erlebniszustand als Folge einer (*exogenen*)[5] Behinderung der Triebbefriedigung. In exakteren Systemen ist *Frustration* eine intervenierende Motivationsvariable. Siehe unter *Aggression* (nach **D**).

genetisch (lat.: genus = Geschlecht): erblich veranlagt.

---

[3] Siehe alphabetisches Verzeichnis unter „dereistisch";
[4] Siehe Seite 8: typische Kennzeichen für den narzisstischen Typ;
[5] Siehe alphabetisches Verzeichnis unter „exogen";

4 Hospitalismus 39 (lat.): die Gesamtheit der Folgeerscheinungen, Mängel und Auswüchse, die sich aus dem Krankenhauswesen als Institution ergeben, z.b. die Ansammlung von Krankheitserregern, die Züchtung resistenter Bakterien und Virenkulturen gerade durch moderne Mittel der Sterilisierung (Sulfonamide, Antibiotika); auch allgemein die Haltung, die sich aus dem Wissen um Behandlung, Krankenhausatmosphäre, Vorzüge und Gefahren ergibt, samt Fehleinstellungen, Übersteigerungen jeder Art; endlich die psychischen Folgen des Anstaltsaufenthaltes, besonders bei Kindern. Ulrich Köttgen definiert den *Hospitalismus* als die „Schädigung eines Kranken in körperlicher und seelischer Beziehung vorwiegend durch die Besonderheiten eines Aufenthaltes in einem Krankenhaus oder einer ähnlichen Anstalt". (**H**)

8 Hypochondrie 17 (griech.: *hypochondros* = unter dem Brustknorpel liegend): ein Zustandssyndom, das mit gedrückter Stimmungslage (Angstzuständen und Depressionen), meist auch übersteigerter Selbstbeobachtung und unbegründeten Krankheitseinbildungen einhergeht. (**D**)

15 hysterisch/Hysterie 78 (griech.: *hystera* = Gebärmutter, weil die *Hysterie* früher nur Frauen zugeschrieben wurde): älterer Sammelbegriff für eine Gruppe psychophysischer Abnormitäten, funktionelle körperliche Störungen (Lähmungen, Sinnesstörungen o.ä.), vor allem aber Abwegigkeiten des seelischen und sozialen Verhaltens, die auf übermäßiger Labilität und Suggestibilität bei manchmal übersteigertem Geltungsdrang beruhen. Zu einzelnen *hysterischen* Reaktionen ist grundsätzlich jeder Mensch fähig. Hierbei handelt es sich meist um nicht bewältigte Konfliktsituationen oder verstandesmäßig nicht gesteuerte Fluchtversuche (z.B. sinnloses Verhalten bei einer Panik). Hysterische Reaktionen in diesem Sinne finden sich auch gelegentlich bei nervösen oder labilen Kindern. Von *Hysterie* als Krankheit spricht man heute nur dann, wenn ein Mensch auf Grund seiner Veranlagung durchgehend zu hysterischen Reaktionen neigt, d.h., wenn er schon auf die Schwierigkeiten des Alltags in Beruf und Familie mit sinnlos ausweichendem Verhalten, Zitteranfällen, Dämmerzuständen, theatralischer Erregung u. dgl. reagiert. Meist wird die *Hysterie* heute als *neurotisches*[6] Verhalten verstanden. (**H**)

---

[6] *Siehe alphabetisches Verzeichnis unter „neurotisch";*

10 **Identifikation** 42 (lat.: *idem* = derselbe, *facere* = machen): Gleichsetzung, Verschmelzung. In der Psychologie das von ACH aufgestellte Grundprinzip, dass, wenn zwei nicht identische Tatbestände als Verschmelzungseinheit aufgefasst werden, ein neuer seelischer Inhalt produziert wird. So wie die nicht identischen Eindrücke des rechten und des linken Auges zu einer Einheit verschmolzen werden, so produziert das Seelische (Denken, Fühlen) neue Einheiten ... Die *Identifikation* erfolgt also durch eine bewusste oder unbewusste Hereinnahme von Personen oder einzelnen Motiven in das Ich ... (**D**)

9 **Individuation** 40 (2): die Ausgliederung, Sonderung des Vielen aus dem Einen des Seins. Psychologisch die Entwicklung eines Menschen zur eigenen und selbstständigen Persönlichkeit. In der Tiefenpsychologie die Reifung und differenzierende Ausgestaltung der Persönlichkeitsmitte, des Selbst, die zu einer inneren Sammlung, durch Zentroversion, führt, deren Folge, nämlich die „Bewusstwerdung des psychischen Zentrums im Selbst", die Festigung des Ich und damit die Unterschiedenheit zur Kollektivpsyche bewirkt. Bei der *Individuation* werden Entwicklungsstufen durchlaufen.[7] Die erste Lebenshälfte (nach C. G. Jung) dient der Ich-Entwicklung und -Bildung. Mit Beginn der zweiten um das 40. Lebensjahr setzt die Entwicklung des Menschen zum psychisch integrierten Selbst ein. (**D**)

53 **Intelligenz** 108: Während mit dem Begriff *Intellekt* (lat.: *intellektus* = Erkenntnis, Einsicht, Sinn) der Verstand vorwiegend als Bestand, als „Denkvermögen" erfasst wird, kennzeichnet der Begriff *Intelligenz* (lat.: *intelligentia*) vorwiegend die mit dem Verstand verbundenen geistigen Fähigkeiten in ihrer potentiellen und dynamischen Bedeutung. Der Begriff wird sehr unterschiedlich definiert. Gemeinsam ist indessen den meisten Definitionen, dass sie als das wesentliche Moment der *Intelligenz* die Fähigkeit bezeichnen, sich in neuen Situationen auf Grund von Einsichten zurechtzufinden oder Aufgaben mit Hilfe des Denkens zu lösen, ohne dass hierfür die Erfahrung, sondern die Erfassung von Beziehungen das Wesentliche ist ... Die Leistung der Intelligenz ist eine doppelte: 1. Auffassung, Begreifen, „Kapieren" (wodurch Wichtiges und Unwichtiges, Richtiges und Falsches geschieden und differenzier-

---

[7] *Siehe Kapitel 5;*

ter, konturierter, „verfügbar" werden). 2. Weiterführende Verarbeitung des „Erfassten"... (**D**)

20 **Interdependenz** 287: gegenseitige Abhängigkeit.

13 **introvertiert** 76 (lat.: nach innen gerichtet): nach der Lehre C. G. Jungs ein psychischer Grundtypus: Der *Introvertierte* ist ein Mensch, der mit seinen Hauptinteressen auf die Innenwelt, auf Geistiges, vielfach Abstraktes gerichtet ist, im Gegensatz zum *Extravertierten.* (**H**)

37 **Kompensation** 154: lat.: *compensare* = ausgleichen, Ausgleich, Ersatz, wechselseitige Aufhebung entgegenwirkender Kräfte;

Konversion 38 (lat.: *convertere* = umwandeln, umkehren): in der Psychoanalyse die Umwandlung von Affekt- oder Konflikterlebnissen in körperliche Symptome, besonders auf dem Wege über die *Verdrängung (Konversionsneurose);* überhaupt die Fähigkeit von Erlebnissen, die als peinliche Erinnerungen unterdrückt wurden, sich in körperliche und krankmachende Symptome umzuwandeln (siehe *Neurose, Somatisierung*[8]). (**H**)

11 **Libido** 29 (lat.: *libido* = Verlangen): Freud bezeichnet mit *Libido* die allen Äußerungen der Sexualität zugrunde liegende und auf den Lustgewinn aus den erogenen Zonen gerichtete sexuelle Energie. Eine *Libido*-Besetzung erfahren auch diejenigen Objekte neben den erogenen Zonen, die dem Lustgewinn dienen, z.B. orale Zonen und Mutterbrust. Die Libido-Entwicklung ist gekennzeichnet durch die Verlagerung der *Libido* auf neue erogene Zonen und durch Besetzung neuer Objekte mit *Libido*. Das Quantum der *Libido* bleibe dabei konstant. C. G. Jung bezeichnet mit *Libido* die allen psychischen Äußerungen (Trieben, Strebungen usw.) zugrunde liegende psychische Energie, welche von ihrer jeweiligen Erscheinung grundsätzlich zu unterscheiden ist. Sie lässt sich lediglich als allgemeiner Lebenswille, als Lebenskraft definieren. (**D**)

24 **Manie** 63 (griech.: *mania* = Raserei, Wahnsinn): abnormer Gemütszustand mit folgenden Symptomen: a) grundlose, überströmende Heiterkeit, b)

---

[8] *Siehe alphabetisches Verzeichnis unter „Somatisierung";*

Selbstüberschätzung und unbeirrbarer Optimismus, b) Beschleunigung mit Oberflächlichkeit des Denkens (Ideenflucht), d) Triebsteigerung, besonders der Sexualität und Aggressivität, e) allgemeine Antriebssteigerung (Bewegungs-, Betätigungs-, Rededrang). Gegensatz zur *Manie* ist die *Depression*. Abnorme (zwang- und suchtartige) Steigerung einer einzigen spezifischen Verhaltensweise ist die *Monomanie*. Zu diesen Monomanien zählen z.b. *Kleptomanie* (Stehlen), *Dipsomanie* (in Perioden auftretender Alkoholmissbrauch bei Psychopaten, Epileptikern, Manisch-Depressiven, Quartalssäufern), *Poriomanie* (Wandertrieb, Flucht, Vagabundieren), *Nymphomanie* (auch Hysteromanie, Andromanie, Mannstollheit), *Thamathomanie* (gesteigerte Todesfurcht) u.a. (**D**)

narzisstisch/Narzissmus: die erotische Hinwendung zum eigenen Körper; Verliebtheit in sich selbst. P. NÄCKE und S. FREUD untersuchten die Ursachen des *Narzissmus* (Liebesversagung, Kontaktmangel) und sahen in der Erscheinung des *Narzissmus* letztlich eine *Regression* in die frühkindliche *Autoerotik*. Als allgemeine Entwicklungserscheinung bildet der *Narzissmus* einen Übergang von zwischen Autoerotik und Objekterotik im Kindesalter. (**H**)

11 **Nepotismus** 282 (lat.: *nepos* = Neffe): Anverwandter des Papstes, im Mittelalter und in der Renaissance von diesem bisweilen mit weltlicher Herrschaft ausgestattet, mit Titeln oder Einkünften versehen; *Nepotismus:* die unverdiente Bevorzugung von Verwandten bei der Besetzung von Staats- oder Kirchenämtern (durch das geltende Kirchenrecht bei der Ernennung von Kardinälen verhindert); allgem. In der modernen Herrschaftssoziologie als Sonderform der Ämterpatronage die Auslesebevorzugung von Kreisen, in denen ausgeprägte Solidaritätsvorstellungen gepflegt werden. „Nepotismus enreservoire können Familien, Schulen, Mönchsorden, sonstige, auch militärische Ausbildungseinrichtungen oder ständische Korporationen sein." (Th. Eschenbuirg, ((??)) Ämterpatronage, 1961)

neurotisch/Neurose (griech.: *neuron* = Nervenzelle): „Nervenerkrankung"; körperliche und seelische Erkrankungen, die nicht in erster Linie auf einer organischen Schädigung beruhen, sondern auf fehlerhafter psychischer Einstellung wie z.B. unbewusstem Ausweichen vor den Aufgaben und Anforderungen des Lebens. Sei es in eine körperliche Krankheit hinein oder in eine Zwangs-, Angst- oder Ressentimenthaltung. In der *neurotischen* Haltung entstehen ohne ersichtlichen Anlass Vorstellungskomplexe, Affekte, vegetative Erscheinungen oder *psychosomatische* Symptome abnormen Ausmaßes, die nicht willensmäßig beeinflusst werden können. Symptombildung und *Somatisierung* sind also wesentliche Bestandteile ... **(H)**

15 **Ödipus-Komplex** 44 (nach dem sagenhaften thebanischen König Ödipus, der unwissend seine Mutter heiratete und seinen Vater erschlug): entsteht nach S. Freud aus der *libidinösen* Bindung an den andersgeschlechtlichen Elternteil, die verdrängt oder in unzureichender Weise bewältigt wird. Die „inzestuöse" Triebregung wurde von S. Freud als eine allgemeine kindliche Entwicklungsphase (manchmal vom 3. Lebensjahr ab) und der Ödipus-Komplex als eine häufige Ursache späterer *Neurosen* oder Perversionen betrachtet. **(H)**

5 **Oligarchie** 279 (griech.): die Herrschaft weniger, einiger mächtig gewordener Geschlechter, Familien, Gruppen; nach Aristoteles eine Ausartung der Aristokratie; in der Soziologie spricht man von Oligarchisierung als Prozess der Zunahme von Rationalisierung und Bürokratisierung in Großorganisationen. **(Sch)**

31 Ovarsyndrom 150 (lat.: ovarien = Eierstöcke); genauer gesagt: Polycystisches Ovarsyndrom; d. h.: Eierstöcke, die in Anatomie und Funktion verändert sind. Ursache hierzu sind hormonelle Störungen;

14 **phallisch** 43 (griech.: *phallos* = männliches Sexualglied). Besonders als das Symbol der Zeugungskraft. **(D)**

31 **polyzistisches Ovar-Syndrom** 150: Bildungen von Zysten am Eierstock.

8 **primär-narzisstisch** 40: Nach S. Freud die egozentrische, auf sich selbst konzentrierte Lustbefriedigung des Kleinkindes, also vor allem im ersten Lebensjahr.

16 **promiskuös** 285 (lat.: *promiscus* = gemischt): Vermischung als regellos wechselnder Geschlechtsverkehr der Männer und Frauen einer Gemeinschaft bei Naturvölkern (wird bisweilen als Vorstufe der Gruppenehe angesehen). *Promiskuität* wird auch als vorwiegend abwertender Begriff zur Kennzeichnung des gehäuften, flüchtigen, hetero wie homosexuellen Verkehrs benützt. (**D**)

18 psychosomatisch **136:** bezeichnet den Zusammenhang zwischen körperlichen und psychischen Reaktionen. Der Begriff wird meistens bei *psychosomatischer* Krankheit angewendet. Damit ist eine Krankheit gemeint, die sowohl leibliche wie psychische Symptome zeigt oder wenn leibliche Symptome eine psychische Ursache haben.

36 **psychotisch/Psychose** 154: Geisteskrankheit, seelische Krankheit. Beeinträchtigung bis Aufhebung des normalen und zweckmäßigen Seelenlebens ... Durch KRAEPELIN und BLEULER ist eine systematische Einteilung in verschiedene Psychoseformen erfolgt. Es werden unterschieden: Erschöpfungspsychosen (Kollapsdelirium, Delirium acutum, akute Verwirrtheit), Infektions- und Intoxikationspsychosen (Psychosen bei Infektionen und Vergiftungen), Neuropsychosen (Epilepsie), Degenerationspsychosen (Dementia praecox, Paranoia, manisch-depressives Irresein), Organpsychosen (Dementia paralytica, Arteriosklerotische Psychosen, Dementia senilis), epochale Psychosen (die in Übergangsperioden auftreten wie in Adoleszenz und Menopause). Die beiden ersten Formen fasst man als *exogene Psychosen* zusammen, weil die äußeren Krankheitsursachen überwiegen, und stellt sie den übrigen Formen als *endogene Pychosen* gegenüber, die wesentlich durch Anlagen und erbliche Belastung bedingt sind. ... (**D**)

Reaktion 30: Gegenwirkung, Rückwirkung. Antwortendes Verhalten auf Reize bzw. Reizsituationen in Form von Bewegungen (z.B. Reflexen), komplizierten Handlungen oder emotionalen Äußerungen u.ä. (**D**)

61 **Reflex** 179 (lat.: *reflectere* = rückwärtsbiegen – drehen – wenden): eine unmittelbare Antwortbewegung auf einen Reiz (Klammerreflex des Säuglings, Husten-, Speichel-, Schluckreflex) unter Ausschaltung von Reflexion und Willen. *Reflexe* sind Erregungsmuster im Nervengeschehen ... (**H**)

13 regredierend/Regression **78** (lat.: *regredere* = zurückgehen): Ein Begriff der Psychoanalyse: das Zurückfallen auf frühere kindliche Stufen der Triebvorgänge und Triebauswirkungen. Die *Regression* beruht nach S. Freud häufig auf psychosexuellen Entwicklungshemmungen. Allgemein heißt *Reflexion* auch das Zurückgehen auf ältere geistige Schichten bei Abbau oder Verlust des höheren Niveaus ... (H)

4 Regression 40: Siehe vorhergehende Erklärung.

30 Schlaf-Abnoe-Syndrom 150: So nennt man eine Erkrankung, wenn jemand nachts im Schlaf zeitweilig vergisst, Luft zu holen. Atemstillstandsphasen während des Schlafes werden durch eine Koordinationsstörung zwischen Atem- und Schlundmuskulatur ausgelöst. Gleichzeitig kommt es zu Blutdruckerhöhungen im kleinen (Lungen-) und großen Kreislauf sowie zu Herzrhythmusstörungen.

Somatisierung: Der Übergang seelischer Konflikte in eine Organerkrankung (z.B. Magengeschwür). (**D**)

52 spatiale Intelligenz 108 (*lat.: spatium* = Raum, Zwischenraum), die Fähigkeit, die visuell-räumliche Umwelt zu erkennen und zu begreifen und derartige Auffassungen, Erkenntnisse in praktische Anwendung zu übertragen.

35 Stoa 254: weitverbreitete Strömung der griechischen Philosophie, die um 300 v. Chr. von Zenon aus Kition begründet wurde. Zenon versammelte seine Schüler in der *Stoa poikile,* einer Säulenhalle in Athen, daher der Name. Berühmte Vertreter der alten Stoa waren: Kleanthes, von dem der Ausspruch stammt: „In ihm (Gott = Kosmos) leben, weben und sind wir, den Paulus in Athen zitiert, Chrysippos, Panaitios und Poseidonios, die Schulhäupter der mittleren Stoa, sowie Seneca, Musonius, Epiktet und der Kaiser Marc Aurel, die der jüngeren Stoa angehörten. In der Kaiserzeit war die Stoa eine Art ethischer Religion des römischen Volkes geworden. Gott und Natur waren der Stoa, die nach Art des Eklektizismus bzw. Synkretismus die verschiedensten Lehren in sich aufnahm, eins, das Menschenwesen ein Teil der Gott-Natur ... nach (SCH)

Substitution **30** (lat.: *substituere* = an die Stelle von setzen) ... ein Abwehr-mechanismus des Ich. Ersetzung eines ursprünglichen Triebobjektes durch ein Ersatzobjekt. Die *Substitution* kann eintreten, wenn die Befriedigung eines Bedürfnisses aus inneren oder äußeren Gründen unmöglich ist bzw. verhindert werden soll. So kann z.b. die aus dem *Id* = Es stammende und gegen ein äußeres Objekt (Vorgesetzter) gerichtete Aggression an einem Ersatzobjekt (Untergebener) entladen werden.

Aber es kann ebenso die gegenüber einem äußeren Objekt bestehende Aggression auf das Ich zurückgewendet (*Reversion*) werden und das äußere Objekt durch das Ich ersetzt werden. Schließlich kann auch eine aus dem Über-Ich stammende und gegen das Ich gerichtete (Selbsthass, Selbstbeschuldigung) auf ein äußeres Objekt umgeleitet und damit das Ich durch ein äußeres Objekt (Sündenbock) ersetzt werden. (**D**)

14 **Symbiose** 78: ein direktes Zusammenleben zweier Organismusarten zum beiderseitigen Nutzen. (**D**)

53 **Syndrom** 270 (griech.): „Zusammenlaufen"; Symptome, die zusammen vorkommen; Symptomenkomplex; z.b. das Korsakowsche Syndrom (nach S. S. Korsakow, 1854–1900), ein Symptomenkomplex, mit Ausfällen des Gedächtnisses, der Orientierung, auch Konfabulieren; bei chronischer Alkoholvergiftung und vielen Nervenkrankheiten. (**H**)

4 **thymotisch** 234: vgl. *Thymose* (griech.): „Gemütserregung"; nach W. Hellpach eine Phase der jugendlichen Entwicklung, bei der Gemütserregungen, allgemein Gefühlserlebnisse im Vordergrund stehen. (**H**)

17 **Trauma** 60 (griech.: Verletzung, Wunde); im medizinisch-psychologischen Sprachgebrauch: psychologischer Schock, starke seelische Erschütterung mit nachhaltiger Wirkung; oft auslösende Ursache seelischer Erkrankungen oder Neurosen (*traumatische Neurosen*). (**H**)

8 **traumatisch** 56: siehe *Trauma*.

Literaturverzeichnis

Bücher:

Aphorismen zur Arthur Schopenhauer Goldmanns Gelbe Taschenbücher
Lebensweisheit Druck: Presse-Druck- und Verlags-GmbH.
Augsburg; 1960

Aristoteles Statslære Übersetzt von William Gyldendalske Boghandel – Nordisk
(Aristoteles' Norvin und Peter Fugl- Forlag; Kopenhagen 1946
Staatslehre– sang
dänisch)

Der Aufstand der José Ortega y Gasset Mohn & Co GmbH, Gütersloh
Massen Buch-Nr. 5066 (Bertelsmann Lesering)

Autorität und Erzie- Herausgeber: Verlag Julius Klinkhard; Bad Heilbrunn/
hung Dr. Erich E. Geißler Obb. 1965

Bewährtes bewahren, Ministerium für Bildung, Wirtschaftsverlag Detlev Lüth, Schwerin
Neues gestalten Wissenschaft und Kultur März 2000
Mecklenburg-Vorpommern

Børne- og ungdoms-
Psykiatri Marianne Cederblad Munksgaard, Copenhagen, 1976
(Psychiatrie, ISBN 87-16-02004-9
dänische Ausgabe)

Die deformierte Meinhard Miegel Ullstein List-Verlag GmbH & Co. KG
Gesellschaft ISBN 354907154x
(Wie die Deutschen ihre
Wirklichkeit verdrängen)

Die Egoismus-Falle: Ursula Nuber; Kreuz Verlag AG Zürich, 1993
ISBN 3 268 00139 4

Eliternes Oprør   Christopher Lasch   Dänische Ausgabe:
(Aufruhr der Eliten;   1995 Forlaget Hovedland
dänisch)   ISBN 87-7739-208-6

Die neue   Bassam Tibi Econ   Ullstein List-Verlag GmbH & Co. KG,
Weltunordnung   München ISBN 3-548-75011-7

Det var faktisk   Deborah Tannen   Munksgaard Forlag; 1986
ikke det jeg sagde   ISBN 87-16-10195-2
(dänisch)
(Das war eigentlich nicht
das, was ich sagte)

Eunuchen für das   Uta Ranke-Heinemann   Hoffmann und Campe Verlag, Hamburg,
Himmelreich   1988, ISBN 3-455-08281-5

Die Fassadenfamilie   Heimo u.Susanne   Kindler Verlag GmbH, München, 1973
                      Gastager   ISBN 3 463 00543 3

Die Furcht vor der   Erich Fromm   Deutsche Verlags-Anstalt, Stuttgart, 1980
Freiheit   ISBN 3-421-06110-6

Freud's psykologi   Calvin S. Hall   Hans Reitzels Forlag A/S København, 1976
(Freuds Psychologie,   ISBN 87 412 2529 5
dänische Ausgabe)

Der Mensch   José Ortega y Gasset   Deutscher Taschenbuchverlag GmbH & Co.
und die Leute   KG München, November 1961

Frühe   Emil Schmalohr   Kindler Verlag GmbH, München, 1975
Mutterentbehrung   ISBN 3 463 02092 0
bei Mensch und Tier

Gruppen-Psychothe-   Haim G. Ginott   Kindler Verlag GmbH, München 1973
rapie mit Kindern   580- ISBN-3-596-26707-2

Gruppepsykologi Arne Sjølund
(Gruppenpsychologie,
dänische Ausgabe)

Nordisk Forlag A.S. Copenhagen, 1977
ISBN 87-00-88201-1

Haben oder Sein Erich Fromm

Deutscher Taschenbuch Verlag, 1979
ISBN 3-423-01490-3

Der Robert Jungk
Jahrtausendmensch
Aus den Zukunftswerk-
stätten unserer Gesellschaft

WILHELM HEINE VERLAG & Co. KG,
München, 1993
ISBN 3-453-06504-2

Die junge Erich Knirck
Gesellschaft

Walter Rau Verlag, 1960

John Dewey
(dänische Ausgabe)

Berlingske Forlag, København, 1969

Kulturgeschichte Will und Ariel Durant
der Menschheit;
Bd. 31

Vertrieb durch FREIZEIT-BIBLIOTHEK,
1967

Kreativitätsforschung Hrsgg. Gisela Ulmann

Verlag Kiepenheuer & Witsch, Köln, 1973
ISBN 3 462 00931 1

Kærligheden at føle Finn Armstrong
(Die Liebe zu spüren;
dänisch)

HANS REITZELS FORLAG,
KØBENHAVN, 1984
ISBN 87-412-3783-8

Die Kunst des Lesens Henry Miller

Rowohlt Taschenbuch Verlag GmbH
Reinbek bei Hamburg, 1963

Die Kunst des Werner Rother
Streitens

Wilhelm Goldmann Verlag, München
Goldmanns gelbe Taschenbücher, G 1366

Kulturgeschichte als Kultursoziologie	Alfred Weber	R. Pieper & CO Verlag, München, 1960
Die Korruptions-Falle Wie unser Land im Filz versinkt	Hans Leyendecker	Rowohlt Verlag GmbH, Reinbek bei Hamburg, 2003 ISBN 3 498 03915 6
Dem Leben einen Sinn geben	Antoine de Saint-Exupéry	Deutscher Taschenbuchverlag GmbH & Co. KG, 1964; dtv 86
Leistungs-motivation	Maria Wasna	Ernst Reinhardt Verlag München/Basel, 1973 ISBN 3-497-00707-2
Mange Intelligenser i klasseværelset (Viele Intelligenzen im Klassenzimmer; dänisch)	Thomas Armstrong	Dänische Ausgabe: Forlaget Adlandia, 1998 ISBN 87-981179-1-2
Meisternovellen	Maxim Gorki	Deutscher Taschenbuch Verlag GmbH & Co. KG, Manesse Verlag, Zürich, 1993; ISBN 3-423-24013-x
Narcissismens kultur (Die Kultur des Narzissmus, dänische Ausgabe)	Christopher Lasch	Nordisk Forlag A.S. Copenhagen, 1983 ISBN 87-01-10731-3
Paula	Isabel Allende	Suhrkamp Verlag, Frankfurt am Main, 1995 ISBN 3-518-40694-9

Problemfamilien   A. S. Neill   Hans Reitzel Forlag A/S; 1967
(Die Problemfamilie,   Falkebog nr. 48;
dänische Ausgabe)

Die Psychoanalyse   Melanie Klein   Kindler Verlag GmbH, München, 1973
des Kindes   ISBN 3 463 18109 6

Die Psychologie   Jolande Jacobi   Fischer Taschenbuch Verlag GmbH,
Frankfurt/M., 1977
680-ISBN-3-596-26365-4

Overgreb mod børn   Jan Seidel   Munksgaard – Rosinante, København, 1995
(Übergriffe auf Kinder)   ISBN 87-16-11411-6

Samvær og   Niels Thomassen   G.E.C. Gads Forlag, 1985
solidaritet   ISBN 87-12-01612-8
(Beisammensein und Soli-
darität; dänische Ausgabe)

Sprache, Denken,   Benjamin Lee Whorf   Rowohlt Taschenbuch
Wirklichkeit   Verlag GmbH, Reinbek bei Hamburg, 1963

Sprache und   Otto Friedrich Bollnow   W. Kohlhammer GmbH, Stuttgart, 1966
Erziehung   88055

Sprachschöpferischer   Artur Kern u.Erwin Kern   Verlag Herder KG Freiburg im Breisgau,
Unterricht   1962 Bestellnummer 02592

Der suchtgefährdete   Siegfried Bäuerle   Wolf Verlag GmbH, Regensburg, 1993
Schüler   ISBN 3-523-26752-8

Tao Te King   Laotse   Danish translation copyright 1982 & 1997
(dänisch)   by SphinX forlag, Copenhagen
ISBN 87-7759-139-9

Umgang mit Angst	Horst-Ebert Richter	Hoffmann und Campe, Hamburg, 1992 ISBN 3-455-08439-7
Velstand uden Velfærd (Wohlstand ohne Wohlbehagen; dänische Ausgabe)	Bent Hansen	FREMADS FOKUSBØGER, Aalborg, 1976 ISBN 87 557 0061 6
Wesen und Kritik der Psychotherapie	Karl Jaspers	R. PIPER & CO VERLAG, München, 1958
Wie viel Globalisierung verträgt der Mensch	Rüdiger Safranski	Carl Hanser Verlag München Wien, 2003 ISBN 3-446-20261-7

Zeitungen, Journale, Fachzeitschriften:

Bayerische Schule, BLLV; Zeitschrift des bayerischen Lehrer- und Lehrerinnenverbandes e.V.

BILD/Mecklenburg-Vorpommern

BILD/Berlin/Brandenburg

B.T. (dänisch)

Frankfurter Allgemeine Zeitung

Focus

Morgenavis **Jyllandsposten**

Morgenzeitung Jütlandspost (dänisch)

Main-Echo, Zeitung für Untermain und Spessart; Aschaffenburg/Unterfranken

Schweriner Volkszeitung

DER SPIEGEL

stern

Politiken (dänisch)

Die Welt

Wiener Kurier

Schaumburger Nachrichten

Frankfurter Rundschau

FOLKESKOLEN (Zeitschrift des dänischen Lehrerverbandes)

Berliner Morgenpost

Märkische Allgemeine, Zeitung für das Land Brandenburg

Lolland-Falsters **FOLKETIDENDE**

(Regionalzeitung für Südostdänemark/Inseln Lolland, Falster, Mön)

Torgauer Zeitung

Persönlichkeits–Modell[1]
nach Sigmund Freud

SUPER-EGO
Über-Ich
„Die teils bewussten und teils unbewussten Funktionen des Über-Ich sind:
1. Aufrichtung eines Wertsystems und dessen Integration im Ich-Ideal (Pflichten, Forderungen, Gebote, Verbote)
2. Ausrichtung der Einstellungen und des Verhaltens nach diesem Wertsystem
3. Ausschaltung der diesem Wertsystem nicht entsprechenden Einstellungen und Verhaltensweisen durch Selbstkritik, Forderung nach Triebeinschränkung.“[2]

EGO/Ich
das Bewusste
Alle Handlungen, Vorstellungen, Pläne, die aus Erfahrung, durch Denken und alles Schädliche nach Möglichkeit verhindernd gemacht werden. Das Ich erfährt oft Antriebe aus dem Unbewussten und dem Über-Ich.

Id (lat.: Es)
das Unbewusste
Unterbewusstes
Triebe, Bedürfnisse[3]
Vergessene oder verdrängte psychische Inhalte (Gefühle, Erlebnisse), die in vielen Situationen Ursache zu bestimmten Reaktionen sind, die mit Vernunft (aus dem Bewusstsein) nicht erklärt werden können.

---

[1] Vgl. hierzu: Seite 13;
[2] Nach „Psychologisches Wörterbuch“, Friedrich Dorsch;
[3] Siehe Maslows Bedürfnis-Pyramide; Seite 23, 24;